《东方杂志》专题研究

田建平 著

中国社会科学出版社

图书在版编目(CIP)数据

《东方杂志》专题研究 / 田建平著. —北京：中国社会科学出版社，2019.8
ISBN 978-7-5203-5253-6

Ⅰ.①东… Ⅱ.①田… Ⅲ.①期刊—研究—中国—民国 Ⅳ.①G239.296

中国版本图书馆 CIP 数据核字（2019）第 208974 号

出 版 人	赵剑英
责任编辑	陈肖静
责任校对	刘 娟
责任印制	戴 宽

出　版	中国社会科学出版社
社　址	北京鼓楼西大街甲 158 号
邮　编	100720
网　址	http://www.csspw.cn
发 行 部	010-84083685
门 市 部	010-84029450
经　销	新华书店及其他书店

印　刷	北京明恒达印务有限公司
装　订	廊坊市广阳区广增装订厂
版　次	2019 年 8 月第 1 版
印　次	2019 年 8 月第 1 次印刷

开　本	710×1000　1/16
印　张	31.25
插　页	2
字　数	391 千字
定　价	158.00 元

凡购买中国社会科学出版社图书，如有质量问题请与本社营销中心联系调换
电话：010-84083683
版权所有　侵权必究

目 录

上编 专题研究

第一章 清末《东方杂志》(1904—1911)出版研究 …………（3）

  第一节 绪论……………………………………………（3）

  第二节 《东方杂志》(1904—1911)的创办与发展………（7）

  第三节 《东方杂志》创刊人、主编及其出版思想………（11）

  第四节 "立宪"的办刊思想………………………………（19）

  第五节 《东方杂志》主要内容及其审慎理性……………（28）

  第六节 精美的装帧设计…………………………………（46）

  第七节 现代商业经营策略………………………………（57）

  结 语………………………………………………………（64）

第二章 《东方杂志》"社说"栏目研究………………………（66）

  第一节 研究缘起及文献…………………………………（66）

  第二节 《东方杂志》与"社说"栏目………………………（70）

第三节　"社说"栏目的主编、主要作者及选稿来源 ………… (76)
　　第四节　"社说"栏目的议题设置 ……………………………… (94)
　　第五节　"社说"栏目与西方思想 ……………………………… (104)
　　第六节　"社说"栏目对当时社会的影响 ……………………… (119)
　　第七节　"社说"栏目对中国历史文化的态度 ………………… (127)
　　结　语 …………………………………………………………… (132)

第三章　《东方杂志》近代中国蒙古问题报道研究 ………… (145)
　　第一节　选题背景及文献 ………………………………………… (145)
　　第二节　《东方杂志》及其蒙古报道 …………………………… (150)
　　第三节　《东方杂志》蒙古报道特点 …………………………… (158)
　　第四节　《东方杂志》蒙古报道主题设置及其内容 …………… (166)
　　第五节　《东方杂志》蒙古图片报道 …………………………… (186)
　　第六节　《东方杂志》蒙古报道按语 …………………………… (198)
　　第七节　《东方杂志》蒙古报道的价值 ………………………… (204)
　　结　语 …………………………………………………………… (207)

第四章　《东方杂志》女性问题报道研究 …………………… (220)
　　第一节　文献综述及研究意义 …………………………………… (220)
　　第二节　《东方杂志》女性问题报道概述 ……………………… (222)
　　第三节　《东方杂志》女性问题报道分期 ……………………… (227)
　　第四节　《东方杂志》女性问题报道栏目设置 ………………… (237)
　　第五节　《东方杂志》女性问题报道主题、内容 ……………… (243)
　　第六节　《东方杂志》中的新女性形象及其建构 ……………… (252)
　　第七节　《东方杂志》女性问题图片报道 ……………………… (262)
　　第八节　《东方杂志》女性问题报道中的广告 ………………… (271)

第九节 《东方杂志》女性问题报道特点 …………………………（280）

第十节 《东方杂志》女性问题报道的历史意义和
         现代价值 ………………………………………………（286）

结　语 ……………………………………………………………（292）

第五章 《东方杂志》封面设计研究 ……………………………（294）

第一节 研究价值及文献 …………………………………………（295）

第二节 中国近现代期刊封面设计概述 …………………………（297）

第三节 《东方杂志》各时期封面特征 ……………………………（302）

第四节 《东方杂志》封面设计特色 ………………………………（325）

第五节 《东方杂志》封面设计中的主要文化元素 ………………（332）

第六节 《东方杂志》封面设计中视觉元素的构成 ………………（340）

第七节 《东方杂志》封面设计中的传播策略 ……………………（351）

第八节 《东方杂志》封面设计的历史价值及其启示 ……………（353）

结　语 ……………………………………………………………（356）

第六章 《东方杂志》图书广告研究 ……………………………（357）

第一节 绪论 ………………………………………………………（357）

第二节 《东方杂志》图书广告的文化背景 ………………………（360）

第三节 《东方杂志》广告概述 ……………………………………（366）

第四节 《东方杂志》图书广告文案 ………………………………（395）

第五节 系列书目广告文案 ………………………………………（414）

第六节 《东方杂志》图书广告营销策略 …………………………（425）

第七节 《东方杂志》图书的历史价值及启示 ……………………（432）

结　语 ……………………………………………………………（437）

下编 《东方杂志》研究文献索引（1955—2018）

《东方杂志》研究文献索引（1955—2018）……………………（441）

参考文献 ……………………………………………………（479）

后记 …………………………………………………………（493）

上编

专题研究

第一章　清末《东方杂志》(1904—1911)出版研究

第一节　绪论

　　《东方杂志》自创刊起便倾向于立宪，直至辛亥革命爆发，仍一直坚持着独立的宪政立场。1904—1911年间，《东方杂志》一直以"立宪"的办刊思想来指引着其出版，同时还承担起了启蒙国民的重任，并希望通过"联络东亚"的方式来开阔读者的眼界，进而学习、传播立宪的政治理念。

　　《东方杂志》充满了资产阶级爱国知识分子对国家前途命运的担忧。资产阶级爱国知识分子以强烈的爱国主义精神热切关注着中国领土主权的完整，尤其关注与本国主权相关事件，并积极寻求救亡图存之路，最终选择了宪政救国之路。同时，教育亦是宪政救国之路上不可缺少的主题。但《东方杂志》毕竟是商务印书馆旗下的一份商业性期刊，其奉行的是张元济稳健持中的改良派思想，故而在其内容的选取与编辑上更为审慎、理性，使其在清末各种势力的狂潮中，显得更为冷静。

　　"材料最富"、"价格最低"是《东方杂志》为自己树立的形象。

《东方杂志》在装帧、印刷、装订等技艺方面，比同期刊物均更为先进。与时俱进的封面设计、精良的装帧设计、应时的精美图画、高品质的用纸与印刷，这些均非常吸引读者。《东方杂志》依靠商务印书馆庞大的发行网络，使其可以便捷的传播至海内外更广阔的市场，成为同期同类刊物销冠亦是水到渠成。大量广告亦随发行量而纷至沓来，经济上的丰厚收入更能确保其在立场上的独立性，从而可以刊载更多具有独立观点的内容。

1904年3月11日（清光绪三十年·甲辰年正月二十五），《东方杂志》由商务印书馆在上海始创，历经草创期、黄金期、衰落期三个阶段，期间也曾有过三次短暂休刊，最终于1948年12月终刊，是新中国成立之前出版时间最长、历时最久的大型综合性期刊。其出版历程经历了清末新政、立宪运动、新文化运动、北洋军阀、南京国民政府、抗日战争、解放战争等一系列重要历史时期，跨越了晚清和民国两大时期，基本见证了这两个时期内的所有重大事件。该刊以观点客观理性、内容翔实丰富以及十分重视思想学术性著称，被称为"杂志的杂志"。《东方杂志》通过本社自撰、辑译论说、选录报章等栏目和方式，对各种类型事件进行了详尽的记述和分析评论，为后人研究中国近代史留下了大量史料，同时也对当时的知识分子、社会公众以及整个新闻传媒业造成深远的影响，称得上是记录时代发展以及特色化传播的经典。

《东方杂志》作为一份政论性期刊，主要通过汇集众家之言来体现其自身的政治理念，在晚清和民国时期的政治风云诡谲中一共坚持出版了共计44卷819号（期），横亘跨度近46年之久。运用现代商业经营策略，内容以丰富翔实与权威理性并重，凭借着"最富之材料"与"最低之价格"赢得了众多海内外读者的青睐，发行量一直稳居同时期同类刊物发行榜首。

兹对《东方杂志》自创刊至辛亥革命前这一时期（1904—1911）的出版进行深入研究，重点梳理分析《东方杂志》的办刊思想、主要内容以及装帧设计、价格、发行、广告等方面呈现出的特点，试图勾勒出《东方杂志》从创刊时的"选报"性质刊物迅速走向辉煌的黄金发展期的历程，挖掘出其办刊规律，为新闻史和新闻传播学研究添砖加瓦。[①]

由于《东方杂志》卓越的成就和其巨大的研究价值，学界一直对其青睐有加，甚至尚在发行期内时，《东方杂志》就被苏联学者伊文在其著作《中国与苏联》中称为"中国舆论大多数趋向的指示器"，同时也被著名报人戈公振先生在其著作《中国报学史》中誉为"杂志中时期最长久而最努力者"[②]。

《东方杂志》终刊以后，学界对其研究愈发精深。首先是对《东方杂志》的资料整理工作日臻完善，例如1957年，生活·读书·新知三联书店出版的《东方杂志总目》；而商务印书馆（台北）又从1971年起将《东方杂志》重新复印，并增编了总目以及索引等内容；上海书店也曾在20世纪80年代影印了大部分的《东方杂志》。在数字出版的今天，商务印书馆更是推出了《东方杂志》期刊全文检索数据库，实现了对杂志内容的全文检索，使得研究者可掌握第一手原文资料，为深入研究《东方杂志》提供了极大的便利，打下了坚实的基础。

再者，研究《东方杂志》的学术专著和论文成果颇为丰硕。学术专著方面，主要有三项相对比较重大的成果。一是1969年商务印书馆（台北）出版的《东方杂志之刊行及其影响研究》（中国台湾

---

① 齐水：《苏俄的中国研究与〈东方杂志〉》，《东方杂志》1925年第22卷第7期。
② 戈公振：《中国报学史》，上海古籍出版社2003年版，第6页。

学者黄良吉著），它是最早研究《东方杂志》的学位论文，主要从传播学的角度研究整个《东方杂志》，但仅仅以 10 万字的篇幅来考察 44 卷 819 期《东方杂志》，难免深度和精细度不够，且按历史时段对刊物进行分段概述的意味过重，另外对史实的叙述也多有不够严谨之处。二是 2006 年上海人民出版社出版的《宽容与理性——〈东方杂志〉的公共舆论研究》（洪九来著）一书，该书从现代舆论学角度深入解读了《东方杂志》，侧重对思想史的诠释与论证，科学严谨。另外还有 2010 年由商务印书馆出版的《"选报"时期〈东方杂志〉研究（1904—1908）》，该书以《东方杂志》的"选报"体例作为切入点，融入晚清报刊舆论的整体背景之中，切实感触刊物的真实情况，还原《东方杂志》"选报"空间的选择和建构过程。

纵览丰富繁多的论文成果，基本都是出于三个方面的研究，一是新闻出版文化角度，如研究杂志本身及其创办特色、编辑群体与《东方杂志》；二是思想文化角度，如对东西文化论战问题的研究、对《东方杂志》关注时局政治的研究、对其表现出的民族问题的研究；三是从《东方杂志》出发进而对某一问题的研究，如对西藏、教育等主题的研究，基本上是以《东方杂志》作为原始史料进行分析的。此外，还有些成果散见于一些回忆性文章以及《中国新闻事业通史》、《中国近现代出版史料》、《中国报学史》等书中。

综上所述，现有大多数学术成果，基本上是将《东方杂志》视为研究某一问题的原始文献，忽略了对《东方杂志》本身的研究，对其如何迅速成长为一份大型综合型期刊进行编辑出版系统研究的成果较少。兹以清末《东方杂志》（1904—1911）本身作为研究对象，研究其出版特色及办刊规律，作为对《东方杂志》研究成果的一个有益补充。

兹选取 1904—1911 年间的《东方杂志》为研究对象，具体是自

1904年3月创刊号始至1911年11月第八卷第九期止,期间共出版96期,其中包括一期增刊《宪政初纲》。

选取此时段的《东方杂志》作为研究对象是出于以下几点考虑:

1. 1904.3—1911.11是《东方杂志》第一个连续出版阶段,由于辛亥革命爆发,1911年11月第八卷第九期之后,《东方杂志》经历了一个短暂的休刊。

2. 1904.3—1911.11为《东方杂志》在清朝末期的发展阶段,辛亥革命爆发意味着清王朝走向了终结,这八年为清末时期,在历史背景上是一个相对完整的时间段。

3. 1904.3—1911.11这八年间,《东方杂志》经过孟森、杜亚泉的两次改良后,完成了从创刊时不成熟的"选报"刊物向成熟、权威的社会科学大型综合刊物的转型,且在这一时期内,《东方杂志》销量已从一份不成熟的刊物跃居当时同类刊物发行量之首,经历草创期后迅速进入了黄金发展期。

第二节 《东方杂志》(1904—1911)的创办与发展

一 《东方杂志》创刊

清朝末年,帝国主义加紧侵略中国,万分紧迫的民族危机刺激着中华民族积极寻求救亡图存之路。1894年的中日甲午战争以签订了丧权辱国的《马关条约》(1895年)宣告中国战败,而割地赔款的屈辱条款也引发了"公车上书"之举,揭开了维新变法的历史序幕。但是,宣扬"变法图强"的戊戌变法却遭到清廷守旧派的强烈反对,最终,1898年的戊戌政变宣告了资产阶级政治改良运动的彻底失败,但这场思想启蒙运动极大程度上刺激了中华民族的觉醒。

1900年,中国爆发了以农民为主体的反帝爱国的义和团运动,但帝国主义却以镇压义和团为由，集结八国联军入侵中国，浩劫北京，最终迫使清政府签订了丧权辱国的《辛丑条约》（1901年）。面对如此打击，清廷保守派不得不施行变法，于1901年成立了督办政务处，作为主持变法的主要机构，同时宣布实行"新政"。这次改良虽有一定成效，却终究不过是清廷的一块遮羞布而已。

西方列强在华势力的变化，导致了日俄战争（1904年2月）的爆发。日俄两个帝国主义国家为了争夺中国东北及朝鲜的相关利益，在中国领土及领海上点燃战火，此时清廷竟发布上谕曰："彼此均系友邦，应按局外中立之例办理"[①]，被迫正式宣告中立，至此，清政府的威信已跌至最低点。

一方面，千古国耻和民族危机强烈刺激着中华民族的觉醒，爱国的仁人志士们开始努力寻求救亡图存的路径。另一方面，清末中西文化的交流碰撞，新旧思潮的水火相激，各种思想启蒙和变法救国主张此起彼伏，出于对民族安危和国家命运的担忧，士人们在仕途不顺的情形下，以极大的精力和热情投入到了言论救国的潮流之中，因此政论报刊随即由此而兴。

在此时期，由改良维新派带领的办报活动引发了国人的第一次办报高潮。从1895年《马关条约》签订到1898年戊戌变法失败，短短的3年时间里，共计新办报刊约120种，平均一年有40种，这其中国人自办的报刊就占了4/5。[②]

1903年，商务印书馆总经理夏瑞芳提议"创办一种期刊杂志，以与社会各界通气联系，名称定为《东亚杂志》"，夏的用意在于创办一种综合性期刊来代表商务印书馆的品牌、树立商务印书馆的形

---

① 吴铁峰：《清末大事编年》，湖南大学出版社1996年版，第168页。
② 李彬：《中国新闻社会史》，上海交通大学出版社2007年版，第61页。

象,也是商务印书馆的经营策略。而"先生(张元济)附议",在张元济的规划下,这种经营策略转变为了一种文化创意。后为避免与德国驻沪领事馆办的德文版《东亚杂志》同名,改称为《东方杂志》,并于1904年3月11日(清光绪三十年·甲辰正月二十五)正式创刊,定为月刊,并以"启导国民,联络东亚"作为办刊宗旨。

《东方杂志》"略仿"日本《太阳报》及英美两国《Review of Review》(《评论的评论》)的体裁。除了本社撰译的论说、广辑新闻外,同时还选录了各种官民的每日报、双日报、七日报、旬报、月报、名论要件中的文章,并将搜罗宏富、选择精审的稿件分门别类归入社说(选论来稿附)、谕旨、内务、军事、外交、教育、财政、实业、交通、商务、宗教、杂俎、小说、业谈、新书介绍十五个栏目,使得"有志之士欲检查时事者得此可免抄录之繁",亦可使"内地人士无力遍阅各报者得此亦足周知中外近事"。① 1911年杜亚泉进行"第二次改良"之前,《东方杂志》为大32开,每期约二百五十页,共约十五万字,另加精美图画约十幅,用洁白洋纸洋式装钉,而改良后的纸张大小为16开,篇幅增至二十万字。

商务印书馆缘戊戌维新而起,故其深受维新思潮的浸润是显而易见的。此外,民族资本主义企业为求自身的发展,更加需要稳定的社会环境,因此商务印书馆更倾向于和平立宪。张元济因戊戌政变被"革职永不叙用",后加入并主持商务出版事务,奉行的便是稳健的文化救国之路,其创办的《东方杂志》无疑体现着自称"戊戌变法孑遗"的改良思想。在商务印书馆的背景与张元济个人的际遇两方面的综合影响下,《东方杂志》在辛亥革命前一直都是份色彩鲜明的立宪刊物。

---

① 《新出东方杂志简要章程》,《东方杂志》1904年第1卷第1期。

二 《东方杂志》的发展历程

《东方杂志》自 1904 年 3 月创刊，至 1948 年 12 月终刊，共出版发行了 44 卷 819 期，时间跨度近四十六年之久。期间曾被迫三次短暂休刊，其中后两次皆是由于日本侵华战争而被迫暂时休刊。

第一次休刊：1911 年辛亥革命爆发，一方面由于上海局势混乱，交通受阻，另一方面则因为《东方杂志》此前一直宣扬的君主立宪主张受到了辛亥革命胜利成果的巨大质疑，陷入了对时局的迷惘中，致使杂志的东家商务印书馆决定暂时休刊。杂志于 1911 年 11 月 15 日出版了第八卷第九期后休刊，直至 1912 年 4 月 1 日复刊，休刊共持续了三个半月。

第二次休刊：1932 年"一·二八"事变爆发，总厂、编译所、涵芬楼、东方图书馆等遭到轰炸，商务印书馆遭受重创，《东方杂志》编排工作也被迫暂停。1932 年 2 月 1 日出版第二十九卷第三期后休刊，1932 年 10 月 16 日复刊，休刊长达八个半月。

第三次休刊：1941 年太平洋战争爆发，香港被日寇攻陷，时在港出版的《东方杂志》被迫再次休刊。1941 年 11 月 15 日出版第三十八卷第二十二期后休刊，1943 年 3 月 15 日在重庆复刊，休刊长达十六个月之久。

《东方杂志》的四十五年发展历程可大致分为草创期、黄金期、衰落期三个阶段。

草创期：第一卷至第七卷（1904.3—1911.2）。此时期为《东方杂志》"选报"阶段，每期除本社撰译论说，广辑新闻外，主要精选各大报章杂志文章刊载，为名副其实的文摘类刊物，但在"选择精审"的背后亦保留了巨大的舆论话语空间，表达着杂志的改良主义立场与态度。

黄金期：第八卷至第三十八卷（1911.3—1941.1）。此时期《东方杂志》历经多次改革，由草创期的文摘刊物逐渐成长为一份权威的社会科学大型综合刊物，发行量居同期同类刊物之首，为杂志界之重镇。

衰落期：第三十九卷至第四十四卷（1941.2—1948.12）。由于经济及政局多方面影响，《东方杂志》质量整体呈下降趋势，编辑水平、稿件水平、印刷质量等各方面远不能与黄金时期相比肩，这一时期《东方杂志》走向衰落，终至1948年12月停刊。

第三节 《东方杂志》创刊人、主编及其出版思想

《东方杂志》从创刊到因辛亥革命爆发而第一次休刊，完成了自草创期向黄金期的发展过渡。《东方杂志》从创刊号到第七卷第十二期均属于文摘性期刊，而第八卷第一期（1911年3月）起逐渐转型为社会科学大型综合刊物。《东方杂志》一直在努力经营着自己"材料最富"的形象，在报章的取材上视野广阔，所刊内容包罗万象，几乎无所不包，同时对于重点问题给予全面、客观、公允、持中的记录。在1911年杜亚泉进行的"第二次改良"前，杂志每期约二百五十页，十五万字，另加精美图画约十幅，改良后的篇幅更是增至每期二十万字。《东方杂志》以其海量、精粹、全面、权威的信息被誉为中国近代史的"资料库"，这与杂志的领航者张元济及具体主持出版工作的主编们的审时度势和精审严谨是密不可分的。

一 张元济：稳健的文化救国之路

在深重的民族危机面前，拥有治国平天下抱负的志士仁人们纷纷积极寻求救国之路，张元济亦不例外。张元济（1867—1959），字筱斋，号菊生，浙江海盐人。他关心时务、西学，积极探求救国之

图 1-1 创刊人张元济

良方,曾组织成立"通艺学堂",冀图通过教育救国。他参与了维新变法,但在戊戌政变后被"革职永不叙用"。虽然被迫脱离了仕途,但传统士人的扶危济世思想依在,其创办的《外交报》希图"裨益时局启发民智"。后于1902年接受商务印书馆经理夏瑞芳的邀请,正式加盟了商务印书馆,历任编译所所长、经理、监理及董事长等职。王云五曾经说:"商务印书馆之始改面目,由以印刷业为主,进而为出版事业,而其成为我国历史最长之大出版家者,实始于张君之加入。"[①] 张元济虽然实际上并非《东方杂志》的主编,但其一直从出版思想上,宏观上指导着这份商务馆最重视的杂志,而众多后人的回忆也证实了张元济为《东方杂志》创刊人的身份。[②]

民族危机空前严重的清末时期,爱国志士纷纷寻求救亡图存之路。参与过维新变法的改良派人士张元济于此时创刊了《东方杂志》,以宣传其倾向于以君主立宪方式来挽救国之危亡的主张。

在张元济及各时期主编的励精图治下,以及清末各派政治势力争斗的形势下,《东方杂志》作为一份政论性刊物,发行不久便居于当时同类刊物销数之首,迅速进入了发展的黄金时期。

张元济奉行的是稳健的文化救国之路,他希望能通过循序渐进

[①] 王云五:《商务印书馆与新教育年谱》,商务印书馆(台北)1973年版,第57页。
[②] 顾廷龙:《回忆张菊生先生二三事》,见商务印书馆编辑部编《商务印书馆九十年》,商务印书馆1987年版,第14页。

的努力，力求开启民智，进而达到使中国脱困富强的最终理想。张元济的文化救国方案，与立宪派的和平改革、开启民智、避免流血革命的救国观念正相契合。[①] 故而辛亥革命之前的《东方杂志》一贯积极主张和支持立宪，是一家重要的立宪派刊物。

张元济对《东方杂志》的指导与决策体现在多方面。一者《东方杂志》的大改良就是由于张元济在环游世界期间，意识到向西方学习的紧迫性，回国后在连续两期杂志上（第八卷第一、二期）发表《环球谈荟》，随后便有了《东方杂志》的大改良（杜亚泉主编时的"第二次改良"），力图吸收西方先进的办刊理念。二者张元济历来主张采用新式机器进行刊物的生产制作。在《东方杂志》创刊时，就已经完成了与日本金港堂的合资，开始采用西式书籍装订机械和照明制版等设备，每期杂志均附有铜版照明彩印的封面，并采用白楷纸双面印刷，而此时其他的期刊基本上还都是单面对折的线装本。三者辛亥革命大潮来临之时，《东方杂志》宣称因"交通阻断"而休刊，但事实上其中更重要的原因是在革命大势前，杂志需要改变其原有的清末立宪的立场，因此张元济决定暂时停刊。[②]

二 徐珂：博取广裁 选摘佳文

1904.3—1908.6是徐珂主编《东方杂志》的"本社同人"阶段。

《东方杂志》创刊号上"新出东方杂志简要章程"中的第六条明确提出了"本社同人"的概念，即类似于《东方杂志》编辑部，但在本阶段，《东方杂志》未曾载登编辑者。关于其首任主编是徐珂、蒋维乔、恽铁樵、夏曾佑还是日本人，各家观点不一。

---

① 史春风：《商务印书馆与中国近代文化》，北京大学出版社2006年版，第40—41页。
② 谢慧：《张元济与〈东方杂志〉》，见乔万敏、俞祖华、李永璞主编《中国近现代史史料学国际学术讨论会论文集》，新华出版社2005年版，第269—278页。

图1-2 主编徐珂

但以上观点中,徐珂为首任主编最为可信,也是学术界比较通行的说法。另外,1934年1月,《东方杂志》第三十一卷第一号(《东方杂志》三十周年纪念号)卷首"东方画报"刊出一组题为"东方编者"的照片,列出了"本志三十年来之主编及现任编辑",关于前主编共提及三人:徐仲可先生、杜亚泉先生、钱智修先生,如此,可确认徐珂为《东方杂志》首任主编。

关于"本社同人",笔者综合各家考证,认为丁文所著《"选报"时期〈东方杂志〉研究(1904—1908)》中所定义的三个层次的"本社同人"比较全面真实:"核心层为商务编译所的领导者如张元济、高梦旦,他们从总体上来把握《东方杂志》的整体定位及办刊思路,并对具体的编务工作进行监督和审定;中间层为主编徐珂,由他负责《东方杂志》具体的编辑工作,包括从众多报刊之中选择可供各栏目转载的论说,以及将核心层意愿具体地贯彻融合到刊物的面貌之中。基层则包括编译所的众多成员,如夏曾佑、蒋维乔、长尾雨山等,他们会不固定地担任一些《东方杂志》的编辑工作和撰写'本社撰稿'。此外,还有一批身在馆外,并不负责刊物编辑,只是因受邀参与'本社撰稿'写作的一批人,例如以汪允宗为代表的一众馆外人士。"[①]

---

① 丁文:《"选报"时期〈东方杂志〉研究(1904—1908)》,商务印书馆2010年版,第71页。

这一时期的《东方杂志》属于资料汇编性的选报，从其撰写与辑录的大量社评内容中，完全能透见其改良派立场，为立宪政治摇旗呐喊。但在1906年清政府正式下诏预备立宪前，《东方杂志》并未大肆鼓吹立宪，只是由日俄战争等引申到立宪，这是由张元济的审慎决定的。清政府宣布预备立宪后，《东方杂志》才开始大量刊载立宪的社论文章等。

《东方杂志》自创刊（1904年）至第二次改良（1911年），"分门别类"辑录报章上的权威纪事、文章等，这一阶段的"分门别类"之门与类是参照清政府官署衙门的工作名号而分设的。这一时期有15类栏目：一、社说（选论来稿附）；二、谕旨；三、内务；四、军事；五、外交；六、教育；七、财政；八、实业；九、交通；十、商务；十一、宗教；十二、杂俎；十三、小说；十四、业谈；十五、新书介绍。① 1904年至1908年孟森进行第一次改良前，《东方杂志》是按照章程中的栏目情况编辑出版的。自第一卷第一期（1904.3）至第五卷第六号（1908.7），其间出版的55期，除"社说"、"谕旨"两类栏目固定出现外，其余栏目根据内容多寡于当期取舍。除文字外，《东方杂志》于每期目录前均刊有10幅左右精美图画，大都与当时的社会热点相关。

三 孟森：政治家办刊 鼓吹立宪

1908.7—1909.2是孟森主编《东方杂志》的"第一次改良"阶段。

《东方杂志》的原本目的是"为搜罗有关系之文牍备久远保存之用，然不载新闻，专计久远"，体裁和官报相冲突，且"罗列新闻

---

① 《新出东方杂志简要章程》，《东方杂志》1904年第1卷第1期。

又嫌事过情迁",不如日报对新闻反应迅速、有效,故而1908年,孟森对《东方杂志》进行第一次改良。

1908年《东方杂志》第五卷第六期目录之后紧随一则"本杂志广告":"从下期起重定体例,大加改良,以答海内外诸君子垂注本杂志之雅意。"

1908年第五卷第七期的版权页上开始署名编辑者"阳湖孟森",《东方杂志改良凡例》详细列明了新的体例,列记载类第一、法令类(包括谕旨、法律命令等)第二、调查类第三、言论类第四、杂俎类第五、文苑类第六、小说第七、各表第八,后编辑过程中发现某些重要事情归入"大事记"有所不妥,然而舍去又极为可惜,故自1909年第六卷第三期起,《东方杂志》适时调整,新加了"记事"一栏,专门"择其人人注目而又确实可信者"列入记事栏[①]。与之前相较,除杂俎、小说仍保留外,余下栏目皆为重新设立。最显著的一个变化就是取消了之前无所不谈的"社说"栏,代之以专门的"记载"栏,该栏的重头戏就是由孟森主笔的《宪政篇》。由此,标志着进入了以孟森为核心的第二期宣传立宪时期。

孟森(1868—1937),字莼孙,江苏武进人。日本东京法政大学学习法律,后参与成立预备立宪公会,为会刊《预备立宪公会报》主要编辑。应张元济之聘主持《东方杂志》,主笔"记载"栏中的《宪政篇》。

后因忙于请愿活动而辞去主编职务,自第七卷起由杜亚泉开始

---

① 《东方杂志》1909年第6卷第3期,"本社特别广告":"本杂志向以大事记冠首,凡中外重要之事无不备载,然亦有事非重要而或属内政或涉外交,要为全国臣民所不可不留意者列大事记,中固嫌不类若径行删削,使阅杂志者几不知有此等事,非编辑员之所安也,故于本期起添列记事一门,择其人人注目而又确实可信者悉列入焉,大雅宏达或亦有取于斯,此外各门亦小有增减以无关宏旨,不复琐述。"

第一章　清末《东方杂志》(1904—1911)出版研究　　　17

主编，但孟森依然主笔《宪政篇》。1909年5月，孟森当选为江苏省咨议局议员，同年秋被派往东北各省考察宪政，第六卷第八期至第十二期《宪政篇》也因此停刊，第六卷第八期版权页上专门刊出"本社特别广告"："本杂志宪政篇撰述人孟莼孙君被选为江苏咨议局议员，现当开局伊始，已前往江宁，无暇撰述，故此期宪政篇暂行停刊"，可见孟森的宪政文章在这一时期《东方杂志》上的重要地位。

图1-3　主编孟森

四　杜亚泉：渐进启蒙文化思想

1909.2—1911.9是杜亚泉主编《东方杂志》的"第二次改良"阶段。

自1909年第六卷第三期起，《东方杂志》版权页上的编辑者由"阳湖孟森"改为"华阳陈仲逸（杜亚泉笔名）"，开始了杜亚泉主编时期，在此阶段，《东方杂志》完成了由草创期向黄金发展期的进化。

1910年《东方杂志》第十二期刊登了一则"辛亥年东方杂志大改良"通告，告示中说："兹于今春，扩充篇幅，增加图版，广征名家之

图1-4　主编杜亚泉

撰述，博采东西之论著，萃世界政学文艺之精华，为国民研究讨论之资料，藉以鼓吹东亚大陆之文明，大餍足读者诸君之希望。"1911年推出的《东方杂志》（第八卷）以其全新的面貌呈现在了广大读者面前。这次"大改良"，是《东方杂志》整个出版历程中变化幅度最大的一次，也是《东方杂志》从草创期进入成长期的一个重要标志。

就体例变化而言，原先按清政府官署衙门工作名号而分设的栏目统统被取消，刊首的"谕旨"栏也被删除，代之以近代学科——文学、哲学、工业、商业、理化、博物——的分类方法，并不再列栏目名，而直接以文章名称出现，内容涉及所有学科门类。《东方杂志》原先以辑录时论与官方文牍见长，属于"选报"性质，而新的版面除以"内外报栏"的方式保留了小部分摘要内容之外，开始大量刊发各种署名的文稿。另外，版式由原先的32开改为16开，字数大大增加，每期近20万字，并且采用当时最为先进的铜版、三色版等技术，插登各类图片资料，增加了可读性。

《东方杂志》在"大改良"之后获得了较大的成功，销量增至"一万份以上，打破历来杂志销数的纪录"。[①]《东方杂志》也成长为一份名副其实的"杂志"，并且奠定了其后几十年间的基本刊风，这些成就的取得离不开杜亚泉的努力。

杜亚泉（1873—1933），原名炜孙，字秋帆，亚泉为其别名，浙江绍兴人。他早年广涉各种新学，尤其专攻数理化博物方面的知识。后在上海创办亚泉学馆，还创办了近代中国人最早自办的一份科学

[①] 章锡琛：《漫谈商务印书馆》，见商务印书馆编辑部编《商务印书馆九十年》，商务印书馆1987年版，第113页。

杂志——《亚泉杂志》，专载数理化方面的文章。1904 年，受张元济之聘进入商务。

《东方杂志》刚创刊时，就发表了他的《物质进化论》、《伦理标准说》等重要论文。杜亚泉主编《东方杂志》前后近十年，此间他以"伧父"、"高劳"、"陈仲逸"等化名以及本名写下了大量的时评与论文，计有 300 多篇，基本上每期都有他亲自译撰的文字，有时一期中会出现 10 多篇[①]，可见其对《东方杂志》用心之良苦。

表 1 - 1　　　　　清末《东方杂志》栏目一览

卷数	主编	刊期	版式	篇幅	主要栏目设置
1 卷 1 期—5 卷 6 期 1904.3—1908.6	徐珂	月刊	大 32 开	15 万	社说、时评、谕旨、内务、外交、军事、教育、实业、财政、商业、丛谈（每期略有不同）
5 卷 7 期—7 卷 12 期 1908.8—1911.1	孟森	月刊	大 32 开	15 万	记载、法令、记事、调查、言论、文苑、各表、小说、杂俎（每期略有不同）
8 卷 1 期—8 卷 9 期 1911.3—1911.11	杜亚泉	月刊	16 开	20 万	社说、外事、学术、科学、文苑、小说、内外时报、中外大事记、各表

第四节　"立宪"的办刊思想

一　办刊宗旨：启导国民　联络东亚

清末，《东方杂志》以"启导国民，联络东亚"为宗旨，对外主张联日抗俄，文明排外，对内进行政治改革，冀图和平的立宪救国之策。《东方杂志》决策者及"本社同人"团体是主张君主立宪并实际参与宪政活动的改良派，《东方杂志》是这群爱国仁人反对专

[①] 洪九来：《宽容与理性：〈东方杂志〉的公共舆论研究（1904—1932）》，上海人民出版社 2006 年版，第 43—44 页。

制、为宪政发声的重要舆论阵地，其所选录及撰写的文章一直关注着宪政发展的情势。

《东方杂志》创刊号《新出东方杂志简要章程》中的第一条便明确了《东方杂志》以"启导国民联络东亚"为宗旨。[①] "启导国民"在于对国民的知识启蒙教育，提高民智、民力，使民众具备自治能力，水到渠成实现自下而上的政治改革，而要实现目的，第一任务是普及教育。"联络东亚"既是指的密切关注本国国情，兼之时刻把握国际动态，目的是使传统的中国走出原有的封闭格局，进而融入到整个世界的格局之中。《东方杂志》"联络东亚"宗旨的设定，除了受到中国当时学习日本明治维新、"联日拒俄"以及视"黄种"为一体的认识情感及现实情况等因素的影响外，也与当时商务印书馆的办刊经营受到了日方的投资赞助有关。

启导国民：知识启蒙。《东方杂志》主张宪政救国，为走通这条救亡图存之路，自觉担负起了知识启蒙的重任。《东方杂志》对于国民的知识启蒙，一方面表现在对教育的关注上，另一方面是对西学内容的传播上。关于教育的内容，本文第四章第二节有详细论述，故在此主要讨论《东方杂志》通过传播西学对国民的启蒙上。

辛亥革命爆发前，《东方杂志》的办刊目的是"改良立宪"，主要致力于宣传立宪相关内容。对于传播西学，并没有明确具体的西学传播观念作指导，而是仅凭着开启民智的使命感，在传播西学的道路上摸索前进着。具体西学传播方面只停留在了浅层次的介绍上，主要是介绍西方的民主观念、政治思想、新式教育，翻译外国小说以及西文的自然科学等方面，对应文章的数目和比例都比

---

① 《新出东方杂志简要章程》，《东方杂志》1904年第1卷第1期。

较小。① 直至 1911 年,《东方杂志》进行了大改良之后,从第八卷第一期(1911 年 3 月)开始专门增加《科学杂俎》一栏,以介绍西方的最新科技发明为主要内容,《东方杂志》的西学传播开始进入了发展期。

西方政治思想的传播。辛亥革命前,《东方杂志》坚持的是宪政立场,其所刊载的文章也自然会为这个立场言说,故而对于西方宪政思想的传播始终是《东方杂志》西学传播的主要内容。如最先刊录《论中国必革政治始能维新》一文,进而连载了日本长尾雨山的《论变法之精神》、《对客问》以及《论朝廷欲图存必先定国是》等宣传立宪变法的文章,使得《东方杂志》在论述建立君主立宪必要性的同时,也将西方相关的政治思想传播到了中国。

西方民主观念。虽然君主立宪改革最终在中国失败了,但是《东方杂志》所宣扬的民主思想和西方文明的道德观,实际上在"开启民智"方面取得了巨大的成就。《东方杂志》认为西方社会是文明之社会,"凡百措施,秩序不紊……其博物馆、图书馆、制造厂,其剧场、其公园璀璨辉煌",并倡导中国应学习西方文明之新道德来谋求进步。

新文学。《东方杂志》自创刊起就设有"小说"这一栏目,一直都有连载小说发表。至辛亥革命之前,《东方杂志》总共刊载小说 20 多部,其中大多为翻译的外国小说,且不乏名家名译名作,如《天方夜谭》、《忧患今生》(俄高尔基,吴梼译)、《荒唐言》(林纾译),以及《侠黑奴》(日尾崎红叶)等作品。虽然数量上不算太多,但其所选的作品均具有浓郁的现代小说味道,这也使得《东方杂志》成了清末民初时期文学改良的重要阵地之一。

---

① 朱涵:《〈东方杂志〉专刊、纪念号研究》,硕士学位论文,辽宁大学,2010 年。

西方自然科学。自第六卷第五期（1910年6月）起，《东方杂志》新增加了"新知识"一栏，该栏目时有时无，通常都位于刊尾，主要以介绍西方自然科学知识为主。如《理科小识》、《电气之返老还童》等文章，以科普性、趣味性为主。从总体上看，这个栏目对普通民众的科学启蒙起到了一定的作用。

综上，由于创刊初期的《东方杂志》是支持立宪的，因此在前期使用了大量篇幅对西方的君主立宪制度进行介绍和传播，但在1906年清廷的"预备立宪"之后，《东方杂志》也慢慢地看清了在中国实行立宪制度的虚妄和不切实际，及时地调整了对西学传播的方向，继而转向了广泛的介绍资产阶级的民主思想，辅之对西方教育、自然科学和文学等多元化传播，凭借这几方面，《东方杂志》实际上成为清末"开启民智"的重要刊物。①

联络东亚：学习立宪。创刊时《东方杂志》就把"联络东亚"作为两大办刊宗旨之一。创刊号上的四篇社说：《论中日分合之关系》（别士）、《论中国责任之重》（闲闲生）、《论中国民气之可用》（崇有）、《对客问》（日本长尾雨山），均在强调"亚欧之荣落，黄白种之兴亡，专制立宪之强弱"，悉取决于日俄战争之结局，以及中国在亚洲责任重大，应振奋民气，强我华种，与日本联手，共同承负起振兴亚洲黄种的使命等主张，由此可以看出《东方杂志》当时欲联合日本抵制西方的倾向。

1903年10月，商务印书馆完成了与日本当时最大教科书出版商金港堂书店的合资，日方向商务印书馆共注资10万元。此次合资使商务印书馆得到了雄厚的经济支持和最先进的印刷技术及设备，这

---

① 潘晓婷：《从传播立宪开始的上下求索——试论1904—1911年的〈东方杂志〉所作出的西学传播努力》，《新闻传播》2009年第10期。

对于当时正处于发展初期阶段的商务印书馆来说，无疑是极其重要并且及时的发展机遇。而与日本该书店的这层特别的关系，也正是《东方杂志》把"联络东亚"作为其办刊指导思想的一个重要现实因素。

"联络东亚"的宗旨贯穿于《东方杂志》各栏目设置和内容选取之中。以创刊号为例，在栏目设置上，专设了一个"外交"栏目，用以刊登中国及世界各国的邦交政策，接下来的"世界大事记"、"世界调查录"、"世界时事汇录"等栏目也是孟森任主编时期杂志的重要特色之一。在内容选取上，创刊号总共94篇文章中，涉及国外相关的就有15篇之多，例如有关于中国与别国关系的论说"中外交涉汇记"、"论中日分合之关系"等，另外还有对于国外战事的关注，如"日俄交涉决绝始末"、"日俄宣战情由"、"明治三十六年日本大事记"等文。

《东方杂志》对国外时局、战事的介绍，对西方先进科学文化知识传播的努力开拓，这对于帮助广大青年学子了解西方、学习西方，开拓眼界，促进思考，进而为中华民族的振兴而建言献策起到了巨大作用。

1911年大改良后的《东方杂志》，又提出一条新的指导思想——"鼓吹东亚大陆之文明"。《辛亥年东方杂志大改良》通告中写道："兹于今春，增加图版，扩充篇幅，广征名家之撰述，博采东西之论著，萃世界文艺政学之精华，作为国民讨论研究之资料，藉以鼓吹东亚大陆之文明，大餍读者诸君之希望。"这一新的旗号从更深的思想层面上表达了该刊的世界观、文明观。

二　办刊思想：独立的宪政立场

《东方杂志》自始至终一直保持着自己独立的宪政立场，抨击顽固派散布的中国没有立宪资格的论调，但与此同时对清政府的虚伪伎俩也时刻保持着清醒的认识，在晚清政潮中既充分表达了自己渐进变革的主张，又没有沦为清朝政府的"帮闲"工具，保持了其思想的自由和独立的品格。①

《东方杂志》作为一份政论性期刊，支持宪政的立场自创刊起一直坚持到辛亥革命爆发，在其编辑出版过程中，时刻关注着宪政形势的发展，为宪政救国奔走呼号，其创办者及编辑群体也亲身参与了宪政实践活动。创刊伊始，《东方杂志》并未直接过多地言及立宪，而是采取了比较温和委婉的手法，将其观点隐含在了"论说"栏目之中。如创刊号中选录了《论中国必革政始能维新》一文，文中直截了当地指出清政府当时所施行的一切的所谓的"新政新法"，诸如设立京师大学堂、奖励农工、保护商人，以及实行财政改革等等，"皆无裨于今日之大局，无救于当日之危局"②。文章认为，西方国家的政体是以人民为国家的主人，政府为人民的奴仆，而中国则是以皇帝为国家的主人，而百姓等同于"奴隶犬马"，明确指出"中西之政体截然不同"才是中国积弱不振的根源。因此，中国的改革核心在于政体之变革，其他一切细枝末节的改革根本是隔靴搔痒、无济于事，其意已经是在为立宪政体言说。

爆发于《东方杂志》创刊前一个月的日俄战争，客观上加速了"立宪"的进程。战争于1905年9月5日以日本的胜利而告终，也被认为是日本代表的立宪政体打败了俄国的专制政体。在战争结束的前夕，第二卷第六期（1905年7月）《东方杂志》首次在其"社说"栏中刊载了篇章名称中含有"宪政"字样的选论文章——《论

---

① 洪九来：《宽容与理性：〈东方杂志〉的公共舆论研究（1904—1932）》，上海人民出版社2006年版，第79—81页。
② 《论中国必革政始能维新》，《东方杂志》1904年第1卷第1期。

日胜为宪政之兆》（录乙巳四月十八日《中外日报》），明确表明对宪政的赞同与支持。

1905年12月，清政府正式派载泽、徐世昌等五大臣出国考察宪政，《东方杂志》对此举极为高兴、深表欢迎，并指出此举将会"取列邦富强之精髓，以药我国垂危之痼疾。盛哉斯举，我国自立之权舆，吾国人莫大之幸福欤！"①

在1906年9月清政府宣布预备立宪之前，立宪之声日益高涨，从《东方杂志》论说中也可见一斑。《东方杂志》第二卷第十一期（1905年12月）社说中刊载了"本社撰稿"的《中国未立宪以前当以法律偏教国民论》、《立宪私议（对于多数愚民以立言）》，第二卷第十二期（1906年1月）社说中还刊载了"本社撰稿"的《论立宪与教育之关系》，文中指出"朝野上下如梦初醒，知20世纪中，无复专制政体容足之余地"②，第三卷第三期（1906年4月）社说中刊载了"本社撰稿"的《论立宪当有预备》。清政府既出于消弭"暴民"动乱，又要"附从多数立宪之心"，不得不于1906年9月颁布上谕，仿行宪政。紧接着，1906年10月，《东方杂志》第三卷第九期社说中刊载了"本社撰稿"的《论立宪预备之最要》。

在清政府宣布预备立宪后，至皇族内阁成立之前的这段时期，《东方杂志》一直都在不遗余力地宣扬立宪，使用大量篇幅宣扬立宪的必要性、官制改革、教育和地方自治，并于清政府开始预备立宪当年（1906年）年底临时编辑出版了增刊《宪政初纲》，"凡此次立宪之事实论议，其荦荦大者，略具于是，开卷即得"，并且"未知其事者可得其涯略，已知其事者，可留备检查"，以此为"立宪之一

---

① 觉民：《论立宪与教育之关系》，《东方杂志》1905年第2卷第12期。
② 同上。

助"。① 这是《东方杂志》所出的第一份增刊,详尽地汇集了当时立宪活动的主要文件以及相关舆论,足见《东方杂志》对立宪之备受鼓舞。

在接下来的几年里,《东方杂志》的主要内容就是围绕"立宪"问题而编辑的,几乎可以说是一部完整的立宪实录。② 从1908年第7号开始,《东方杂志》还"重订体例,大加改良",增加了由孟森主编的《宪政篇》一栏,内容既包括清政府关于立宪方面的谕旨,又有各省的立宪筹备活动,更有国内各个思想派别的立宪言论与主张。这些内容均以《谕旨》《记载》《大事记》等形式予以报道。《东方杂志》与立宪运动的关联从此更为深入。③

然而不久,随着清政府逐渐暴露出来其假立宪之名、行专制之实的真实面目之后,《东方杂志》对其的抨击也日愈激烈。1906年11月6日,清政府新公布了新官制案,随后实行了官制改革,但实质上除了增减了几个衙门,更换了几个名目,新加了一个邮传部之外,其余一切均"着照旧行"。面对清政府如此所谓的"立宪改革",《东方杂志》从第四卷的第二期起,陆续发表了《论政府中央集权之误》(上、下)、《论中央集权》《论国朝政府之历史》一系列文章,痛陈中央集权的各种弊害,并强调在此"外患之殷,远逾于辽夏,内而伏莽遍地,时时蠢动"强邻环伺的情势下,若仍坚持现行的体制,"一旦有警,疆臣束于律令,而不敢有分外之谋,权臣又囿于见闻而所不及,未能应机以措置。其始于两相观望,而终于两相推诿,则天下之大事去矣!"④

---

① 《刊印宪政初纲源起》,《东方杂志宪政初纲》1907年第3卷第13期。
② 洪九来:《宽容与理性:〈东方杂志〉的公共舆论研究(1904—1932)》,上海人民出版社2006年版,第79—81页。
③ 史春风:《商务印书馆与中国近代文化》,北京大学出版社2006年版,第46—47页。
④ 蛤笑:《论中央集权》,《东方杂志》1907年第4卷第8期。

然而清政府并不为立宪派的这种呼声所动,其接下来的种种倒行逆施反而更加有悖于宪政的精神。针对此种情形,《东方杂志》对清政府"立宪"的虚伪更是倍加指责:"近年以来,政府所恃以明召大号,为中兴之具,安反侧之心者,岂不曰立宪问题哉。""然而自去年宣布立宪后,各种之风潮,非常之惨剧,皆相随而至,不特为立宪诸国所未闻,抑亦为开明专制国所未有。由是观之,政府之于专制,乃取其实而不欲居其名也,于立宪,则用其名而惟恐蹈其实。"① 一语道破了清廷假立宪的真实面目。

面对清王朝的种种倒行逆施,《东方杂志》仍未放弃立宪的希望。到了1911年清王朝的最后一年,其《辛亥年东方杂志之大改良》的通告中仍还在极力的宣扬宪政,"国家实行宪政之期日益迫近,社会上一切事物皆有亟亟改进之观。"此次号称"随世运而俱进"的杂志改良,仍把追随"宪政"作为刊物进行改良的核心支撑。

1911年的5月间,清廷正式颁布立宪谕旨,命令奕劻等人组织内阁,皇族内阁粉墨登场,这下彻底暴露了清政府假意立宪的虚伪与荒谬。此时的《东方杂志》立即发表文章,对清政府的欺骗行为进行了深刻的揭露:"使亲贵执政,为我责任内阁之特别关系。其在政治上法律上当如何处理,固之最大疑问也。宪政国例无皇族担任内阁总理者,同责任不宜加诸皇族之故。"② 同时指出,日本在组成内阁之前,就已经没有亲王参与政事了,并号召我国也理应如此。此后《东方杂志》所选录的文章中,也一反往时较为含蓄平和的态度,对清政府颁布的行政、教育、厘金等多项制度也多有指责。

在宣扬立宪的同时,《东方杂志》对于国会请愿运动,也给予了

---

① 《论国民之前途及救亡之责任》,《东方杂志》1907年第4卷第9期。
② 盈之:《论责任内阁制人民与政府两方面之误解》,《东方杂志》1911年第8卷第5期。

重点关注,并对成立国会之事心急如焚:"今天下聚精会神,所欲当以自效者,惟有早开国会以为正当之负担,共救此遭风之舟。此不获请也,尚何宪政之足言?"① 清廷终于在 1908 年 8 月颁布了《钦定宪法大纲》,宣布以九年为期,届时召开国会。《东方杂志》虽认为此大纲"延期较长",但是可以使"官吏士民,从此有措手之地,克期以效,舍此安所从事",也就无可奈何地接受了这个结局。此后的《东方杂志》宪政篇中加入了"按年胪列钦定筹备事宜为纲,而按月汇其成绩"②,即把及时反映与报道各地宪政筹备的情况,以及督促宪政实施,作为了出版工作的主要内容。

总而言之,对于清政府实行的立宪方案,《东方杂志》也曾为之焚香祷祝,但现实中清政府的实际行动,却使其殷切希望变成了更加深切的失望。与此同时,《东方杂志》一直支持的各地组建咨议局以及国会请愿运动最终也均以失败而完结。随着立宪派期冀的日渐幻灭,《东方杂志》对清政府假立宪、真专制的抨击也变得逐渐激烈起来,其思想认识其实也悄悄地发生了变化。③ 到了 1911 年第八卷第九期时,出版日期一改往昔,不再使用清朝皇室年号纪年,而是使用了"辛亥年九月二十五日"的新纪年,表示其对即将到来的革命有了一定的思想准备。

第五节 《东方杂志》主要内容及其审慎理性

面对清末严重的民族危机,素有"以天下为己任"责任感的中国仁人志士,都以强烈的爱国主义精神密切关注着中国的前途与命

---

① 心史:《宪政篇》,《东方杂志》1910 年第 7 卷第 4 期。
② 孟森:《宪政篇》,《东方杂志》1908 年第 5 卷第 9 期。
③ 史春风:《商务印书馆与中国近代文化》,北京大学出版社 2006 年版,第 52 页。

运,并积极为中国重新走上强国之路而努力探寻,《东方杂志》知识分子群体亦是其中的积极倡导者与探寻实践者。但《东方杂志》毕竟是商业性期刊,外加张元济奉行的是稳健的文化救国之路,《东方杂志》对国家命运的担忧及对国家前途的探寻在文字表达上亦更加冷静与审慎,这一点也体现在其对杂志内容的编辑原则上。

一 强烈的爱国主义精神与对救亡图存之路的探索

《东方杂志》的知识分子群体以强烈的爱国主义精神,向中国民众传达着当时中国大地上所发生的大事,并通过编辑技巧冷静地表达着自己的观点,通过汇聚言论与事实,探求着中国的未来之路。

(一) 强烈的爱国主义精神

清末,中国被帝国主义肆意瓜分,领土与主权问题是爱国志士仁人关注的热点与敏感点。《东方杂志》此时期对有关中国领土主权的问题给予了热切的关注,如英国侵略西藏的问题、收回路权矿权等问题。《东方杂志》创刊于日俄战争爆发后一个月,并以日俄战争事件作为内容切入点,一方面是对发生在中国土地上战争的关注,另一方面是通过日俄战争得出中国宜走君主立宪这一强国之路的结论。

对中国领土主权的热切关注。近代以来,中国面对帝国主义列强的侵略,签订了大大小小多个不平等条约,《南京条约》、《五口通商章程》、《虎门条约》、《望厦条约》、《黄埔条约》、《天津条约》、《北京条约》、《中法新约》、《马关条约》、《辛丑条约》等让中国丧失了大片领土与主权,《东方杂志》知识分子群体面对如此屈辱,充满了民族危机感,通过对中国领土与主权问题给予热切关注,激发着国人守卫国土完整的爱国情感。

清末,除却已经割让的领土,帝国主义列强仍然觊觎着中国的大好河山,如俄国趁八国联军侵占北京之机占领东北地区,英国加紧对广东和长江流域的侵夺并觊觎西藏等。民族危机当前，《东方杂志》对军事尤为关注，自创刊至第一次改良前（1908年6月）共出刊55期，"军事"栏共出现35次，"军事"栏在最多时达82页之多（第一卷第二期），该期共224页，篇幅比例高达36.6%，可见《东方杂志》对国家安危之关注。

下文摘取《东方杂志》对英军侵藏的记述，来分析《东方杂志》对关乎领土主权完整事件的热切关注。

1904年初，英军向西藏发动攻势，于当年9月7日签订了《英藏条约》（即《拉萨条约》），引起了全国上下的强烈反对。《东方杂志》对此事件给予了高度关注，自创刊至辛亥革命爆发第一次休刊，在社说、军事、外交、时评、内务、教育、宗教、商务、言论、调查、法令、图画、记载、杂纂、附录、文件、大事记等栏，共刊载关于此事件的消息近70条，包括最新消息、论说、条约全文、外国对此事件的观点等。

首先，《东方杂志》对英军侵略西藏的行径详尽追踪报道，对其严重后果进行评析。第一卷第三期（1904年5月），"军事"栏下开始设有"藏英战事汇志"，第一卷第四期（1904年6月）起至第九期（1904年11月），"军事"栏下设有"藏英战事纪要"，按照每日时间顺序，摘取重要战事信息，将战事的最新情况传播给广大关心国之命运的读者。《东方杂志》还在第一卷第九期（1904年11月）"军事"栏刊载了《藏英新约全稿》，在第十期（1904年12月）"外交"栏刊载了《藏英新约略稿》。第一卷第十期（1904年12月）刊载了《英藏新约斠注》（录八月二十四日《时报》），大加陈述该条约给我国主权造成的损失，如第一条"按英人目前之意，不在展拓疆土，而在扼占险要"；第二条"其魄力之大、谋虑之深，莫与伦比。今虽未遽发难，愿我国人士鉴于前车速图抵制焉"；第三条"每年百余万之华茶利益必为所夺,关系甚巨";第五条"除去关卡及新开码头,由英藏派官办理交涉,此为失权之渐,万难允从";第七条"驻守春玉,其结果亦将与割让无异";第九条"情节大重,包括太广,不待主权尽失,并中国后此几希之望亦复无存,虽有智者,无从补救,当局者万无允许之理"①,《东方杂志》对于维护我国领土完整的迫切心情溢于言表。

其次,《东方杂志》刊载大量评议文章。《论中国不宜委弃西藏》(录甲辰第四号《外交报》)、《论政府不可自弃》、《论藏英交涉》(译日本明治三十七年六月七日《日本报》)、《论英国经营西藏之政略》(录五月二十六日《中外日报》)、《英人侵略西藏》、《论英人侵略西藏》(录六月十一日《时敏报》)、《论挽救西藏之策》(录自甲申二十四号《外交报》)、《藏英新约斠注》(录八月二十四日《时报》)、《论英俄协约与西藏之关系》(节录丁未九月初三日《申报》)、《中国经营西藏谈》(录《时报》译日本《朝日新闻》)等,对英军入侵西藏的事件进行猛烈抨击,揭露"英人之欲至无厌者也",戳穿其妄图通过西藏控制全中国的不良企图。《东方杂志》还对如何挽救西藏于水火之中提出了相应的思考。《东方杂志》通过撰写论说及选录报章,对英军侵藏事件的关注,一则揭穿英人的侵藏借口,二则抨击英人的侵藏行动,三则剖析英人侵藏的目的,四则揭露英人侵藏与欧洲诸国瓜分中国的秘密协议。

最后,《东方杂志》译介外国关于英军侵藏的文章,为读者提供更加广阔的视野以观此事。如,第一卷第四期(1904年6月),"社说"一栏中译自日本明治三十七年六月七日《日本报》的《论藏英交涉》一文,明确指出,在英军侵藏时,日本正忙于日俄战争,无

---

① 《英藏新约斠注》,《东方杂志》1904年第1卷第10期。

暇插手西藏，道貌岸然地宣扬英国有违万国公法，"杨赫大佐之侵略西藏而伤达赖喇嘛之人民，不得不谓之有犯中国之主权，而大违万国之公法，非可以中国臣民妨害满州铁道而俄国所以惩处之者为比例也"①，谴责英国有犯中国的主权，然日本当时是在为抢夺在东北的势力范围而在与俄国争夺，于此承认中国之主权，甚是可笑。但是就英军侵藏之事，日本承认"西藏者中国之一部"，属中国主权，是英国对中国主权的侵略。另有电文短消息，第七卷第二期（1910年4月）"记载"栏刊载了二十二日东京电，"西藏情事日人甚为注意，东京各报均望中国永守其主权及不致与英、俄生出交涉，并劝中国政府勿苟待藏人，方能不负所望"，此条亦承认中国对西藏的主权。此外，还有"言论"栏下《中国经营西藏谈》（录《时报》译日本《朝日新闻》）等。就英军侵藏事件，《东方杂志》为中国读者提供了广阔的阅读视野。

《东方杂志》关于英军侵藏事件的撰文及评议文章的选取，都是以强烈的爱国主义精神为指导的，通过对列强瓜分中国进行控诉与痛陈，希望能唤醒国人对藏事的关注，并请当权者及时响应处理。《东方杂志》这些关于英军侵藏的评议文章，都有着坚定而清晰的家国民族意识和倾向，既包含有强烈的护卫国土完整和民族统一的家国信念在其中，亦有欲求中国长治久安的深切期盼。②

对日俄战争的全面记述。日俄战争是《东方杂志》紧密关注并正面言说的第一个重要议题，《东方杂志》也因其对日俄战争翔实全面的记录，被称为"研究日俄战争的史料较完整的保存者"③。

---

① 本社：《论藏英交涉》，《东方杂志》1904年第1卷第4期。
② 陈学然：《〈东方杂志〉所见之清末藏事评议：以1904年英军侵藏为例》，《西藏研究》2010年第5期。
③ 马光仁主编：《上海新闻史》，复旦大学出版社1996年版，第275页。

日俄战争于1904年2月9日正式爆发，1905年9月5日以《朴茨茅斯条约》①的签订结束了这场在中国土地上进行的战争。从时间段上讲，《东方杂志》从创刊号（1904年3月）到第二卷第八期（1905年9月），可覆盖日俄战争的全时段。

据丁文在其论著《"选报"时期〈东方杂志〉研究（1904—1908）》统计，在此期间出版的20期《东方杂志》中，卷首"图画"共刊载了184幅图片，其中112幅与日俄战争相关，占"图画"总数的61%②。"图画"内容包括日俄两国的首脑、要臣、士兵、军队、战船、战场、建筑，以及印刷精良、内容详尽的战事地图等，从各个方面均显示出对日俄战争的全方位关注。

与高度关注日俄战争的"图画"相呼应的是《东方杂志》正文中对日俄战争连篇累牍的记述。《东方杂志》"军事"栏下专设"日俄战事纪要"一项，是对战事的每月大事汇要，详细记载双方防务、战况、各国中立情形等。日俄战争期间所出《东方杂志》共20期，"日俄战事纪要"亦出现过19次，该项所占"军事"栏的比例最高可达90.48%（第一卷第一期）。从篇幅上看，"日俄战事纪要"所用篇幅最多达70页（第一卷第二期），占该期224页篇幅的31.25%。栏目下设的仅一个小项即可占据高达31.25%的篇幅，可见《东方杂志》对日俄战争纪事之详尽。

具体内容上，日俄战争时期所出20期《东方杂志》"军事栏"，共转载各报论说33篇，其中22篇直接评论日俄战争形势，比例高达

---

① 日俄《朴茨茅斯条约》正约15款，附约2款，内容有：沙俄承认日本在朝鲜享有政治、经济及军事特权，俄国不得干涉；俄国将从中国取得的旅顺口、大连湾的租界权及其附属特权，转让给日本；俄国将其所获之中国南满铁路及其支路、利权、煤矿等，无偿地转让给日本；俄国将库页岛北纬50度以南割让给日本，并同意日民在俄国沿岸的日本海、鄂霍次克海、白令海经营渔业；日俄双方在各自的铁路沿线驻扎护路兵队，每公里不超过15名。

② 丁文：《"选报"时期〈东方杂志〉研究（1904—1908）》，商务印书馆2010年版，第32—33页。

66.7%。日俄战争结束后,第三卷第二期(1906年3月)"军事"栏中依然有关于日俄战争的论述,如《日俄战争之结果及中国练兵之前途》(录乙巳十二月十五日《南方报》),可见其对日俄战争关注程度之深。

《东方杂志》的灵魂栏目——"社说"中亦有论说直接论及日俄战争,如第一卷第六期(1904年8月),《论日俄战败以后结果之不同》、《论中国于日俄之胜败不宜误用其意》(录六月初八日《中外日报》);第二卷第二期(1905年3月),《论日俄战争足以正政论之谬》(译日本明治三十七年九月《东方协会会报》)(本社撰稿);第二卷第三期(1905年4月),《论日俄将议和时之中国政府》(录乙巳正月二十五日《中外日报》);第二卷第七期(1905年8月),《论日俄战局结后中国之危险》(录乙巳五月初八日《时报》)。日俄战争结束后,"社说"栏中依然有关于日俄战争的论说,如第二卷第九期(1905年10月),《论日胜俄后列强于亚东之现象》(本社撰稿);第二卷第十二期(1906年1月),《续论日俄于世界之关系》(录乙巳第十九号《外交报》)。《东方杂志》对日俄战争的论说,其立足点在于论说日俄战争进程和结果对于中国社会的影响,实则寄托了当时《东方杂志》背后的中国知识分子群体,更为深远的民族忧患意识与社会政治理想。

表1-2 　　　　"日俄军事纪要"在"军事"栏中所占比重

卷	期	有无"军事"栏	页数	有无"日俄战事纪要"	页数	"日俄战事纪要"在"军事"栏中所占比重(%)
第一卷	第一期	有	42	有	38	90.48
	第二期	有	82	有	70	85.37
	第三期	有	36	有	21	58.33
	第四期	有	35	有	6	17.14
	第五期	有	27	有	13	48.15
	第六期	有	23	有	9	39.13

续表

卷	期	有无"军事"栏	页数	有无"日俄战事纪要"	页数	"日俄战事纪要"在"军事"栏中所占比重（%）
第一卷	第七期	有	37	有	14	37.84
	第八期	有	34	有	13	38.24
	第九期	有	34	有	6	17.65
	第十期	有	60	有	37	61.67
	第十一期	有	30	有	11	36.67
	第十二期	有	23	有	11	47.83
第二卷	第一期	有	21	有	6	28.57
	第二期	有	76	有	9	11.84
	第三期	有	36	有	4	11.11
	第四期	有	43	有	7	16.28
	第五期	有	60	有	4	6.67
	第六期	有	31	有	4	12.90
	第七期	无	0	无	0	0.00
	第八期	有	15	有	5	33.33
总计	20期	19期	745	19期	288	38.66

（二）急切探寻救亡图存之路

面对严峻的民族危机，《东方杂志》知识分子群体以强烈的爱国精神和高度的社会责任感，探索着救亡图存之路。《东方杂志》体现的是民族资产阶级的政治观念，反对激烈的革命，希望通过平和的改良来实现强国，最终得出了宪政救国的政治路线，配合君主立宪政治主张的则是兴教育、兴实业等具体的救国方略。

宪政救国。《东方杂志》自创刊起至因辛亥革命爆发第一次休刊，一直坚定地坚持着立宪救国的主张，"吾国国势阽危至今日而极矣，苟欲救亡，舍立宪外即无他策"[①]。《东方杂志》知识分子群体认为立宪是当时中国的唯一选择，对立宪记述详尽。

[①] 《今日救亡之决论》，《东方杂志》1907年第4卷第10期。

《东方杂志》详尽记述了清末立宪运动的始末，刊载了多篇论说为立宪鼓吹，并刊载了大量关于西方宪政的内容。另外，还特意于清政府宣布预备立宪当年底编辑出版了一期临时增刊《宪政初纲》，"本社同人爰仿近世旬报通行临时增刊之例，刊为《宪政初纲》一册，凡此次立宪之事实论议，其荦荦大者，略具于是，开卷即得，无俟推寻。未知其事者，可以得其涯略，已知其事者，可以留备检查，其诸立宪之一助乎，吾知此为中国宪法史之椎轮大辂也"①。这是《东方杂志》发展史上第一份增刊，详尽汇集了当时立宪活动的主要文件以及相关舆论。

　　《东方杂志》所刊载的关于立宪的内容主要包括立宪救国论，以及对宪法、国会、责任内阁、地方自治等方面的详尽介绍与宣传，以与同时期立宪运动发展进程相配合。

　　立宪救国论。《东方杂志》在其刊文《论中国无国权》、《论君主立宪政体之性质》、《临时增刊·述政体第四》中详尽介绍了专制、共和、立宪三种政体以及各政体的特点，专制政体就是没有宪法，实行专制，共和政体为共和并立宪，立宪政体就是实行君主立宪，虽然有君主，但是君主亦须依宪法行事，设立议会，议员由国民选举产生，来参与事务，立宪政体可以使"主权不至旁落，下情不至壅塞，询为尽美尽善之规"，以此维持上下，是为"最折衷最完备之政体"，如若在中国推行君主立宪，定能"国赖以强"。

　　宪法。立宪与专制的区别即在于是否有宪法约束，《东方杂志》对于宪法的记述，主要是介绍了宪法的作用、种类、内容，并为中国将来如何普及宪法、制定宪法提出了规划，指出宪法是国家的根本，自天子至于百姓都应当遵循，宪法不容逾越。第一，遵循平等

---

① 本社：《刊印宪政初纲源起》，《东方杂志宪政初纲》1909年第6卷增刊。

原则，无论天子还是百姓，均应以宪法为上，才可使"下情不至壅塞"，达到强国富民的效果。第二，体现法治原则，宪法是"上下交益之法"，以宪法来维持于上下之间，可以使"朝野上下一心，遐迩一体"①，使国与民之间有"联络如一之势而成团结不懈之势。"② 规定了民之权利与义务，如防御外辱，"在立宪政体下，因公民皆有宪法上规定之权利，因此公民当尽其卫国之义务，他们在战场上，无不同仇敌忾、冲锋陷阵"③。

介绍西方国家的宪政制度及其内容，尤其是结合中国国情，对于中国如何普及、制定宪法作出了规划。《东方杂志》在第二卷第十二期（1906年1月）"社说"栏《论立宪与教育之关系》一文中认为，"自有历史以来，凡国之由专制而进于立宪者所必经之现象也，虽然此现象之所以发生，其在民智大开，民力膨胀之时乎"④，"若一国之民蒙昧未开，不知政治为何事，不解人权为何物，惟一部分之人享有教育，政治上之能力亦富，其被造于国会者必为此少数人，而国民之智识能力又不足以监督之，则国会之行动必不免逸出所应有之范围以外，是君主专制将一变而为国会专制矣。"⑤ 然而中国"人民智识未开，能力薄弱"，要立宪首先要普及宪法知识。

普及宪法之途径，一则，可以在学校课程中加入国民教育和政法这两个科目，二则，可以普遍设立补习学校，对于能够识字明理者进行教育，教给其法律思想，三则，对于不识字的底层大众，可以通过容易为人所接受的形式，如演说、戏剧等，使广大国民尽知宪法。《东方杂志》所提普及宪法的具体途径充分考虑了全国各阶层

---

① 《论国民对于宪法之义务》，《东方杂志》1906年第3卷第4期。
② 同上。
③ 《立宪浅说》，《东方杂志》1905年第2卷第9期。
④ 觉民：《论立宪与教育之关系》，《东方杂志》1906年第2卷第12期。
⑤ 舜修：《论立宪当有预备》，《东方杂志》1906年第3卷第3期。

的特殊情况，具有一定的系统性和可行性。

　　制定一部较为完备的宪法，《东方杂志》认为应派人到君主立宪国考察宪法，以资借鉴，而出洋考察团不应仅由朝廷亲贵组成，还应该"从各行省中举出明达干练持重望之辈"①，分别前往各个已经实行了宪政的国家，就该国的立法行政机关以及组织法进行考察，并且要充分考虑民意，如此，制定出来的宪法才具有代表性。另外，通过设立宪法研究会和地方议会，"就各国立宪之历史及现行之法规加以精心研究"②，对中国有利的学习，对中国有弊的摒弃，结合中国实际情况，制定符合本国国情的宪法。

　　教育救国。《东方杂志》从创刊起直到1908年第五卷第六期"第一次改良"，固定设有"教育"一栏，主要摘录各地各报有关教育事业的评论，辑录官方有关教育的奏章、文牍，另外在"社说"栏亦有零散关于教育之论说。

　　《东方杂志》一方面指出国民教育对于国之前途的重要性，另一方面则对如何在中国当时具体的社会环境中大力实施教育，提出了具体建议。

　　《东方杂志》所主张的君主立宪，"必由人民之要求而后得，非君主之所肯施舍者也。而人民之要求立宪，亦必在民智大启，民力大进以后，而非浅化之民所能梦见者也"③，民智与民力对于推行君主立宪尤为重要，如若民智与民力不足，不知政治，不解人权，则"惟一部分之人享有教育，政治上之能力亦富，其被造于国会者必为此少数人，而国民之智识能力又不足以监督之，则国会之行动必不

---

① 舜修：《论立宪当有预备》，《东方杂志》1906年第3卷第3期。
② 同上。
③ 觉民：《论立宪与教育之关系》，《东方杂志》1905年第2卷第12期。

免逸出所应有之范围以外,是君主专制将一变而为国会专制矣。"①民智与民力是推行宪政的保障,如若国民受不到教育,政治能力则达不到参政水平,如此国会成员不能代表全体国民的利益,即使实行了君主立宪,也会由于参政之人为受到教育的少数人,之前的君主专制极可能会变成国会专制,使得宪政救国之路无法走通,故而真正提高民智民力是宪政真正得以实行的基础。

《东方杂志》认为,当时我国之人民"泯泯昏昏,蠢如鹿豕","民智幼稚,民力绵薄",此时推行立宪,须提高国民素质,而实现这一目标,居第一位者即为教育。

"欲保国则先保民,欲开国则必先开民教育也。""破旧蔽开新智,不可不由教育焉。"② 而"今日中国之学校,皆无秩序之学校也。中国之教育,皆无秩序之教育也,不独与东西各邦不同,亦且与古代教育之法不同"③。《东方杂志》第一卷第二期社说《对客说·第二》点明:兴邦八事,第一为"教育"。④

《东方杂志》对教育的关注重点集中在普及教育。普及教育是《东方杂志》倡导的教育改革的主要内容。创刊之初,其编者就公开表白:"吾辈平昔所最希望者"之一为"教育普及"。⑤ 希望"遍设蒙学,开通穷乡僻壤之民智,则一切惑水、阻路矿、崇僧道、设邪教之风可戢,而兴工艺、重农桑、振商贾、练团防之政可行"⑥。民众拥有自治能力后,"以之充议员之选,闻国家之事,其恢恢乎游刃有余矣"⑦,以此途径来实现宪政。

---

① 舜修:《论立宪当有预备》,《东方杂志》1906 年第 3 卷第 3 期。
② [日]长尾雨山:《对客问·第三》,《东方杂志》1904 年第 1 卷第 3 期。
③ 《论中国古代教育之秩序》,《东方杂志》1904 年第 1 卷第 5 期。
④ [日]长尾雨山:《对客问·第二》,《东方杂志》1904 年第 1 卷第 2 期。
⑤ 《破坏学堂匪徒之何多》,《东方杂志》1904 年第 1 卷第 9 期。
⑥ 孟晋:《论改良政俗自上自下之难易》,《东方杂志》1905 年第 2 卷第 1 期。
⑦ 觉民:《论立宪与教育之关系》,《东方杂志》1905 年第 2 卷第 12 期。

在晚清立宪活动中，《东方杂志》改良派知识分子虽然也寄希望于清政府的"诚心立宪"，以此来实现自己的政治理想，但更多是把希望寄托在有充分自治能力的民众身上，强调普及教育的意图即在于此。

关于实现普及教育的方法，《东方杂志》主要突出以下三个方法：一、强迫教育；二、通俗教育；三、兴女学。

欲在中国社会固蔽之中兴教育，只有强迫教育一个途径。"社会固蔽实为教育不能普及之远因。夫教育原以开社会之固蔽，今因社会固蔽反不能实施教育，欲期设法，惟有强迫教育一途。"① 面对中国落后的教育现状，认为若无强制措施，则教育很难普及。"教育之当普及，夫人而知之矣，朝廷兴学之旨张布全国，督抚敦促之文遍逮各局，何各地之初等小学堂尚寥寥如晨星耶，曰是不强迫故。"② 虽为"强迫教育"，其实是要求政府对教育事业实行政策诱导，"其名曰强，其实谓之劝焉可也。"③

教育改良是渐进式社会变革的基础，只能由社会自身来完成，如此，对于一些不知书者，通过一些通俗易懂的普教方式则更为有效。关于通俗教育，要真正增进民众的知识水平，采用通俗的教育方法效果比较可行，如利用演说与戏剧的方式，"多派人士，分赴各地，到处演说"，"无论愚贤否，皆能感动，且普及较易也"。④

关于兴女学，主张通过普及女子教育来提高其子女的启蒙知识水平，从而提高整个社会的受教程度，欲"使女子有国家思想，公共观念，以为异日陶铸幼童之地者，因当今第一要务也"。⑤

---

① 《论教育之不能普及》，《东方杂志》1904年第1卷第11期。
② 方言：《论教育之普及需实行强迫》，《东方杂志》1906年第3卷第6期。
③ 同上。
④ 觉民：《论立宪与教育之关系》，《东方杂志》1905年第2卷第12期。
⑤ 勇立：《兴女学议》，《东方杂志》1907年第3卷第13期。

实现普及教育的途径,《东方杂志》刊文论述应当从四个方面着手:"一、设立学务公所。我国立宪颇有可望,然既立宪必设地方议会学务公所,实地方议会之基础也。二、妥筹学务经费。经费者,办理一切之原料也,非独教育为然,无论何事,一有经费,事即昌举,否则主持之人虽学全德备,兴高采烈,不旋踵而失败随之矣。三、清查私塾。四、广设学堂"。①

二 "选择精审"中的审慎理性

《东方杂志》始终保持着审慎、理性的编辑原则,稳健持中的基调。作为一份商业性期刊,《东方杂志》一直在自我保护的前提下表达着自己的舆论,"选择精审"后,巧借他报之言说,拼出自己的观点。《东方杂志》本社同人之论说、本社撰稿是杂志舆论的灵魂,是《东方杂志》最重要的"声音"。

(一) 自我保护前提下的舆论表达

《东方杂志》是一个意图上达的杂志,将其读者群定位为能对社会产生较为直接、重大影响的上层社会,意图通过撰写及组织相关舆论稿件,将民间舆论进行选择、整合、剪裁后进行"上传",以此影响上层社会对于《东方杂志》所关注的社会热点问题及社会发展问题的态度与认识,进而对当局的施政策略产生影响,从而实现对社会现状的改变。如此,《东方杂志》一则要保持自己独立的立场,一则要对社会及执权者的问题提出批评建议。这一"上层启蒙"运动,要求《东方杂志》对于自己表达言论的姿态和分寸更为谨慎。

《东方杂志》坚定地反对清政府的专制,结合实际选择了君主立宪的救国之路,然而清政府却又是变革可选择的权威象征。在此背

---

① 方言:《论教育之普及需实行强迫》,《东方杂志》1906 年第 3 卷第 6 期。

景下,《东方杂志》作为一份综合性商业期刊,如何将民间舆论选择、整合、剪裁以"上传",同时保护自己,不被自己的变革对象同时又是借助力量封杀,如此对于言论尺度的拿捏"选择精审"就显得非常关键。

第一步是对辑译文章选择来源的把关——选择类己,剔除异己。《东方杂志》的"搜罗宏富",也是其"选择精审"的一个表现。《东方杂志》1904年创刊时,各类新闻报纸数量已经较多,包括《申报》、《新闻报》、《万国公报》、《大公报》等,所载内容亦洋洋大观,但是《东方杂志》文章的选录来源更多的选择的是《中外日报》、《时报》等。据学者丁文统计,自1904年3月—1908年7月间,《东方杂志》选录《中外日报》共计121篇,选录《时报》共计101篇,选录《申报》共计10篇,选录《新闻报》共计23篇[①]。当时,《申报》、《新闻报》的影响力较《中外日报》、《时报》深远许多,但《东方杂志》在选录时,影响力较小的《中外日报》、《时报》被选录的比例明显高于当时的大报,究其原因是志趣问题。这些大报与《东方杂志》价值中立、与敏感政治议题保持距离不符,故志不同,道不合,选录较少。通过把关,《东方杂志》所选录辑译的文章,呈现出一致的观点,"众报一辞",而这正是《东方杂志》"本社同人"努力经营的苦心所在。

《东方杂志》思想上属于维新一派,第一次改良前,维新报系《中外日报》、《时报》与《东方杂志》存在着共性,故而更易引起共鸣,多被征引。借他报之言说来表达自己的观点,而少以自己的口吻来表达过于猛烈的言论,使用"以选代论"的方式,即以"自

---

① 丁文:《"选报"时期〈东方杂志〉研究(1904—1908)》,商务印书馆2010年版,附录二(1904年3月—1908年7月《东方杂志》所选报刊名称)。

说他话"的方式,将本刊遭受激烈事件时的受冲击程度降低,是为对自己的第一重保护。

对所录报章的措辞仔细权衡、反复思量。《东方杂志》对所选录的报章亦并非全文照录,而是对其中的措辞及观点进行编辑加工,以自身的立场为出发点,更为注重《东方杂志》"本社同人"主体性的发挥。"选择精审"的过程就是《东方杂志》融入自我态度的过程,表达了《东方杂志》编辑群体参与舆论的意图,通过审慎、理性的编辑技巧,不露痕迹,在稳健平和的外在形象下,表达态度与观点。

删改与转述式重写。《东方杂志》对于选录的他报文章,并非是照搬,而是通过删改与转述式重写,含蓄地加入自己的态度,以便更好地贴合该刊的办刊理念。转载过程中,将原文与本刊观点有悖之外加以滤除淘筛,并悄然融入《东方杂志》的自我声音。经过删改与转述式重写,《东方杂志》所选录文章的面貌实则已经发生了变化,可以说是另外一种形式的"本社撰稿",巧借他刊舆论之音,剪辑成自己的曲谱,为自己的政治主张讴歌。

如《东方杂志》第一卷第三期(1904年5月10日)社说(选论来稿附)栏中《论中国前途有可望之机》(录三月《中外日报》),《中外日报》原文为"此实可为地球上自古以来所无之大事矣",而《东方杂志》在选录该文时,由于此句感情色彩过于浓烈有失实之嫌,故而将本句做了删除处理。

再如《东方杂志》第三卷第五期(1906年6月16日)社说(选论附)栏中《论主张竞争者当知法制》(录第七十二期《新民丛报》),《新民丛报》原文中如是表达,"……全体徒事事仰治而已哉!"《东方杂志》将该句改为"……全体徒事事仰治而已耶",将强烈的感叹语气通过结尾"耶"的疑问而弱化为平和之气,文章感情发生了较大变化，激烈的口吻变得更为中正平和。

经过《东方杂志》"本社同人"编辑加工过的稿件，行文风格中正平和，鲜有过激之言辞。《东方杂志》在稳健谨慎的面貌下，将原刊文的张扬、激进观点与感情色彩弱化，使得可能在各种风浪中被封杀的激进观点，经过一番易容，堂而皇之地被广泛传播。一方面，是对自己观点的表达，另一方面，更是对自身的保护。

（二）自我言说的重镇——"社说"

"社说"栏是《东方杂志》第一卷第一期（1904年3月）至第五卷第六期（1908年7月）开卷第一个栏目，1908年孟森对《东方杂志》进行"第一次大改良"后，自第五卷第七期起，栏目发生了较大变化，"社说"栏也被取消。第一次改良前，"社说"栏在《东方杂志》各栏目中居于灵魂统领位置，主要分为两部分，一为本社撰稿，一为选论或来稿。

第一卷第一期（1904年3月）至第五卷第六期（1908年7月）《东方杂志》共55期，"社说"栏共刊载"本社撰稿"及选论来稿共315篇，其中88篇为本社撰稿。本社撰稿自第一卷第十二期（1905年1月30日）起固定出现，每期少则1篇，多则可达4篇，平均约每期2篇，统领着每期《东方杂志》，为其精神核心，对有价值的话题深入探讨，引发深思。选论及其他栏目的文章是对本社撰稿所持观点或精神的强化与补充。本社撰稿是对自己观点的正面表达，更能够体现《东方杂志》的意旨。

本社撰稿是统领该期《东方杂志》的灵魂，每一期的本社撰稿都有一个主题，该主题来源于各大时报论说。各大时报论说每日都有主题。《东方杂志》作为一份月刊，本社同人编辑工作开展过程中，每期需要从大量散点信息中，选取《东方杂志》的本期舆论主题，将散点串成线，形成本社主旨的言论脉络，通过对话题的把握以及对选录文章的编辑加工，来建筑自己的舆论话语空间。

《东方杂志》代表的是国民的舆论，希图将国民舆论上传，以使社会出现改观。但当时民气薄弱，民智未开，《东方杂志》以"启导国民"为自己的宗旨，对萎顿之民气进行引导，不似其他报刊对国民群体的无所适从横加指责，认为国民若无国家的思想，不是国民之罪，问题所在在于政体，其立场是对于开民智的努力、健全民气的用心。

《东方杂志》的"本社撰稿"及选录的论说、新闻，在该期杂志内，均属于本社撰稿的精神主线，但是彼此之间又互相作为话题支撑，形成了一个完整的舆论话语空间。如第二卷第八期（1905年9月），开篇是"本社撰稿"文章《论中国民气衰弱之由》，接下来选录的是《岭东日报》上的《论勇气》，认为国家的兴废强弱是由国民决定的，而国民的兴废强弱，又取决于国民是勇敢还是颓散。文章强调了国民精神中勇敢的重要性，但归根结底还是把"民气"扩大到国家的"兴废强弱"，认为国家发展的关键就全部在于"民气"。其后的选论中，"本社撰稿"中的"国体之强，所由原于民气"这一主题被系列选录文章重复强化，选论充当了"本社撰稿"音量不足之时的扩音器。对于选论有违"本社撰稿"的精神或者与之有相互矛盾之处，则《东方杂志》本社同人会根据本社意旨，对选论进行删改，通过这一过滤器，《东方杂志》呈现出选论有力支撑"本社撰稿"的"英雄所见略同"的图景，来印证本社意旨的主流与正确有力。

由此可见，《东方杂志》对于相关论说的择取，其着眼点正在于与"本社撰稿"在观点上的契合，目的是通过这种反复出现某种特定主张的方式，达到强调本社意旨的效果。

第六节　精美的装帧设计

《东方杂志》靠精良的品质赢得了众多读者,到 1910 年时,每期销数已达到 15000 份之多,为其时各杂志之冠,1911 年大改良之后,销量"打破历来杂志销售的纪录"。

作为一份商业性期刊,《东方杂志》遵守着期刊的经营规律:在商言商。通过海量、精粹、全面、权威的内容,对社会热点问题的密切关注,对先进知识的推介,以及精美的封面、插画,上乘用纸,良好的印刷质量,先进的装订工艺,庞大的售寄网络,低廉的售价,获得广大读者的青睐,居首的发行量也为《东方杂志》带来了更多的广告收入。

一　意蕴深厚的封面设计

封面图案体现"国际杂志"的新视界。《东方杂志》在创刊号上即已说明,模仿的是日本《太阳报》和英美《评论之评论》,而这两个刊物均为视野阔大的综合性刊物,故而《东方杂志》对自身的定位是"全国杂志"乃至"国际杂志"[1],创刊时即彰显着其广阔的视域。

《东方杂志》前五卷封面风格比较传统,每年更换一个封面,较为雷同,基本上均由日光、龙纹、波浪等元素构成。龙的图案与清朝国旗图案相仿,隐有代表清朝国家杂志的意图,封面设计比较保守,到了第五卷 1 至 6 期,使用的是牡丹图案,同样是偏于传统的风格。但是在创刊号上,却在传统之外出现了西方元素"地球"图

---

[1] 丁文:《"选报"时期〈东方杂志〉研究(1904—1908)》,商务印书馆 2010 年版,第 84 页。

案，一方面是传统与西方文化的交融，一方面也是一份立足国内传统却有着国际情怀的刊物的自我言说。

图 1-5　第一卷封面

经过孟森的第一次改良，1908年第五卷第七期起，封面未刊载任何图案，径直刊登了该期目录，呈现出一种简洁、务实、直接的风格。经过杜亚泉的第二次改良，从第八卷第一期起，更换了封面，并在封面上刊出英文刊名《The Eastern Miscellany》，"上海商务印书馆发行"下方紧跟一排英文"Commercial Press, Ltd., Shanghai"，一方面，改革更加凸显了其所具有的国际视域，另一方面，使得刊

图1-6 第二卷封面

物更符合其在海内外发行的国际性刊物的风格。

刊名体现中国书法艺术精神。第二次改良后的封面不再固定为一种设计，而是基本布局不变，但每期封面上刊名所用的字体各不相同。

第八卷第一期所使用的是"集颜平原东方先生画赞碑文"，而第二期所使用的就是"集陶靖节拟古杂诗真迹"，第三期所使用的是"集赵松雪道教碑字"，第四期所使的是"摹颜平原东方先生画赞碑额文"，第五期使用的是"集柳公权玄秘塔碑铭字"，第六期使用的

图 1-7　第三卷封面

是"集汉张迁碑字",第七期使用的是"集李北海岳麓寺碑文",第八期使用的是"集颜真卿麻姑山仙坛记文",第九期使用的是"集魏张猛龙碑文",每期刊名均为集名家碑字或真迹,且刊名以中国红为底色,东方神韵展示更加淋漓尽致。《东方杂志》这一具有国际视域的刊物,彰显着中国传统书法艺术的精髓,体现了中国传统与西方元素的融汇。

封面的下半部分所刊载的图片亦每期不同。第一期所载为"太平洋沿岸之激浪",第二期所载为"喜马拉雅最高峰之雪",第三期所载为"长白山之天池",第四期所载为"泰山之绝顶",第五期所

图 1-8　第四卷封面

载为"中国山河之形势",第六期所载为"万里长城之一阙",第七期所载为"长江中之小姑山",第八期所载为"河南京汉铁路之黄河铁桥",第九期所载为"武昌黄鹤楼之风景"。期期都有变化,十分富有新意。

封面上所载的图片与时局有着千丝万缕的联系,如第八卷第九期为第一次休刊前的最后一期,也是辛亥革命爆发前的最后一期,而辛亥革命是以武昌起义为开始的,革命前夕,是期《东方杂志》的封面上刊载的是武昌黄鹤楼的风景图,加之本期出版日期一改以往使用清朝皇帝年号的程式,而是使用了"辛亥年九月二十五

图1-9 第五卷封面

日"的字样,虽然未直接言及革命,但从中感受到的即将到来的革命气息却是直面扑来。

二 密切呼应当期主题的图画

《东方杂志》每期会有大概10幅左右的图画,通常会选择历代著名书画、圣教碑文、当朝要员画像、新知地图、新闻图片等刊载。总体上可分为两大类,一是与中国传统文化相关的图画,一是与当期杂志内容主题相应的图画。

例如第一卷第一期刊载了13幅图画,分别为"日本国皇帝"、

图1-10 第五卷改版后封面

"俄国皇帝"、"俄国皇太后"、"钦命赴美赛会正监督伦贝子"、"俄远东总督亚力克塞夫"、"俄陆军大臣今东方各军统领苦鲁巴金"、"俄前海军大臣阿韦兰"、"圜丘"、"大清门"、"太和门"、"太和殿"、"乾清门"、"乾清宫"。《东方杂志》创刊前一个月,日俄战争在中国领土上爆发,引起当时社会极高关注,因此创刊号上的13幅图中就有6幅与日俄战争主题相关,可见其对日俄战争的关注程度,战争气息扑面而来,而第一期正文中亦对日俄战争进行了大篇幅的介绍,图画主题与正文主题正相呼应。

图 1-11　第八卷改版后封面

图 1-12　第八卷第一期刊名　集颜平原《东方先生画赞》碑文

图 1-13　第八卷第二期刊名　集陶靖节《拟古杂诗》真迹

图 1-14　第八卷第三期刊名　集赵松雪《道教碑》字

图 1-15　第八卷第四期刊名　摹颜平原《东方先生画赞》碑额文

第一章 清末《东方杂志》(1904—1911)出版研究　　55

图 1 – 16　第八卷第五期刊名　集柳公权《玄秘塔》碑铭字

图 1 – 17　第八卷第六期刊名　集汉《张迁碑》字

图 1 – 18　第八卷第七期刊名　集李北海《岳麓寺碑》文

图1-19　第八卷第八期刊名　集颜真卿《麻姑山仙坛记》碑文

图1-20　第八卷第九期刊名　集魏《张猛龙》碑文

图1-21　第八卷第九期封面

三 精良的装帧印刷

1904年创刊时,商务印书馆通过与日本金港堂的合资,获得了日本技师和当时最新式印刷机器的支持,这为《东方杂志》提供了当时众多报刊望尘莫及的印刷工艺。《东方杂志》每一期都附有铜版照相彩印封面,采用白楷纸双面印刷,使用西式书籍装订机械,洋式装订,而同时期的其他期刊还是单面对折的线装本。①

经过第二次改良后,杂志版式由原先的32开改为16开,字数也随之大大增加,每期近20万字,并且采用当时最为先进的铜版、三色版等技术,插登各类图片资料,大大增加了可读性。

可以看到,改良后的版式更加美观且易读。排版技术有了更明显的进步,开始使用图文混排,如下是《东方杂志》第八卷第一号《空中飞行器之说略》一文中的插图。

综上所述,《东方杂志》的印刷与排版水平在其所处的年代是遥遥领先的,不仅印刷水平高,纸张质量好,而且装帧设计精美,字体美观且富于变化。分门类排列所有文章,日后可以方便地分拆装订成某一主题的单行本。此外,插图与正文相对应,实时选取热点事件相关的图片,引人注目。这些独有的或者罕见的特征使得《东方杂志》风格凸显,畅销南北,迅速成为当时同类刊物销售之首,而广告的投放也伴随着发行量的增长而身价倍增。

第七节 现代商业经营策略

《东方杂志》除了在资金、设备等方面得到日本合作出版商金港

---

① 谢慧:《张元济与〈东方杂志〉》,见乔万敏、俞祖华、李永璞主编《中国近现代史史料学国际学术讨论会论文集》,新华出版社2005年版,第269—278页。

图1-22 《空中飞行器之说略》插图

堂书店的大力支持外，在经营上亦吸收了日本先进的现代商业经营策略。作为一份商业性期刊，《东方杂志》以"知阅者之用意"、"计阅者之便利"为根本出发点，努力树立自己"材料最富"、"价格最低"的形象，依托商务印书馆庞大的发行网络，迅速畅销至海内外。巨大发行量带来的广告收入亦水涨船高，对广告管理亦更加精细，长期坚持着在商言商的现代商业经营策略。

一 刊物"价格最低"的销售定位

"材料最富"、"价格最低"一直是《东方杂志》为自己努力树

图 1-23 《空中飞行器之说略》插图

立的形象。1904 年售例明确了其售价:"零售每册大洋银二角伍分,预定全年十二册大洋银二圆伍角。"采用订阅比零售更为优惠的策略,订购大客户更享有折上折优惠,"凡一人定购五份寄送一处者,照价九折,拾份者八折"。1906 年价格调整至"零售每册大洋三角,预定全年十三册大洋叁圆(丙午遇闰,增报一册)"①。针对遇闰情况,"遇闰当出杂志十三期,凡定阅全年者,报价及邮费均加十二分之一"②。这种订阅模式有利于获得长期订户,稳定收入来源,进而

---

① 《东方杂志》1905 年第 2 卷第 11 期,"丙午年(1906 年)东方杂志售例"。
② 《东方杂志》1906 年第 6 卷第 2 期,"本社广告"。

为广告增长打下基础。

第二次大改良之后，1911年2月第八卷第一期版权页上的价目表显示，每月一册，价目：零售每册，银三角，邮费五分；预定六册，银一元六角，邮费三分；预定十二册，银三元整，邮费六角。改良之前，已经位居同时期同类型刊物销数之首，改良之后，容量由每期十五万字增加至二十万字，增幅为33%，而售价只涨到银三角，价格上涨幅度为20%，可见其价格上涨，对于读者来讲，反而更加优惠。

1911年上海的物价水平大概为每斤大米3.4分银钱，《东方杂志》每册零售银三角，约为9斤大米的价格，按照当前米价水平，每斤计2.8元，折算人民币约25元。每期厚达250页、篇幅约15万字的《东方杂志》，售价折合当前人民币25元，不可不谓物美价廉。

优惠促销策略。第八卷第一期版权页上登有一则优惠促销广告：本年第一册特别减价，零售银一角，预定者若从第一册起照表减银二角。随刊赠送，赠书志谢。"今复以其所出第四期报告见赠，其中材料丰富，实验宏多，诚吾国科学馆及卫生局所不可少之参考书。"[1]

《东方杂志》通过最廉之价及各种优惠措施，吸引了大量读者。

二 覆盖海内外的刊物发行机制

《东方杂志》由商务印书馆总发行，必然可以依托商务庞大的发行网络。1904年《东方杂志》刚创办时，借助商务印书馆已有的发行网络，即可发行到"售例"中详细列明的12个地区20个销售点。

此后，《东方杂志》的销售点每年都在不断增加。第二卷第十一期所载的《丙午年东方杂志售例》中，除以往的12个地方外，新增

---

[1]《东方杂志》1911年第8卷第9期，版权页。

了天津、嘉应州、苏州、山东、河南开封、归德、陕西7个销售处。新增销售点有"北京商务印书分馆、天津商务印书分馆、广东省城商务印书分馆、苏州公益会社"等。随着商务印书馆规模扩大，各地分馆的开业，《东方杂志》的发行范围更加广阔。

第三卷第五期时，对这份《丙午年东方杂志售例》进行了更新，外埠覆盖了京都、天津、奉天、广东、福建、湖北、四川、河南、湖南、山东、浙江、江西、江苏、陕西、山西、甘肃、保定，以及日本。

1907年第四卷时，外埠范围包括京都、直隶、奉天、山东、河南、吉林、山西、陕西、甘肃、云南、贵州、四川、广东、湖北、湖南、江西、安徽、江苏、浙江、福建、广西、哈尔滨，以及东京、旧金山、槟榔屿、河内、仰光，遍布全国21个省的83个城市，以及东京、旧金山、槟榔屿、河内、仰光8个国外代售处[①]。

依托商务印务馆庞大的发行网络，《东方杂志》的发行网络基本上覆盖了整个中国，在海外，除日本外，还可发行至美国、东南亚。

对于代售处，商务印书馆一直予之二成作为酬劳。代售量大者，享有折上折优惠。"代售处逐月函寄总发行所，清厘账项照通例以八折，核算余二折作为酬劳，惟至少以五份起码代售至二百五十份者七五折，五百份者七折，七百五十份者六五折，一千份者六折，再折扣悉依原定全年报资核算，如一千份者六折，即每份以大洋壹圆五角核算是也，惟邮费分文不扣"[②]，利用此种策略，鼓励代售处多售《东方杂志》。

《东方杂志》凭借自身的实力及庞大的售寄网络，发行全国，至

---

① 《东方杂志》1907年第4卷，售例。
② 《东方杂志》1904年，售例。

宣统二年时，已有 15000 份，销数为其时各杂志之冠。

三　日益完善的广告机制

（一）本馆书籍广告与种类繁多的商业广告

《东方杂志》十分注意运用广告这一报刊商业化手段，自创刊始每期都刊登广告，广告一般占整页，不编页码，夹在各页空白中间，或栏目之间，不挤占正式版面。

《东方杂志》的广告类型分为书籍类与商业广告两种。书籍类广告主要是介绍商务印书馆的出版动态，商务版的各种教科书、大部头的影印古籍、系列丛书以及众多的单行本几乎没有不在《东方杂志》上做过广告宣传的。这些广告借助于《东方杂志》庞大的发行量流播于国内外，对商务的文化教育事业无疑起到了不可低估的宣传作用。[①]

以《东方杂志》创刊号上的新书广告为例，该号在前、中、后三部分用青红二色刊出了商务的新书广告共计 153 种，其中日本人原著者 40 种，西洋人原著者 27 种，中国人原著者 86 种。这 153 种新书中，若除去英语教科书 48 种外，余下的 105 种主要受日本书影响，多是对日文书的翻译、编辑。[②]

另外还有商务印书馆合资方的广告，如在创刊号上，刊有一则"日本金港堂图书发售告白"，列有商务印书馆代售的金港堂"大杂志九种"，这是由其资方关系决定的。

《东方杂志》的广告与该期内容密切关联，呈现出相互响应之

[①] 洪九来：《宽容与理性——〈东方杂志〉的公共舆论研究（1904—1932）》，上海人民出版社 2006 年版，第 90—91 页。

[②] ［日］实藤惠秀：《中国人留学日本史》，谭汝谦、林启彦译，北京大学出版社 2012 年版，第 194—199 页。

势。如第三卷第六期"本社撰稿"栏刊载了《论教育之普及须实行强迫》一文，提出普及教育应实行强迫制教育，以及小学堂、小学课程、半日学堂、夜学堂应当如何来配合完成。该期《东方杂志》刊载了一则广告，为商务印书馆出版的《最新各种简易课本》，广告语如是说："各种教科书，贫寒学子不能受完全之教育，变通之法，普及之效，简要课本，简要浅明，每册精图数十，年长失学，立身应世，粗知梗概，半日学堂，夜学堂，星期学堂，徒弟学堂，尤为适用，廉价。"杂志观点、杂志选论、杂志广告相互响应，而《东方杂志》背后的东家——商务印书馆的实际出版活动亦深受杂志中观点的影响，践行着其所持的先进教育理念。

随着发行量的增长，《东方杂志》开始刊登商业广告。广告涵盖范围广，种类繁多，如各种医药类、生活类广告等。出现长期稳定广告客户，如三井洋行、司各脱商标广告，刊登于第四卷全年十二期和第五卷第一期上。此外，1907年第四卷第5、6期上刊有中国教育器械馆广告和上海商务印书馆专售各种印书机器的广告，对于推动当时中国的教育事业和印刷事业发展具有促进作用。商业广告为《东方杂志》带来了显著的经济收益。

(二) 日益精细的广告管理

自1907年第四卷第十一期起，《东方杂志》版权页上开始刊载其广告《告白费表》，至1908年第五卷第六期，一直使用的是此价目标准，按照广告的篇幅及期数分为不同的等级，规定相应的收费标准，一册全面广告价格为七元。

1908年第一次改良后，《东方杂志》的广告价格有了明显上涨。一册一面价格由之前的七元涨为八元，并突出了封面部分的广告效应，价格双倍于正文。这与《东方杂志》发行量的增长直接相关。

对于遇闰情况，则实行年十三期的广告价目标准，每册一面的基础价格标准未变动，遇闰多出一册的广告价格为，一面单价五元，半面单价三元。

1910年，发行量已居同时同类刊物之首的《东方杂志》，所覆盖的受众面更广，广告效果也更加显著。1911年第二次大改良后，广告价格亦水涨船高，一册一面的单价由八元上涨为二十元，此次涨价幅度达250%，但《东方杂志》为当时同类刊物发行量最高的刊物，价格上涨亦在情理之中。按照当时米价3.4分每斤计，一册一面的单价二十元，价值为588斤大米的价值。按照当前每斤大米2.8元计，折合当前人民币1646元，特等位置的一册一面约价值3292元。

表1-3　　　　1911年第八卷第一期版面页广告价目

地位	特等	上等	普通		
	一面	一面	一面	半面	每行
一册	四十元	三十元	二十元	十二元	五角半
三册	一百十元	八十元	五十五元	三十三元	一元五角
半年	二百元	一百五十元	一百元	六十元	二元八角
全年	三百二十元	二百四十元	一百六十元	一百元	四元五角

此次改良之后，对于广告的管理更加精细，如位置分为了三等：特等、上等、普通。普通中又分为三种：一面、半面、每行。广告能够细致到"行"，由此亦可以看出《东方杂志》的影响力。《东方杂志》广告费的收入，亦可为其保持独立的政治立场提供一定的经济保障。

结　语

《东方杂志》于清末民族危亡时期创刊，将君主立宪作为救亡图存之路，从创刊至辛亥革命爆发，一直坚持着独立的宪政立场，以强烈的社会责任感承担起启导国民、促民觉醒的启蒙使命。对于宪政之路如何推进，积极建言献策。《东方杂志》的知识分子群体亲身参与了立宪运动，并在其中担任重要职务。《东方杂志》的高度社会责任感值得当今任何一种期刊去学习。

《东方杂志》在辛亥革命前一直坚持的是独立的宪政立场，对清政府不依附，对于时局的变化始终以宪政为原则来评价，或鼓吹或指责。在保守派的压制下，在革命的浪潮中，《东方杂志》不畏压力，为宪政言说的坚定，令人为之钦佩。

《东方杂志》资产阶级知识分子群体始终以强烈的爱国主义精神探寻救亡图存之路，维护国家尊严，在本国领土主权完整性上给予了热切的关注，最终结合国情选择了宪政救国之路，并积极引进西方宪政知识，对教育问题提出了自己的见解，担负起启蒙的重任。作为商业性期刊，《东方杂志》的言论是在自我保护前提下进行表达的，其文章更加冷静，更加审慎与理性。在当时政治风云中一份政论性报刊能得以在短期内成为最畅销的杂志，堪称奇迹，于此深表对前辈出版人的敬佩。

《东方杂志》对于读者而言，物美价廉，"物美"表现在"中国近代史资料库"，还表现在其精美的封面、插画，上乘用纸，良好的印刷质量，先进的装订工艺上。"价廉"则自然表现在"价格最低"上，及其不同时期的优惠策略上。《东方杂志》现代化的商业运营模式也为其得以在清末的政治风云中，迅速进入发展黄金期，并成长为当时销数第一的刊物，发挥了巨大的作用。

第二章 《东方杂志》"社说"栏目研究

第一节 研究缘起及文献

《东方杂志》是近现代中国出版时间最长的一份综合性刊物，其出版历程涵盖了晚清和民国两大历史时期，记载了辛亥革命、新文化运动、北洋军阀、南京国民政府、日本侵华战争、解放战争等重大历史事件，反映出20世纪上半叶整个中国的风云变迁，被学界誉为"中国近现代史的资料库"。著名报人戈公振在其著作《中国报学史》中称其为"杂志中的杂志"。

本文的研究范围为《东方杂志》"社说"栏目（1904年3月第一卷第一期至1908年7月第五卷第六期），总计55期319篇文章。以存在于第一次改版之前的栏目——"社说"为研究对象，通过对此时期"社说"栏目的创立背景、主编、作者、选稿来源、议程设置、传播西方思想等方面进行分析，冀图探讨该栏目当时的社会影响，解读并评价该栏目的思想文化价值。

目前学界对《东方杂志》的研究大多集中于杂志本身的创办和发展及其各历史时期的表现，或是《东方杂志》的主要编辑人员及其作为，或是针对某一社会问题进行的研究，而对于"社说"这一栏目的专门研究还是空白。本文旨在对《东方杂志》"社说"栏目进行深入探讨，重点分析"社说"栏目对传播西方思想的作用和对当时社会产生的影响和意义，以填补《东方杂志》"社说"栏目研究的空白。

随着帝国主义侵略的不断深入，中国的民族危机日益加深。先进的知识分子与爱国志士开始寻求救国救民的道路，于是《东方杂志》应运而生。《东方杂志》的爱国情感和救国意识非常浓烈，自创刊之时，《东方杂志》的宣传倾向就以君主立宪为主，希望通过学习西方的思想与政治制度，来改变中国当时的社会现状。《东方杂志》的主编们将自己的这一夙愿寄托在该刊的核心栏目——"社说"，在此他们尽情地表达了自己的政治理想和救亡图存的急切心愿。

"社说"栏目自《东方杂志》1904年第一卷第一期开刊，一直到1908年第五卷第六期之后进行第一次改版，这期间作为《东方杂志》的精神核心，一直承担着立宪思想的宣传任务，为挽救民族危亡寻求途径。"社说"栏目主要刊载社会重大事件之论说，对当时的时政、时事以及各个方面的重大事件都做出中肯的评价、理性的分析，为民众呈现出事件的原貌，所以内容十分广泛丰富。所刊言论，大多倾向于改良、立宪，呼吁爱国救亡，赞成君主立宪，提倡发展实业，主张普及教育。

"社说"栏目积极宣扬西方宪政知识，呼吁世人向西方学习，并结合国内情形对时下社会提供解决问题的方案。"社说"所选用的文章针砭时弊，振聋发聩，同时它又以自身独到的见解发出时代的最强音。可以说"社说"栏目的存在，是早期《东方杂志》的一大亮点。

《东方杂志》自创刊之日就吸引了大批学者的注意，梁启超、蔡元培、严复、鲁迅、陈独秀等著名思想家、作家都在该刊发表过文章。这使《东方杂志》在晚清和民国时期发挥着巨大的舆论影响力，今天也更具思想价值和学术价值。

虽然目前尚无以"社说"栏目为题的专门研究，但是涉及"社说"栏目内容的研究论著还是不少。

专著。主要有生活·读书·新知三联书店编辑部1957年编写的《〈东方杂志〉总目　一九零四年三月至一九四八年十二月》。该书是除了原刊之外研究《东方杂志》重要的原始资料之一，为后来学者的研究提供了重要的检索工具。台北商务印书馆1969年出版的黄良吉的《〈东方杂志〉之刊行及其影响之研究》。洪九来先生的《宽容与理性：〈东方杂志〉的公共舆论研究（1904—1932）》，该书收录了1904年至1932年间关于公共舆论研究的文章，对舆论研究做出了很大的贡献。丁文先生的《"选报"时期〈东方杂志〉研究》，对早期《东方杂志》作出比较系统的梳理，探讨了《东方杂志》选报时期对舆论的引导作用。

论文。主要有陶海洋《〈东方杂志〉研究（1904—1948）——现代文化的生长点》（博士学位论文，南京大学，2013年）。这篇论文把《东方杂志》长达近45年的发展历程分为五个时期，即早期杂志（1904—1910年）、杜亚泉时期（1911—1919年）、钱智修时期（1920—1931年）、王云五时期（1932—1941年）和苏继顾时期（1943—1948年），并对每一时期所记录重大历史事件的报道与述评予以研究。王勇《〈东方杂志〉与现代中国文学的发生》（博士学位论文，南开大学，2012年）。这篇论文主要从文学角度介绍了《东方杂志》创刊、改版、编辑更迭、办刊宗旨演变等，对编辑与《东方杂志》文学表现的关系、《东方杂志》与新文化运动的关系、《东方杂志》的翻译与现代中国文学的关系、《东方杂志》的文学创作和批评与现代中国文学的关系作了系统研究，阐释了《东方杂志》对中国现代文学兴起的建构历程。金晓楠《五四运动时期的〈东方杂志〉研究》（硕士学位论文，辽宁大学，2015年）。这篇论文主要对五四运动时期《东方杂志》的发展背景、内容、形式、特点、经验等作了研究，反映了五四运动时期《东方杂志》的思想风貌及办刊特色。金璐洁《〈东方杂志〉关注民国时期妇女问题研究（1904—1932）》（硕士学位论文，江西师范大学，2013年）。这篇论文主要选取1904—1932的《东方杂志》作为研究对象，考察这段时间民国女性的状况，主要从女性教育、女性婚姻及女性参政问题几个方面进行考查，反映了《东方杂志》在促进中国近代以来女性觉醒所起的巨大作用。陶惠娟《〈东方杂志〉与民国教育》（硕士学位论文，山东师范大学，2011年）。这篇论文通过对《东方杂志》教育内容的分析和总结，反映了《东方杂志》在教育这一重大问题上的立场和观点。蒋红艳《〈东方杂志〉与第一次世界大战》（硕士学位论文，湖南师范大学，2007年）。这篇论文以《东方杂志》关于第一次世界大战的报道为中心，探讨了《东方杂志》如何报道、为何报道及此种报道对中国思想界的影响，以此观照当时社会思想和文化的变化，在此基础上，提倡以中国传统文化为本位的中西文化调论。唐富满《〈东方杂志〉与清末立宪宣传》（硕士学位论文，湖南师范大学，2003年）。这篇论文通过对清末立宪运动以及立宪宣传的内容进行介绍和分析，指出立宪救国论的必要性和重要性，对当时社会产生了重要的意义。蔡雯《从期刊编辑学角度看〈东方杂志〉》（博士学位论文，湖南师范大学，2012年）。这篇论文从期刊编辑学的角度对《东方杂志》进行研究，主要以1904—1941年的《东方杂志》为研究对象，以《东方杂志》的发展沿革为脉络，对《东方杂志》办刊史、办刊宗旨、办刊策略、编辑方针、编辑体例等方面作了系统研究揭示了其办刊规律。石雅洁、李志强《〈东方杂志〉办刊宗旨的演变》一文，将《东方杂志》的办刊宗旨划分为五个阶段：初期"启导国民、联络东亚"；20世纪20年代前期"为舆论的顾问者"；20年代后期"成为中国人公有的读物"；30年代"求中国智识者的新生"；抗战时期"发扬文化、传播学术"。认为每一时期中《东方杂志》都是紧扣时代脉搏，集中反映编者与作者明确的思想观点，致力于记录时代的发展。

其他如罗娟《孟森与〈东方杂志〉》、谢慧《张元济与〈东方杂志〉》、范岱年《胡愈之和〈东方杂志〉》、李静《杜亚泉与〈东方杂志〉》、王勇《林纾与〈东方杂志〉》等。

第二节 《东方杂志》与"社说"栏目

一 《东方杂志》宗旨与"社说"栏目

清朝末年，帝国主义侵略的魔爪不断深入，侵略的范围越来越大，严峻的民族生存危机和封建社会的政治危机使爱国的有志之士纷纷寻求救国救民的道路。1902年，以梁启超为代表的维新派人士发动了一场以"鼓民力，开民智，新民德"为主要内容的救国运动。这场运动形成了新民社会思潮，在这一思潮中，严复认为"又以民智为最急"。启迪民智的有效途径，主要有两个方面：一是教育，创立新式学堂，废科举，提倡西学；二是报馆，创办报刊，宣传新思想，启迪民智。"国民智则强，国民愚则弱。国民之智何以智，国民之愚何以愚，无他，有报馆则民智，无报馆则民愚。……报馆乃起衰振懦之猛剂，拯危救亡之良方矣"[①]。《东方杂志》正是在这种新

---

① 《论报馆之有益于国》，《东方杂志》1905年第2卷第4期。

民思潮中诞生的。

  与此同时，1904年爆发了日俄战争。这场战争在中国的领土上展开，严重侵犯了中国的主权和领土，不仅对中国人民的生命和财产造成了严重的损害，也深深地伤害了中国人民的自尊心和自信心。这场战争，让中国民众深刻地认识到清政府的腐败与无能，单纯依靠清政府来挽救民族危机是不可能实现的。随着民族危机的深化，国人想要推翻清政府、争取民族独立的决心日益高涨。于是，《东方杂志》在新民社会思潮和日俄战争的影响下创刊，并以"启导国民，联络东亚"为创刊宗旨。

  1904年3月11日，《东方杂志》创刊号登载章程："本杂志略仿日本《太阳报》、英美两国《而利费》（Review of Review）体裁。除本社撰译论说、广辑新闻外，并选录各种官民月报、旬报、七日报、双日报名论要件，以便检阅"[①]。创刊号设有社说（选论来稿附）、谕旨、内务、军事、外交、教育、财政、实业、交通、商务、宗教、杂俎、小说、丛谈、新书月目15个栏目，以使"有志之士欲检查时事者，得此可免抄录之繁"，也可使"内地人士无力遍阅各报者，得此亦足周知中外近事"。创刊号还规定了杂志的装帧、刊期、页数、字数及出版时间，"洁白洋纸洋式装钉，每月一册，每册二百五十页，约十五万字，另加精美图画以十幅为率"[②]，每月25日发行。

  《东方杂志》自1904年3月创刊至1948年12月终刊，共发行了44卷819期（号），历时近45年。对《东方杂志》的发展历程学界有不同的分期，如葛飞在《民国时期的〈东方杂志〉》中将其分为三个阶段，即："1到7卷（1904.3—1911.2）为选报性质刊物"、

[①] 《新出东方杂志简要章程》，《东方杂志》1904年第1卷第1期。
[②] 同上。

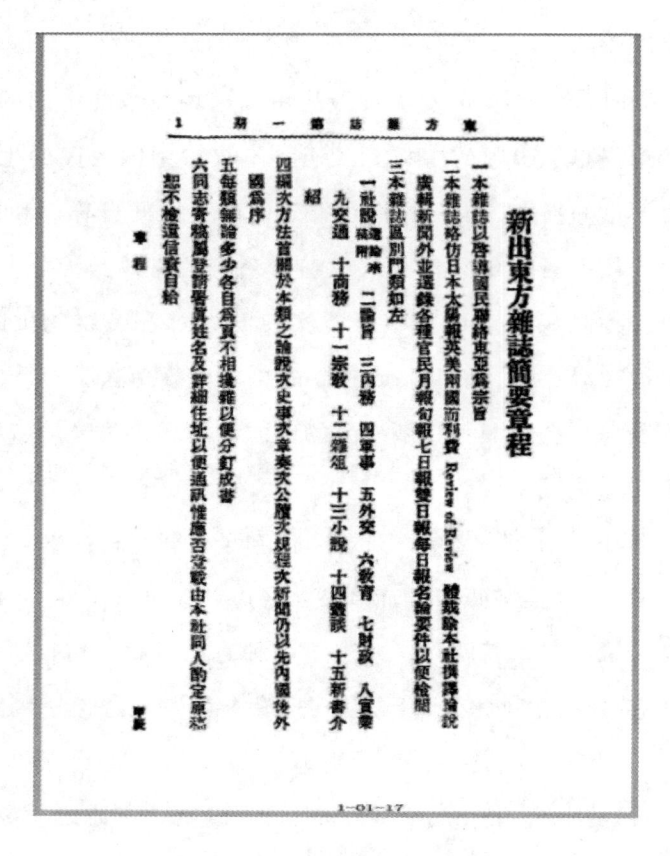

图 2-1　新出东方杂志简要章程

"8 到 38 卷（1911.3—1941.1）是《东方杂志》的黄金时代"、"39 到 44 卷（1941.2—1948.12）是其衰落期"[①]。又如陶海洋在《〈东方杂志〉研究（1904—1948）——现代文化的生长点》一文中将其概括为五个历史时期：一、早期（1904—1910 年）；二、杜亚泉时期（1911—1919 年）；三、钱智修时期（1920—1931 年）；四、王云五时期（1932—1941 年）；五、苏继顾时期（1943—1948 年）[②]。本

---

① 葛飞：《民国时期的东方杂志》，《商丘师范学院学报》2001 年第 3 期。
② 陶海洋：《东方杂志研究（1904—1948）——现代文化的生长点》，博士学位论文，南京大学，2013 年。

文赞同并采取五个历史时期一说。

  《东方杂志》办刊期间曾遭遇过三次短暂的休刊：第一次休刊为1911年辛亥革命爆发，时局混乱，社会动荡不安。辛亥革命以革命手段结束了两千多年的封建君主专制制度，这与《东方杂志》此前一直宣扬君主立宪的主张相悖。基于以上两点原因，商务印书馆决定暂时休刊。此次休刊时间为1911年11月15日第八卷第九期至1912年4月1日，休刊共持续四个半月。第二次休刊为1932年"一·二八事变"爆发，商务印书馆遭受侵略战争重创，此次休刊时间为1932年2月1日第二十九卷第三期至1932年10月16日，休刊持续八个半月。第三次休刊为1941年太平洋战争爆发，《东方杂志》于1941年11月15日出版第三十八卷第二十二期后休刊，1943年3月15日在重庆复刊，此次休刊长达16个月之久。

二 "社说"栏目及其设立背景

  学界对期刊栏目这一概念有不同的界定。较有代表性的有：高慧芳在《关于高校科技期刊的栏目设置》一文中认为"栏目是在内容或表现形式上体现一定特色，并有一个提示性、概括性名称的板块"[①]；尚淑贤、吴晓初在《中外临床医学期刊栏目设置比较分析》中提出"栏目是根据期刊办刊宗旨和文章内容、性质、形式开辟的版面"[②]；杨林娜等在《我国图书馆学情报学核心期刊栏目设置类别的分析与评述》中指出"栏目是在期刊目次页中用以区分不同学科、不同主题内容、不同研究性质、不同体裁论文所设置的栏目"[③]；张

---

  ① 高慧芳：《关于高校科技期刊的栏目设置》，《西北民族大学学报》2010年第9期。
  ② 尚淑贤、吴晓初：《中外临床医学期刊栏目设置比较分析》，《编辑学报》2010年第10期。
  ③ 杨林娜、李志勇、霍春梅、陈秀丽：《我国图书馆学情报学核心期刊栏目设置类别的分析与评述》，《现代情报》2008年第5期。

晶、丘峰在《期刊栏目研究》一文中指出"栏目是区分文稿的类目，是表征期刊整体的主体框架"[①]；李建安在《科技期刊的栏目设置、命名及方法评价》中提出"栏目是编辑人员依据办刊宗旨和编辑方针，再结合作者来稿情况、读者需要特点对期刊主体进行分类、编排所形成的类目"[②]。

归结上述定义，期刊栏目概念可以表述为：期刊栏目是在表现形式和内容的设置上体现出办刊宗旨的具有概括性的板块。期刊栏目的名称，应体现出板块内容的特色，分类明确，特征显著，用语规范，内涵外延清楚，体现出栏目的特定功能。

办刊宗旨需要一个能说明该刊政治态度和思想观点的栏目来体现。《东方杂志》以"启导国民，联络东亚"为办刊宗旨，"社说"栏目即是这一宗旨的鲜明体现者。

《东方杂志》创刊时值国内外危机日益深重，面对民族存亡，有志之士深刻意识到中华民族与西方国家之间在文化、科技和社会制度等方面存在巨大差距，要弥补这些差距，就要在全社会广泛开启民智，提高国人素质。1894年维新变法运动开创了以发展报业来开启民智的先河，自此以后，国内文化界就将"开民智"作为报刊的主要功能。中国的报刊通过传播西方先进的科学技术、制度和文化来"启导国民"，谋求民族振兴和国家富强。"社说"栏目就是作为他们的发声阵地而产生的。

1904—1905年，日本帝国与俄罗斯帝国为了争夺中国辽东半岛和朝鲜半岛的控制权，在中国东北土地上展开了一场帝国主义间的战争，战争以日本的胜利而告终。《东方杂志》从立宪小国日本战胜

---

① 张晶、丘峰：《期刊栏目研究》，《图书馆理论与实践》2000年第6期。
② 李建安：《科技期刊的栏目设置、命名及方法评价》，《编辑学报》2000年第12期。

庞大专制帝国沙俄这一事实中引出"立宪战胜专制"这一结论,向清政府和社会各阶层进行立宪宣传①。由此,《东方杂志》成为宣传立宪思想的喉舌,"社说"正是收录立宪思想的栏目。

除"启导国民"外,《东方杂志》还倡导"联络东亚"。日本在日俄战争中的胜利使得中国"联日拒俄",学习日本明治维新。又,1903 年商务印书馆与日本东京金港堂合资经营,当时仅有 5 万元资本的商务印书馆获得了日方 10 万元的投资,日方先进的印刷技术与设备使商务印书馆获益匪浅②。这是《东方杂志》将"联络东亚"作为办刊宗旨的一个现实因素,而"联络东亚"亦由此成为"社说"栏目所要体现的政治倾向和思想倾向。

"社说"栏目是《东方杂志》第一个以文字为表现形式的板块。创刊伊始,第一期所登《新出东方杂志简要章程》,即列有如下栏目:"一社说,二论旨,三内务,四军事,五外交,六教育,七财政,八实业,九交通,十商务,十一宗教,十二杂俎,十三小说,十四丛谈,十五新书介绍。"《东方杂志》将"社说"列为所有栏目的第一项,从这一排列方式即可看出该栏目的地位。"社说"栏是刊物的灵魂所在,代表了刊物的言说立场、思想观点和关注热点。

"社说"栏目是《东方杂志》连续出版时间最长的评论类板块。《东方杂志》评论类板块众多,众所熟知的有"言论"、"论说"、"评论"等栏目。评论类栏目中,"言论"栏目出现的时间为 1908 年第 5 卷第 7 期至 1909 年第 6 卷第 2 期,连续出版时间共 7 个月;"论说"栏目出现的时间为 1910 年第 7 卷第 1 期至 1910 年第 7 卷第 12

---

① 唐富满:《东方杂志与清末立宪宣传》,硕士学位论文,湖南师范大学,2003 年。
② 石雅洁、李志强:《东方杂志办刊宗旨的演变》,《新闻爱好者》2010 年第 8 期。

期，连续出版时间共12个月；"评论"栏目出现的时间为1920年第17卷第1期至1921年第18卷第17期及1921年第18卷第20期至1921年第18卷第23期，连续出版时间共21个月。"社说"栏目出现的时间为1904年第1卷第1期至1908年第5卷第6期，连续出版时间共54个月，在评论类栏目中历时最久。

《东方杂志》的主办单位为商务印书馆，商务印书馆是中国近现代出版业中历史最悠久的出版机构，自1897年创办至今已有120多年的历史。它为开启民智、昌明教育、普及知识、传播文化、扶助学术做出了重要的贡献。缘于是，"社说"栏目的思想力量、影响力量，其实也是商务印书馆综合力量的一种典型体现。

第三节 "社说"栏目的主编、主要作者及选稿来源

一 "社说"栏目的主编

研究"社说"栏目，必须研究它的主编。"社说"是《东方杂志》早期存在的栏目，而《东方杂志》早期主编是谁学界说法不一，后经学者考证，认为徐珂是这一时期的主编，这主要源于章锡琛先生的回忆：

> 《东方杂志》创刊于1904年，原是一种选报性质的刊物，剪集每月报章杂志上的记事、论文，分类刊登，供留心时事者查考。《官门抄》和《奏折》占首要地位，其次才是时论，只偶尔发表几篇撰译的文字。1909年前的编者名徐珂，字仲可，杭州举人，长于填词，是清末著名考据家俞曲园大弟子徐花农的兄弟，徐新六就是他的儿子。因为编这种杂志完全是剪刀浆

糊的工作,他一个人在几个晚上就能完成,读者并不很多,后来又由孟心史(森)编过两年。①

徐珂(1896—1928),原名徐昌,字仲可,浙江杭县(今杭州)人,1889年参加乡试中举人。因其擅长文笔,又熟悉官方文书,便加入《外交报》,并担任主编,后随《外交报》一起成为商务印书馆编译所的职员,接着又当上了《东方杂志》的编辑。徐珂一生著作颇丰,除《清稗类钞》外,还有《国难稗钞》、《历代白话诗选》、《古今词选集评》等10余种。

主编在杂志发展过程中的作用是不可忽视的,可以说主编的思想影响甚至决定了杂志的发展方向。徐珂为人和蔼可亲,对同事相当关心,每年春节都会在家中备办"春酒",邀请同人前去欢聚,这是别的部门从来没有过的活动。徐珂勤于写作,性格稳重,博学多知,对于"社说"栏目具有稳定作用。

二 "社说"栏目的主要作者

作者是一个栏目创作的核心资源。自1904年第1卷第1期至1908年第5卷第6期,《东方杂志》共发行55期,其中"社说"栏目文章共319篇。"社说"栏目的作者前后共出现了51位,从数量上来看,署名为"蛤笑"的作者发表文章最多。洪九来在其专著《宽容与理性——〈东方杂志〉的公共舆论研究(1904—1932)》中,根据蛤笑在"社说"栏目发表的文章数量,即蛤笑一人写了34篇,推测出蛤笑"大概是《东方杂志》部分编辑共用的

---

① 章锡琛:《漫谈商务印书馆》,中国人民政治协商会议全国委员会文史资料研究委员会编《文史资料选辑》第四十三辑,文史资料出版社1980年版。

一个化名"①。下为"社说"栏目作者一览表。

表 2 – 1　　　　　　　　"社说"栏目作者一览

年份	卷期	作者
1904	第一卷	别士、闲闲生、崇有、[日]长尾雨山、孤行、楚青、蘉照、放士、可权、新华、还初、华生、依可、可轩、杭生、谷音、培卿、想灵
1905	第二卷	孟晋、鹤谷、依可、谷音、亚泉、谷生、宗素、蘉照、别士、申苏、翰富、时造、见之、竹庄、闵暗、觉民
1906	第三卷	宜果、蘉照、佩韦、均卿、乘光、舜修、严复、蒋观云、陈筼、梁启超、倚剑生、方言、荷介、觉民、蛤笑、匀士、章宗元、勇立、王国维、观雪、孙梦兰、振民
1907	第四卷	蛤笑、勇立、孙梦兰、侯维良
1908	第五卷	影蓉、吴兴让、蛤笑、观雪

"社说"栏目的作者基本上都采用了化名，其中一些知名人士已为后人所知，如"别士"是夏曾佑、"崇有"是高梦旦、"亚泉"是杜亚泉、"竹庄"是蒋维乔、"蘉照"是汪允宗②。特别需要指出的是栏目作者还有来自日本的长尾雨山，这与"联络东亚"的办刊宗旨是相得益彰的。

(一) 夏曾佑：晚清思想界革命的先驱者

"社说"在 1904 年第一卷第一期就刊登了署名为"别士"的《论中日分合之关系》，对于"别士"这个化名，经学界考证其实就是我国近代学者夏曾佑。

夏曾佑 (1863—1924)，字遂卿，一作穗卿，号别士，浙江杭县 (今杭州) 人。清末民初学者，光绪十六年 (1890 年) 进士，对经文经学、佛学有精深的研究。早年与梁启超、谭嗣同在一起研讨"新学"，又与严复在天津创办《国闻报》，积极宣传西方资产阶级

---

① 洪九来：《宽容与理性——东方杂志的公共舆论研究 (1904—1932)》，上海人民出版社 2006 年版。
② 赵曼：《清末东方杂志民族主义思想研究》，硕士学位论文，安徽师范大学，2010 年。

第二章 《东方杂志》"社说"栏目研究

的学术文化和政治思想，对戊戌变法起到了推动作用。主要作品有《最新中国学》、《中国历史教科书》等。夏曾佑是晚清思想界革命的先驱者，对清末思想的改革起到了重要作用。夏曾佑与严复、梁启超都有深厚的友谊，非常赞同二人"鼓民力""开民智"的思想，这在夏曾佑发表的许多政论文章中都有体现。夏曾佑"开民智"的理论基础来源于进化论，后来他在《中外日报》《外交报》等报刊

图 2-2 夏曾佑

上发表的大量政论文章就主要运用进化论来分析时局，如《论中国人天演之深》《论中国人之进化》《论国家盛衰与宗教盛衰有反比例》等文。他在"社说"栏刊登的《论中日分合之关系》中，开篇就指出"天下有自然之势，非人力所可逃，往往经数千百年之久，神光离合，起伏万端，而其终也，让归于此天然之局，此所以衷叹于天定之不可逃也"①，用进化论的观点审视中日关系。此外，根据进化论的观点，夏曾佑将"进化"与"智慧"相联系，并在《论革除迷信鬼神之法》中进一步提出"迨至世界进化，而其民之程度不进，则大害立见"②，可见夏曾佑已经将"世界进化"与"民之程度"相联系，而"民之程度"的体现就是民智。夏曾佑认为导致我国民智不开的原因有二：一是专制，尤其是八股取士。夏曾佑曾用极其直接的语句批判八股文："故专作八股文者，其人必无思想、无

---

① 别士：《论中日分合之关系》，《东方杂志》1904 年第 1 期。
② 夏曾佑：《论革除迷信鬼神之法》，《东方杂志》1905 年第 2 卷第 4 期。

知识、无气节、无作用。极言之,专作八股文者,其无用实出于鸡犬狗马之下。"①。可见夏曾佑认为八股文对民智的摧残作用是极其严重的。另一个原因是中国的风俗、宗教与政法相结合,从而摧残了民智。由此,夏曾佑认为"开民智"要激发国民的爱国思想和政治意识。"社说"栏1904年刊登夏曾佑的《论革政始能维新》一文,文中写道"论今日救急之策,第一,当使民间逼迫政府力行新法;第二,当使民间讲求自治之制度。"从文章中可以看出夏曾佑认为当时的中国"非力行新法不足以扶贫而定倾",但颁布与实施新法,百姓必须要"先有愿行新法之意"且"有视国事如家事之意"②,而后新法的施行才能奏效。除此之外,夏曾佑在《中外日报》发表的《论士民宜自尽其责任》一文中指出,国民急需扩大自己的知识范围,行尽个人的责任,将国家地方的大事小情都视为与自己息息相关的事,在平日生活中多留心,讲求治理国家和地方的方法,否则"国家予士民以纠察之权,而士民自放弃之,则虽有良法美意,亦且终于无效,而更不能为国家咎,此亦一定之理矣"③。以上,都体现出夏曾佑为"开民智"所做出的种种思考。

(二)高梦旦:清末教育界转型的促进者

杨丹丹、陈哲文在《商务印书馆的谋"国"之臣高梦旦》一文中认为:"如果把解放前的商务印书馆比作一个出版王国,开国元勋自是夏瑞芳,张元济和王云五是运筹帷幄的台前领袖,高梦旦则是不可或缺的谋国之臣。"④ 高梦旦不仅对商务印书馆做出了巨大的贡

---

① 夏曾佑:《论八股之实未去》,杨琥编:"中国近代思想家文库"《夏曾佑卷》,中国人民大学出版社2015年版,第34页。
② 夏曾佑:《论中国必革政始能维新》,杨琥编:"中国近代思想家文库"《夏曾佑卷》,中国人民大学出版社2015年版,第126页。
③ 夏曾佑:《论士民宜自尽其责任》,《东方杂志》1904年第6期。
④ 杨丹丹、陈哲文:《商务印书馆的谋"国"之臣高梦旦》,《出版科学》2007年第2期。

献，也对清末教育界的转型有着举足轻重的促进作用。

高梦旦（1870—1936），名凤谦，字梦旦，长乐龙门乡人。光绪十六年（1890年），其表兄魏瀚任马尾船厂总监工，使得高梦旦结识了许多船政局留洋学生，因而学习到了不少西方知识。后又以留学生监督一职赴日本，考查教育一年多。1904年，中国颁布了近代第一个取法于西方的新学制——癸卯学制，进一步拉开了教育改革和转型的序幕。

图2-3 高梦旦

传统的科举制教育江河日下，新式教育蔚然成风，教育理念的变化必然导致教育课程的变革，由此，作为教育的重要载体，教科书的改革成为必不可少的重要环节。为了迎合市场需求，商务印书馆开始出版教科书，时任编译所所长的张元济先生聘任刚从日本回国的高梦旦为国文部主任，主持编写国文教科书。高梦旦由于在日本考察了一年多，深知国家的兴衰成败关键在于教育的普及，而普及教育，小学更是基础。因此高梦旦决心为出版小学教科书而努力，促进中国的教育转型。

清末"中体西用"的思想开启了中国与西方思想文化的碰撞，当时中国的教育尚处于借鉴"西学"教育经验的阶段，对于中西方文化的差异、教育理念的冲突需要一种更加平和和符合中国实际的方式来处理。高梦旦既接受过传统儒家思想的教育，对中国传统教育方式有深刻的体会，又接受过西方先进文化的熏陶，对西方先进文化的精华有深入的感受，因而能在中西方文化教育发生碰撞时，抉择出正确的立场和观点。

高梦旦在《论中国民气之可用》中写道:"人民无国家思想,故视胜败荣辱与己若毫不相干涉"①,人民没有国家意识,将国家的胜败荣辱置之身外,很大一部分原因就是教育的不到位。教育的不普及,使我国人民自年幼时起就没有接受过国家意识的培养。因此,高梦旦提出要普及知识,改良社会,让文化教育成为救亡图存的主要途径。他把教育立国、改良社会的理想寄托于新式教科书的编写过程中,希望通过新式教科书的普及,来传播西方文化,带来新的观念,给当时危机此起彼伏的晚清社会带来一丝希望的曙光。自此,国文教育不再注重"三纲五常"的培养,而将目光转移到近现代科学知识、政治民主和现代文明上,开启了国文教育的新篇章。

(三) 杜亚泉:民初政治界碰撞的调和者

图 2-4 杜亚泉

杜亚泉(1873—1933),原名炜孙,字秋帆,号亚泉,笔名伧父、高劳,浙江山阴县仓塘乡(今上虞长塘)人。杜亚泉是我国著名的思想启蒙家和教育家,他将毕生精力都贡献给了挽救国家危亡、启蒙国民思想和普及文化知识的事业当中。在清末民初这样一个中西方思想文化碰撞激烈的历史时期,杜亚泉所主张的"文化调和论"起到了重要的作用。胡适先生曾这样评价杜亚泉:"其对于人生观和社会观,始终

---

① 高梦旦:《论中国民气之可用》。

以理智支配欲望为最高理想，以使西方科学与东方传统文化结合为最后目的。所以从思想方面说，先生实不失为中国启蒙时期的一个典型学者。"①

1900年，杜亚泉创办了中国最早的科学刊物——《亚泉杂志》，自当编辑，并编辑了中国最早的国文教科书——《文学初阶》。因在阅读译本时觉得仅通过这种方式并不能了解世界最前沿的知识，若要紧跟世界文化潮流，必须通过阅读外国原始文献来实现，于是杜亚泉开始学习日文，阅读大量日文书籍，并前往日本游学考察，接触到了西方更多的先进思想，对西方政治文化以及各种学说都有了更为深入的了解，为其政治调和思想奠定了基础。

清末民初，中国正处于一个激烈的政治文化碰撞和社会变迁时期，整个中国在西方政治文明的冲击下，陷入了政治危机和文化危机。中国社会该何去何从？如何通过革新政治来实现中国的现代化？如何进行社会改良来挽救民族危机？种种问题迫使当时中国的知识分子进行思考并加以回答。维新变法的失败，给人们以深刻的反思，改变了人们对中国原有体制的认知，加速了政治观念的分化，并促使文化调和思想与文化转化思想出现分歧。加之当时西学东渐，中西方政治冲突，使社会陷入一种无序的思想状态。但同时这样的环境与背景给当时思想文化的发展营造了一种轻松自由的氛围。学术活跃、派系林立、学者辈出成为当时社会的一种风貌。正是在这样一个大背景之下，形成了一股以杜亚泉为首的政治调和思潮，提倡以温和渐进的方式，改革社会政治、思想文化，对当时社会产生了深远的影响。

杜亚泉主笔《东方杂志》后，为杂志增添了理性精神和多元宽

---

① 胡愈之：《追悼杜亚泉先生》，《东方杂志》1934年第31卷第1号。

容精神，极力提倡新政与旧政之间进行调和，始终以理性的眼光看待事物，对各种社会现象也保持自己的见解，坚持自己的观点，以超然物外的文风发表自己的政见，以理性多元的态度看待世界的变化，在日趋激烈的思想文化碰撞中独树一帜，在动荡不安的社会改革现状下别具一格。他在《东方杂志》发表的文章既具有启蒙价值，又具有文化融合的思想意义。

然而，随着新文化运动的兴起，以陈独秀为代表的思想激进派对杜亚泉的文化调和思想产生了抵触。陈独秀代表西化论者，杜亚泉代表东方文化派，双方围绕东西方文化的差异、新旧文化的关系以及中国文化出路的选择等问题展开了一场延续十余年的思想大论战。这场论战的实质是中国封建旧文化和西方资产阶级新文化的斗争，拉开了近代中国文化转型的大幕，促进了西方文化在中国社会的传播。这场论战最后以陈独秀的胜利告终，这对杜亚泉来说产生了不小的影响，他被迫辞去《东方杂志》主编一职，其文化调和的思想也在激烈的社会碰撞中渐渐被人们遗忘，杜亚泉先生就此退出舆论界。

(四) 蒋维乔：近代教育界改革的领军者

蒋维乔（1873—1958），字竹庄，别号因是子，江苏武进县人，我国近代著名的教育家、哲学家、佛学家和出版家。20世纪初曾担任商务印书馆编辑，从事新式教科书的编写工作，民国成立之后，任职于教育部。此后，又先后担任江苏省教育厅厅长，东南大学代理校长，上海光华大学教授等职务。在清末民国期间，蒋维乔心系教育，不断推行改革，堪称近代教育改革的领军者。

作为近代中国教育界改革的领军人，爱国主义是蒋维乔教育理念的思想基础，面对国家和民族的日益危亡，蒋维乔与广大先进知识分子一样，在强烈的责任感和使命感的驱使下，积极投身于挽救民族危机的事业中。但救亡运动的屡次失败使蒋维乔清醒地认识到，爱国主义不单单是口号和激情，更需要务实的行动和理性的思考。在蒋维乔眼中，当时中国最紧急的不是进行社会政治革命，而是从根本上改革教育制度，实现教育的近代化。所以，蒋维乔将"救国之本还在教育"奉为自己的教育宗旨，立志为中国的教育事业献出自己的绵薄之力。

图 2-5 蒋维乔

  19 世纪末至 20 世纪初，中国的传统教育在向新式教育转变，社会上出现了大量的新式学堂，然而与新式学堂相匹配的新式教科书并未能够应运而生。当时的教材大多受到传统封建思想的影响，或全盘西化，完全照搬照抄他国。因此，随着教育改革的推进，改革传统教材，编写新式教科书成为当务之急。作为当时重要的出版机构，商务印书馆积极承担起新式教科书的编写工作。商务印书馆于光绪二十八年（1902 年）成立编译所，开启了编辑教科书的事业。此时蒋维乔任教于上海爱国女校，后经蔡元培举荐，加入编译所兼任编辑，负责国文教科书的编写。第二年因"苏报案"的发生，使蒋维乔对中国的教育现状产生了深刻思考，进一步认识到"教育救国"要先从"编辑教科书"入手。于是在 1903 年，蒋维乔正式进入商务印书馆编译所工作，开始了长达十年之久的国文教科书编辑生涯。

  1904 年，商务印书馆出版并发行了《最新国文教科书》，该书是蒋维乔与张元济、高梦旦等人历时两年之久共同编辑而成的一套大型小学教科书。该套书涉及范围广，不仅有政治、地理、历史、理科等常规学科，还涉及修身、实业、家事、卫生等方面，内容上突破了传统教材的死板与教条，更加注重培养儿童的学习兴趣和综合素质。因此，该书一出版就风行全国，"其他书局之儿童读本，即渐渐不复流行"①。该套书为近代儿童读本编制奠定了基础，掀开了近代新式教科书编撰的新篇章。

1912年，中华民国临时政府成立，蔡元培出任教育总长。受蔡元培邀请，蒋维乔与其共赴教育部任职，进行教育改革。当时教育部条件艰苦，甚至连办公室都需自行寻找，在蔡元培和蒋维乔四处奔走之后，情况得到好转，各项工作基本就绪。蔡元培和蒋维乔等人开始着手教育改革事务。蒋维乔提出，教育改革要先从学制入手，为此蒋维乔与高梦旦、陆费逵等人共同起草了《普通教育暂行办法通令》和《普通教育暂行课程标准》，以整治各地方各学校学制混乱的现象，对封建旧教育进行了整饬，稳定了当时的教育秩序，从而为接下来的教育改革奠定了基础。南京国民政府教育部对学制的革故鼎新之措，实际均由蒋维乔一人操劳，"上至一切公事，下至琐屑庶务，无一不问"，"日夜操劳，以致双目红肿"②。

（五）汪允宗：辛亥报刊界思想的发声者

汪允宗（1872—1918），名德渊，笔名寂照、寂音等，歙县富竭大里人。出身书香门第，自幼聪颖好学，心怀大志。1902年，为了寻求救国救民道路，留学日本，并结识孙中山先生。1903年回国。1904年，汪允宗与中国近代学者刘师培等人筹办《警钟日报》，由

---

① 蒋维乔：《编辑小学教科书之回忆》，载《1897—1987 商务印书馆九十年——我和商务印书馆》，商务印书馆1987年版，第56页。
② 陈秉仁：《蒋维乔》，中国社会科学院近代史研究所、中华民国史研究室合编：《中华民国史资料丛稿·人物传记》第十五辑，中华书局1982年版，第128页。

蔡元培任主编，汪允宗撰写政论，大胆发声，该报在上海出版发行，在思想界掀起了一层巨浪。这份报纸主要报道我国危亡的社会局势以警醒国人，是继《苏报》之后又一份重要的革命报纸。后因该报过于针砭时弊，被迫停刊。此后，汪允宗又为《中外日报》撰写评论，大力宣扬资产阶级民主主义思想。1907年，汪允宗与于右任、杨笃生等人在上海创办《神州日报》，汪允宗主笔。后据上海老报人包天笑回忆：

图 2-6　汪允宗

"当时南社中人散布于上海各报者甚多，如《民立报》之宋教仁、范鸿仙，《民权报》之戴季陶、汪子实，《神州日报》之黄宾虹、王无生（汪允宗笔名）……"① 他们苦心经营，坚持办报宗旨，抨击时政，笔锋犀利，受到国内一致好评。辛亥革命后，汪允宗认识到国内一律排满的认识非常狭隘，于是多次在报纸上发表文章，指出这次革命的正确方向，应以富国强兵、振兴中华为宗旨。他希望通过舆论的正确引导，来拨正革命的方向。

1915年，日本提出亡我中华的"二十一条"。国难当头，汪允宗愤怒之至，重操笔政，通过文字的力量，呼吁中华民族携手挽救民族危亡。袁世凯"黄袍加身"之后感受到了《神州日报》所带来的舆论威胁，于是下令抓捕汪允宗，汪允宗事先得到消息才幸免于难。

---

① 郭静洲、姚长鼎：《辛亥时期报坛先驱汪允宗》，《江淮文史》1995年第3期。

三　"社说"栏目的选稿来源

"社说"栏目除刊登固定作者的文章外,还选用当时较为主流、记录中外大事、代表资产阶级改良派观点的报刊文章。选用报刊共38种,如《中外日报》《时报》《外交报》《申报》等。这些报刊评议时政,紧密配合时事要闻,主张社会改良、君主立宪,对当时社会弊端及黑暗现象加以揭露、针砭,对中外大事、国际问题等积极发表观点。下表为《东方杂志》"社说"栏目1904年第一卷到1908年第五卷选用报刊来源的基本情况。

表 2-2　　　　　　　　　"社说"栏目选稿来源一览

卷数	选用报刊	标题
第一卷 (1904.3—1905.1)	《中外日报》	《论中国必革政始能维新》
		《祝黄种之将兴》
		《论黄祸》
		《论中国所受俄国之影响》
		《论贫与愚之因果》
		《论中国时局》
		《论中国前途有可望之机》
		《论中国改革之难》
		《论近日众论之无定》
		《论蒙蔽》
		《论士民宜自尽其责任》
		《论英国经营西藏之政略》
		《论中国与日俄之胜败不宜误用其意》
		《论俄人在东三省经营之新市》
		《论中央集权之流弊》
		《再论中央集权》
		《论义和团第二次之出现》
		《论铁良南下之宗旨》

续表

卷数	选用报刊	标题
第一卷 （1904.3—1905.1）	《中外日报》	《论中国必成一奇异之国体》
		《论东三省自治》
		《论近日民变之多》
		《中央集权之预言》
	《万国公报》	《综论本年世界之大势》
	《外交报》	《论中国不宜委弃西藏》
		《论中国要事不可全付外人》
		《论今日于战国时之异同》
		《论日本沿唐人文化》
		《论中国宜设法勿使列强干涉远东》
	《同文沪报》	《论波兰人谋自主》
	《日本报》	《论藏英交涉》
	《警钟报》	《论中国人民依赖性之起源》
		《论中国阶级制度》
		《论中国治乱由于人口之众寡》
		《论社会冲突之为害》
		《论太平洋列强之势力》
		《论列强将渐变均势之说为纷争》
		《论中国前途之无望》
		《论法国在中国之举动》
		《论中国人才之自然退化》
		《哀同胞之将亡》
		《论大同平等之说不适用于今日之中国》
	《时报》	《论满洲当为立宪独立国》
		《采王船山成说证中国有尚武之民族》
		《论变法之精神》
		《论朝廷欲图存必先定国是》
		《最近之优劣谈》
		《铁侍郎南下之关系》
		《极东之第二俄罗斯》
		《论南北之成见所起》

续表

卷数	选用报刊	标题
第一卷 (1904.3—1905.1)	《时报》	《论慈善事业中外之不同》
		《论救中国之真豪杰》
		《论朝局将有变动》
		《论全国人民对外之意见》
		《论现实社会之所谓进步》
		《论政府宜急筹处置西域之实力》
		《论法人有侵略两粤之近因》
		《论个人生计与地方自治之关系》
	《大公报》	《外人轻侮中国多由中国自召说》
		《中国衰弱非日本之福说》
	《岭东日报》	《中国与波兰之比较》
		《论中国之宜力求信用》
		《论朝廷之名实不相因》
		《论民智不进之可忧》
		《论江督易人之故》
	《羊城报》	《论中立学派》
	《福建日日新闻》	《论中国与日本欧化速率之比例》
	《时敏报》	《论自由必先具制裁力》
第二卷 (1905.2—1906.1)	《羊城日报》	《论中国不能合群之原因》
	《中外日报》	《论中国人天演之深》
		《论政府之蔑视民命》
		《论日俄将议和时之中国政府》
		《论游勇与顺民》
		《论日胜为宪政之兆》
		《论办事贵有条理》
		《论君与官官与民利害必相反》
		《论真守旧者之可贵》
		《论今年之多事》
		《论用人之新现象》
		《论甘肃新疆于中国之关系》

续表

卷数	选用报刊	标题
第二卷 （1905.2—1906.1）	《时报》	《论模仿文明之弊》
		《论外人在中国之势力》
		《敬告当世青年》
		《论英国与殖民地之关系》
		《论中国史乘之多诬》
		《论民气与国家之关系》
		《论今日社会之无直道》
		《论日俄战局结后中国之危险》
		《论东三省终宜开放》
		《论小说与社会之关系上》
		《论小说与社会之关系下》
		《论中国民气之可用》
		《论中国前途之可危》
	《汉口日报》	《综论甲辰年大事》
		《卫生论》
	《外交报》	《论各国保全中国之不可恃》
		《论中俄于世界之关系》
		《续论中俄于世界之关系》
		《论近世无公是非》
	《汇报》	《论国权之关系》
	《时敏报》	《论中国文明民族之起源》
		《论尚武主义》
	《中华报》	《论秘密之害》
	《新闻报》	《自存篇》
		《论自强图存》
	《新民丛报》	《自由解》
	《同文沪报》	《论中国个人之不能自制》
	《大公报》	《论中国人民之可用》
	《岭东日报》	《论勇敢》
	《㗊报》	《论文明潮流之循环》
	《福建日日新闻》	《日本完握亚东全部之霸权》

续表

卷数	选用报刊	标题
第二卷 (1905.2—1906.1)	《南方报》	《筹藏论》
		《敬告当世言论家》
		《平等自由之界说》
		《论目前时局之危》
		《论国民宜速养成办事能力》
	《岭东报》	《论今日新政之缺点》
第三卷 (1906.2—1907.2)	《国粹学报》	《论国粹无阻于欧化》
	《南方报》	《论今日国民之动作》
		《论中国人性质不宜对外之故》
		《中国土地人民之问题》
		《个人说》
		《爱为群之主力说》
		《论尊古之心理》
	《申报》	《说竞》
		《说权利》
		《生死辩》
		《论新名词输入与民德堕落之关系》
	《中外日报》	《忠告篇》
		《论近日人心宜重古道》
		《论自杀非志士所宜出》
		《论社会当表彰特性之人》
		《一千九百五年寰瀛大事总述》
	《新民丛报》	《论民气》
		《论主张竞争者当知法制》
	《北洋学报》	《论国民不可无政治思想》
	《南洋日日官报》	《国民义务辩》
	《时报》	《论国人宜知政法之大要》
		《论办事不知预备之失》
		《论社会改革》
		《论国民宜善用其利己之心》
		《论国人不知所以达其希望》

续表

卷数	选用报刊	标题
第三卷 （1906.2—1907.2）	《商务官报》	《厌世主义》
	《羊城日报》	《论救中国必先培养国民之公德》
	《教育世界》	《去毒篇》
	《岭东日报》	《历史上黄白二种之竞争》
第四卷 （1907.3—1908.1）	《寰球中国学生报》	《箴时篇》
	《中外日报》	《论政局倾轧之可危》
		《论中国救亡之策》
		《论列强瓜分中国之势已成》
		《今日救亡之决论》
	《南方报》	《论今日国民之新习》
		《论士夫无耻为积弱之原因》
		《辩乱》
	《北洋法政学报》	《论急宜提倡民业与游戏》
	《申报》	《风俗篇》
		《论中国治乱与人口之关系》
	《法政学交通杂志社》	《社交论》
	《岭东日报》	《论国人宜注意于公共事业》
	《京报》	《论中国宜自强宜先消融各种之界限》
		《公私辩》
		《论彗星之现无关于灾异》
	《时报》	《论道德与法律之关系》
		《论国家之竞争力》
	《神州日报》	《辟天》
		《论国民之前途及救亡之责任》
		《论以奢侈模仿文明之弊害》
		《论保守土地主权及路矿利权为国民唯一之天职》
		《论欲救中国当表彰颜习斋学说》
	《津报》	《论国民社会之缺点》
		《论平民主义与国家主义之废兴》
		《论天演与命运》
		《论今日所处之世界》

续表

卷数	选用报刊	标题
第四卷 (1907.3—1908.1)	《津报》	《论文明先女子》
	《南洋官报》	《论文明之名义》
第五卷 (1908.2—1908.7)	《济南日报》	《尊君为法家之义说》
	《津报》	《论世界奢侈之历史》
		《论中国缺乏政治家》
	《时事报》	《论学术与道德相离之危险》
	《舆论日报》	《论今日国民之思潮之趋势宜进以毅力》
		《论人才与风俗之关系》
		《论中国之国民性》
	《神州日报》	《论保存国粹宜自礼俗言文始》
		《论国民宜改良对外之性质》
		《论今日国民宜崇旧有之武术》

第四节 "社说"栏目的议题设置

一 "社说"栏目的版面设置

综观《东方杂志》版面及目录,除 1906 年第 3 卷第 13 期的临时增刊《宪政初纲》外,"社说"均是出现在"图画"栏目之后,是《东方杂志》设置的第二个栏目,也是第一个以文字形式出现的板块。自 1904 年 3 月第 1 卷第 1 期至 1908 年 7 月第 5 卷第 6 期,"社说"共出版 55 期,刊登本社撰稿和选录来稿 319 篇,每期 3—12 篇文章。其中本社撰稿是《东方杂志》的精神核心,是对作者观点的正面表达,也是办刊宗旨的体现。选用来稿则是对时下观点的强化和补充,继续引发国民深思。

二 "社说"栏目的主要议题

"社说"栏刊登的文章主要来源有二,一是栏目固定作者撰写

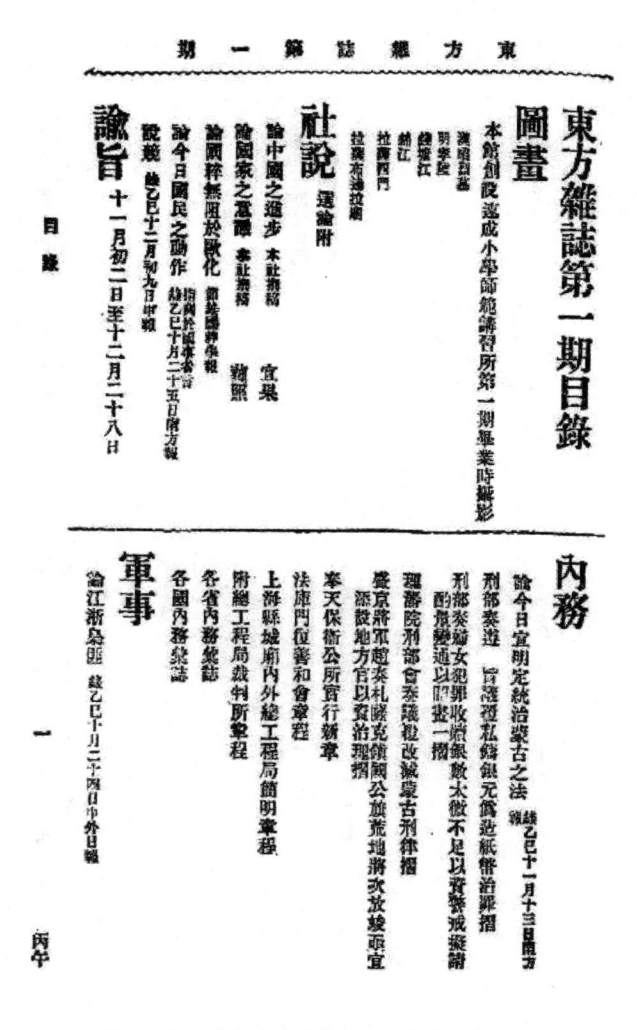

图 2-7 《东方杂志》第三卷第一期目录

的，一是选材于当时社会的重要报刊。无论是栏目作者的文章，还是"社说"选用的文章，都有自己的主要议题。这些文章对时下热点和舆论进行评析，表明自己的态度立场，宣传自己的主张，形成《东方杂志》的主旨言论脉络，构建自己的话语空间，以贯彻"启导国民"的办刊宗旨。此将"社说"栏目的主要议题进行分类，大致分为宣传立宪、民族民权、国民教育、地方自治、社会政治与

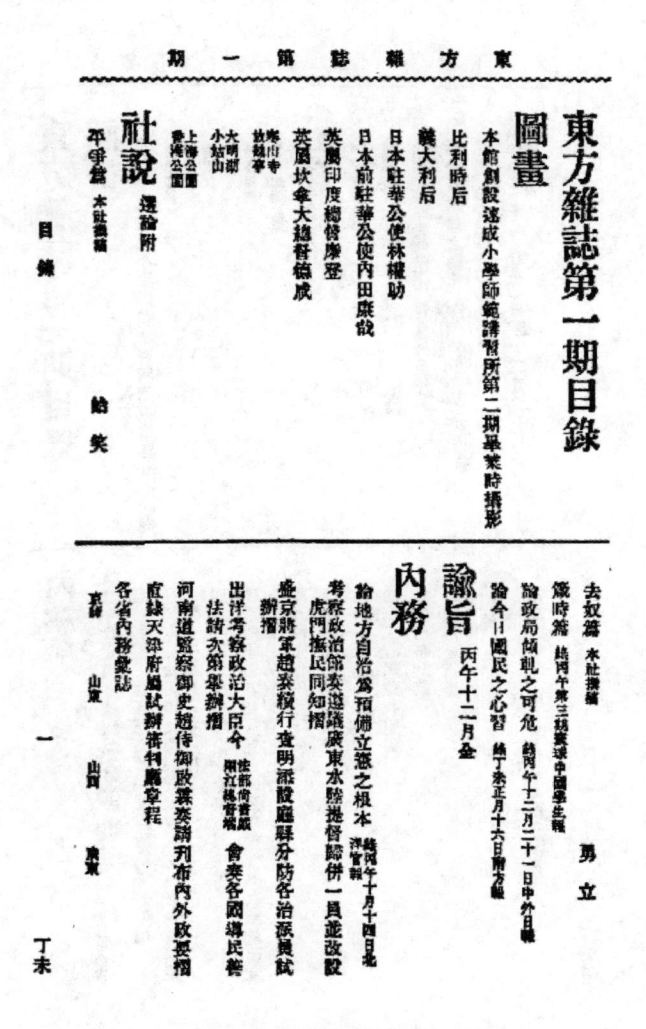

图 2-8 《东方杂志》第四卷第一期目录

文化 5 类。

（一）宣传立宪

立宪一直是"社说"栏目的基本主张，这在众多文章中都有体现。例如：《论中国必革政始能维新》《论满洲当为立宪独立国》《论朝廷欲图存必先定国是》《论日胜为宪政之兆》《立宪私议》《中国未立宪以前当以法律遍教国民论》《论今日新政之缺点》《论立宪

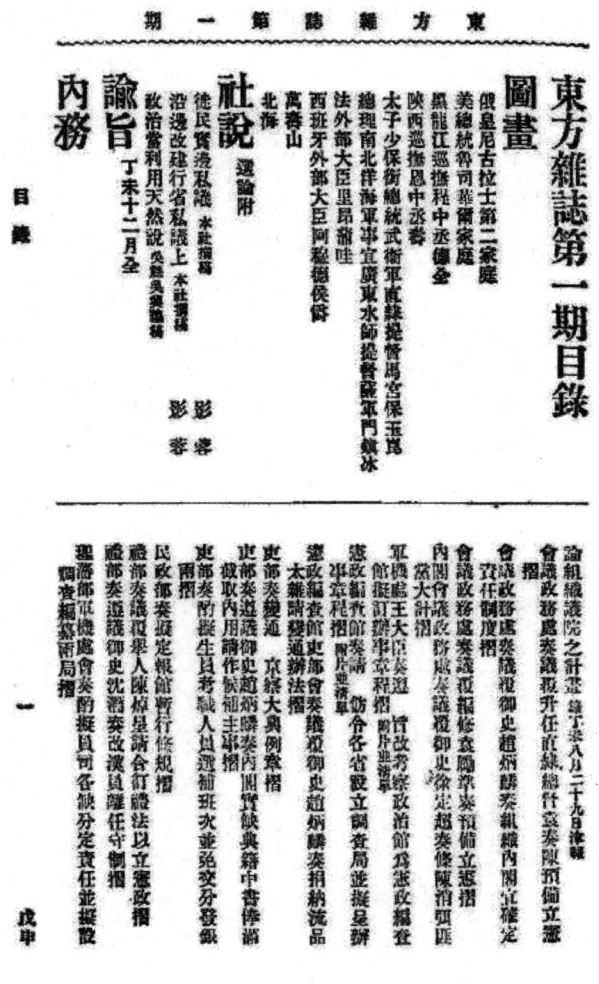

图 2-9 《东方杂志》第五卷第一期目录

与教育之关系》《论中国之进步》《论立宪当有预备》《筹教刍议》《论立宪预备之最要》《论中国立宪之难》等。1906年，专门编辑出版了一期宪政专刊，即第 3 卷第 13 期临时增刊——《宪政初纲》，发表《立宪释疑》等文章，对立宪主张进行宣传。栏目作者通过这些文章，阐述了立宪的必要性，即立宪才能抵御外侮，才能救国。

下表为"社说"栏目宣传立宪的文章一览表。

表 2-3　　　　　　　"社说"栏目宣传立宪文章一览

标题	卷数	作者/选用来源
《论中国必革政始能维新》	第一卷第一期	《中外日报》
《对客问（第一）》	第一卷第一期	[日] 长尾雨山
《对客问（第二）》	第一卷第二期	[日] 长尾雨山
《对客问（第三）》	第一卷第三期	[日] 长尾雨山
《论中国改革之难》	第一卷第四期	《中外日报》
《对客问（第四）》	第一卷第五期	[日] 长尾雨山
《论中国无国权》	第一卷第五期	新华
《论蒙蔽》	第一卷第六期	《中外日报》
《论满洲当为立宪独立国》	第一卷第六期	《时报》
《论外患之由起》	第一卷第七期	华生
《论变法之精神》	第一卷第七期	《时报》
《论朝廷欲图存必先定国是》	第一卷第七期	《时报》
《论中央集权之流弊》	第一卷第七期	《中外日报》
《再论中央集权》	第一卷第七期	《中外日报》
《论中国之大病在于无是非》	第一卷第十期	杭生
《论中国不能合群之原因》	第二卷第一期	《羊城日报》
《论日胜为宪政之兆》	第二卷第六期	《中外日报》
《论中国内政外交失败之原因》	第二卷第十期	《时报》
《立宪私议》	第二卷第十一期	蕅照
《中国未立宪以前当以法律遍教国民论》	第二卷第十一期	闵暗
《论立宪与教育之关系》	第二卷第十二期	觉民
《论中国之进步》	第三卷第一期	宜果
《论立宪当有预备》	第三卷第三期	舜修
《论国民不可无政治思想》	第三卷第四期	《北洋学报》
《国民义务辩》	第三卷第四期	《南洋日日官报》
《论国人宜知政法之大要》	第三卷第五期	《新民丛报》
《论办事不知预备之失》	第三卷第六期	《时报》
《筹教刍议》	第三卷第八期	觉民
《论立宪预备之最要》	第三卷第九期	蛤笑
《个人说》	第三卷第十期	《南方报》
《立宪释疑》	第三卷第十三期	振民

续表

标题	卷数	作者/选用来源
《人民程度之解释》	第三卷第十三期	蕴照
《论今日宜征地方税以为实行地方自治》	第四卷第二期	孙梦兰
《论中国立宪之难》	第四卷第五期	蛤笑
《公私辩》	第四卷第七期	《京报》
《本治篇》	第四卷第九期	蛤笑
《今日救亡之决论》	第四卷第十期	《中外日报》
《论变法之当从事之根本》	第四卷第十二期	蛤笑
《论地方自治之亟》	第五卷第三期	蛤笑

（二）民族民权

"社说"栏目作为《东方杂志》的精神核心，对于民族和民权问题十分关注。例如：《论中日和分之关系》《论中国民气之可用》《祝黄种之将兴》《论黄祸》《论中国所受俄国之影响》《论中国前途有可望之机》《论雪国耻宜先励国耻》《论中国不能合群之原因》《辩黄祸之说》《养民气论》《自存篇》《论自强图存》《论民气与国家之关系》《论中国民气衰弱之由》《论民气》《论排外不易有形迹》《历史上黄白二种之竞争》《论中央集权》等。栏目作者以文章发声，希望民族振兴，国家自强，人民幸福。

下表为"社说"栏目民族民权文章一览表。

表2-4　　　　　　　"社说"栏目民族民权文章一览

标题	卷数	作者/选用来源
《论中国民气之可用》	第一卷第一期	崇有
《论中国责任之重》	第一卷第一期	闲闲生
《论中国无国权》	第一卷第五期	新华
《论中俄战败以后结果之不同》	第一卷第六期	还初
《论士民宜自尽其责任》	第一卷第六期	《中外日报》
《国耻篇》	第一卷第十期	可轩
《论自由必先具制裁力》	第一卷第十期	《时敏报》

续表

标题	卷数	作者/选用来源
《中央集权之预言》	第一卷第十一期	《中外日报》
《论全国人民对外之意见》	第一卷第十一期	《时报》
《论个人生计与地方自治之关系》	第一卷第十二期	《时报》
《养民气论》	第二卷第三期	谷音
《重民权论》	第二卷第五期	宗素
《自由解》	第二卷第五期	《新民丛报》
《论民气与国家之关系》	第二卷第六期	《时报》
《平等自由之界说》	第二卷第十一期	《南方报》
《论无权利心所受之损失》	第三卷第三期	乘光
《论民气》	第三卷第四期	梁启超
《说权利》	第三卷第四期	《申报》
《国民义务辩》	第三卷第四期	《南洋日官报》
《论国民不可无政治思想》	第三卷第四期	《北洋学报》
《论中国近日权利思想之发达》	第三卷第九期	匀士
《个人说》	第三卷第十期	《南方报》
《论中国欲自强宜先消融各种之界限》	第四卷第五期	《京报》
《论地方自治之亟》	第五卷第三期	蛤笑

（三）国民教育

以"启导国民"为办刊宗旨，"社说"栏目立志于国民教育问题。例如：《论民智不进之可忧》《崔东壁学术发微》《论读经非幼稚所宜》《论立宪与教育之关系》《论教育之普及需实行强迫》《今日教育上第一问题》《晏子春秋学案》《论保存国粹宜自礼俗言文始》等。尤其需要注意的是，《东方杂志》对于女子教育予以关注，这在《社说》栏目也有体现。例如：勇立的《兴女学议》中提出："教育之法，当以德智体三育并重。男子然，女子亦然"。

下表为"社说"栏目国民教育文章一览表。

表 2-5　　　　　　　　"社说"栏目国民教育文章一览

标题	卷数	作者/选用来源
《论贫与愚之因果》	第一卷第二期	《中外日报》
《论中国有救弊起衰之学派》	第一卷第四期	蕴照
《论外患之由起》	第一卷第七期	华生
《论民智不进之可忧》	第一卷第九期	《岭东日报》
《论改良政俗自上自下之难易》	第二卷第一期	孟晋
《论民气与国家之关系》	第二卷第六期	《时报》
《日本篱握亚东全部之霸权》	第二卷第九期	《福建日日新闻》
《论读经非幼稚所宜》	第二卷第十期	竹庄
《论今日新政之缺点》	第二卷第十一期	《岭东报》
《论立宪与教育之关系》	第二卷第十二期	觉民
《论教育之普及需实行强迫》	第三卷第六期	方言
《论救中国必先培养国民之公德》	第三卷第七期	《羊城日报》
《个人说》	第三卷第十期	《南方报》
《述学卮言上》	第三卷第十一期	蛤笑
《今日教育上第一问题》	第三卷第十二期	蕴照
《兴女学议》	第三卷第十三期	勇立
《述学卮言下》	第四卷第四期	蛤笑
《学校贡举私议》	第四卷第五期	蛤笑
《论保存古学宜广厉藏书》	第四卷第八期	蛤笑
《保孔教说》	第四卷第十期	蛤笑
《论文明先女子》	第四卷第十期	《津报》
《劝学说》	第四卷第十二期	蛤笑
《论学术与道德相离之危险》	第五卷第三期	《时事报》

（四）地方自治

中国疆域辽阔，人口众多，中央鞭长莫及，无法管理地方细致的事务，且在官僚政治制度下，地方官员也无法将本地区的事务打理得细致清楚，因而实行地方自治就显得尤为重要了。通过地方自治制度，人民可以根据自己的意愿来管理本地区事务，使各地区繁荣发展。《东方杂志》已经充分认识到地方自治制度可以提高人民的参政兴趣，培养人民的国家意识，从而推动整个民族向着民主政治的轨道前进。"社说"栏目作为《东方杂志》的喉舌，自然少不了对地方自治的宣传。

下表为"社说"栏目地方自治文章一览表。

表 2－6　　　　　　"社说"栏目地方自治文章一览

标题	卷数	作者/选用来源
《论中国不宜委弃西藏》	第一卷第二期	《外交报》
《论政府不可自弃》	第一卷第三期	楚青
《论波兰人谋自主》	第一卷第三期	《同文沪报》
《论藏英交涉》	第一卷第四期	《日本报》
《论各国对现时旅顺之意见》	第一卷第五期	可权
《论英国经营西藏之政略》	第一卷第六期	《中外日报》
《论中国宜设法勿使列强干涉远东》	第一卷第六期	《外交报》
《论俄人在东三省经营之新市》	第一卷第七期	《中外日报》
《论国家依赖第三国之无益》	第一卷第八期	华生
《东三省权宜策》	第一卷第九期	依可
《论东三省自治》	第一卷第十期	《中外日报》
《论法国在中国之举动》	第一卷第十期	《警钟报》
《论中国南部之可危》	第一卷第十期	《警钟报》
《论政府宜急筹处置西域之实力》	第一卷第十二期	《时报》
《论个人生计与地方自治之关系》	第一卷第十二期	《时报》
《论东三省终宜开放》	第二卷第八期	《时报》
《筹藏论》	第二卷第十期	《南方报》
《论甘肃新疆与中国之关系》	第二卷第十期	《中外日报》
《论滇事》	第三卷第八期	蛰生氏
《论滇缅界事》	第三卷第八期	来稿
《论今日宜征地方税以为实行自治之用》	第四卷第二期	孙梦兰
《筹边刍议》	第四卷第三期	蛤笑
《论陕西民变》	第四卷第三期	蛤笑
《沿边改建行省私议》	第五卷第一期	影蓉
《论地方自治之亟》	第五卷第三期	蛤笑

（五）社会政治与文化

"社说"栏目自《东方杂志》创刊伊始就对社会现象关注有加，针对各种社会问题和现象作出自己的评价。无论是社会风俗还是社会热点事件，"社说"总是在第一时间就做出反应，将"社说"比作当时社会的缩影一点也不为过。

下表为"社说"栏目社会政治与文化文章一览表。

表2-7　　　"社说"栏目社会政治与文化文章一览

标题	卷数	作者/选用来源
《议会议银价事》	第一卷第三期	来稿
《论今日于战国时之异同》	第一卷第四期	《外交报》
《论日本沿唐人文化》	第一卷第四期	《外交报》
《论中国人民依赖性之起源》	第一卷第五期	《警钟报》
《论中国阶级制度》	第一卷第五期	《警钟报》
《论中国治乱由于人口之众寡》	第一卷第六期	《警钟报》
《改良风俗论上》	第一卷第七期	可权
《采王船山成说证中国有尚武之民族》	第一卷第七期	《时报》
《改良风俗论下》	第一卷第八期	可权
《论中国之宜力求信用》	第一卷第八期	《岭东日报》
《论中国冲突之为害》	第一卷第八期	《警钟报》
《最近之优劣谈》	第一卷第八期	《时报》
《铁侍郎南下之关系》	第一卷第八期	《时报》
《论义和团第二次之出现》	第一卷第八期	《中外日报》
《国耻篇》	第一卷第十期	可轩
《论南北之成见所起》	第一卷第十期	《时报》
《退化论》	第一卷第十一期	谷音
《论慈善事业中外之不同》	第一卷第十一期	《时报》
《论中国人才之自然退化》	第一卷第十一期	《警钟报》
《论中国社会之现象及其振兴之要旨》	第一卷第十二期	培卿
《论现实社会之所谓进步》	第一卷第十二期	《时报》
《论改良政俗自上下之难易》	第二卷第一期	孟晋

续表

标题	卷数	作者/选用来源
《论各国保全中国之不可恃》	第二卷第三期	《外交报》
《自由解》	第二卷第五期	《新民丛报》
《论日胜俄后列强于东亚之现象》	第二卷第九期	翰富
《论中国进化》	第二卷第十期	见之
《论用人之新现象》	第二卷第十期	《中外日报》
《论日前时局之危》	第二卷第十一期	《南方报》
《论中国之进步》	第三卷第一期	宜果
《禁烟私议》	第三卷第四期	蘧照
《实业励志谈》	第三卷第四期	陈筠
《论中国政教宜求进化》	第三卷第五期	倚剑生
《中国土地人民之问题》	第三卷第七期	《南方报》
《论社会改革》	第三卷第八期	《时报》
《续实业励志谈》	第三卷第十期	陈筠
《去毒篇》	第三卷第十期	《教育世界》
《禁赌私议》	第三卷第十一期	孙梦兰
《去奴篇》	第四卷第一期	勇立
《风俗篇》	第四卷第三期	《申报》
《论列强瓜分中国之势已成》	第四卷第八期	《中外日报》
《论中国社会之缺点》	第四卷第八期	《津报》
《财政私议》	第五卷第三期	蛤笑
《论中国缺乏政治家》	第五卷第四期	《津报》
《论人才与风俗之关系》	第五卷第五期	《舆论日报》

第五节 "社说"栏目与西方思想

一 西方思想传入时的中国

19世纪末，世界各主要资本主义国家向帝国主义阶段过渡，资本输出成为殖民主义剥削的重要形式，并出现瓜分世界的狂潮。日本通过明治维新走上资本主义道路后，为尽快"脱亚入欧"，制定了所谓的"清国征讨策略",并逐步演化为以侵略中国为核心的"大陆政策"。当时的中国正值清朝末期,政治十分腐败,人民生活困苦,官场中明争暗斗、尔虞我诈,国防及军事外强中干,纪律松弛。在这一背景下,中日甲午战争爆发,北洋军队全军覆没,中国与日本签订了丧权辱国的《马关条约》。《马关条约》的签订大大加深了中国半殖民地半封建社会的程度,中国的国际地位急剧下降。甲午战败也标志着历时三十多年以"自强""求富"为口号的洋务运动失败,但中国人民并未放弃挽救民族危亡的重任,先进的资产阶级掀起了维新变法运动。

1895年4月,以康有为为首的1200多名举人联名上书光绪帝,痛陈民族危亡的严峻形势,提出拒和、迁都、练兵、变法的主张,史称"公车上书",揭开了变法的序幕。变法派创办机关报,《时务报》作为宣传变法的舆论喉舌。《东方杂志》1904年创刊后,"社说"栏即将《时务报》确定为主要选录来源。在康有为、梁启超等维新志士的宣传和组织下,全国议论时政的风气逐渐形成。在此期间,光绪帝根据康有为、梁启超等人的提议,颁布了一系列变法诏书和谕令,涉及经济、政治、文化等多方面。这些革新政令目的在于学习西方先进的文化、科学技术和经营管理制度,发展资本主义,建立君主立宪政体,使国家富强。但因改革所触及的顽固势力过于强大,资产阶级本身又存在软弱性和妥协性,维新变法最终失败了。然而,变法的失败,义和团运动的爆发,特别是西方列强的大举入侵及《辛丑条约》的签订,使清政府感受到了巨大的政治压力、统治地位受到严重威胁。于是,1901年慈禧太后正式宣布实行"新政"。

清末新政的实行使民族资本主义有了明显的发展,政权机构也发生了很大的变化。但为了实行新政,清政府必须想方设法筹集经费，这大大加重了人民的生活负担，使中国劳苦大众的生活更加贫困化，社会矛盾更加尖锐。然而，尽管清政府努力想要维护统治，挽救国家危亡，但新政并未触及腐朽的封建专制统治及皇权，从一开始就有名无实，只是一场清政府维护阶级专制统治的自救运动而已。一系列改革措施的失败，使中国人民愈发感觉到颁布宪法，建立民权，实行君主立宪制，学习西方先进思想文化的重要性。

二 "社说"栏目向西方学习的主要内容

（一）"社说"栏目对西方立宪思想的学习

1688年，英国资产阶级和新贵族发动"光荣革命"，翌年英国议会通过了限制王权的《权利法案》，奠定了国王统而不治的宪政基础，君主立宪制的政体由此产生，并一直为西方国家所沿用。1762年，法国著名思想家让·雅克·卢梭发表《社会契约论》，第一次提出天赋人权和主权在民的思想，对欧美各国资产阶级革命产生了深刻的影响。

1898年戊戌变法失败后，康有为、梁启超被迫流亡日本。在日本，康有为、梁启超开始认真学习西方政治思想，宣传变法。1898年12月，梁启超在横滨创办《清议报》，继续鼓吹变法思想，拥护光绪帝的统治，批判慈禧太后的独裁专制。通过翻译加藤弘之的《各国宪法的异同》，梁启超第一次系统地学习了各国的宪法，也第一次接触到宪法所规定的三权分立、君主和大臣责任制、国民权利与义务等宪政知识。由此，维新派更加坚定地相信只有改变中国的封建专制，实行君主立宪制，才能挽救民族危亡，使国家走向富强。

"立宪"思想一直贯穿于早期《东方杂志》的文章中，从1904年创刊到1908年7月，"社说"栏目刊登的319篇文章中，"直接谈立宪的有 30 篇，至于间接谈到立宪内容的那就不胜枚举了"①。为了支持立宪思想，《东方杂志》在 1907 年还专门编辑了临时增刊《宪政初纲》，刊登了大量宣传立宪思想的文章。特别需要说明的是，这些宣传立宪思想的文章中，大都集中于"社说"栏目。可见，"社说"栏目是《东方杂志》立宪思想的发声地。那么到底何为宪法？西方宪政具体指什么？"社说"栏给出了如下解释："言宪法之实质则宪法者所以足一国之组织及国权运用之法律也，以宪法之本质言固为一国法律之根源，然不得谓凡法律之根源者皆为宪法。今之所谓宪法国者必其国为议院政治，有民选议会以参与立法事项而先以此宪法树之本者也，故宪法与议会有牢不可解之关系，而定此议会之根本法即宪法也。"②

清末慈禧太后实行的新政"规模虽具，而实效未彰"，并未改变"君治之不进如故，民智之不开如故，财政之紊乱如故"③ 的现状。因此，《东方杂志》认为必须从政治制度上进行改革，将中国的封建君主专制变为君主立宪政体。立宪是解救中国的唯一出路，"吾国国势阽危至今日而极矣，苟欲救亡，舍立宪外即无他策"④。

康有为、梁启超在日本系统地学习了各国的宪法之后，更加深刻地认识到立宪是"自强之要图"，是"泰西之盛轨也"⑤。"社说"栏目认为，西方各国之所以走上强盛之路，就是因为实行了君主立宪政体，所以中国应效仿西方各国，确立立宪制度。

"社说"栏从内外两方面分析了立宪对中国的有益之处。

---

① 洪九来：《宽容与理性——东方杂志的公共舆论研究（1904—1932）》，上海人民出版社 2006 年版。
② 《述宪法界说第一》，《东方杂志》1907 年第 3 卷第 13 期。
③ 《论立宪为万事根本》，《东方杂志》1905 年第 2 卷第 10 期。
④ 《今日救亡之决论》，《东方杂志》1907 年第 4 卷第 10 期。
⑤ 佩韦：《论此后外交之方针》，《东方杂志》1906 年第 3 卷第 2 期。

一方面，立宪可以"厚国力"。封建君主专制制度在中国历行两千多年，但现今面对激烈的国际竞争环境，它使中国逐步丧失国家主权和领土，半殖民地半封建社会性质的程度日益加深。而君主立宪制的政体能够使"主权不至旁落，下情不至壅塞，洵为尽美尽善之规"①。通过立宪，政治上可以整顿吏治：用宪法和法律规范官吏行为，使官吏之间互相监督。人民权利受宪法和法律保护。在宪治政体下，制定地方自治条例，鼓励人民参与地方事务的管理，提高人民的参政兴趣，弥补官治的不足。经济上可以促进国家经济的发展：在立宪政体下，国家易于募集国债和征税，"加赋亦不难"，有利于发挥国家财政对经济的促进作用。军事上可以巩固国防：通过立宪，采用征兵制，人民"皆有宪法上规定之权利，因此公民当尽其卫国之义务，他们在战场上，无不同仇敌忾，冲锋陷阵"②。

另一方面，立宪可以"御外侮"。当时中国所处的环境是"东邻强日，北界强俄，欧美诸邦，环伺逼处，岌岌然不可终日"③。面对这一危急情景，国家要抵御列强入侵，实现自立自强，就要实行立宪。因为"立宪政体之于国，犹舟之有指北针也，否则迷阳而丧其行矣"④。可见立宪对于保护国家主权，抵御外侮有着重要的作用。

总之，立宪是有利而无弊的。在临时增刊《宪政初纲》中，专门刊文论述了立宪对于国内国外的好处："一则利于国内也，从前国是未定或愤外患之日逼或慨内政之不修，日暮途穷，遂生异说，今既宣布则同舟共济，党派调融……苟利于国，利于民，万众一心，万矢一的，大同团体肇于斯矣；一则利于国外也，外人自称

---

① 《述政体第四》，《东方杂志》1907 年第 3 卷第 13 期。
② 《论立宪为万事根本》，《东方杂志》1905 年第 2 卷第 10 期。
③ 《论中国近日权利思想之发达》，《东方杂志》1907 年第 4 卷第 9 期。
④ 《论立宪为万事根本》，《东方杂志》1905 年第 2 卷第 10 期。

文明者以有宪法故，其视吾国以不文明者以无宪法故，宪法成则国与国同等"①。

（二）"社说"栏目对西方民权思想的学习

立宪思想的基础是"民权"。西方思想中，天赋人权和主权在民的思想都将公民的权利解释为"人权"，他们认为公民拥有的权利是上天赋予的，与生俱来的，不是谁恩赐的。公民的权利是用来约束政治权力的，以此免于政治权利落入独裁专制的统治者手中。西方的"人权"观念传入近代中国后，被赋予了"民权"的含义。民权思想是具有近代中国特色的一种权利思想，它以西方的权利思想为理论基础，但又有其独特的内涵。民权思想从日本传入中国后，成为近代中国社会思想的主流。民权思想作为一个舶来品，在中国近代社会开启了思想启蒙、解放乃至革命的时代新潮。中国先进的知识分子将西方的民权思想移植于中国，并在《东方杂志》上畅所欲言。"社说"栏作为《东方杂志》的精神核心，成为宣传民权思想的主要阵地。

《东方杂志》创刊之时就在"社说"栏目中刊登了崇有的《论中国民气之可用》，他指出"国者人民之聚合体也，民强斯国强，民弱斯国弱"，"一旦有人起而善用之，不难转弱为强"②，这说明民气与国家强盛之间唇齿相依。而时下中国"所谓知书识字者，不过千百中之一二，而乡僻愚民，随地皆是"，"一旦临敌，各鸟飞兽散，无复平日气概"③，造成民气衰落的根本原因，就是民权不足。民权不足，人民对国家的关心不足，很难使国家走上富强的道路。所以"欲人民之爱国，必予以参政权，参政权与爱国心常为正比例。孟德

---

① 《述立宪利益第三》，《东方杂志》1907年第3卷第13期。
② 崇有：《论中国民气之可用》，《东方杂志》1904年第1卷第1期。
③ 同上。

斯鸿言,不使人民参预政事,则人民与国漠不相关,然则国家欲得民之死力,非授以政权不可"①。"善治国者,知开民智而授民权,使民发其自然之天性以爱国,而国亦可以受其益"②。民权思想应运而生,并有了较大的发展。

实现民权的具体途径,"社说"栏目中表现为宣传地方自治和对自由权的向往。

在封建专制政体下,权力集中于中央,行政官员根本无法将地方事务管理好。"立宪政体,以地方自治为基础"③,实行地方自治,人民可根据自身意愿和实际情况来处理地方事务。其实地方自治的思想古已有之,但中国传统的地方自治思想与西方的地方自治并不完全等同。《东方杂志》在对地方自治进行宣传时,首先明确了它的定义:"自治云者,以地方之公费任地方之公事也;立地方议会以议地方之事,而执行政务则委之参事会员"④。西方的地方自治思想传入中国后,地方自治的实践也随即展开:湖南成立了南学会、保卫局等自治组织;东北成立了东三省保卫公所;上海成立了城厢内外总工程局;天津成立了自治局……"社说"栏目先后刊载了大量文章宣传地方自治,认为在"民心之日益敝"的情况下,只有实行地方自治,才能"厚民之力"以使国家恢复恢弘之气。至于如何实行地方自治,《论今日宜征地方税以为实行自治之用》一文指出:"天下事非财不举,地方而欲自治,必有财以为实行自治之经费,而后乃可以收效,否则虽日讲自治利益,日颁自治制度,亦犹海市蜃楼,

---

① 崇有:《论中国民气之可用》,《东方杂志》1904年第1卷第1期。
② 《论民气与国家之关系》,《东方杂志》1905年第2卷第6期。
③ 孙梦兰:《论今日宜征地方税以为实行地方自治之用》,《东方杂志》1907年第4卷第2期。
④ 《论地方自治宜先行之都市》,《东方杂志》1906年第3卷第9期。

终归乌有而已。"① 至于税种，"一曰特立税制。特立税者，谓行地方自治体之市町村郡府县等，自特别之财源以特别之税率，而征收租税与国税绝不干涉。二曰附加税制。附加税者，乃本直接或间接之国税为标准，增加税率之若干乘数，即以其带征者充自治体经费之用"②。

实现民权的另一个要素就是实现自由权。对于自由的定义，"社说"栏目《自由解》一文中认为，"或谓自由二字，出于西文之 Liberty，即无束缚之谓。夫无束缚，听其自便，谓之自由，故不禁人议论，曰言论自由，不禁人著书，曰出版自由，择教听人之好，曰宗教自由，货物不抽其税，曰贸易自由。凡一切之不受约束者，皆谓之自由"③。中国这种对自由的呼吁，实质就是对民权的呼吁。但对于沿袭了两千多年封建君主专制的中国，"自由"二字显得极为陌生。然而在西方社会，"自由"早已是民权的重要组成部分，且"言论出版自由是一切自由中最重要的自由"④ 已成为举国上下的共识。

（三）"社说"栏目对西方教育思想的学习

除了宣传立宪和提倡民权之外，西方的教育思想及教育方式也逐渐传入中国并为国人所接受。

《东方杂志》刊文认为，"立国之要素有三：一曰民德，二曰民智，三曰民气，三者存则国存，三者亡则国亡"⑤，而"智慧与道德相为表里，苟无智慧则殆无道德可言"⑥，"愚民之国，其民之于爱国心也灭，弱民之国，其民之于爱国心也薄"⑦。可见国家兴衰与国

---

① 孙梦兰：《论今日宜征地方税以为实行自治之用》，《东方杂志》1907 年第 4 卷第 2 期。
② 同上。
③ 《自由解》，《东方杂志》1905 年第 2 卷第 5 期。
④ ［英］弥尔顿：《论出版自由》，吴之椿译，商务印书馆 1958 年版，第 8 页。
⑤ 《论中国人民之可用》，《东方杂志》1905 年第 2 卷第 7 期。
⑥ 同上。
⑦ 《论民气与国家之关系》，《东方杂志》1905 年第 2 卷第 6 期。

民受教育程度有着莫大的关系,民智对一国而言的重要性。面对国人"泯泯昏昏,蠢如鹿豕""无道德之思想"的混沌情况,《东方杂志》创刊之时便提倡普及教育,以至于将"开民智"作为办刊宗旨。

普及教育与实行宪政有着密切的关系。普及教育才能使宪政得以真正的实行,如果国民文化素质低下,受教育水平低,宪政不仅难以为继,甚至有可能成为实行专制的幌子。倘若只有区区数百人越洋考察留学,待其回国之后颁布宪法,成立新政体,则有可能假借立宪之名行专制之实,对于挽救民族危亡是无益的。国民素质的低下也不是放缓立宪脚步的理由,教育当与立宪同时进行。西方宪政国家并不全是因为人民受教育程度高深才得以实行君主立宪政体,而是因其人民明白宪法所规定的权利和义务,"彼东西各国其民之宜于立宪政体者,岂皆有高深之学问哉?不过明于宪法之权利与其所自任之义务而已。故今日欲以教育速达立宪之目的,非使已受教育之人于宪法上加以讨论研究之功不可"①。

日俄战争的胜利也给予先进知识分子重要的启示,让他们看到了兴办教育的重要性。他们认为日本之所以能战胜俄国,根本原因是"有教育达于优点,故能父诏其子,兄勉其弟,妇劝其夫,以亲上死长为美名,以爱国保种为义务"②。因此,《东方杂志》更加提倡普及教育,广开民智,"教育之当普及,夫人而知之矣"③。这在"社说"栏目中深有体现,指出要"更新宗旨,普及教育,广设良好学校,以良好教育灌输学校,发达其爱国心,使知种族存亡之关系"④,"遍设蒙学,开通穷乡僻壤之民智,则一切惑风水、阻路矿、

---

① 《论今日宜亟设宪法研究会》,《东方杂志》1906年第2期。
② 《日本笼握亚东全部之霸权》,《东方杂志》1905年第2卷第9期。
③ 方言:《论教育之普及需实行强迫》,《东方杂志》1906年第3卷第6期。
④ 《论中国个人之不能自治》,《东方杂志》1905年第2卷第6期。

崇僧道、设邪教之风可取，而兴工艺、重农桑、振商贾、练团访之政可行"①。为保证教育的普及，"社说"栏目专门撰写文章，指出教育应当强迫，要"用强迫之政术，以期教育之普及"，"朝廷兴学之旨张布全国，督抚敦促之文遍逮各局，何各地之初等小学堂尚寥寥如晨星耶，曰是不强迫故"②。提出普及教育的四种方法：

> 一设立学务公所。今各省会，既简驻提学使，俟其莅任，即可遍檄府厅州县，各设一学务公所，厅州县隶于府，而以提学使直辖之，令各地公举明于教育之学董，准酌地方情形，会同地方官办理本地教育之事……我国立宪，颇有可望，然既立宪，必设地方议会，学务公所，实地方议会之基础也。
>
> 二妥筹学务经费。经费者，办理一切之原料也，非独教育为然。无论何事，一有经费，事既易举，否则主持之人虽学全德备、兴高采烈，不旋踵而失败随之矣。
>
> 三清查私塾。学务公所会同地方官清查各地私塾，造一清册，注明蒙师之家资年岁，分为三等：一年在四十以内，家资稍裕者；二家资粗足自给，而年在四十以外者其家资颇丰者尽可不必教读，否则视其年岁以第一第二等论；三年在四十以外，惟以教读为生者。据此，采取养成教员、体恤寒士二种办法解决塾师问题。
>
> 四广设学堂。既有教员，初等小学可以言广设矣。一国之强弱，视小学堂之多少为比例。应该在全国广设小学堂，具体办法有三：严定学龄、画分学区、豁免学费。③

---

① 孟晋：《论改良政俗自上自下之难易》，《东方杂志》1905年第2卷第1期。
② 方言：《论教育之普及需实行强迫》，《东方杂志》1906年第3卷第6期。
③ 同上。

提倡普及教育的同时,"社说"栏目也关注女子教育问题。指出女学古已有之,对于"女子无才便是德"的说法提出质疑。强调女学不兴的坏处:"女学不进,一国生计必不充,人种必不强,社会必不良,而于教育尤大有障碍"[①]。"女子不学,则害男子之生计","女子不学,则害男子之身体","女子不学,则害男子之道德"。如何兴办女学,"社说"中提出"教育之法,当以德智体三者并重,男子然,女子亦然",具体做法应"重德育"、"禁早婚"。尤其强调"重德育":"以吾国风俗人情论之,则三者之中,实宜以德育为重"。重视女子德育,目的在于"使女子有国家思想,公共观念,以为异日陶铸幼童"[②],使女子既能成为家庭中的贤妻良母,又能成为近代社会具有国家观念的国民之母。

三 "社说"栏目向西方学习的特点

(一)紧跟国际形势

对于国际形势的变化,"社说"栏目能迅速作出分析,对于西方思想的发展,"社说"栏目能及时给予宣传。面对昏庸无能的政府,"社说"栏目发人深省,欲增民力扭转危机,面对日渐衰微的中国,"社说"栏目振聋发聩,欲开民智挽救危亡。"社说"栏目与其时国际形势接轨,与国情接轨,既做到了"联络东亚",又体现出"启导国民"。

《东方杂志》的创刊宗旨中,"联络东亚"意在时刻把握国际动态,使传统的中国走出原有的封闭格局,进而融入到整个世界的格局中。这一宗旨的设定,是根据当时国际形势,审时度势制定出来

---

① 《论今日新政之缺点》,《东方杂志》1905 年第 2 卷第 11 期。
② 勇立:《兴女学议》,《东方杂志》1907 年第 3 卷第 13 期。

的，这一点在"社说"栏目的多篇文章中都有体现。

18世纪后半叶至19世纪上半叶，英国成为世界上第一个完成工业革命的国家，成为第一殖民大国，自称"日不落帝国"。"社说"将英国与殖民地的关系描述为"英之有殖民地如猛虎之傅羽翼，殖民地之于英如手足之卫头目"[1]。不仅如此，"社说"还对英国的殖民地性质进行了区分，将英国殖民地划分为三种："全服从英国者"、"主于兵略上之运动"和"名为属地"。"全服从英国者"在财政上与英国关系最为紧密，不仅是英国工商业的大市场，给英国提供货物，还是"英人资本放散之地"；"主于兵略上之运动"，这类殖民地以其地势重要而得名，英国于此扩张海上势力，争夺海上霸权，从而带动商业的发展；"名为属地"，这类殖民地有自己的政体，有自己的政府、议会，与英国的财政没有太大的关系，但英皇会派总督驻扎于此，行使监视权。

1904—1905年，日本与俄国之间爆发了帝国主义列强之间的战争，最终以俄罗斯帝国的失败而告终。日俄战争期间，"社说"栏目曾多次刊文，分析国际形势，指出"日俄战事既开，世界各国纷纷宣布中立"，日本与俄国觊觎辽东半岛和朝鲜半岛是"处心积虑，以非一日"[2]。《论日胜俄后列强于东亚之现象》一文，指出日本战胜俄国是英国"初时所不料"，黄白种人的优劣之分不可信，太平洋与日本海之间将呈现出一幅新的气象，日本今日"已遂雄飞东亚之志"[3]。

20世纪初，"汽电机械发明，交通运输之道大备，于是工业大举，生产力进至极度，开经济界非常之变局"，宣告着第二次工业革

---

[1] 《论英国与殖民地之关系》，《东方杂志》1905年第2卷第3期。
[2] 孤行：《满洲善后策》，《东方杂志》1904年第1卷第2期。
[3] 《论日胜俄后列强于东亚之现象》，《东方杂志》1905年第2卷第9期。

命已基本完成,资本主义经济迅速发展,主要资本主义国家进入帝国主义阶段。"社说"栏目及时意识到"世界工业各国,其发达以渐",于是刊发《工业进化论》一文,将世界经济分为五大时代:族制经济时代、社制经济时代、家制经济时代、肆制经济时代和厂制经济时代。对五种时代加以分析,指出当时西方社会"厂制发达,可谓登峰造极",因此中国需"急起直追,以求为工业国耶"①。

"社说"栏目对西方思想的学习可以说是紧跟国际形势,紧随时代潮流,对不断发展变化的国际社会给予莫大的关注,希望通过对西方思想的学习,来改变中国落后的面貌,实现救亡图存的目的。

(二) 密切关注国情

"社说"栏目对西方思想的学习与中国当时的国情密切结合,对国内发生的事件及时作出评价与回应。例如我国的西藏问题、东三省问题等。

20世纪初,英国对我国西藏进行第二次掠夺,西藏地区的局势和环境变得错综复杂。针对这一事件,"社说"栏目对西藏问题予以及时、全面的关注和报道,作出评述。刊文指出"英人之外交,向以迟滞闻,惟此次之略取西藏,则至为敏捷"②,一语道破英国对西藏蓄谋已久及其侵略西藏的野心。然而,对于英国的入侵,"吾政府不闻与英政府严正抗辩,夫祸机之发其来也渐,吾见外人之研究西藏问题者,不曰俄人阴伸其势力,即曰英人竭力经营,而曾无一语道及中国者,是已默认其为非吾之藩属矣,乃今值英人进兵西藏,而吾政府果无对付之策,坐视西藏之亡,低首下心,伈伈俔俔"③,揭露了清政府对于西藏问题的无为态度,表明了

---

① 侯维良:《工业进化论》,《东方杂志》1907年第4卷第3期。
② 《论中国不宜委弃西藏》,《东方杂志》1904年第1卷第2期。
③ 楚青:《论政府不可自弃》,《东方杂志》1904年第1卷第3期。

国人对于统治者的失望和愤懑之情。为此,"社说"提出了解决西藏问题的办法:

> 一四川宜分建行省也。……故川藏相连有如唇齿,欲图藏事不得不先顾川省者势,也惟川省地方辽阔……若不布置川西,则后路堪虞,藏事亦难于下手,谓宜将四川划为两省,分设川西巡抚以董理之……此实为整理藏事之第一著也。
>
> 一驻藏大臣宜加重职权也。按中国之治西藏,不干涉其宗教风俗,而军政外交财政,则驻藏大臣实握其权……驻藏大臣不至如前之为傀儡矣,夫朝廷既以全藏付之一人之手,则其责任至为重大。
>
> 一宜综理财政。……必先从通行货币下手,然后出纳便利,其事大约有三,一铸合适之铜币,一设国立之银行,一造通行之钞票,头绪繁赜,未易具陈。
>
> 一军政宜整顿也。西藏额兵,不过千数百人,军械窳败,操法尤极牦疏,然其人实勇敢可用……练兵一事尤为不可缓之举,至练兵之法,故宜改习新操……驻国中之要害,声势必相联络,军械则汉兵用最新之式,藏兵用稍旧之式,而皆由汉官司其收发。
>
> 一宜开放门户也。……此一举既可杜俄人之诡计,又可市英人之欢心,英既不得故肆苛求,俄既不得藉端要挟,外交之荆棘,渐可消除。①

以下是"社说"栏目针对西藏问题所发表的文章。

---

① 《筹藏论》,《东方杂志》1905年第2卷第10期。

表2-8　　　　　　"社说"栏目西藏问题文章一览

标题	卷数	作者/选用来源
《论中国不宜委弃西藏》	第一卷第二期	《外交报》
《论政府不可自弃》	第一卷第三期	楚青
《论藏英交涉》	第一卷第四期	《日本报》
《政教合一论》	第一卷第六期	可权
《论英国经营西藏之政略》	第一卷第六期	《中外日报》
《论外人在中国之势力》	第二卷第二期	《时报》
《筹边刍议》	第四卷第三期	蛤笑

除了西藏问题，"社说"还对我国东三省问题关注有加。沙俄对我国东三省地区的侵略由来已久，中日甲午战争后，东三省地区进一步成为沙俄推行其远东侵略扩张政策的重要目标。东三省当时"虽城郭依然，正朔无恙，而其间一切主权，已显然移之某国，将军以下，位同虚设，监司大僚，禁逐维命"。东三省的日益沦陷使国人清醒地认识到"若不自振，则东三省必归俄"，然而东三省的官吏却"坐视吾民之破家荡产，断脰绝脰，不暇出一言以相辩护"①。对于民间的"敌忾之情"，政府也"故为退却之状"，针对这样的社会环境，"社说"多次发文，为东三省问题出谋划策。它指出东三省的主权不必担心俄人不归还，但是需要考虑的是俄人的归还是名义上还是实际上的，只在名义上归还东三省，其主权仍旧非中国所有。因此，中国需要增强兵力财力使土地得还，以自守，"则其主权亦自非他人所能侵夺"。东三省则应简练军队，"以征兵之制行之务"，使"数年之后，三省之间人尽皆兵"。

以下是"社说"栏目对东三省问题所发表的文章：

---

① 依可：《东三省权宜策》，《东方杂志》1904年第1卷第9期。

表 2-9　　　"社说"栏目对东三省问题文章一览

标题	卷数	作者/选用来源
《论俄人在东三省经营之新市》	第一卷第七期	《中外日报》
《东三省权宜策》	第一卷第九期	依可
《论东三省自治》	第一卷第十期	《中外日报》
《论各国保全中国之不可恃》	第二卷第三期	《外交报》
《论日俄战局结后中国之危险》	第二卷第七期	《时报》
《论东三省终宜开放》	第二卷第八期	《时报》
《筹边刍议》	第四卷第三期	蛤笑

第六节　"社说"栏目对当时社会的影响

"社说"栏目从创办伊始，就肩负着《东方杂志》改良与立宪的历史使命，一篇篇的文章，一次次的发声，都在为其时社会醍醐灌顶，敲响警钟，警示着世人要开启民智，争取早日实现"立宪"的政治目标。对于当时社会来说，"社说"栏目就像一枚放大镜，揭示出社会弊端，为时下民众指引挽救危亡的途径，就像一剂良方，医治着社会疮痍，为时下社会提供解决问题的方法。总之，"社说"作为《东方杂志》的精神核心，对当时的社会产生了深远又悠久的影响。

一　发展实业，振兴了民族经济

为了抵御外侮，挽救民族危亡，中国先进的知识分子逐渐认识到救国兴国不单单是空喊口号，而是要发展民族经济，振兴实业，让国家从根本上富裕起来，具有雄厚的财力和物力，才能足以与西方侵略者抗衡。陈筠在《实业励志谈》中就指出："吾国今日所急需为救亡之人才者，莫不曰军人与实业家。"他还指出美国人民的财富丰厚，占据世界经济的一半，"其民物之盛，治化之美，制作之近精"，几乎没有人能超越。究其原因是人民享有的自由权利较多，从而美国人民可以自由经营，发展实业。"社说"栏目所提倡振兴实业的"实业"，狭义上专指工矿业，广义上还包括农业、商业等。同时，"社说"栏目还从多方面论证了"今日救亡之术，故当以振兴实业为唯一之先务"①。

一方面，发展实业方能振兴民族经济，雄厚国力，使国家安定富强。"社说"认为，人民是国家的根本，而人民又以生计为先，实业则是国民赖以生存和发展的物质基础，所以实业发展的繁荣与否，既关乎人民的生计，又系国家命脉之所在。而当时的中国由于列强入侵，社会动荡不安，民不聊生，失去生计是常事，社会上出现大量的贫民也不足为奇，民之贫困久矣。"社说"认为，要消除贫困，平定战乱，行之有效的办法就是发展实业，振兴民族经济。只有通过振兴实业，才能增加就业机会，解决更多人的生计问题，从而消除贫困，实现国家的富强。

另一方面，发展实业有利于抵挡西方列强的经济侵略。当时帝国主义对中国的侵略方式主要有两种，一种是以武力进行的殖民侵略，一种是以商业为主的经济侵略。经济侵略中，以实业最为严重，因为国家要富强，皆赖于实业。当时帝国主义对中国的侵略多以经济侵略为主，中国要想摆脱经济侵略，立足于世界，"则断非振兴实业不可"②，否则不出十年，其国必将颠覆。"社说"栏目认为，侵略者已经在中国谋取了太多的利益，此时中国必须振兴实业，无论是农业、工业还是商业，都要开拓经营，通力合作，这样才能抵抗

---

① 陈筼：《实业励志谈》，《东方杂志》1906年第3卷第4期。
② 《论振兴实业之三要策》，《东方杂志》1907年第4卷第12期。

外国的经济侵略,挽救民族危机。

二 更新了政治观念

《东方杂志》创刊初期属于选报性质,主编多选录与自身主张相一致的文章为己所用,"社说"栏目作为《东方杂志》的"喉舌",是该刊作者发表思想观点的主阵地。虽然本刊原创文章数量较少,但却能对社会产生深远的影响。

首先,"社说"栏目传播了西方的政治思想。自《东方杂志》创刊之日,便以传播西方政治思想为己任,一直到1911年第一次短暂的停刊,《东方杂志》都是主张实行君主立宪制政体的。创刊号上,"社说"栏就刊登了《论中国必革政治始能维新》一文,详细介绍了资产阶级的维新思想。此外,"社说"栏还相继刊登了《论变法之精神》、《论朝廷欲图存必先定国是》、《对客问》等文章,论述君主立宪的重要性,为清政府"预备立宪"奠定思想基础。

1906年,以梁启超为首的改良派和以孙中山为首的革命派进行了一场著名的论战,论战围绕要不要立宪,如何立宪进行。这期间,"社说"栏选录了大量文章支持立宪,该刊作者也撰写文章,为立宪提供理论支持。

其次,"社说"栏目传播了民主民权观念。《东方杂志》将实现宪政的希望寄托于腐败无能的清政府,从而导致立宪的失败,但是,虽然立宪的希望破灭了,其所宣传的民主民权观念却对社会产生了深远的影响。"社说"在第二卷第五期(1905年6月)刊登本社撰稿《重民权论》,论述民权对国力的重要作用,强调重视民权。正是因为西方国家具有民主民权观念,国家才"凡百措施,秩然不紊,其所持以陶铸国民之性情风俗者天地蔑有,而其学校,其图书馆,博物院，制造厂，其公园，其剧场，璀璨辉煌"①。这些秩序井然的景象并不是政府为之经营的，而是因其国民有国家主人的观念，主权在民的意识的结果。此外，为宣扬西方民主民权观念，"社说"栏目还选译孟德斯鸠的作品，使新的政治观念深入人心，更新了社会观念，为辛亥革命所提出的"民族""民权""民生"思想奠定了基础。

三 改良了社会风俗

风俗，是人们历代共同遵守的行为模式或规范。中国自古就有重视风俗的传统，"为政必先究风俗"、"观风俗，知得失"是历代君主恪守的祖训。作为一种社会传统，它对人们的生活起到了规范作用，也对历史的发展产生了重要的影响。良好的风俗可以使国家繁荣昌盛，人们安居乐业，反之，则会阻碍社会进步，加剧社会负担。放眼当时的中国，"民智如是其闭也，民心如是其散也，民风如是其偷也，民气如是其馁也"②，要改变这种衰败的状况，就要革风易俗，解决社会弊端，从而更好地实施政治措施，挽救民族危亡。

《改良风俗论》中指出，时下中国之风俗，存在三毒：即五经毒、鸦片毒和迷信毒，且中国上中下三个社会阶级"无一人能逃其责"。"自洪荒至今，其毒不绝"，此三毒不去，中国社会的风俗就难以改变，中国社会也难以向前发展。"社说"针砭时弊，促使世人对改革风俗逐渐有了清醒的认识。"风俗者，非一朝一夕所由致也，非一人一家所能成也"，"欲改良旧习，固非一朝夕所能见效，一二人所能成功也"③。因此，"社说"主张采用渐进的办法，即所谓"草

---

① 培卿：《论中国之现象及其振兴之要旨》，《东方杂志》1904年第1卷第12期。
② 孟晋：《论改良政俗自上自下之难易》，《东方杂志》1905年第2卷第1期。
③ 可权：《改良风俗论下》，《东方杂志》1904年第1卷第7期。

蛇灰线"法，于"不即不离"之中更张并改良之。解决办法：

> 故五经为传家之器，吾置以最尊之位，则无秦始皇之祸矣；鸦片为附骨之疽，吾治以最缓之剂，则无林则徐之悔矣；迷信为藏形之魅，吾照以最明之镜，则无魏道武之惑矣①

"社说"认为，去五经毒有三：一废科举、二兴学堂、三修实学。去鸦片毒之法有三：一清流品、二重烟灯捐、三立演说会。去迷信毒之法亦有三：一改时宪书、二兴女学、三广白话报。

"社说"论述了改良风俗的历史必然性、艰巨性及选择性。

"茫茫宇宙，混混古今，夏之俗弊而汤变之，殷之俗弊而周变之，古昔所谓改变风俗皆发之自内，无有发之自外者。"传统的礼制风俗已根深蒂固，"人欲出游经营事业，则父母必泥之曰恐疏定省也，人欲著书立言以警世俗，则朋友必阻之曰恐蹈不测也，人欲改革一切整顿各事，则众人必止之曰恐扰下民也"②。这样顽固的观念和伦理道德在当时的中国已司空见惯。"社说"认识到中国的弊病在于民智未开、民力未鼓、民德未新，旧的礼制和风俗已对社会的发展产生了阻碍，"揆之旧典，必不可通，而又足以阻碍新学理之发明，光天化日之下，忽而阴霾晦塞，则不得不思所以廓清之"。他们认为改革政治体制，实现宪政，社会风貌必须发生改变，因此他们介绍新的伦理道德、宣传伦理革命，"改其不良者以归于良"。其主张"不必事事皆从欧从美，而可以从者从之；不必事事皆拒欧拒美，而可以拒者拒焉"。改良风俗的方针在于"斟酌世界之公理，吸收各国之文明，

---

① 可权：《改良风俗论下》，《东方杂志》1904年第1卷第7期。
② 《风俗篇》，《东方杂志》1907年第4卷第3期。

不容有一毫怙恃祖国之心，亦不容有一毫厌薄祖国之心"①。

通过"社说"对社会风俗的改良，新的道德观念在全社会得以宣传，为五四时期宣传新的伦理道德观念奠定了基础。

四　开启民智　提倡了新式教育

《对客问·第三》中指出："今支那风气闭塞，文物不振，自非破旧蔽，开新智，何以能与列国联镳驰骋乎。破旧蔽，开新智，不可不由教育焉"，"教育不起，莫以广人智，进文明"②。"社说"创刊第三期就刊登这样的文章，说明已经认识到教育对一国发展的重要作用。然而，时下中国深受五经毒之危害，八股策论的科举制度仍然存在，"科举之误人至深矣"。于是，"社说"栏目发文，响应清末"废科举，兴学堂"的号召，积极宣传新式教育，普及国民教育。

"社说"对新式教育的提倡，首先从"废科举，兴学堂，修实学"开始。作为古代中国选拔官吏的考试制度，科举制在中国已经存在了一千多年。科举制虽然打破了以门第取人的偏向，但未能真正实现知识取人的目的，后来反而走向了读死书、背教条的死胡同。科举制的弊端和危害已经显露无遗，由于科举制的存在，新式教育难以推广。于是，"社说"主张废除科举，兴办学堂，修习实学。兴办学堂要"由普通以及专门，学一年有一年之用，学十年有十年之用，学成即业成，为官为兵为工为农为商，皆有切实之进阶"③。学堂教育在人才培养方面的效果远比科举制要好得多，因此要广设学堂，发展新式教育。"社说"主张要"修实学"。四书五经的教条已经不能满足当下社会对教育的需求，"五经为古人之陈迹，大都推理原理，颂扬功效，非专为

---

① 可权：《改良风俗论上》，《东方杂志》1904年第1卷第7期。
② [日] 长尾雨山：《对客问·第三》（本社撰稿），《东方杂志》1904年第3期。
③ 可权：《改良风俗论下》，《东方杂志》1904年第1卷第7期。

学科设也，今使童子习之，何以收心得之效"①，"为今之计，不如人人尽修实学，而列五经为教典，奉孔子为教主"②，于此，采取了一种折中处理的办法。

"社说"倡导完善新式教育体系。《对客问·第一》中指出，中国"兴兆有十矣"，其中第六则是"制教育章程，设为庠序学校，盛敷新学，民向文明"。这里所谓的教育章程，是指教育的具体规范。时下清政府已颁布关于学制的文件——《奏定学堂章程》，但该文指出"其不合教育公理者，不一而足"③。例如，初等小学读经书是因为其不可不读，但是六七岁的儿童目不识丁，学习这些经文，只能领会其中浅薄的表面之意，若教他们如此晦涩难懂的经文，往往会适得其反。因此，推广新式教育，要制定合适的教育章程，完善教育体系，为新式学堂的设立提供积极的示范意义。

"社说"对新式教育的提倡还体现在对女子教育问题的关注，前文已有论述，此不赘述。

通过"社说"对新式教育的提倡，"开启民智"这一宗旨逐步得以实现，普通民众的科学文化素质也逐渐得到提升，这对社会的发展起到了良好的推动作用。

五　中西会通　弘扬了民族精神

"社说"栏目主张学习西方思想中的自由、人权和民主，以警醒世人，改变社会。此外，"社说"还常把西方文化与中国传统文化相结合，从中寻找与西方文化相近的思想内容作为理论基础，为发展中华文化服务。

---

① 可权：《改良风俗论上》，《东方杂志》1904年第1卷第7期。
② 可权：《改良风俗论下》，《东方杂志》1904年第1卷第8期。
③ ［日］长尾雨山：《对客问·第一》，《东方杂志》1904年第1期。

"社说"栏目认为,西方文化中的一些观念都能从中国传统文化中找到根源,比如,"今日之学堂,非我古者之校序乎?今日之机厂,非我古者之考工乎?今日之商务,非我古者之市政乎?大而至于立宪之预备,犹我古者谋其庶人之遗意也,自治之政策,犹我古者举用乡官之明征也"①。再比如,孟子"爱同种排异种"之思想与"西人"之"断断于种界,而于同种则爱护之,异种则攘斥之"有异曲同工之妙;孟子"民贵君轻"之说即是西方"重民权,轻君权"的思想;孟子对齐王所言"进贤舍不才之道,不惟视左右诸大夫之言为可否,并必视国人之言为可否",即是"泰西上下议院之规模乎";孟子"言井田之法,谓当出入相友,守望相助"可见于"地方自治首重合群";"言制民之产必及庠序之教,申以孝悌"可见其于"陶铸国民犹尚德育";"小役大而弱役强"可见于"强权公理"② 等等之例,都是孟子学说与西方思想文化不谋而合之处。此外,"社说"刊登《王船山学说多与斯密暗合说》一文,该文多处指出"泰西名哲所见之理,我国古代实早发明":船山之言"俭,德之共也,俭以恭己,非俭以守财"即斯密谓"奢者,群之仇雠";船山之言"轻自耕之赋,而佃耕者倍之"即斯密谓"田主区所有地以自耕,宜减其赋,以劝休之也";船山之言"人所自占为自耕者,有力不得过三百亩"即斯密谓"自耕之田宜有定额,不得过广也"③。总之,"社说"栏目认为中西方文化有融会贯通之处,因而应将两者结合起来,为中国传统文化发展服务。

正因为中国传统文化与西方文化有如此多相一致的地方,所以"社说"主张学习西方先进文化时,并不能完全欧化,而是要中西会

---

① 《论文明之名义》,《东方杂志》1907年第4卷第12期。
② 荷介:《孟子学说为西学之祖说》,《东方杂志》1906年第3卷第7期。
③ 勇立:《王船山学说多与斯密暗合说》,《东方杂志》1906年第3卷第10期。

通，文化调和，对传统文化保持尊敬之心并保护其精神独立。"社说"希望世人能够在学习西方文化的过程中，继承和发扬中国传统文化的有益部分。

中华优秀传统文化承载着中华民族最深沉的精神追求，是民族精神的独特标识。"社说"对优秀传统文化的宣扬维护了民族文化，滋养了民族精神提升了文化自信心，在西学狂潮面前显示了科学的文化观。

第七节 "社说"栏目对中国历史文化的态度

一 拒绝盲从西方，提倡重视国粹

"社说"栏目对西方种种思想的学习，表明学习其先进文化是很有必要的，但这并不意味着盲从西方，对中国的传统文化完全丢弃。学习西方思想的同时，还应保持本民族文化的独立，因为各个国家历史文化背景不尽相同，各国也有各国的种族和立国之本，如果不加以辨别，削足适履，这样造就的"人才"将会崇洋媚外，蔑视本国文化，不利于本民族文化的发展。所以为了弘扬中华民族优秀传统文化，就要认识到传统文化的价值，重视民族文化的瑰宝——国粹。

国粹是一个国家固有文化中的精华，是传统文化中最具有代表性和最富有独特内涵的文化遗产。"社说"认为，世人应重视国粹，因国粹是"一国精神之所寄"，"实为立国之根本源泉"，"国粹存则其国存，国粹亡则其国亡"[①]，强调了国粹对国家的重要性。"社说"列举了历史上文明古国的例子，以强调重视国粹的重要性。例如古埃及是世界文明之初祖，"天文建筑美术，照烁环宇"，然而今日

---

① 《论国粹无阻于欧化》，《东方杂志》1906年第3卷第1期。

"有复见琐罗门美内士之遗烈者乎？"造成这种后果的原因就是国家文化的破坏，国粹的崩塌。再例如古希腊，群贤蜂起，学派林立，乃是西方哲学的鼻祖，但今日再无苏格拉底、柏拉图、亚里士多德之流风，归其原因，"国粹绝而希腊衰矣"。又比如古印度，以"佛"为国粹，但自从佛教在印度产生了分歧，蒙古一再侵入，天方之教相继而起，印度也逐渐沦为英国的殖民地。由此看来，以文明著世的四千年古国都因忽视国粹而衰败甚至灭亡。而中国"犹岿然独著于天下，不可谓非天择之独厚也，毋亦我古先哲贤抱守维持而得系千钧一发以至于斯乎"。

"社说"中提倡的国粹，亦即国学。正所谓"国有学则虽亡而复兴，国无学则一亡而永亡"，原因是"国有学则国亡而学不亡，学不亡则国犹可再造，国无学则国亡而学亡，学亡而国之亡遂终古矣"。这也正是中国王朝虽屡次灭亡却又得以光复，而古印度古埃及却永无复兴的原因。中国古代的国学，主要为儒学。儒学救国救天下"名岂必在一时，功岂必在一世"，若将各学术集大成于儒学之中，弥补儒学的不足，则儒学"蔚蓝成一完粹之国学"。当时社会极力主张学习西方，进行欧化，但是"社说"认为"国粹者，精神之学也，欧化者，形质之学也，此就其大端言耳，无形质则精神何以存，无精神则形质何以立"[①]。因此国粹与欧化之间并不存在冲突，不能"弃国粹而用欧化者"，这样得不偿失。"社说"认为，学习西方的思想文化是为了本国文化更好地发展，"不可不输入吾所本无，犹不可不保存吾所固有"，不能偏重一方，"一有偏重，皆不足以自存"[②]。

[①]《论国粹无阻于欧化》，《东方杂志》1906年第3卷第1期。
[②]《论保存国粹宜自礼俗言文始》，《东方杂志》1908年第5卷第4期。

改革语言文字。语言文字是"建国家与种族其条例所系者","一国之民精神之所寄焉"①。然而,中国的文言文晦涩难懂,"沿习四千余载,训词深厚,文章尔雅,大率文家之言也。然而便于上不便于下,便于文人撰述,不便于民人记诵"②。因此,要倡导语言文字改革。但是,"社说"栏目对文字改革中要求完全采用西方文字,盲从西方的做法持反对态度,因为"一国之文字,为一国国粹之所寄","文字亡即国粹亡,国粹亡,国亦无以自立矣"③。所以"社说"栏目主张采用通俗文,这样便于人民接受,也有利于保存国粹。

总之,"社说"栏目认为国粹是一个国家精神的寄托,是民族文化的精髓所在,因而在学习西方的过程中,要注意继承和发扬中华民族优秀文化传统,即"虽欧化中国不得不受,而国粹亦未可厚非。保守国粹主义者,请以进于欧化;专持欧化主义者,请以进于国粹。能如此,勉之勉之"④。

二 主张文化调和态度温和渐进

(一) 稳健的文化调和

中国自古以来就有"和"的思想,最初来源于音乐,之后推广到人际关系,再逐步深化到治国理政。春秋时期,齐国政治家晏子在与齐侯景公的对话中,就曾说:"和如羹焉,水、火、醯、醢、盐、梅,以烹鱼肉,燀之以薪,宰夫和之,齐之以味,济其不及,以泄其过。君子食之,以平其心。君臣亦然。君所谓可而有否焉,臣献其否以成其可;君所谓否而有可焉,臣献其可以去其否,是以

---

① 《论保存国粹宜自礼俗言文始》,《东方杂志》1908年第5卷第4期。
② 《语言文字宜合为一说》,《东方杂志》1905年第2卷第6期。
③ 《论中国与日本欧化速率之比例》,《东方杂志》1904年第1卷第10期。
④ 博山:《全国初等小学均宜改用通俗文以统一国语议》,《东方杂志》1911年第8卷第3期。

政平而不干,民无争心。"① 可知春秋时期就已经把"和"的观念运用到国家管理中了。孔子早先曾提出"和而不同"的理念,主张将这一理念运用到人际交往中,作为一种处事之道。孔子将这种思想理念上升到了一种理想的人格:"君子和而不同,小人同而不和。"意思是说君子讲求和谐而不同流合污,小人只求完全一致而不讲求协调,可见孔子将"和"作为评判一个人最高的标准,充分认识到其合理性。孟子道出了"和而不同"的本质,即"夫物之不齐,物之情理也。"意思是世界万物千差万别,这是客观情形,自然规律。孟子将这一理念运用到治国理政中,提出要尊重并且接纳事物的差异性与多样性。由此观之,"和而不同"的理念由来已久,其对历史文化的表现则体现为一种宽容的态度,以海纳百川的姿态容纳不同的文化。显然,"和而不同"的理念中,蕴含着文化调和思想的精髓——宽容精神。此一"和而不同"的观念,对"社说"采取文化调和的态度对待中西文化产生了显著影响。

中庸是中国传统文化中一种常见的思维方式,广受士大夫的推崇。中庸思想最早由儒家提出,历代知识分子、文人志士都对中庸思想的发展与诠释做出了卓越的贡献。宋朝著名理学家程子就曾言:"不偏之为中,不易之为庸。中者,天下之正道;庸者,天下之定理",朱子言"中庸者,不偏不倚、无过不及"②。朱熹这里讲的中庸,主要是强调保持事物的稳定性,不要偏激。中国古代的中庸思想对"社说"栏目产生了深刻影响,使"社说"在对待历史文化方面具有一定的中庸色彩,以稳健平和的态度来看待中西文化。

---

① (春秋)左丘明撰,杨伯峻编著:《春秋左传注·昭公二十年》,中华书局2016年版,第1577页。
② (宋)朱熹撰:《四书章句集注》,中华书局2016年版,第17—18页。

（二）温和的改良基调

"社说"对于中国时政及历史文化的态度深受其主编影响，其中之一便是张元济。张元济为人保守稳健，明哲保身，因而"社说"对待中西方文化方面是温和渐进的。在同时期的革命派以激进的方式传播西方政治思想时，"社说"始终都坚持以一种"保守"甚至有些缺乏激情的态度接纳新思想。改良派认为，只有通过改革政治、改良风俗才能真正达到兴国与救亡的目的，所以在改良社会风俗方面，"社说"主张"其去亦不能过急，苟操之已蹙，则反激之祸益烈，终无望有改良之事矣"①，意思是社会风俗的改良是一件长期的事情，不能一蹴而就，也不能操之过急，否则会引起适得其反的效果，于此可见"社说"对待历史文化的态度是温和稳健、理智渐进的。对于民族独立，认为应选择改良的道路实现民族振兴与救亡，"言革命者，求民族之独立而已，言保皇与立宪者，求国势之强盛而已。由前之说，必先能独立，而后可徐图富强；由后之说，则先图富强，而独立自由可以自致。究其所持之学理，揆诸宇内之大势，后说之较前说为优"②。

然而，温和的态度并不意味着选择落后，而是冷静理智地对待中西方文化的交流与碰撞，尤其是在中国对西学的吸纳问题上，张元济一直都不希望进行盲目的批判和破坏，而是希望以理性温和的态度分析问题，然后解决问题。张元济温和改良的态度最重要的体现就是他与蔡元培在新文化传播上做出的努力和交流。二人探讨最多的就是教育问题，尤其是从西方而来的新式教育。当时社会文化纷乱复杂，但教育是本，只有好的教育才能将好的文化传给后代，中华文化才能传

---

① 可权：《改良风俗论下》，《东方杂志》1904 年第 1 卷第 7 期。
② 蛤笑：《平争篇》，《东方杂志》1907 年第 4 卷第 1 期。

承下去，因而张元济在推动教育事业的发展上起到了重要作用，其温和改良的态度对中国历史及文化的发展具有举足轻重的影响。

结　语

19世纪末20世纪初，帝国主义列强掀起了瓜分中国的狂潮，中国半殖民地半封建社会程度日益加深，《东方杂志》正是在这样的背景下应运而生。随着西方列强的不断入侵，民族危机的日益严重，为了挽救民族危亡，资产阶级呼吁中国应向西方学习。此时的学习已不再停留在器物层面，而是延伸到制度层面，改良派主张要学习西方的政治制度——君主立宪制。《东方杂志》一直坚持着独立的宪政立场，自觉承担起"启导国民，联络东亚"的重任，"社说"栏目作为《东方杂志》的精神核心，自然是立宪思想的发声阵地。对于如何实现宪政，"社说"栏目编撰刊发了一系列文章，积极出言献策。它大力宣扬民权，提出要实现地方自治，给予民众自由权。它还提出要普及教育，兴女学，使全社会的文化水平得以提高。

"社说"栏目是资产阶级知识分子表达自身政治夙愿的寄托，它始终以强烈的爱国主义精神探索着挽救民族危亡的道路。它积极宣扬西方宪政知识，呼吁世人向西方学习，并结合国内情形对时下社会提供解决问题的方案。"社说"所选用的文章针砭时弊，振聋发聩，同时它又以自身独到的见解发出时代的最强音。可以说"社说"栏目的存在，是早期《东方杂志》的一大亮点，使得《东方杂志》在创刊之时有了自身特色，成为当时最畅销的杂志。

"社说"栏目背后所体现出的政治思想远比本文要深刻许多，研究"社说"栏目不仅有利于加深对出版史的了解，而且有利于对中国近代政治思想史的领悟。

附录 《东方杂志》"社说"栏文章一览

第一卷第一期（1904年3月）——第五卷第六期（1908年7月）

卷、期	篇名	作者/选录来源	页码
第一卷第一期 （1904年3月31日）	论中日分合之关系	别士	3
	论中国责任之重	闲闲生	5
	论中国民气之可用	崇有	7
	对客问	日本长尾雨山	9
	论中国必革政始能维新	录癸卯十二月《中外日报》	12
	祝黄种之将兴	录甲辰正月《中外日报》	15
	综论本年世界之大势	录癸卯十二月《万国公报》	71
第一卷第二期 （1904年4月10日）	满洲善后策	孤行	1
	论中国必不能破坏中立	孤行	7
	对客问（第二）	日本长尾雨山	9
	论中国不宜委弃西藏	录甲辰第四号《外交报》	12
	论黄祸	录二月《中外日报》	14
	论中国所受俄国之影响	录二月《中外日报》	17
	论贫与愚之因果	录二月《中外日报》	18
第一卷第三期 （1904年5月10日）	论政府不可自弃	楚青	1
	对客问（第三）	日本长尾雨山	4
	论中国时局	录三月《中外日报》	7
	论中国要事不可全付外人	录甲辰第四号《外交报》	10
	论中国前途有可望之机	录三月《中外日报》	13
	论波兰人谋自主	节录三月《同文沪报》	15
	论会议银价事	来稿	17
第一卷第四期 （1904年6月8日）	论中国有救弊起衰之学派	蕻照	61
	论雪国耻宜先励国耻	放士	65
	论藏英交涉	译日本明治三十七年 六月七日《日本报》	67
	论今日与战国时之异同	录甲辰第九号《外交报》	69
	论日本沿唐人文化	录甲辰第十号《外交报》	72
	论中国改革之难	录四月初五日《中外日报》	75

续表

卷、期	篇名	作者/选录来源	页码
第一卷第五期 (1904年7月8日)	论各国对现时旅顺之意见	可权	79
	论中国无国权	新华	82
	对客问（第四）	日本长尾雨山	86
	论近日众论之无定	录四月二十七日《中外日报》	89
	论中国人民依赖性之起原	录四月三十日《警钟报》	91
第一卷第六期 (1904年8月6日)	论中俄战败以后结果之不同	还初	95
	政教合一论	可权	98
	论中国阶级制度	录三月二十六日《警钟报》	102
	论蒙蔽	录五月初五日《中外日报》	106
	论士民宜自尽其责任	录五月十八日《中外日报》	109
	论满洲当为立宪独立国	录五月二十《日报》	112
	论中国治乱由于人口之众寡	录五月二十五日《警钟报》	115
	论英国经营西藏之政略	录五月二十六日《中外日报》	120
	论中国宜设法勿使列强 干涉远东	录甲辰第十三号《外交报》	123
	论中国于日俄之胜败 不宜误用其意	录六月初八日《中外日报》	126
第一卷第七期 (1904年9月4日)	论外患之由起	华生	129
	改良风俗论	可权	133
	采王船山成说证 中国有尚武之民族	录甲辰六月十一日《时报》	137
	论俄人在东三省经营之新市	录六月十二日《中外日报》	140
	论变法之精神	录六月二十日《时报》	142
	论朝廷欲图存必先定国是	录六月二十日《时报》	144
	论中央集权之流弊	录七月初二日《中外日报》	148
	再论中央集权	录七月二十三日《中外日报》	150
第一卷第八期 (1904年10月4日)	改良风俗论（下）	可权	153
	论国家依赖第三国之无益	华生	158
	外人轻侮中国多由中国自召说	录六月十一日《大公报》	161
	中国与波兰之比较	录六月十八日《岭东日报》	163
	论中立学派	录六月二十日《羊城报》	166
	论中国之宜力求信用	录六月二十五日《岭东日报》	169

续表

卷、期	篇名	作者/选录来源	页码
第一卷第八期 （1904年10月4日）	论社会冲突之为害	录七月初五日《警钟报》	172
	最近之优劣谈	录七月初五日《时报》	174
	论太平洋列强之势力	录七月初九日《警钟报》	178
	铁侍郎南下之关系	录七月十三日《时报》	181
	论朝廷名实之不相因	录七月十三日《岭东日报》	185
	论义和团第二次之出现	录七月十九日《中外日报》	188
第一卷第九期 （1904年11月2日）	东三省权宜策	依可	191
	论英俄均势与中国之关系	可权	195
	极东之第二俄罗斯	录七月十七日至二十七日《时报》	199
	论铁良南下之宗旨	录七月二十日《中外日报》	210
	论列强将渐变均势之说为纷争	录七月二十四日《警钟报》	212
	论中国前途之无望	录七月二十六日《警钟报》	214
	论民智不进之可忧	录七月二十六日《岭东日报》	216
	论江督易人之故	录七月二十六日《岭东日报》	218
第一卷第十期 （1904年12月1日）	国耻篇	可轩	221
	论中国之大病在于无是非	杭生	227
	中国衰弱非日本之福说	录八月初二日《大公报》	231
	论南北之成见所起	录七月三十日至八月初六日《时报》	233
	论中国必成一奇异之国体	录八月初二日《中外日报》	241
	论东三省自治	录八月初三日《中外日报》	243
	论法国在中国之举动	录八月初二日《警钟报》	245
	论中国南部之可危	录八月初四日《警钟报》	247
	论中国与日本欧化速率之比例	录八月初二日《福建日日新闻》	249
	论自由必先具裁制之力	录八月十三日《时敏报》	252
第一卷第十一期 （1904年12月31日）	退化论	谷音	257
	驳退化论	谷音	259
	论慈善事业中外之不同	录八月十二日《时报》	262
	论中国人才之自然退化	录八月二十三日《警钟报》	266
	论救中国之真豪杰	录八月二十日《时报》	268
	论近日民变之多	录八月二十六日《中外日报》	270

续表

卷、期	篇名	作者/选录来源	页码
第一卷第十一期 (1904年12月31日)	中央集权之预言	录八月二十七日《中外日报》	272
	论朝局将有变动	录九月十三日《时报》	274
	论全国人民对外之意见	录十月初四日《时报》	276
第一卷第十二期 (1905年1月30日)	论中国社会之现象及其振兴之要旨	培卿	279
	辨亡篇	想灵	384
	论现时社会之所谓进步	录九月二十三日《时报》	287
	论政府宜急筹处置西域之实力	录九月十七日《时报》	289
	论法人有侵略两粤之近因	录十月初五日《时报》	293
	哀同胞之将亡	节录十月初三日《警钟报》	295
	论个人生计与地方自治之关系	录十月初六日《时报》	299
	论大同平等之说不适用于今日之中国	节录九月二十九日《警钟报》	301
第二卷第一期 (1905年2月28日)	论改良政俗自上自下之难易	本社撰稿　孟晋	1
	论中国书报不能发达之故	本社撰稿　鹤谷	6
	论海国之优胜	本社撰稿　依可	11
	论俄民之贫	本社撰稿　依可	13
	论中国不能合群之原因	录甲辰十月十五日《羊城日报》	20
	论中国人天演之深	录甲辰十一月二十日《中外日报》	24
	论模仿文明之弊	录甲辰十一月二十五日《时报》	26
第二卷第二期 (1905年3月30日)	说变	本社撰稿　谷音	29
	辨黄祸之说	本社撰稿　谷音	32
	论日俄战争足以正政论之谬	译日本明治三十七年九月《东方协会会报》　本社撰稿　依可	36
	论外人在中国之势力	节录甲辰十二月十三日《时报》	41
	综论甲辰年大事	节录甲辰十二月二十二日至二十五日《汉口日报》	41
	论政府之蔑视民命	录甲辰十二月二十五日《中外日报》	47
	敬告当世青年	录乙巳正月十八日《时报》	49

续表

卷、期	篇名	作者/选录来源	页码
第二卷第三期 （1905年4月29日）	论政府对待外人宜力戒迁缓之策	本社撰稿　谷音	53
	养民气论	本社撰稿　谷音	56
	论英国与殖民地之关系	节录乙巳正月二十二日《时报》	59
	论日俄将议和时之中国政府	录乙巳正月二十五日 《中外日报》	64
	论游勇与顺民	录乙巳二月二十日《中外日报》	66
	论各国保全中国之不可恃	录乙巳第四号《外交报》	68
第二卷第四期 （1905年5月28日）	物质进化论	本社撰稿　亚泉	73
	利用中国之政教论	本社撰稿　谷生	78
	论国权之关系	节录乙巳二月二十一日《汇报》	81
	论中国民族文明之起源	录乙巳二月二十六日至 二十八日《时敏报》	83
	论革除迷信鬼神之法	录乙巳三月初五日《中外日报》	87
第二卷第五期 （1905年6月27日）	伦理标准说	本社撰稿　亚泉	91
	重民权论	本社撰稿　宗素	94
	论秘密之害	录乙巳三月二十四日《中华报》	96
	论尚武主义	节录乙巳四月初三日《时敏报》	98
	自存篇	录乙巳四月初五日《新闻报》	100
	自由解	录《新民丛报》第三年第十六号	101
第二卷第六期 （1905年7月27日）	论中国前途与医学之关系（上）	谷音	107
	论中国前途与医学之关系（下）	本社撰稿　谷音	111
	论日胜为宪政之兆	录乙巳四月十八日《中外日报》	115
	论中国史乘之多诬	录乙巳四月二十三日《时报》	117
	论办事贵有条理	录乙巳四月二十五日 《中外日报》	119
	论民气与国家之关系	录乙巳四月二十六日《时报》	121
	论中国个人之不能自治	录乙巳四月二十七日 《同文沪报》	123
	论自强图存	录乙巳四月二十九日《新闻报》	126
	论君与官官与民其利害必相反	录乙巳四月三十日《中外日报》	128

续表

卷、期	篇名	作者/选录来源	页码
第二卷第七期 （1905年8月25日）	论制治之原	本社撰稿　蕙照	131
	崔东璧学术发微	本社撰稿　蕙照	134
	论中国人民之可用	录乙巳四月二十六日《大公报》	137
	论今日社会之无直道	录乙巳五月初五日《时报》	141
	论日俄战局结后中国之危险	录乙巳五月初八日《时报》	143
	论真守旧者之可贵	录乙巳五月初十日《中外日报》	146
	论中俄于世界之关系	录乙巳第十四号《外交报》	148
第二卷第八期 （1905年9月23日）	论变法必以历史为根本	本社撰稿　别士	151
	论中国民气衰弱之由	本社撰稿　申苏	154
	卫生论	录乙巳五月初八日《汉口日报》	156
	论勇敢	录乙巳五月十四日《岭东日报》	158
	论东三省终宜开放	录乙巳五月二十九日《时报》	160
	论小说与社会之关系（上）	录乙巳五月二十七日《时报》	163
	论小说与社会之关系（下）	录乙巳六月初八日《时报》	165
第二卷第九期 （1905年10月23日）	论日胜俄后列强于东亚之现象	本社撰稿　翰富	169
	论殖民政策	本社撰稿　时造	172
	论文明潮流之循环	录乙巳第五号《之罘报》	176
	日本笼握亚东全部之霸权	录乙巳六月初六日《福建日日新闻》	179
	论今年之多事	录乙巳初八日《中外日报》	181
	论中国民气之可用	录乙巳六月十三日《时报》	183
	论中国前途之可危	录乙巳六月二十日《时报》	185
第二卷第十期 （1905年11月21日）	论中国进化	本社撰稿　见之	189
	论读经非幼稚所宜	本社撰稿　竹庄	192
	论中国内政外交失败之原因	录乙巳八月初四日《时报》	195
	论用人之新现象	录乙巳七月二十八日《中外日报》	205
	筹藏论	录乙巳八月二十日《南方报》	207
	论甘肃新疆于中国之关系	录乙巳八月二十一日《中外日报》	215
第二卷第十一期 （1905年12月21日）	立宪私议 （对于多数愚民以立言）	本社撰稿　蕙照	217

续表

卷、期	篇名	作者/选录来源	页码
第二卷第十一期 (1905年12月21日)	中国未立宪以前当以法律遍教国民论	本社撰稿 闵暗	221
	论今日新政之缺点	录乙巳八月二十八日《岭东报》	225
	敬告当世言论家	录乙巳九月十四日《南方报》	231
	平等自由之界说	录乙巳九月十四日《南方报》	235
	论目前时局之危	录乙巳九月二十七日《南方报》	239
第二卷第十二期 (1906年1月19日)	论立宪与教育之关系	本社撰稿 觉民	243
	陆军大操之后言	本社撰稿 蕻照	249
	续论中俄于世界之关系	录乙巳第十九号《外交报》	253
	论国民宜速养成办事能力	录乙巳十月十七日《南方报》	256
	论近世无公是非	录乙巳第二十五期《外交报》	259
第三卷第一期 (1906年2月18日)	论中国之进步	本社撰稿 宜果	1
	论国家之意识	本社撰稿 蕻照	4
	论国粹无阻于欧化	节录《国粹学报》	8
	论今日国民之动作 (指关于国事者言)	录乙巳十月二十五日《南方报》	14
	说竞	录乙巳十二月初九日《申报》	16
第三卷第二期 (1906年3月19日)	论此后外交之方针	本社撰稿 佩韦	21
	抵制美约余论	本社撰稿 均卿	25
	论中国人性质不宜对外之故	录乙巳十二月二十五日《南方报》	29
	忠告篇	录丙午正月初十日《中外日报》	32
	论近日人心宜重古道	录丙午正月二十日《中外日报》	37
第三卷第三期 (1906年4月18日)	论无权利心所受之损失	本社撰稿 乘光	41
	论立宪当有预备	本社撰稿 舜修	44
	一千九百五年寰瀛大事总述	录丙午第一期至第三期《外交报》 侯官严复撰	48
	平等说与中国旧伦理之冲突	录第七十号《新民丛报》诸暨蒋观云撰	59
第三卷第四期 (1906年5月18日)	禁烟私议	本社撰稿 蕻照	67
	实业励志谈	本社撰稿 陈筼	70
	论民气	录第七十二期《新民丛报》新民说二十五 梁启超	75

续表

卷、期	篇名	作者/选录来源	页码
第三卷第四期 （1906年5月18日）	论国民不可无政治思想	录丙午第四期《北洋学报》	84
	国民义务办	录丙午二月初四日《南洋日日官报》	87
	说权利	录丙午三月十三日《申报》	93
第三卷第五期 （1906年6月16日）	论中国政教宜求进化	本社撰稿　倚剑生	99
	论今日中国前途将有一大陆危	本社撰稿　蕹照	104
	论主张竞争者当知法制	录第七十二期《新民丛报》	109
	论国人宜知政法之大要	录丙午三月二十九日《时报》	119
第三卷第六期 （1906年7月16日）	中国前途安危之一问题	本社撰稿　蕹照	123
	论教育之普及须实行强迫	本社撰稿　方言	126
	论办事不知预备之失	录丙午闰四月初四日《时报》	133
	厌世主义	录丙午第四期《商务官报》经济丛谈	138
第三卷第七期 （1906年8月14日）	孟子学说为西学之祖说	本社撰稿　荷介	145
	宗教扬榷引论	本社撰稿　蕹照	148
	中国土地人民之问题	录丙午五月初三日《南方报》	153
	论救中国必先培养国民之公德	节录丙午五月二十九日《羊城日报》	155
第三卷第八期 （1906年9月13日）	论徇虚之害事	本社撰稿　蕹照	159
	筹教刍议	本社撰稿　觉民	162
	论社会改革	录丙午六月十七日《时报》	167
	论滇事	节录蛰生氏来稿	173
	论滇缅界事	来稿	176
第三卷第九期 （1906年10月12日）	论立宪预备之最要	本社撰稿　蛤笑	179
	论中国近日权利思想之发达	本社撰稿　匀士	181
	论古今生计界之竞争		185
	生死辨		188
第三卷第十期 （1906年11月11日）	续实业励志谈	本社撰稿　陈筼	191
	王船山学说多与斯密暗合说	本社撰稿　勇立	196
	去毒篇	录丙午第十三期 教育世界　王国维	201
	个人说	录丙午七月二十三日《南方报》	205

续表

卷、期	篇名	作者/选录来源	页码
第三卷第十一期 （1906年12月10日）	述学卮言上（论今日宜讲诸子之学以辅翌孔学）	本社撰稿　蛤笑	209
	世界未来兵战问题之研究	本社撰稿　观雪	213
	禁赌私议	孙梦兰	215
	论国民宜善用其利己心	录丙午九月初四日《时报》	219
	论自杀非志士所宜出	录丙午十月初九日《中外日报》	221
第三卷第十二期 （1907年1月9日）	今日教育上第一问题	本社撰稿　蘁照	223
	论排外不宜有形迹	本社撰稿　勇立	227
	论国人不知所以达其希望	录丙午九月二十九日《时报》	229
	论社会当表彰特性之人	录丙午十月初二日《中外日报》	232
	爱为群之主力说	录丙午十月二十日《南方报》	234
	论新名词输入与民德堕落之关系	录丙午十月二十八日《申报》	239
第三卷第十三期 （1907年2月7日）	兴女学议	本社撰稿　勇立	241
	论国人积蓄母财	本社撰稿　蘁照	245
	历史上黄白二种之竞争	节录丙午十月十六日《岭东日报》	248
	论尊古之心理	录丙午十月二十六日《南方报》	250
	论国人失其自觉心之危（上）	录丙午十月二十八日《时报》	254
	论国人失其自觉心之危（下）	录丙午年十月二十九日《时报》	256
第四卷第一号 （1907年3月9日）	平争篇	本社撰稿　蛤笑	1
	去奴篇	本社撰稿　勇立	5
	箴时篇	录丙午第三期寰球中国学生报	8
	论证据倾轧之可危	录丙午十二月二十一日《中外日报》	13
	论今日国民之心习	录丁未正月十六日《南方报》	19
第四卷第二号 （1907年4月7日）	论政府中央集权之误（上）	本社撰稿　蛤笑	21
	论政府中央集权之误（下）	本社撰稿　蛤笑	23
	论今日宜征地方税以为实行自治之用	孙梦兰	26
	论士夫无耻为积弱之原因	节录丁未正月二十五日《南方报》	29

续表

卷、期	篇名	作者/选录来源	页码
第四卷第三期 (1907年5月7日)	筹边刍议	本社撰稿　蛤笑	35
	论陕西民变	本社撰稿　蛤笑	38
	工业进化论	候维良	42
	论急宜提倡民业与游戏	录第十九期《北洋法政学报》	45
	风俗篇	录丁未二月二十一日《申报》	49
第四卷第四期 (1907年6月5日)	论国朝政府之历史	本社撰稿	53
	述学卮言	本社撰稿	57
	社交论	录第一号《法政学交通社》杂志	60
	论国人宜注意于公共事业	录丁未三月初五《岭东日报》	70
第四卷第五号 (1907年7月5日)	论中国立宪之难	本社撰稿　蛤笑	75
	学校贡举私议	本社撰稿　蛤笑	80
	论中国欲自强宜先消融各种界限	录丁未三月二十日《京报》	83
	论道德与法律之关系	录丁未四月初八日《时报》	96
第四卷第六号 (1907年8日3日)	息争论	本社撰稿　蛤笑	99
	论中国儒学之误点	本社撰稿　蛤笑	101
	论国家之竞争力	录丁未四月二十六日《时报》	106
第四卷第七号 (1907年9月2日)	论消融满汉之政策	本社撰稿　蛤笑	117
	论移民实边之不可缓	本社撰稿　蛤笑	119
	辟天	录丁未五月二十八日《神州日报》	122
	公私辨	录丁未六月初一日《京报》	125
	论中国治乱与人口之关系	录丁未六月十一日《申报》	129
	论中国救亡之策	录丁未七月初一日《中外日报》	132
第四卷第八号 (1907年10月2日)	论中央集权	本社撰稿　蛤笑	137
	论保存古学宜广厉藏书	本社撰稿　蛤笑	139
	论列强瓜分中国之势已成	录丁未六月十九日《中外日报》	142
	论平民主义与国家主义之废兴	录丁未七月初十日《津报》	146
	论彗星之现无关于灾异	录丁未七月十三日《京报》	149
第四卷第九号 (1907年10月31日)	本治篇	本社撰稿　蛤笑	163
	神州文学盛衰略论	本社撰稿　蛤笑	165
	论天演与命运	录丁未七月二十三日《津报》	168
	论国民之前途及救亡之责任	录丁未七月二十四日《神州日报》	172

续表

卷、期	篇名	作者/选录来源	页码
第四卷第十号 （1907年11月30日）	保孔教说	本社撰稿　蛤笑	175
	神州文学盛衰略论	本社撰稿　蛤笑	177
	论今日所处之世界	节录丁未七月初四日《津报》	180
	辨乱	录丁未七月二十二日《南方报》	187
	今日救亡之决论	录丁未九月初一日《中外日报》	189
	论文明先女子	录丁未九月十九日《津报》	192
	论以奢侈模仿文明之弊害	录丁未十月初五日《神州日报》	194
第四卷第十一号 （1907年12月29日）	神州文学盛衰略论	本社撰稿　蛤笑	200
	论保守土地主权及路矿利权为国民惟一之天职	节录丁未十月十六日《神州日报》	203
	书总核官制大臣改订外省官制折后	本社撰稿　蛤笑	197
第四卷第十二号 （1908年1月28日）	论变法之当从事根本	本社撰稿　蛤笑	215
	劝学说	本社撰稿　蛤笑	217
	论文明之名义	录第九十九期《南洋官报》	220
	论欲救中国当表章颜习斋学说	录丁未十月十七日《神州日报》	225
第五卷第一期 （1908年2月26日）	徙民实边私议	本社撰稿　影蓉	1
	沿边改建行省私议上	本社撰稿　影蓉	3
	政治当利用天然说	吴县吴兴让稿	6
第五卷第二期 （1908年3月27日）	论欧洲大陆诸国之现势	本社撰稿　蛤笑	21
	论将帅宜戢兵以卫民	本社撰稿　蛤笑	23
	尊君为法家之义说	录丁未十一月二十日《济南日报》	26
	论世界奢俭之历史	录丁未十一月二十六日《津报》	28
第五卷第三期 （1908年4月25日）	论地方自治之亟	本社撰稿　蛤笑	35
	财政私议	本社撰稿　蛤笑	37
	人类问题	吴县吴兴让稿	40
	论学术与道德相离之危险	录戊申正月二十五日《时事报》	50
第五卷第四期 （1908年5月24日）	论群治受病之原因	本社撰稿　蛤笑	55
	晏子春秋学案	本社撰稿　蛤笑	57
	论中国缺乏政治家	录戊申正月二十一日《津报》	62

续表

卷、期	篇名	作者/选录来源	页码
第五卷第四期 （1908年5月24日）	论今日国民思潮之趋势宜渔以毅力	录戊申二月十一日《舆论日报》	65
	论保存国粹宜自礼俗言文始	录戊申四月初六日《神州日报》	68
第五卷第五期 （1908年6月23日）	砭学篇	本社撰稿　观雪	71
	晏子春秋学案	本社撰稿　续戊申第四期　蛤笑	74
	论国民宜改良对外之性质	录戊申四月初八日《神州日报》	79
	论人才与风俗之关系	录戊申四月二十三日《舆论日报》	84
第五卷第六期 （1908年7月23日）	原土	本社撰稿　蛤笑	87
	史学刍论	本社撰稿　蛤笑	89
	论中国之国民性	录戊申五月十三日《舆论日报》	93
	论今日国民宜崇旧有之武术	录戊申六月初四日《神州日报》	99

第三章 《东方杂志》近代中国蒙古问题报道研究

第一节 选题背景及文献

近代报刊杂志日臻成熟，新闻传播业在当时特殊的历史环境下，以自己独有的方式见证、书写并推动着社会的发展。《东方杂志》是中国近代史上出版时间最长的大型综合性品牌商业杂志，与该历史时期的政治、经济及社会生活始终保持着紧密联系，辅车相依，同步发展，被誉为"中国近代史的资料库"。《东方杂志》由商务印书馆于光绪三十年正月二十五日，即1904年3月11日创刊于上海，1948年12月终刊，历时45年，跨越了晚清民国，经历了清末新政、辛亥革命、五四运动、抗日战争、解放战争，一直到新中国成立前夕。"杂志中最长久最努力者"[①]是戈公振在《中国报学史》中给予的评价，而方汉奇则称其为"杂志界的重镇"，是"反映她所在的那一个时代的政治、经济、文化等各方情况的'百科全书'"[②]。

诚然，《东方杂志》44卷811期中可谓包罗万象，既有农村问

---

① 戈公振：《中国报学史》，上海古籍出版社2003年版，第161页。
② 卓南生主编：《方汉奇文集》，汕头大学出版社2003年版，第288页。

题、教育问题、妇女问题、近代灾荒、经济危机等社会问题的记载，也有清廷覆亡、军阀混战、日俄战争、边疆危机等重大政治事件的实录，还有新文化、社会主义思潮的传播。《东方杂志》在其长达45年的历史中，在各个领域都留下了自己的声音。尤其是在我国边疆问题上，在特殊历史背景下它不仅给边疆以高度关注，还经常发表文章进行评论。虽然《东方杂志》编辑经过了几代更迭，办报宗旨也发生过改变，却始终保持了其忠实记录反映时代变迁的原则和基本的民族主义的立场，成为中国杂志发行史上典型的样本库，为后人的研究留下了丰硕史料。

19世纪40年代第一次鸦片战争，英帝国主义以坚船利炮打开了中国大门。之后，边疆民族地区首当其冲，成为列强蚕食分裂的对象，西北的新疆、西南的西藏以及我国的东北区域，都被割占了大片国土。蒙古横亘我国北部，政治意义自是不言而喻，各国列强纷至沓来，通过政治强权侵占领土，经济文化软性渗透，以达其分裂目的，蒙古危机成为近代中国面临的重大问题。《东方杂志》出版45年中，真实记录了这段历史时期的蒙古发展，就蒙古政治、经济、历史、文化、风俗等方面作了全方位报道，在内务、实业、军事、财政、教育、法令、调查、国际等栏目中都有涉及。特别是对中俄、中日国际关系视野中蒙古问题的特殊性予以高度关注，牢牢站在捍卫蒙古为中华民族固有领土的立场上，旗帜鲜明地揭露俄、日等帝国主义国家觊觎蒙古之野心，为蒙古的近代化发表积极意见。

蒙古地区一直以来都是学术界关注的热点，但多从政治学、历史学角度予以研究，而就近代杂志报刊与蒙古关系的研究则较少。尽管《东方杂志》自创刊之日起就不乏涉蒙报道，却鲜有学者对这方面进行细致的统计分析，可以说，迄今对于《东方杂志》关于蒙古报道的研究尚属空白，这也正是本文的创新之处和研究价值所在。

研究探讨《东方杂志》蒙古报道，分析《东方杂志》新闻传播专业意义上关于民族问题报道的立场、原则及方针、策略，对于认识媒体与蒙古问题关系显然具有重要意义，对于研究蒙古史、民族史也不失为一条重要路径，也可一定程度上反映《东方杂志》在涉及边疆问题上的关注重点。

《东方杂志》作为近代第一份大型民办综合性刊物，在中国近现代文化发展历程中有着重要的地位，是众多学者趋赴、汇集和学术交流的热点。然则，2010年之前关于《东方杂志》的整体性研究著作并不多，仅有2部，一部是1969年由黄良吉著，台北商务印书馆出版的《〈东方杂志〉刊行及影响之研究》，另一部是洪九来在其博士论文基础上出版的《宽容与理性：〈东方杂志〉的公共舆论研究（1904—1932）》。洪著全书分八章，以传播学、社会学理论知识对《东方杂志》前三十年所刊文章，所涵思想进行分析，以"理性主义"、"渐进主义"、"民族主义"、"调和主义"为题，勾勒出了一个杂志在政治秩序转换中的变迁史。2010年之后研究专著逐渐增多，有《选报时期〈东方杂志〉研究》、《〈东方杂志〉与现代文学》、《〈东方杂志〉与社会主义思潮在中国的传播》等，主要是对博士论文的编辑出版。《东方杂志》的研究成果主要集中于以下几个方面。

创办及发展特色。作为一份新闻出版史上典型的大型综合型期刊，关于《东方杂志》自身性质、思想、风格的研究自不在少数。况且《东方杂志》纵跨晚清、民国、抗战、解放战争时期，其办刊宗旨、风格特征随着政治环境不断演变，这对于透视近代新闻出版的发展状态，研究特殊环境下知识分子媒体从业者的思想状态，都有积极的意义。方汉奇先生在《〈东方杂志〉的特色及历史定位》中说，它是东方文化的弘扬者，是那个时代各大研究成果的发表园地。石雅洁的《〈东方杂志〉的办刊特色研究》中分别阐述了杂志的概况、宗旨的演进和编辑风格。李云豪的《〈东方杂志〉的风格变化探析》则集中论述了《东方杂志》在整个45年中编辑思想的应时而变。

编辑人员及相关作者群体。《东方杂志》纵跨晚清民国,主编经历了徐珂、孟森、陈仲逸（杜亚泉）、钱智修、胡愈之、李圣五、郑允恭、苏继顾的变化[①],在这片沃土上更是集合了周作人、鲁迅、巴金、恽代英、林纾等一批名人大家。因此从20世纪80年代初,商务印书馆的有关人物已经成为学术热点,其中张元济、孟森、杜亚泉、钱智修、胡愈之、王云五等人编辑思想对该刊的影响,是学术界的主要研究对象。李静《杜亚泉与〈东方杂志〉》、范岱年《胡愈之与〈东方杂志〉》、王勇《林纾与〈东方杂志〉》、李云《胡愈之主编时期的〈东方杂志〉》、罗娟《孟森与〈东方杂志〉》、谢慧《张元济与〈东方杂志〉》诸文,都是以人物为线索,研究其办刊思想在期刊上的体现和影响。李静《杜亚泉与〈东方杂志〉》,认为杜亚泉应时更新的知识结构和渐进的启蒙思想,成就了《东方杂志》独特的风格。罗娟借用吴相湘先生之言"孟森以其法学修养,亲自执笔,自不同凡响"[②],论证了孟森主持期间的《东方杂志》站在了立宪宣传的前沿。范岱年则将胡愈之的编辑生涯,分为"进入东方"、"升任主编"、"留学法国"到"离开东方"这几个阶段进行详细分析。洪九来教授在其专著《宽容与理性——〈东方杂志〉的公共舆论研究（1904—1932）》中认为,张元济的"文人办报"理念和"文明排外"思想,是对《东方杂志》的终生守护。陶海洋博士论文《〈东方杂志〉研究（1904—1948）》中,以编辑的变更为线索,分

---

① 张宪文、方庆秋、黄美真主编:《中华民国史大辞典》,凤凰出版社2002年版,第520页。
② 罗娟:《孟森与〈东方杂志〉》,《聊城师范学院学报》（社会科学版）1999年第1期。

为"杜亚泉与《东方杂志》"、"钱智修与《东方杂志》"、"王云五与《东方杂志》"几个章节,对其编辑思想及改革主张,以及在他们影响下的杂志走向作了细致论述。其他论著还有《胡愈之与百年〈东方〉》、《保守与自由:钱智修思想述论——以〈东方杂志〉为中心的研究(1911—1924)》等。

特定历史阶段的突出表现。《东方杂志》出生于特殊年代,曾经过四次迁址,三次休刊、两次合刊和多次临时性增刊,而每一次的变动无不与当时的历史环境有着密切的联系。硕士学位论文《〈东方杂志〉在清末(1904—1911)的历史文化身份》以清末为背景,选取早期选报时期作为研究对象,审视《东发杂志》在文摘类阶段理性审慎的历史身份。《五四运动时期的〈东方杂志〉研究》、《五卅运动中的〈东方杂志〉》则分别研究五四和五卅运动期间《东方杂志》的生存状况及报道思想,还原当时的真实情况,总结其报道特点和经验。特别是"五卅运动"期间,《东方杂志》曾专门出版了临时增刊,坚持民族主义立场,对反帝舆论做了积极宣传。此外,也有部分文章针对济南惨案期间、九一八事变前后以及抗日战争时期《东方杂志》的表现加以研究。

针对某一议题的文本分析。从栏目设置中可以看出《东方杂志》的报道涵盖了军事、外交、教育、财政、实业、交通、商务、宗教等方方面面。学术界对于《东方杂志》的内容分析,也涉及了近代灾荒、近现代教育、体育、翻译文学、外交、社会主义思潮、马克思主义、西学传播、科技传播、公共卫生、医学等。例如《〈东方杂志〉关注民国时期妇女问题研究(1904—1932)》,运用文本分析方法,对民国时期的女子教育、婚姻、参政三个方面进行探讨,诠释了民国时期的妇女问题,论述了《东方杂志》在促进中国近代女性觉醒及进步中所起的重要作用。

上述研究之外，也有从新闻传播学角度论述《东方杂志》新闻专业主义、记者专业主义理念萌芽，勾勒当时新闻报刊业发展的研究文章。从民族主义角度论述《东方杂志》关于中国边疆西藏的报道，强调《东方杂志》强烈的责任感和历史使命感，阐明西藏是中国不可分割的一部分。但是对于《东方杂志》蒙古报道的研究尚未涉及。

本书通过对《东方杂志》蒙古报道文献的搜集、鉴别、整理、研究，形成对事实的认识，并结合传播学内容分析，将相关报道整理统计得出数据，对文章内容和版面安排进行细致分析，解读文本，探讨杂志在蒙古政治、经济、文化报道方面的重点及其基本观点。

第二节 《东方杂志》及其蒙古报道

一 《东方杂志》性质与定位

清朝末年，中国政府积贫积弱，内乱不断，外患尤甚。1840年中英鸦片战争中国惨败，随后各种丧权辱国的不平等条约接踵而至，中国处于危机之中。《马关条约》后"公车上书"揭开戊戌变法序幕，企图通过变法以自强，最后虽在顽固分子打压下以失败而告终，却极大地刺激了中华民族的觉醒。1901年清政府被迫实行所谓的"新政"，开放了"禁言""报禁"，一定程度上给予民间办报的自由，促进了新闻传播事业的发展。《东方杂志》以《东亚杂志》之名，出生在民间办报高潮的1904年，随后为避免与德国驻沪领事馆一份杂志同名，改名为《东方杂志》。《东方杂志》历经了清末、北洋、民国三个时期，从清末新政到辛亥革命，从抗日战争到解放战争，尽管努力保持了杂志基本正常的发展轨道，却也不免经历了几次周折与变迁。

辛亥革命爆发，中国封建王朝土崩瓦解，中国政局也更加动荡，《东方杂志》在夹缝中生存，辗转各地，多次休刊。1911年因辛亥革命爆发上海局势混乱，《东方杂志》8卷9期后一度休刊，直到1912年4月复刊。1920年改为半月刊，1932年"一·二八"事变爆发，商务印书馆损失严重，2月被迫休刊，同年10月恢复出版。1937年"八一三"事变后，商务印书馆迁往长沙，不料长沙大火，1938年11月迁往香港继续出版。1941年太平洋战争爆发，《东方杂志》第三次休刊，1943年3月在重庆复刊。1947年1月迁回上海，7月改为月刊，直到第二年12月终刊。《东方杂志》除了三次休刊外，还有两次合刊，两次临时性增刊，以及多次专号、纪念号、特大号。第一次合刊为1921年太平洋会议召开期间，此次会议关乎中国地位问题，编者将18卷18号和19号合并出版"太平洋会议号"，为国人提供第一手消息。第二次为1937年"八一三事变"爆发，商务印书馆临时工厂印刷能力有限，纸张又紧缺，遂将两期合为一期出版。两次临时性增刊分别为1925年6月的"五卅事件临时增刊"和1931年10月的"九一八事变临时增刊"。在如此复杂环境下，《东方杂志》依然坚持出版45年，最后于1948年终刊，对中国20世纪上半叶社会历程产生了巨大影响。

《东方杂志》是大型综合性商业杂志，综合性决定了其内容的包罗万象，政治、军事、经济、文化都有涉及，商业性决定了其政治立场的中立，因此刊物上存在着不同甚至完全相反的政治倾向及观点。《东方杂志》在政治立场上既不先进也不落后，胡愈之曾提到过"商务的资方尽可能想不卷入政治浪潮"[①]，但是在面对国家利益问

---

① 胡愈之：《回忆商务印书馆》，中国人民政治协商会议全国委员会文史资料研究委员会编《文史资料选辑》第六十一辑，文史资料出版社1979年版，第190页。

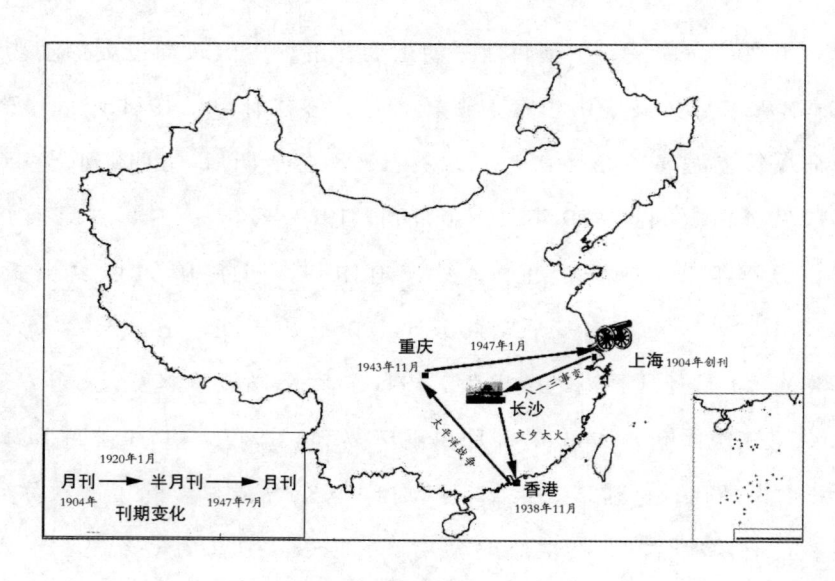

图 3-1　《东方杂志》出版地与刊期变迁

题时,要坚决强调"爱国之主张"。

《东方杂志》出版时间为 1904 年到 1948 年,这 45 年正是中国社会进程风云变化之时。而政治混乱经济紧张的非常环境,却给思想以发展的契机,随着各种西方文化传入中国,刺激着国人开始思考,自由主义、民族主义、社会主义思潮层出不穷。在复杂多变的环境中,《东方杂志》周围聚集了一批精英分子,他们的思想代表了当时最先进的思想,是复杂社会环境的反映,在一定程度上促进着社会的发展,促进着人思想观念的变化。《东方杂志》的受众定位为在校大学生、中学生、中小学教职员工、军官、公务员等,他们均有着进步思想,且心系国家命运,这就尤其强调杂志能够秉持爱国之立场,并教育启发他们明耻进而雪耻。

创刊号《新出东方杂志简要章程》上,首列其办刊宗旨"启导国民、联络东亚"。"联络东亚"随着时局发展日渐趋淡,但"启导国民"传统基本上保持了下来。《东方杂志》主要编者在文化救国上达成共识,张元济曾说"能醒悟一人,即能救一人"[①],希望通过循序渐进的努力,广泛传播先进思想,促进民族觉醒,推动中国近代法制建设、教育推广、社会改良乃至民族振兴,实现中国脱困富强的最终理想。

《东方杂志》初为文摘性月刊,刊登各种评论、纪事、诏书和奏折,侧重于资料的汇编。1911年第8卷始改为综合性期刊,减少转载文章,增加内部撰稿,关注国内外形势,对国家政治经济问题发表专业评述。其栏目可分为长期性和临时性(专栏)两种,在1904年1卷1号中出现了"社说"、"谕旨"、"丛谈"、"新书介绍"等15个栏目,之后又增加了"论说"、"中国大事记"、"内外时报"、"社会问题"、"新语林"、"时论要删"等,前后共70多种。《东方杂志》栏目变化大致经过了三个时期,从第一个时期栏目名称多而杂,前后变化频繁稳定性差,到第二时期评论类栏目表现突出,再到第三时期文史作品和时事述评占主要部分,这期间其办刊宗旨也前后经过了五次改变,但无论如何变化,《东方杂志》都坚持了爱国立场,"开民智"、"扩新知"的编辑方针,立足于介绍世界发展新知识,关注国情局势,宣传发展教育论、振兴实业论、传统文化论和保护国家论。

二 主要编辑及作者群体

最早由拉扎斯菲尔德提出的意见领袖理论认为,少数具有影响力的活跃分子介入大众传播,会影响受众在信息传递和人际互动过程中的态度和行为。意见领袖是两极传播中的重要角色,他们一般具有较高社会地位和个人魅力,有着较强的综合能力,可以对信息

[①] 张元济:《张元济书札》中册,商务印书馆1997年版,第620页。

进行梳理评价，对形势作出导向和指点。《东方杂志》中也有这么一批人，他们努力扮演着意见领袖的角色，通过信息筛选及观点传播，试图引导社会舆论并启迪先进思想。

《东方杂志》创刊初始对于编辑者、发行者的信息不做任何标注，到1908年才增加了版权页，开始注重编者的个人影响。由于出版时间跨度较长，关于历届主编究竟是哪些人，学界说法不一，方汉奇主编的《中国新闻事业史》和《张济元年谱》中认为其主编先后为徐珂、孟森、陈仲逸（杜亚泉）、钱智修、胡愈之、李圣五、郑允恭、苏继顾等。除历届主编外，《东方杂志》还聚集了一批优秀的编务人员。1934年《东方杂志》"东方画报"一栏对30年来主要编辑进行了梳理，如图3-2所示。他们引领也见证着《东方杂志》的成长与成熟，其编辑思想各有特点，却又殊途同归地致力于中国的救亡图存。张元济奉行的是稳健的文化救国之路，孟森热衷于立宪运动，胡愈之懂得与时俱进。他们的文化思想及其变化也悄然促使着《东方杂志》办刊思想从"启导国民，联络东亚"到"做舆论的顾问者"再到"发扬文化传播学术"之变化。

《东方杂志》的成就除了得益于众编辑的不懈努力之外，也与实力雄厚的作者群体息息相关。《东方杂志》作为一个巨大的史料库，内容类别纷繁复杂，其作者群体也是囊括了各行各业的专家学者。梁漱溟曾将自己到北大教授印度哲学，归因于蔡元培在《东方杂志》看到了他的相关文章，而巴金也曾提到自己这个"巴金"的笔名就缘于《东方杂志》。此外，还有政法学界章乃器，自然科学界童第周，经济学界马寅初，社会学界费孝通，共产党创立者陈独秀，武汉大学校长王世杰，国民党政治家陈立夫等。鲁迅、周作人、郁达夫、徐悲鸿、丰子恺、王国维、郭沫若、顾颉刚等也都曾在《东方杂志》上发表过文章，其吸引力与多元化自是不言而喻。

图 3-2 《东方杂志》历届主编及部分主要编辑①

三 蒙古报道概述

(一) 蒙古报道历史背景

蒙古作为我国北部的重要边疆,在中国近代政治重建与国家的转型中经历了重重危机和挑战,抗垦起义、反清斗争、日俄侵略、地区沦陷,还有几乎贯穿整个民国时期的外蒙古问题。早在咸丰年间,俄国东西伯利亚总督穆拉维约夫就曾两次向俄皇建议,要吞并清朝蒙古和满洲(中国东北)地区。第二次鸦片战争中国的战败,进一步刺激了俄国侵略中国的野心,俄国以调停者身份迫使清政府签订了一系列不平等条约,通过《天津条约》、《北京条约》、《陆路

---

① 《东方杂志》1934 年第 31 卷第 1 期,(《东方杂志》三十周年纪念号)卷首"东方画报"刊出一组题为"东方编者"的照片,列出了"本志三十年来之主编及现任编辑"。左图按照从左至右,由上到下顺序依次为:王云五、徐仲可、杜亚泉、李圣五、钱智修;右图依次为:郑允恭、史国纲、叶作舟、郭一岑、张良辅、金仲华。

通商章程》等加紧对蒙古地区的经济势力扩张,还凭借1864年《中俄勘分西北界约记》割占阿尔泰诺尔乌梁海二旗及乌梁海十佐领。

甲午战争后,日本政府形成所谓的"大陆政策",其核心就是要吞并满蒙,"满"指中国东北三省,"蒙"指中国蒙古地区,开始在东北和蒙古地区进行侵略活动,操纵金融掌握经济命脉,购买土地掠夺矿产资源,还加派调查人员在蒙古各旗搜集政治、军事、自然地理、民族风俗等资料,企图全面控制蒙古地区。日俄战争之后,日本与俄国比肩,跻身成为侵略蒙古地区的主要国家。1927年日本首相田中义一在《对华政策纲领》之后,曾向天皇呈递秘密奏折,宣称"惟欲征服支那,必先征服满蒙;如欲征服世界,必先征服支那"[①]。日本对蒙古之野心已经昭然若揭。在1932年又明确提出了要将蒙古东部地区分裂出去建立一个独立的国家,甚至在策划建立"伪满洲国"的时候,也对蒙古东部地区做了通盘的考虑。

蒙古危机日益加重,引起清朝官员的普遍重视,19世纪80年代张之洞提出"蒙古强则我之侯遮也,蒙古弱则彼之鱼肉也"[②]。光绪二十八年,清朝当局开始推行"移民实边",把汉民移到蒙古地区,把草场当荒地拍卖,发展农业,筹饷练兵,希望通过筹边改制及开垦蒙地,强壮蒙古各方力量,以抵御帝国主义侵略,但并没有达到预期目的,反而激化了社会矛盾,引起持续不断的反抗斗争。1911年辛亥革命提出了民族独立的思想,这对于中国近代史有着里程碑的意义,但在当时的情境下,若说内地的独立是脱离清朝统治,那边陲的独立就是要脱离国家了。外蒙古在俄国的策划鼓动下,于辛亥革命之际开始了反复的独立抗争,直至1946年成为真正意义上的

[①]《惊心动魄之日本满蒙积极政策:田中义一上日皇之奏章》,《时事月报》1929年第1卷第2期。
[②] 张之洞:《张文襄公全集·奏议》第2卷,北京文华斋刻本1928年版,第8页。

独立国家。

蒙古地区政治军事混乱之际，传统的畜牧业也在连年的战乱下遭受严重损失，而农耕文明却在清政府的"开禁"、"放垦"政策下，有了一定发展。蒙古地区市场逐渐开放，来自国外商品经济的冲击也刺激着商品贸易的发展。清末洋务运动、新政等使得"实业救国"思想广为传播，人们开始关注蒙古地区经济发展，希望通过自主发展实业，抵制帝国主义的资源掠夺和经济侵略。与此同时，蒙古地区教育也随着新式学堂的建立逐渐发展起来。蒙古族文化本就源远流长，在文化启蒙运动和新文化潮流中逐渐吸收新鲜的血液，开始向近代化转型。

(二) 蒙古报道资料统计

《东方杂志》有"近代史料库"之称，凡当时国内之大事件几乎均可在《东方杂志》中找到印记。启导广大国民对历史和现实的了解与把握，重视国情的介绍，倡导并普及新学知识，爱国与救国，是商务印书馆一贯的出版方针。在这一历史及媒体语境中，纵然《东方杂志》主编一再更迭，办报思想也有所差异，但对于边疆问题却始终关注，认为无论中国政体如何，政府都应面对国家安全之问题。晚清中国北部边疆蒙古地区面临严重的外患局面，这自然成为《东方杂志》高度关注的报道重点，关注蒙古重大政治问题，分析蒙古内外形势，比较各国之舆论态势，警醒国人注意蒙古发展之问题。

据统计，《东方杂志》在军事、实业、交通、财政、教育、法令、调查、国际等栏目中，以多种形式报道蒙古，共计文章173篇。内容涉及晚清蒙古势力变化、厅县建立、畜牧业衰败、科学教育发展、宗教信仰、蒙政会成立以及蒙古人民革命斗争、抗日战争等，展现了蒙古地区政治、经济、文化各个方面，真实记录了这段历史时期的蒙古社会历程。

清末选报时期的《东方杂志》，涉蒙报道多为奏折条陈，主要是政府对蒙相关政策的实施。1908年之后逐渐增加了调查、撰述、评论性文章，有内部人员撰稿，有转载当时国内其他知名报刊文章，还有很大部分是翻译国际报刊上言论，以帮助国人更加清醒地认识当时蒙古之局势。译文多来自于美国、英国、日本和俄国几个国家，日本相关文章最多，这与当时的蒙古面临的国际环境不无关系，内容主要是科学及经济考察报告和对蒙舆论，其中不乏一些国际知名专家的文章，为国人更好地了解蒙古提供了翔实资料。例如译自日本《改造杂志》的《日本之满蒙经济政策》，其作者堀江归一为日本一流的经济学家，在国际上也享有名气。

第三节 《东方杂志》蒙古报道特点

一 基本做到了持续报道

早在1904年创刊初期，选报性质的《东方杂志》就开始在内务、实业等栏目中刊登蒙古方面的奏折、条陈，关注蒙古地区政治、经济问题。1905年第2卷中又连发两篇政论《论蒙古改设行省之不可缓》、《论急宜防备蒙古》，就蒙古的体制建设和军事安全发表见解，可见当时《东方杂志》对蒙古报道的重视，特别是之后在大篇幅揭露日俄觊觎蒙古之野心上，《东方杂志》可谓是泼墨如水，不遗余力。

从图3-3可以看出《东方杂志》在其出版的45年间，基本上保持了对蒙古问题的持续报道，其中出现两个至高点分别为1911—1913年和1936—1937年间，而1940—1948年的篇幅数量却呈明显下降。

1911年12月11日，哲布尊丹巴集团正式宣布脱离清政府独立，

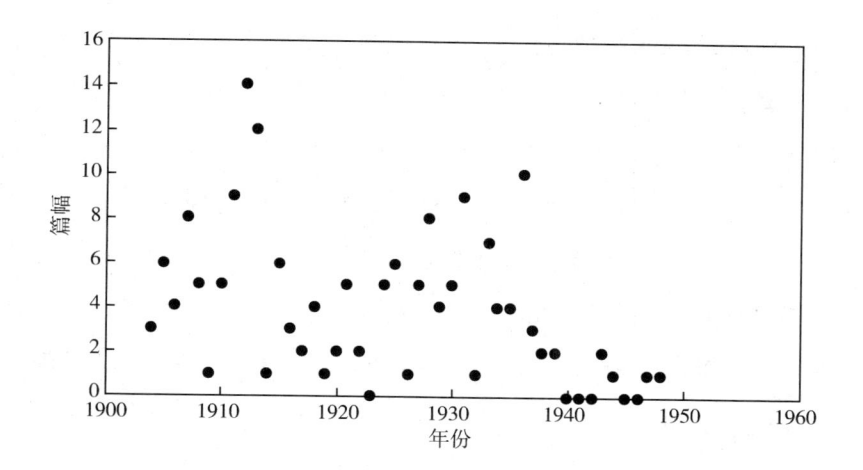

图 3-3 《东方杂志》蒙古报道篇幅分布

并试图将内蒙古也并入独立的蒙古国,一直到1914年9月《中俄蒙协约》外蒙古取消独立改称"自治"。1936年到1937年日本发动全面侵华之际,苏联也就满蒙边境问题与中国进行交涉,并与外蒙订立了所谓互助条约。如此形势下,中国北部屏障其处境可想而知,这自然成为了当时报刊的关注要点。

1940年后蒙古报道篇幅明显下降的原因,一是1941年太平洋战争爆发后《东方杂志》第三次休刊,一直到1943年3月才在重庆重新出版;二是复刊后的杂志受到经济萧条和经济动荡的多重影响已经处于衰落期,栏目设置和编辑水平都较之前逊色很多,且王云五在《复刊辞》中强调了刊物的宗旨"本志以阐明学术为主旨",可见此时的办刊宗旨已经演变为"发扬文化传播学术知识",着力于报道的学理性和文化关照,开始增加学术论文数量,减少时政色彩,蒙古报道篇幅也就自然下降了。

二 报道横跨各个领域,政治报道占绝对优势

按照报道客体,有政治报道、经济报道、科教文化报道、社会

生活报道等。1904年到1948年国内形势瞬息万变，蒙古地区局势显得异常紧张。《东方杂志》高瞻远瞩，忧国怀民，对当时蒙古政治、经济、历史、文化、风俗等方面作了全方位报道，内容横跨各个领域。其中，政治、军事文章101篇，包括中国政府对蒙政策、蒙旗军制、外蒙古独立、蒙古内外形势、国际帝国主义对蒙侵略态度等。经济报道24篇，包括蒙古地区经济调查及实业发展，具体涉及农业、畜牧业、林业、制碱业、交通业、水产业、矿产业、酿造业、商业、金融业等。社会风俗19篇，文化17篇，涵盖了蒙古民俗风情、宗教教义、人民生活近况、考古发现等。此外还有教育5篇，科学7篇。

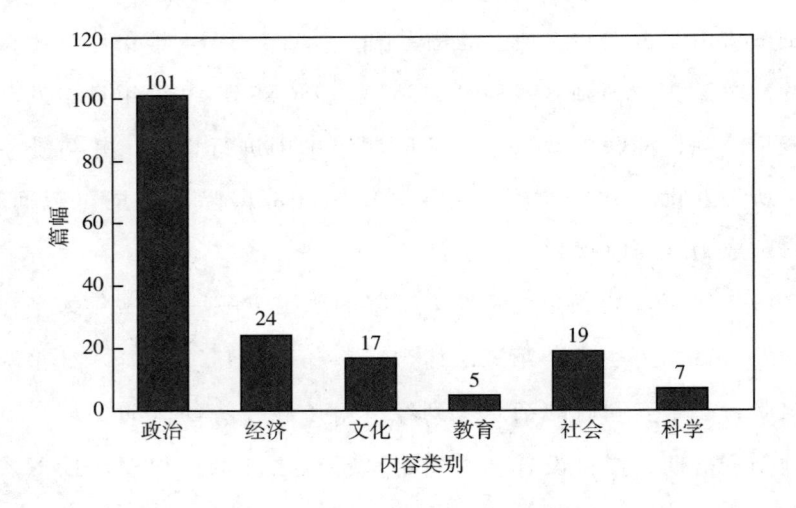

图 3-4 《东方杂志》蒙古报道内容类别

总计173篇蒙古报道，政治报道占101篇，可见《东方杂志》关于蒙古的政治报道占绝对优势，高达58.38%。《东方杂志》对蒙古政治方面的报道，主要集中于政府对蒙古政策、蒙古人民的抗垦斗争、独立运动、内蒙古自治以及揭露日俄对蒙古侵略之野心，这与当时的边疆形势不无关系。鸦片战争后，清政府在内蒙古地区连年进行频繁的军事征调，为了弥补战争赔款，还加重了对蒙古地区的经济剥削，这激起了蒙古人民的普遍不满，进而引发武装抗垦抗租斗争，甚至到民国时期演变成蒙古独立运动。与内忧相比，外患尤甚，俄国利用一系列不平等条约企图政治上侵略，经济上控制蒙古地区，并策动支持外蒙古独立，日本制定"满蒙政策"，内蒙古东部地区相继沦陷，蒙古地区处境可谓千钧一发。

三 报道方式有论有述，论述结合

《东方杂志》蒙古报道体裁主要有客观性报道、评论、奏折、副刊、条陈。客观报道包含图片、消息、通讯、调查报告等，评论包括述评、政论、记者按、译者按，副刊文章有历史、论文。其中，客观报道76篇（图片报道33篇、消息17篇、通讯21篇、调查报告5篇），占总篇数43.93%；评论71篇，占41.04%；奏折18篇，占10.40%；副刊文章5篇（历史2篇、论文3篇），约占2.89%；条陈2篇。

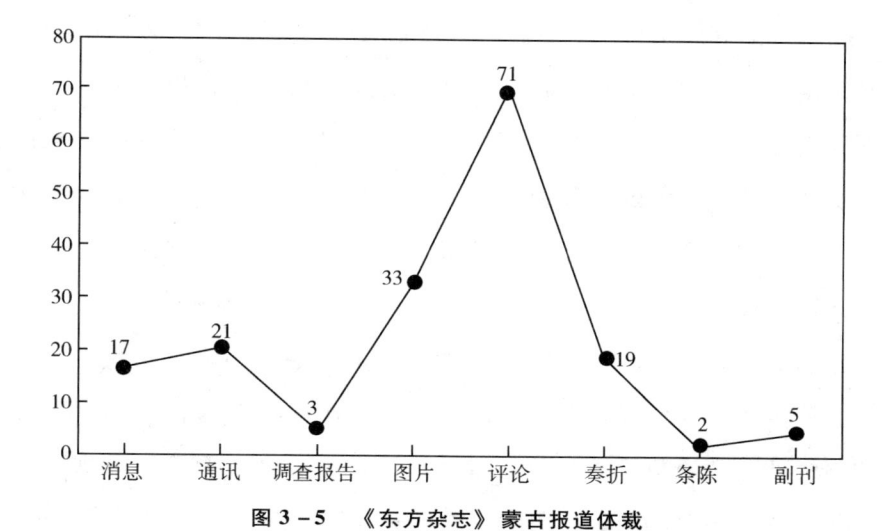

图 3-5 《东方杂志》蒙古报道体裁

奏折、条陈主要是在清末时期，集中于1904年到1908年间。此时的清政府已经处于摇摇欲坠的状态，但并没有放松对蒙古边疆的管理警惕，这些奏折内容有奏准朝廷开垦蒙地的，有改革刑律的，有请办铁路的，也有建设蒙文学堂的。通过这些奏折，清朝对蒙古政策可见一斑，发展蒙古边疆的愿望也是显而易见。

新闻消息是指新近发生的事实报道，反应迅速，简短明快，是如今报纸、电视、广播中常见的一种新闻体裁。《东方杂志》属于月刊、半月刊杂志，时效性较差，所以争分夺秒迅速完稿的消息在本杂志中并不十分重要，相比简短明快的消息而言，《东方杂志》更注重信息内涵挖掘的深入报道。《东方杂志》中关于蒙古的消息仅占所有报道的10%，主要是介绍蒙古相关条约的签订，比如"俄蒙电线条约"、"满蒙四铁路借款预备合同"等。

通讯和调查报告是《东方杂志》蒙古报道中较常见的方式。通讯可分为人物通讯和事件通讯两种，与消息相比容量大，范围广，取材也比较完整，注重情节的展示和内容的挖掘，适合《东方杂志》偏学术性期刊的定位。调查报告是蒙古报道中一个比较特殊的存在，是国内国外对蒙古细致调查后对资料的系统整理，它相似于通讯又不同于通讯。《东方杂志》曾开调查一栏，专门刊登国内外各方政治经济调查结果，供国人阅读思考，内容则主要集中于蒙古地区的探险、社会风俗介绍、经济发展考察等，客观反映当时蒙古地区的风土人情和社会状况。

《东方杂志》蒙古报道评论所占比例为41.76%，有政论、述评、记者按、编者按、译者按几种，其中述评占较大比例，就蒙古的内忧外患之处境发表见解，启导国民，引导社会舆论，提醒当局者对蒙古问题加以重视。政论是针对蒙古当时政治问题的直接评论，而述评则是运用夹叙夹议的方式反映并分析蒙古当时社会热点和重大事件。例如《满蒙经济大要》一文，对当时蒙古的农业、畜牧业、林业、酿造业、金融业做了客观详尽的介绍，叙述的同时也表达了作者的看法与见解，"要之此天然富饶利用至便之满蒙，日本若能使各种经济机关组织完备以开发之，使彼我之关系浑以融合，则不独为日本之利益，亦为中国之利益也"[1]，表达了作者对蒙古实业发展的期望。《呼伦贝尔事件述评》亦是运用了边述边评的方式，反映了当时呼伦贝尔事件发生的内因外因，以及其对中国政治局势可能造成的影响。

除了上述消息、通讯、评论、调查报告外，还有一个重要体裁即图片报道，第四章中会有详细介绍。

四 报道结构：纵式横式交错使用

依照报道构成要素之间的关系，报道结构可以分为纵向式、横向式和纵横交错式。所谓纵向式，即是指报道的构成要素是从事件发生、发展、结果展开，横向式是从事物各个侧面展开，它们之间处于对等、对立或者互称的地位。而纵横交错式，顾名思义，是指报道中纵式、横式的交错运用。

《东方杂志》173篇蒙古报道文章中，既有揭示事件发生、发展变化的纵向报道，也有针对某一事件的全方位、多角度的横向剖析。例如关于外蒙古独立的报道就是纵横交错式的。据统计，从1912年到1948年涉及外蒙问题的有25篇，从高劳的《外蒙古之宣布独立》到南雁的《外蒙民国》，从市隐的《苏联与外蒙订立互助条约》到王永康的《独立后的外蒙》，这些文章形成了一个完整的链条，勾勒

---

[1] 高劳译：《满蒙经济大要》，《东方杂志》1918年第15卷第10期，译自日本《实业之世界》。

出外蒙古独立整个事件的起因、经过直至最后的独立。而《外蒙教育之一斑》、《外蒙古之风俗人情》、《外蒙之商务》则是通过横向报道，多侧面展示了当时外蒙古发展状况。对于帝国野心的揭示亦是如此，既有屈辱条约展示侵略蒙古的铮铮事实，亦借中文翻译提供国际舆论之佐证，通过分析探险及游记的真实目的，提醒国人警惕俄国之阴谋，而这些文章贯穿下来正是蒙古遭受外国侵略的纵向历史记录。

整体而言，45年的时间轴构成了蒙古地区纵向发展史，而政治、经济、军事、社会文化议题的广泛涉猎，又组成蒙古横向历史。总之，《东方杂志》运用纵横交错的报道结构，绘制了当时蒙古发展状况的立体图景，为蒙古地区的横向纵向研究提供了丰富的历史资料。

五 报道框架：宣扬保护边疆 爱国主义思想

早在1974年社会学家戈夫曼就提出了"人们对现实生活的归纳、结构与阐释都依赖一定的框架"①，框架指的是人们用来认识和阐释客观世界的认知结构。新闻框架理论认为，媒介在处理选择新闻事实时有自己的特定原则和思考基础，并通过一定的符号体系体现出来，形成对事件的意义建构。报道者的认知框架决定着报道构成的基本要素、组织思路以及其采用的表达方式，而框架下蕴含的报道者的观念和意图，会影响受众理解与储存信息，对受众如何领会新闻事件及作出反应有重要影响。

《东方杂志》初期的新闻事业还未真正走向成熟，新闻框架理论也未正式提出，但蒙古报道中却潜移默化地体现着编者的认知框架，

---

① E. Goffman, *Framing Analysis: An Essay on the Organization of Experience*, New York, Harper and Row, 1974, p. 21.

并试图通过传达某种思想改变读者的认知。蒙古报道作为一种题材特殊的报道，其报道方式是报纸杂志中最常见的第三者转述式单向报道。但《东方杂志》在叙述评论中，又常常可以看到报道者以第一人称的身份带入情境之中，在表达方式上很注重反问、祈使这些句式的运用，以加强语气，以事实为依据，晓之以情，动之以理，宣传蒙古地区自古就是中国神圣不可分割的一部分，启迪广大读者的责任意识。第三人称身份转述式叙述、评论，看问题较为冷静客观，使文章更具有信服力，而当事者身份的带入则更具有真实性和感染力。"我们希望从今以后全国上下同心同德，发展边务巩固国防，能如此，则今后边境方面便不难否极泰来，另有一番新意向；能如此，则从十九年起，不但我们可有许多关于边境的好消息记载，以与读者相告慰，而全国五大民族的福利，也可从此增进了。"① 这段文字来自《蒙古青年党的独立运动》一文，作者颂华将"我们"代入，以增强读者主人公意识，并运用两个"能如此"来表达对未来局面的期许，读起来使人激情澎湃，以达到其救国思想的宣传效果。

六 报道目的：促进蒙古地区近代化

《东方杂志》蒙古报道173篇，既有铿锵有力的事实叙述，也有入木三分的精彩评论，既有政治军事形势提纲挈领的透彻分析，也有经济文化状况鞭辟入里的出彩总结，但万变不离其宗，宗旨在于宣扬国家统一，倡导民族团结，抵御外侮。报道所要传达的信息体现了三大主题：一是揭露了俄日等帝国主义列强侵略蒙古的野心及行径，揭示了蒙古地区的危亡形势；二是力主政府及国内实业界主

---

① 颂华：《蒙古青年党的独立运动》，《东方杂志》1929年第26卷第24期。

动积极地开发蒙古地区经济,以达到实业救亡的目的;三是介绍外国科学考察,倡导蒙古近代之发展。

《东方杂志》正值中国近代化关键时期,列强打开了中国大门,也带来了先进的科学思想。百日维新、洋务运动、清末新政、辛亥革命似乎并没有真正扭转中国内忧外患的局面,却极大地促进了近代化思想的传播。《东方杂志》编辑记者作为较早接触近代化思想的一批人,对于国家未来出路开始有了自己的思考。在边疆问题上,他们希望实现"文字救国",所以一再发表文章,提倡发展蒙古地区实业,开展科学研究,抵御帝国主义侵略,以其媒体之力,为促进蒙古地区近代化发挥了很大作用。

第四节 《东方杂志》蒙古报道主题设置及其内容

一 议程设置理论

"议程设置"是传播学媒体效果研究中一个非常重要的理论模式。其理论基础是李普曼的"拟态环境"和拉斯韦尔的大众传播"环境监视功能",最早见于麦库姆斯和肖在1968年美国总统选举期间,就选民受媒介报道影响的一项研究总结《大众传播的议程设置功能》,认为媒介可以通过提供信息来有效地左右人们关注事实的先后顺序,通过反复报道强调改变受众对某议题的重要性认知,即媒介在从事着一种"环境再构成作业"。

从理论上来看,"议程设置功能"的着眼点似乎在于传媒效果"认知"、"态度"、"行动"三个层面的第一个认知层面,其实不尽然。媒介在通过重复议题吸引受众注意力,告诉人们"想什么的"同时,其表达方式也会在潜移默化的过程中影响到受众的态度和行动。议程设置理论提出了大众传媒对事物和意见的强调程度与受众的重视程度成正比,强调了传播媒介设置形成社会议题的一面,这是其创新之所在,但却忽略了其反映社会议题的一面。于是一些学者提出质疑:"如果媒介设置了公众议程,那么谁来设置媒介议程呢?"① 这个问题开启了议程设置理论的另一个领域,即媒介设置社会议题,同时媒介议题又来源于社会,受社会背景影响,是社会实践的真实反映。

《东方杂志》在其45年的办刊历程中,一直对边疆地区蒙古的重要战略地位及其政治经济命运予以高度关注,发表了173篇报道,涉及蒙古地区一切重要方面,其中政治报道占据绝对优势,社会经济文化报道也十分突出。《东方杂志》对于蒙古报道的重视,为当时的受众设置了社会议题,引导政府当局和民众关注蒙古边疆的各种问题。同时,《东方杂志》关于蒙古报道的用词用语,也影响着民众对于蒙古问题关注的重点及其立场态度。《东方杂志》之所以重视蒙古地区的报道,也是当时社会环境使然,是当时历史现实的真实反映。

二 主题及基本内容

(一)关注政府对蒙政策,评议其得失

鸦片战争后,蒙古地区受到帝国主义列强的侵略,俄日相互勾结,企图瓜分蒙古地区。晚清以及民国政府处于内外交困的形势之下,软弱无能,难以跟帝国主义列强抗衡,试图以"剜肉补疮"的办法来解决民族危机,虽然表现出了极力巩固蒙古地区的政治意图,却收效甚微甚至南辕北辙。对内,开始改变对蒙政策,推行"新政",改变蒙古政治体制、军政、财政和教育制度;对外,则是被迫

---

① 郭庆光:《传播学教程》,中国人民大学出版社2009年版,第199页。

丧权辱国，割让蒙古特权，出卖国家主权。

(二) 蒙地放垦和移民实边政策

这是清末到民国时期对蒙古地区实施的一项重要政策。乾隆初年，清朝推行统治蒙古的一个基本制度即"封禁"政策，也称"边禁"或"蒙禁"，即通过颁布法令严格禁止汉民随意进入蒙古，限制蒙汉民族之间的经济、社会、文化交流。而到了晚清，国内外形势急剧变化，为镇压太平天国运动筹措军饷，清政府开放蒙地矿禁，随着蒙汉交流的增多，封禁政策许多条令名存实亡。《辛丑条约》签订后，清政府面临着巨额的庚子赔款，山西巡抚提出开垦蒙地以筹赔款，增加财政收入，充实边防，很快得到批准。随后大规模的放垦蒙地全面展开，大批汉民移入蒙古地区把草场当作荒地来开垦，并通过拍卖荒地，筹措军饷，借以充实边疆。

明末清初的连年战争，使蒙古地区人口锐减，畜牧业遭到很大破坏，封禁政策一定程度上有利于社会秩序的稳定及牧场的保护，促进了蒙古地区畜牧业的恢复发展。而晚清的全面放垦，农业区大规模侵占草场，对蒙古地区传统的畜牧业造成严重冲击，打破了以往畜牧业和农业之间的平衡。放垦蒙地的目的是为了偿还庚子赔款，从一开始就带有着明显的民族压迫及经济掠夺性质，遭到蒙古人民的抵制。北洋军阀政府时期，颁布《垦辟蒙荒奖励办法》，制定《边荒条例》，继续推行这一政策。清末到北洋军阀统治时期有过前后七次大规模放垦，民国及国民党政府时期也未放弃移民开垦，强行丈放蒙旗各地，开垦过程中又恃强凌弱，滥垦滥放现象不断，使原本尖锐的民族矛盾更为加剧。在政治高压和经济剥削之下，蒙古地区武装抗垦不断，长达数年之久，对蒙古地区的政治经济都产生了极大的影响，也给帝国主义侵略者以可趁之机。

《东方杂志》"选报时期"收录的奏章和谕旨中，对这一政策多

有记录。例如《蒙古土尔扈特郡王整顿政治条陈》第三条中即有:
"蒙古各部落地方寥廓,必须按该部落地段尽力开垦,若遇地广人稀之段准招汉民耕种,照章完税,其开垦一切事宜尽归盟长管理。"①《奉天将军增奏蒙旗荒地招垦请派员收价丈放折》、《热河都统廷奏遵旨开放敖汉旗九道湾上台蒙荒酌拟章程折》、《热河都统廷奏丈放巴林蒙荒并酌拟章程折》,更是清廷放垦蒙地最直接的史料证据。清廷的放垦是对蒙古的压榨,大范围的放垦一定程度上有利于蒙古农业的发展,但却造成畜牧业的衰落,水草丰美的地区被放垦,牧民被迫迁往盐碱地生活。章锡琛云:"中国之移民实边策,当俄国汲汲谋蒙之日,中国政治家正唱变法自强恢复权利之论。所谓移民实边、裁抑教权、施新政、预备立宪诸事,方谋渐次实行。而蒙古独立,遂因之而起。"② 一语道明清政府蒙古政策的不当是造成蒙古政治动荡,外敌趁机侵入的重要原因。《俄人对于蒙古新疆之阴谋》谓:"中国人以殖民之故,欲得其土地,以不法掠夺蒙古人之家畜,使彼等远去而居于俄国国境之间"③,此文译自大阪《朝日新闻》,出自俄人裴尼格生伯爵之笔,不免带有帝国主义者的偏见,但也确实指出了清政府放垦政策直接造成了民族矛盾的激化,为日后外蒙古发起拒绝摊派债务斗争、内蒙古的抗垦斗争、民国时期外蒙古的"独立"活动埋下伏笔,甚至直接造成了外蒙古的独立。

(三)改革蒙古部落制度,推行郡县制

农业的长足发展和汉族人口聚居区的日益扩大,为内地州县制度移入蒙古地区创造了客观条件。《东方杂志》对此作了积极评述,文章如《论蒙古改设行省之不可缓》、《论今日宜明定统治蒙古之

---

① 《蒙古土尔扈特郡王整顿政治条陈》,《东方杂志》1904 年第 1 卷第 4 期。
② 章锡琛:《中俄对蒙之成败》,《东方杂志》1913 年第 10 卷第 8 期。
③ [俄] 裴尼格生:《俄人对于蒙古新疆之阴谋》,《东方杂志》1913 年第 10 卷第 8 期。

法》。清廷在放垦过程中推行"郡县制",即在蒙古地区设立府、厅、州、县等地方行政机构,强化在蒙古的统治。一时成为重要新闻,如时人所言:"今日颇闻都中议论有改革蒙古部落制度,建设行省而置巡抚于库伦之说。"① 也有人振振有词地认为:"蒙古全属,久应改为行省。我国旷其责任,遂至今日益迫岊危","设省利于国家,利于蒙藩,且利于汉民,所不利者眈眈眈眈之俄耳"②,反映了当时推行"郡县制"的主流意见。

(四)发展蒙古教育,建设新式学堂

《学部奏筹设满蒙文高等学堂折》:"惟是蒙古地势内之为中原之屏蔽,外之与西伯利哥萨克诸部毗连,近日风气未开,外患日至,已稍即陵夷矣,然其地非但兵家之所必争,即其物产矿质金石遗迹,东西各国之人探索往来,踵趾相望,而于其语言文字尤兢兢焉蒐辑不遑,况以我中国关系亲密,尤非他比,兼以西北边防正资筹画,若非通其语言文字,何以备任使资而收绥靖之效。"③ 所以要"于京师择一区设立满蒙文高等学堂",可见当时政府已经开始重视蒙古教育。清末新政时期,在蒙古地区建设了第一批新式学堂,蒙古地区的教育因此发生了很大变化,1904 年设立绥远城中学堂,分满、蒙班,1906 年还在奉天省设立了蒙文学堂,专收满蒙八旗子弟。新式学堂的建立,对于蒙古地区开风气有着很大的影响,促进了蒙古近现代化的发展。

"蒙古各部落设大学堂,习洋文一分、汉文一分、蒙文一分;中学堂,习汉、蒙文各一分;小学堂仅学蒙文一分。按蒙古各部落大小酌量分设。至大学堂应兼学体操法。即王公子弟亦均令一律入学

---

① 《论蒙古改设行省之不可缓》,《东方杂志》1905 年第 2 卷第 3 期。
② 《论今日宜明定统治蒙古之法》,《东方杂志》1906 年第 3 卷第 1 期。
③ 《学部奏筹设满蒙文高等学堂折》,《东方杂志》1907 年第 4 卷第 9 期。

堂。惟经费均在本地筹措，无用国家款项。其学堂一切事宜归各盟长管理。①"

这段文字出自 1904 年第 1 卷第 4 期《蒙古土尔扈特郡王整顿政治条陈》的第一条。文中对蒙古地区土尔扈特郡改革计划（新式学堂、三语教学、兵役、开垦、税制、通商、矿业、皮毛制造）作了完整记录，其中设立新式报馆，用蒙汉二种文字出版，实开近代蒙古新闻事业之先河，而对大中小学堂的叙述，则成为清末蒙古教育政策的历史记录。

（五）签订屈辱合同，出卖中国主权

1913 年 10 月，袁世凯政府与日本签订《铁路借款预约办法大纲》（又称《满蒙五路借款合同》）。1915 年，日本帝国主义提出了灭亡中国的"二十一条"。1919 年，北洋政府与日本签订《满蒙四铁路借款预备合同》。上述条款及密约都严重损害了蒙古地区的权益和民族尊严。《东方杂志》刊登《外交部公表各项密约》一文，公布了《满蒙四铁路借款预备合同》，共 14 条，告示国人条条都在出卖中国主权，记录了这段屈辱的历史。此外的《俄蒙电线条约》、《俄蒙铁路条约》都用事实证明着当时政府外交上的软弱无能。

（六）力主发展实业，开发蒙古地区经济

力主国内实业界主动积极开发蒙古地区经济。《东方杂志》极力提倡"实业救国"，认为"今日救亡之术，固当以振兴实业为惟一之先务"。早在 1904 年创办之初，便开辟了"实业"一栏，其实业报道涉及电业、铁道、农业、矿业、商业等。"实业救国"的编辑出版理念自然也一以贯之地体现于蒙古问题之报道中。如 1905 年第 2 卷第 11 期《热河都统松奏昭乌达盟三旗碱地请由蒙旗自行试办据情复

---

① 《蒙古土尔扈特郡王整顿政治条陈》，《东方杂志》1904 年第 1 卷第 4 期。

奏折》一文，主张自主制碱，"与其借培养之虚名严为封禁，使地成旷土，何如选派安员复行开办，其或不愿外人开煎，亦何妨力劝蒙民自开办，于蒙民生计必大有裨益"①，可见当时地方政府已经意识到发展蒙古实业的重要性，力主自办实业，以此抵制帝国主义对蒙古地区的经济渗透及侵略。要想发展蒙古实业，必先了解当地社会经济状况。

《东方杂志》非常重视社会经济状况调查与研究报道，1908年第5卷第7期专设"调查"一栏，举凡国内军事、铁路、财政、通商、学堂等内容无不涉及。杂志连续刊登了多篇蒙古调查文章，涉及蒙古社会几乎所有主要方面。所登调查文章包括外国调查（译文）和本国有志之士的考察论述，一方面提醒国人注意防范帝国主义对蒙古的经济文化侵略，另一方面为自主发展蒙古实业提供第一手资料及科学决策依据。

外国调查。《东方杂志》选刊俄、美、日、英诸国关于蒙古调查的译文，包括调查、游记和论文，向国人介绍蒙古经济资源状况，揭露俄日经济侵略行径。如1908年第5卷第7期《蒙古调查记》一文，详细介绍了蒙古各旗、铁道、清廷蒙古政策、戈壁沙漠、产物、贸易等，指出蒙古产物牧畜为大宗，家畜占蒙古产物的大部分，蒙古与中国本部之贸易以库伦、张家口、诺尔赤峰四处为最盛。此文为日人奇峰的游历调查报告，原载于日本《每日电报新闻》，王泰镕译为汉文，以供有志于发展蒙古经济的时人参考。

《论蒙古之羊毛事业》一文，编者按明确指出了刊发此文的经济借鉴意义："篇中述蒙古羊毛业前途，大有希望，劝告彼国商界，速

---

① 《热河都统松寿昭乌达盟三旗碱地请由蒙旗自行试办据情复奏折》，《东方杂志》1902年第2卷第11期。

起而经营之,可获莫大之利益。兹节译其大意,以绍介于吾国之有志实业者。"① 文中详细论述了中日羊毛贸易的状况,以及俄国蚕食蒙古,逞其威力,意欲抢占蒙古富源悉数运往己国用于制造的目的。指出蒙古羊毛不仅可以制造毛布,也可用作制造精品,是一大富源,"对于如此有厚利可图之商品,而不肯稍负劳动,实力经营,实一大极致憾事"。译自日本《实业之世界》的《满蒙经济大要》一文,则囊括了农业、畜牧业、林业、矿业、天然碱及水产、制油业、酿造业、制粉业、制糖业、河川水运、三大海港、贸易与商业、金融业等。这些文章将帝国主义侵占蒙古之野心暴露无遗,但客观上也为蒙古实业发展提供了极有价值的经济资料。具体论述如,"故欲改良中国之羊种,不得不由澳洲运入佳种,而实施人为淘汰之法以改良之。故欲于蒙古内地实行此事,尤须详细研究羊之种类","高粱纤维可为制纸原料,产额如此之富,则将来制纸工业发达之后,高粱价值必有多少之增加也","满蒙之富源,不仅生植于地上者,且有埋藏于地下者焉,矿产是也"②。

国内考察。《东方杂志》注重刊载本国有志之士的考察及论述文章,介绍蒙古地区情况,献计献策,主张国内实业界积极主动开发蒙古地区经济。如唐在章《蒙古之富源》、王士森《蒙古产之天然碱》、马伯援《蒙古之现状及吾人今后之责任》、王华隆《内蒙古人民之生活状况》,以及张顿初的《外蒙游记》等。

《蒙古之富源》一文记述了作者亲赴蒙古地区实地考察的经历及开发建言。1910年10月,由张家口入蒙古,历四十八站,行三千一

---

① [日]三本唯三:《论蒙古之羊毛事业》,徐家庆译,《东方杂志》1911年第8卷第3期。
② 高劳译:《满蒙经济大要》,《东方杂志》1918年第15卷第10期,译自日本《实业之世界》。

百数十里，抵蒙古。内容包括蒙古之垦务、牧畜、载运业、碱池、金砂等，认为蒙古土地辽阔，人口稀少，"诚能投资经营，数百万方里中，惟所欲为，又岂止消弭外患已耶。"①《蒙古产之天然碱》一文，则详细介绍蒙古产碱之富，而碱作为化学工业上的重要原料，应"讲求采集精制之法，内足以振兴化学工业，又可输出海外以扩利权，不亦一举两得乎！不然货弃于地，坐视外人之攫取，可痛孰甚，愿我国有志之士锐意经营，急图自立，无负此天产之富可也"②。

（七）聚焦蒙古社会风俗，弘扬民族文化

聚焦蒙古社会风俗，弘传统之文化，敲改良之警钟。晚清帝国主义侵略者以武力打开中国大门，蒙古地区也随之发生了变化，但是一些具有民族特色的历史风俗还是较好地保存了下来。蒙古作为北方游牧民族，从语言文字、医学、天文到饮食、祭祀都有着自己独特的一套系统。《东方杂志》刊登文章，对蒙古地区当时社会状况、历史、文化、教育、宗教信仰、风俗民情等都作了报道。

英人菩尔斯屈罗著，钱智修翻译的《蒙古旅行记》一文，配有4幅珍贵照片，对蒙古地区日常生活礼仪、寺院、喇嘛教、活佛制度、宗教仪式、节日、天魔舞、赛马、射箭乃至监狱、酷刑等方面作了报道。文中云：蒙古人"兄弟三四人者，仅留一人以延宗祀，其他均为僧人"③，蒙古当时宗教文化可见一斑。屠孝实节译自美国乞米亚可丁《南西伯利亚游记》的《蒙古风俗谭》，则对蒙古布里阿剽部大祀典、牛酪制酿法、婚礼、诞儿俗礼、疾病防治风俗、火葬及棺葬习俗作了细致描述。如对婚礼的介绍，男女相爱，父母愿为玉成，则派遣媒人相通，或先由男女之父直接论婚，求婚之言常

---

① 唐在章：《蒙古之富源》，《东方杂志》1912年第9卷第11期。
② 王士森：《蒙古产之天然碱》，《东方杂志》1918年第15卷第5期。
③ ［英］菩尔斯屈罗：《蒙古旅行记》，钱智修译，《东方杂志》1913年第10卷第12期。

为"君有一女，予有一子，愿相结为姻娅"。对蒙古监狱的揭露，"以政治罪犯，终身禁锢，居于形似棺材之囚笼内，外加链锁，殆永无运动之机会。居棺内者，不能直立，亦不能平卧，其得稍见日光者，则每日二十四小时间，进食二次之数分钟而已"①，如此酷刑，揭示了蒙古封建文化之缩影，为文化之改良敲响警钟。

此外，《东方杂志》对蒙古历史、文字、文学作品也多有涉及，代表性文章有《蒙古史导言并序》、《介绍满蒙问题丛书》、《关于蒙藏三十个习见名词之解释》、《金亡前后南宋和蒙古的一段交涉》、《蒙古伐金初期契丹之人投效》等。这些文章聚焦蒙古风俗，展示民族传统文化，敲响改良警钟，以期国人全面客观地了解蒙古地区，了解蒙古人民的精神面貌，也为更好地管理蒙古，研究蒙古文化提供了第一手资料。

(八) 记录蒙古独立自治之经过

外蒙古独立。辛亥革命后，外蒙古问题几乎贯穿了整个民国时期。从1911年12月11日哲布尊丹巴集团宣布脱离清朝独立开始，到1924年11月正式宣布成立蒙古人民共和国，这十几年间外蒙古经历了独立、自治、撤治、独立四个阶段的反复。之后也是分分合合，夹杂着各种纷繁复杂的政治问题、民族问题，直至1946年外蒙古才成为真正意义上的独立国家。在外蒙古独立这件事上，无论是袁世凯政府还是后来的民国政府，都曾想通过颁布优待蒙古的条款及法律，与蒙古王公斡旋，以达到取消蒙古独立念头的目的。但是事与愿违，面对西方列强干预，尤其是俄国长期的怂恿和支持，外蒙古独立局面已经难以挽回。外蒙古独立是当时政治衰败下的分离，"新政"是独立直接动因，国家转型过程中新旧政治的交替进一步激

---

① [美]乞米亚可丁：《蒙古风俗谭》，屠孝实译，《东方杂志》1912年第9卷第9期。

化了这一事件，同时这也正是俄国长期策划觊觎蒙古的真实历史写照。杜亚泉曾分析外蒙古独立之原因，在于满清政府无能，俄国的染指，以及国内局势的动荡。

《东方杂志》发表《外蒙古之宣布独立》一文，就"蒙古独立之原因"、"蒙古独立之真相"、"蒙古各旗之被动"、"蒙古之与俄国"、"政府之对付在京蒙古王公之举动" 5 个方面对外蒙古独立事件作了深度报道。在剖析"蒙古独立之原因"时，高劳认为原因有三：一是政府以武力控制蒙古，而对于其教育、文化风俗皆置之不理，造成民族间的鸿沟；二是放垦政策加剧了民族间的矛盾，"近载以来，清廷对于蒙古，倡行拓殖，既无完善规则，而当事者又不得其人，以致蒙人生产，每遭攘夺，酿成仇视之心，而此又一因也"[①]；三是俄人笼络活佛，力结喇嘛欢心，向其灌输亲俄疏汉思想。高劳将外蒙古独立之直接原因归结为清政府新政的种种变革，包括放垦、推行郡县制和设立新机构，以及俄国极力拉拢哲布尊丹巴集团，企图以外蒙古为踏板侵吞中国内陆，同时批评了民国政府的软弱外交，这在当时环境下是极具现实意义和舆论指导意义的。

随后《东方杂志》1914 年第 11 卷和 1915 年第 12 卷又陆续刊登《俄蒙交涉之内容》、《中俄蒙议订条文》，记录了外蒙古取消独立之交涉。1924 年外蒙古再次独立，《东方杂志》第 21 卷第 4 期的"参考资料"、"时事述评"两个栏目，分别对"外蒙民国"的概况进行详细解说和评论，认为"近来中俄会议进步，外蒙问题有渐趋解决的趋势"[②]。1931 年《苏联侵略下的外蒙现状》，1935 年《外蒙的过去与将来》，1938 年《外蒙取消自治之交涉》，直至 1948 年第 44 卷

---

① 高劳：《外蒙古之宣布独立》，《东方杂志》1912 年第 9 卷第 2 期。
② 南雁：《外蒙民国》，《东方杂志》1924 年第 21 卷第 4 期。

第 6 期《独立后的外蒙》诸文，均对外蒙古问题予以密切关注，作了全面而深入的报道及论述。

内蒙古自治。1911 年外蒙古宣布独立后，哲布尊丹巴集团煽动内蒙古王公也响应独立，为了将内蒙古也并入独立的蒙古国，哲布尊丹巴政权攻入内蒙古中西部。随之呼伦贝尔等地的总管，在俄国领事的指使下，首先起事，与此同时，日本帝国主义勾结内蒙古东部一些王公上层，策动武装暴动，谋划内蒙古独立。《独立后之库伦及俄蒙协约》中写道"东蒙各旗，自受库煽惑，攻占呼伦，至八月而科尔沁右翼前旗扎萨克郡王乌泰，复附和库伦，称兵内犯……"①。随着 1913 年底外蒙古各路军队被北洋军阀击败，依靠日本的巴布扎克被流弹击毙，内蒙古第一次独立宣告破产。1928 年呼伦贝尔爆发第二次独立运动，《东方杂志》连发两篇评论对于事件爆发经过进行梳理，并归纳其原因为"蒙匪的暴动"、"所谓蒙古青年党的民族独立运动"、"成德一派的野心"、"受了外蒙政府的怂恿"以及"日俄两国背后的操纵"，可谓言之凿凿，切中肯綮。

国民党当政时期，民族自治成为蒙古民族各阶层的共同口号，爆发了以蒙古族青年知识分子为骨干的"内蒙古高度自治运动"。1933 年 7 月，内蒙古自治第一次会议在百灵庙召开，发出"高度自治"通电，并很快于 10 月召开第二次自治会议。1933 年，《东方杂志》第 30 卷第 21 到 23 期，分别以《内蒙自治问题》、《内蒙自治》、《内蒙自治中的二要点》为题，对当时的自治运动予以关注并发表评论。1934 年，国民党政府政治会议提出了内蒙古自治办法十一项，遭到蒙古团体的强烈抗议，国民党政府被迫再次举行中央政治会议，收回十一项办法。《东方杂志》"现代史料"栏中《蒙古地方自治之

---

① 高劳：《独立后之库伦及俄蒙协约》，《东方杂志》1912 年第 9 卷第 8 期。

原则及组织》一文记录下了这段历史。文中写道:"经中政会议,订定蒙古自治办法十一条,当时在京蒙古请愿代表对此十一条办法即表示不能接受"①,随后列出了蒙古代表抗议之三大理由,以及中政会议第三九会议通过的解决蒙古自治办法的原则八项,最后还附录上在此原则上制定的《蒙古地方自治政务委员会暂行组织大纲》、《蒙古地方自治指导长官公署暂行条例》,为日后研究留下确凿的史料。

(九) 坚决反对日俄对蒙古之侵略

坚决反对日俄对蒙古之侵略,强调蒙古自古以来就是中国的领土。蒙古地区与俄罗斯接壤,清末俄国对蒙古的觊觎及侵略尤以近代为剧,其他帝国主义国家对蒙古亦是虎视眈眈。蒙古作为中国北部边疆,其地理位置关系到中国内陆的安全,关系到中国主权和领土完整。清朝政府已经对蒙古地区的战略地位具有清醒的警觉,"盖当时以蒙古逼近京畿而外临俄族,且与东三省素相联属,故处理更加审慎"②。《东方杂志》创刊伊始就十分关注蒙古问题,对近代蒙古历史变迁,对蒙古地区重大历史事件的记录,堪称信史。特别是对蒙俄问题、蒙日问题作了客观、深刻的报道,以史家之笔法记录下近代俄日帝国主义侵略蒙古,以及中华民族极力维护、拯救蒙古地区悲壮而心酸的历史。

173 篇文章中,涉及俄日及苏联对蒙之野心的有 70 篇,占文章总数的 40.46%。一是纯客观报道,如 1912 年第 9 卷第 10 期《俄蒙协约原文》、1914 年第 11 卷第 2 期《俄蒙交涉之内容》,不加评论,只是将原文载录,用事实说话,为后世留下珍贵的史料;一是评议

---

① 难宾:《蒙古地方自治之原则及组织》,《东方杂志》1934 年第 31 卷第 7 期。
② 《论今日宜明定统治蒙古之法》,《东方杂志》1906 年第 3 卷第 1 期。

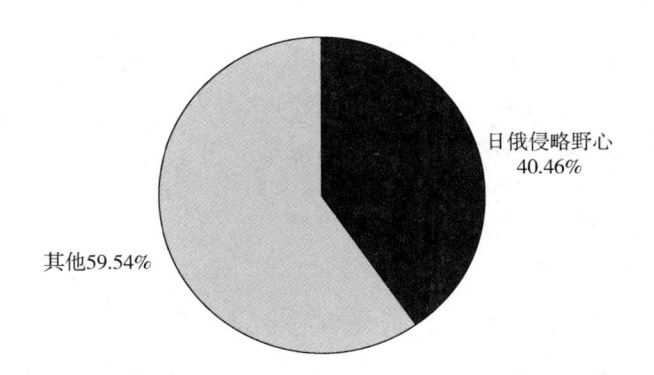

图 3-6 《东方杂志》日俄侵略蒙古地区相关报道

性报道,如"殖民家之野心,据最近北省通信,谓俄国对于蒙古以种种巧妙手段经营进取之方略者约有数端"①,直言俄日帝国主义之侵略野心、策略、手段及具体事实,以捍卫国家主权和民族利益。

蒙俄问题。蒙古与俄国接壤,俄帝国主义近代以来成为侵略蒙古的主要国家,抢占领土,策划外蒙古独立,制造呼伦贝尔事件,甚至公开叫嚣使满蒙脱离中国。沙俄是最早侵略蒙古地区的西方资本主义国家。早在17世纪中叶,俄国已经开始对清朝北部边疆地区的侵略活动。1689年《尼布楚条约》及1727年《布连斯奇条约》划定边界,遏制了俄国继续扩张的势头。鸦片战争后,中国的积贫积弱又一次刺激了俄国的侵略阴谋,先后签订《中俄科布多界约》、《中俄乌里雅苏台界约》等,割占外蒙古西部2旗等蒙古世居游牧地,并通过《中俄天津条约》、《中俄伊犁条约》取得免税贸易和设立领事馆权利,开始对蒙古地区大肆进行经济掠夺及政治渗透。甲午战争后,俄国诱迫清政府签订《中俄密约》,内蒙古东部事实上已经成为了俄国的独占势力范围。俄政府还陆续派遣不少游历、探险、考察队深入蒙地,调查搜集情报资料,俄国著名蒙古学者波兹德涅

---

① 《俄国经营蒙古之野心》,《东方杂志》1909年第6卷第12期。

耶夫就是其中的典型代表。

《东方杂志》创刊伊始即将蒙俄问题作为一项重要报道议题,对于蒙古的重要战略地位、险恶国际处境及其拯救之策,一再提出鲜明而切实的论述。如"蒙古处中国北部,与俄接壤,为屏蔽朔方要塞。土旷人稀,矿产富厚,可因其地利,开办农林矿业,以辟利源,实中国北部之保障,藏富之府库也"[①]。《蒙古土尔扈特郡王呈外务部代奏因时变法请假出洋游历折》指出:"危矣极矣!况近数十年彼俄人大有觊觎,谋而未割者亲如囊中之物。设一旦割去,奴隶视之,蹂践听之……恐彼时再欲自励而不可得矣。"[②] 1910年第7卷第7期《记俄国远征队深入蒙古事》则明确此探险队之目的"实在于研究蒙古人适用之物品,冀独占商机于蒙古,为侵略的政策而已"[③]。《呼伦贝尔事件述评》、《最近苏联之外交政策与满蒙边境问题》、《日苏关系恶化中之外蒙古》诸文,更是将俄国对蒙古之野心赤裸裸地公之于世。

蒙日问题。《东方杂志》对蒙日关系问题的报道,经历了一个由"醉心日本"到警惕并进而揭露日本之侵略野心的认识过程。初创期,办刊宗旨为"启导国民,联络东亚",时值学习日本明治维新思想正盛,主张"联日拒俄",刊登多篇文章,客观介绍日本对蒙古之调查,这些报道对于国人了解蒙古地区资源及经济状况具有重要意义。随着日本侵略阴谋的日益暴露,《东方杂志》"醉心日本"的倾向日渐淡化,对日之野心表示担忧,特别是1915年"二十一条"提出之后,关于中日共赢的幻想心理烟消云散。"五卅惨案"后,《东

---

① 高劳:《外蒙古之宣布独立》,《东方杂志》1912年第9卷第2期。
② 《蒙古土尔扈特郡王呈外务部代奏因时变法请假出洋游历折》,《东方杂志》1904年第1卷第4期。
③ 《记俄国远征队深入蒙古事》,《东方杂志》1904年第1卷第4期。

方杂志》不仅刊载了宣传五卅运动的文章，还刊发了《五卅事件临时增刊》，1936年面对日本武装侵略提出"非发动全国的力量去抵抗不可"。《日本在满蒙的所谓特殊地位及其势力》、《日人心中之满蒙政策》、《日本所垂涎的满蒙产业概要》等一系列文章揭露了日本觊觎蒙古之阴谋。1928年第25卷第11期《日本对华急进与满蒙问题的归趋》一文，更是直指日本的野心，"日本心目中满蒙问题的总解决，换句话说便是直截了当的要吞并满蒙"①。

无论是对俄国还是对日本帝国主义阴谋的揭露，《东方杂志》的核心报道思想都在于启迪国人的忧患意识，警惕帝国主义之侵略，强调中国对蒙古的主权是神圣不可侵犯的。继1933年第30卷第19期刊登包瀚生《历史证明东三省是中国的领土》之后，1934年第31卷第5期又刊登了《历史证明蒙古是中国领土》一篇雄文，此引其"绪论"。

纵观以上，蒙古几千年来的住民，大概属今满蒙回三族，与中国发生关系，已在四千年前，其全部与中国混合，也已千余年了。彼此合成一大国，从来未受他国侵略，历史事实昭然。日本谎谬的宣传，真不值一辩。

考蒙古受帝国主义侵略，只近数十年间。当清圣祖时，始有俄蒙通商问题的发生，但至世宗与俄结《恰克图条约》，俄人尚不敢肆其侵略。高宗时俄人欲在外蒙边境自由通商，且不可得。一直到清末同治时，与俄人订立《西北界约》，始失去阿尔泰山边外之地。

迨日俄战后，日人开始侵略内蒙，俄人亦开始侵略外蒙，此后蒙古始成为日俄的势力范围。蒙人不悟，认贼作父，民国

---

① 育干：《日本对华急进与满蒙问题的归趋》，《东方杂志》1928年第25卷第11期。

以来外蒙听俄人煽惑，屡次宣布独立；内蒙亦受日人愚弄，时思离异。去年日人吞并热河，内蒙德王且谋独立，最近内蒙又要求自治，甘做敌人傀儡，自促危亡，其愚真不可及！所望蒙人及早觉悟，与祖国同胞团结，驱逐帝国主义——日俄恶势力，完成五族共和，延续我国几千年光荣的历史。①

文章针对日本向国际上宣布"满蒙在历史上不是属中国"的谬论，将蒙古分为"周以前"、"秦汉至南北朝"、"隋唐至宋"、"元至民国"四个历史时期加以论述，明确指出蒙古自古以来就是中国领土，坚决反对日俄帝国主义侵略中国蒙古地区，并希望祖国同胞团结，实现五族共和。

至今读来，犹可感受到其振聋发聩、雷霆万钧之力。

(十)译介西方科学考察报告，倡导国内对蒙古开展科学研究

近代以来，西方帝国主义列强以侵略为核心目的，出于复杂的动机，对蒙古地区作了大量科学考察。《东方杂志》选择西方具有科学价值的探险、考古、科考报告及游记，特别是西方权威科研机构、科研专家、学术刊物撰写并发表的文章，由国内著名专家亲自翻译，有的干脆由主编亲自操刀，往往加上编辑按语、译者按语，予以特别推荐刊登，主要目的在于借此向国人介绍蒙古情况，倡导并推进国内科学界对蒙古地区开展科学考察与研究。主要篇目有，1913年第10卷第12期钱智修翻译英国菩尔斯屈罗的著作《蒙古旅行记》，1927年第24卷第22期陈书谅翻译原载英国皇家地理学会《地理月刊》的《外蒙古探险之纪略——美国自然史博物馆探险队五年来探险之成绩》，以及1927年第24卷第15期向达译《俄国科斯洛夫探

---

① 包瀚生：《历史证明蒙古是中国领土》，《东方杂志》1934年第31卷第5期。

险队外蒙古考古发见纪略》等，内容丰富，涉及蒙古地区自然、资源、地理、历史、文物、生物、物产、社会、宗教、风俗等方面。

《外蒙古探险纪略》"引言"以较长的篇幅，谆谆告诫，科学落后必将导致误国乃至亡国，集中反映了杂志刊登此类文章的"科学救国"编辑思想。

"外蒙古自组织独立政府，举政治经济之大权，实际上悉受苏俄之支配，近人言时事者，辄引此为中国之耻辱。……政治上既如此，学术上自更无论。蒙古奇异之生物，中国生物学者不能置言；蒙古之地图，尤复模袭俄人，曾无人稍事实测。若至外蒙地下遗迹之广藏，在学术界上早预料其与各科学有重大关系者，则更非中国人梦想所及，而欧美人于此，则久加注意。……且冀国人兴起直追焉。"①

正文中记录了五年科学探险之成绩，包括蒙古地区生物学发现、蒙古先史文化、地质系统的考定、古代气候的推定，以及蒙古地形的测量、亚美古代动植物的互证等，对于蒙古地区的地形学、古生物学、考古学、地质学发现、发展等都有指导意义。

《安德鲁斯蒙古探险之所获》一文，详细介绍了纽约自然史博物馆中央亚细亚探险队对内蒙史前人类遗迹的考察，探险队获得许多古人类用具和装饰品，推断此处人类文化当在初期石器时代与后石器时代阶段，此外还寻得许多哺乳动物化石，这对于蒙古地区乃至整个亚洲地区自然科学、人文历史的考察都有非凡意义。

《俄国科斯洛夫探险队外蒙古考古发现纪略》，译者向达谓："藉供留心中国古代东西文化交流者之览观焉"②，以促进中西文化交通

---

① 叔谅：《外蒙古探险纪略——美国自然史博物馆探险队五年来探险之成绩》，《东方杂志》1927年第24卷第22期。
② [英] W. Perceval Yetts：《俄国科斯洛夫探险队外蒙古考古发现纪略》，向达译，《东方杂志》1927年第24卷第15期。原文载《The Burlington Magazine》，1926年4月。

研究。《蒙古风俗谭》为美国著名蒙古学家乞米亚可丁（Jeremiah Curtin）亲至布里阿剔村落的考察记录，译者希望通过节译数章，以供海内研究蒙古习俗学者一隅之采焉。

上述文章译者，皆为其时文化名流。钱智修为《东方杂志》有史以来任期最长的主编，陈叔谅为著名图书馆学家，向达乃著名历史学家。

（十一）译载西方评论，关注国际社会对蒙古问题之舆论

蒙古问题是近代国际视野中一个特殊的政治舆论议题。英、俄、日等帝国主义国家主要出于侵略目的对我国蒙古问题频频发声，制造国际政治舆论。这些国家既相互研究评论对方的蒙古政策，又对本国蒙古政策加以评论。个别国际人士，对英、俄、日等帝国主义国家蒙古政策予以全面研究评论，站在客观公正的立场上，为中国提供舆论支持。显然，近代国际政治场域及媒介视野中的蒙古问题国际政治舆论十分值得关注与深入研究。因此，译介英、俄、日等国家关于蒙古问题的舆论，并对这一舆论加以深入研判、评析，以增进国人对蒙古地区的了解、重视及开发，就成为了《东方杂志》蒙古报道的一种主要方式。《东方杂志》放眼全球，从国际政治关系视野衡量，精心选择英、俄、日等帝国主义国家的蒙古舆论（主要是政治舆论）文章，翻译刊登。有的全文译介，有的节译，有的意译。其中，不少文章由外国专家撰写，刊发在外国权威媒体上，这也反映了杂志非常重视文章权威性的编辑思想。

如《日本之满蒙经济政策》，作者堀江归一为日本著名经济学家，他认为大隈内阁强迫中国政府承认"二十一条"，缔结中日条约，军国主义之色彩过于浓厚，侵略主义之锋芒十分显露，不仅有伤中国之感情，且引起世界诸关系国之疑惑。该文对"对华威压政策"、"借款政策和无为政策"、"满蒙之特殊地位"、"中日经济

同盟之不可能"、"列国对华之不公正"等问题都作了敏锐而深入的分析。译者奔流生认为"其评论尚觉公允，且此问题与我国国民有密切关系，其阐明日本历来对华政策，于研究此问题者必有资助，故译成之"①。

1927年，日本神户英文版《日本纪事报》刊载社论两篇，上篇述日人在满蒙权利大都由非法侵略得来，而于事后硬求承认；下篇论南满铁路为日人侵掠满洲之唯一工具，及现时积极侵掠情况。时值《世界新闻》社将下篇译为华文，《东方杂志》第24卷第21期特为转录，命名为《英报论日本积极侵掠满蒙》。文章尖锐揭露了日本帝国主义企图独吞中国满蒙地区的阴谋及其惯用的经济及军事侵略伎俩，如："至于中国在满之行政司法主权，日本直已视若无物。彼以治外法权之关系，竟在中国领土设置日警岗位，此乃他国所尚未悍然为之者"②，反映了国际社会对日本侵略中国满蒙地区的某种复杂心理。

此外，译自当时权威媒体《远东评论》之《俄人在蒙古之势力》、《新日本杂志》之《中俄对蒙之成败》，以及译自《亚细亚杂志》的《日本进窥蒙古》等文，均反映出国际社会对于蒙古问题的不同看法，但是大致看来，本质上却反映了帝国主义列强对中国满蒙地区的利益争夺。长野朗《日人心目中之满蒙政策》③一文，竟然赤裸裸地宣扬侵略中国满蒙地区，以日本人口食粮等问题之迫切，宣称宜将满蒙割出中国本部以外，"向世界为经济的开放"，记者认为："此实可以代表大多数日人之野心"，特为转录，以供参考。

---

① [日]堀江归一：《日本之满蒙经济政策》，奔流生译，《东方杂志》1928年第25卷第2期。译自日本《改造杂志》第九卷第十一号。

② 《英报论日本积极侵掠满蒙》，《东方杂志》1927年第24卷第15号。

③ [日]长野朗：《日人心目中之满蒙政策》，寿彭译，《东方杂志》1927年第24卷第21号。译自日本《外交时报》，译文原载《民声周报》第5期。

可见，这些国际言论反映了国际社会蒙古问题政治舆论的多种声音，主要反映了帝国主义国家对蒙古权益的激烈争夺，对于国人及时根据国际形势了解蒙古地区危机状况，更深层地认识国情具有重要价值。

第五节 《东方杂志》蒙古图片报道

著名新闻史学家戈公振先生曾说过："图画为新闻之最真实者，不待思考研究，能直接印入人脑。"随着摄影、照相制版、印刷技术的发展，图片在报纸和其他新闻媒介中所占位置日益重要。图片不仅有着传递信息的作用，还是美化版面的一种不可或缺的编辑手段。

广义上的报刊图片，是指除文字之外的所有图案乃至图形，包括刊头、摄影、绘画、题花、尾花、地图、漫画、插图、甚至线条等。图片的运用及发展依赖于技术与工艺的进步。媒介技术越发展，图片乃至图像的地位与作用也就越突出。《东方杂志》初期，就十分重视图片的运用，既有独立报道体裁的新闻图片，又有文字陪衬的题饰性图片，也有作为文字报道的补充示意图。这些视觉性非语言符号，在蒙古报道中发挥的作用不亚于文字的精彩。

一 "东方画报"蒙古图片报道

(一)"东方画报"概述

《东方杂志》从第一期开始就在文字栏目之前刊登数十幅精美图画，名"插画"或"插图"。1932年《东方杂志》第二次复刊后，总编辑胡愈之把每期刊载的"卷头插画"扩充为"东方画报"这一固定栏目，仍置于杂志的开首。胡愈之还聘请了著名书刊设计师莫志恒[①]担任插图的编辑工作,为这本文字为主的学术性期刊注入了艺术的因子,也为胡愈之时期《东方杂志》攀上历史高峰起到了推助作用。

《东方杂志》卷头"插画"和"东方画报",都是以独立的图片形式呈现为相对独立的版面单元,不依附于其他栏目及文体,与文字报道相区别,自成一种体裁,而有图片新闻和特写摄影两种。《东方杂志》依靠世界通用的无声语言,打破了受众地域、空间及文化的限制,生动、直观、有效地传播蒙古历史与社会信息。据统计,从卷头"插画"到"东方画报",涉及蒙古报道的图片共33组,如表3-1所示。

表3-1　　　　　　　《东方画报》蒙古图片报道一览

时间/刊期	题目
1907年第4卷第7期	蒙古喀喇沁亲王
1911年第8卷第3期	蒙古阿鲁浑汗遗法兰克王腓力书(二幅)
1911年第8卷第3期	蒙古乌勒载图汗告即位于法兰克王腓力书
1911年第8卷第3期	蒙古乌勒载图汗遗法兰克王腓力书译文
1911年第8卷第3期	蒙古阿鲁浑汗玺、蒙古乌勒载图汗玺
1912年第9卷第6期	蒙古之活佛与市集
1912年第9卷第9期	蒙古赴俄道谢专使
1912年第9卷第9期	蒙古西盟会议纪念摄影
1912年第9卷第12期	库伦之伪官
1913年第10卷第10期	忽必烈纪念碑
1913年第10卷第10期	俄蒙交界新发现之人种
1913年第10卷第12期	蒙古喇嘛教之教义
1915年第12卷第7期	蒙古马队迎接活佛图
1916年第13卷第10期	蒙古之巴匪
1917年第14卷第9期	外蒙官吏之摄影

---

① 莫志恒,浙江杭州人,擅长书籍装帧设计,曾任上海开明书店、商务印书馆、桂林文化供应社、华东行政委员会美术设计、参事室编辑,中央民族事务委员会、中国革命博物馆地图编审。

续表

时间/刊期	题目
1917 年第 14 卷第 9 期	内外蒙古贵族妇女之装饰
1921 年第 18 卷第 4 期	库伦之失陷
1921 年第 18 卷第 9 期	蒙古之人物
1924 年第 21 卷第 7 期	美人在蒙古所发现的巨卵（一）
1929 年第 26 卷第 2 期	蒙古之古代巨兽
1930 年第 27 卷第 11 期	蒙古会议（一）（二）
1933 年第 30 卷第 7 期	外蒙之风俗人情
1933 年第 30 卷第 7 期	外蒙之近况
1933 年第 30 卷第 22 期	内蒙自治
1933 年第 30 卷第 23 期	蒙古
1934 年第 31 卷第 1 期	汉蒙联欢大会
1934 年第 31 卷第 13 期	蒙古地方自治政务会议
1935 年第 32 卷第 20 期	蒙旗纠纷
1936 年第 33 卷第 4 期	内蒙古的宗教艺术
1936 年第 33 卷第 4 期	内蒙近况
1936 年第 33 卷第 5 期	行将成立的绥境蒙政会
1937 年第 34 卷第 5 期	蒙古王公的结婚仪式
1937 年第 34 卷第 5 期	外蒙近况

（二）"东方画报"蒙古图片报道特点

从单幅图片到专题图片。独立编发的图片，多数情况下是单幅照片，即用一张图片展示所要表达的内容，有时是二三幅，配以标题和简单的文字说明。报刊等平面媒体中，单幅照片运用是比较广泛的，它的特点是所占版面少，信息高度浓缩，形成有效的视觉冲击力，吸引受众的注意。《东方杂志》"插画"时期蒙古报道多为单幅照片。此时照片的编排也比较简单，基本上就是把它放在合适的位置，上图下文或者上文下图，标题几乎都是描述性的，直接点明图片的主题内容，有的图片下配以简短文字说明，有的则直接以标题代替。如 1907 年第 4 卷第 7 期用一张照片，展示了蒙古喀喇沁亲王的风采，1912年第9卷第9期蒙古赴俄道谢专使，也是单幅新闻摄影照片。

图 3-7 "东方画报"蒙古图片报道辑选（1933年第30卷第23期）

专题照片。又称新闻组照，即多幅照片、标题、总说明、分说明共同组成一个整体。每幅照片都不同，却表现着相同的主题，从不同角度为同一报道服务，更加注重图片系统性。1932年后"东方画报"的蒙古专题照片，即围绕一个特定的主题对一组照片进行有机组合，全面展示蒙古社会事物。"东方画报"的图片专题更接近于现今的图片报道，标题虽然仍以描述为主，但在文字说明上要比"插画"时期更为清晰，甚至有了导语和评议文字的加入。而且，更注意在编排上下功夫，图片大小形状由原来的整齐划一，变得多样化，多为咬合式，也有叠压式。标题字体则更加注重艺术性处理，从中规中矩的普通字体发展为装饰变体，打破陈规，有意识的对标题字体进行弯曲变化，使其或立体、或圆扁，照片与文字的组合也愈发生动活泼。

例如1933年"蒙古"标题下专题图片,是由"百灵庙中蒙古王公使用的蒙古包""平民蒙古包""蒙古之商人""蒙古人最信笃之护身物""蒙古男女之装饰""蒙古物产之羊"等大小11幅图片排列咬合而成。当时内蒙古自治问题正甚嚣尘上,"该地人民生活习俗,想国人所乐知也"①,可见此专题图片之目的与意义之所在。1937年第5期的《内蒙近况》《内蒙古的宗教艺术》则均以一张大图作为衬底,把相关的四张图排列在大图之上,5幅大小形状不一的图片形成叠压式,辅以简短文字介绍,共同刻画出内蒙当时的社会文化状况。而三组图的标题字体则或宽扁规整,或镂空灵秀,或纤细雅致,各成特色,为蒙古报道添翼加彩。

资料性图片多于突发性新闻图片。按照新闻事件发生的状态,新闻图片分为突发性新闻图片、可预见性新闻图片和资料性新闻图片。突发性新闻图片类似于快讯或消息,简洁明快地传递信息。资料性新闻图片类似于新闻特写,注重细致刻画,突出局部与特征,时效性要求较低。《东方杂志》作为月刊、半月刊杂志,时效性上有着自身的局限性,且杂志面向的受众主要为知识分子群体,其内容定位为偏学术性的深度报道,故《东方杂志》蒙古图片报道中更多为以特写摄影报道形式出现的资料性图片。

图片内容以展示社会风貌为主。从报道所涉领域来看,"东方画报"中蒙古图片主要为人物摄影、社会文化报道和少量的政治新闻,其中以描述蒙古文化风俗的社会报道最多,30组蒙古图片中,涉及蒙古社会风俗的超过17组。这些图片直观记录了蒙古集市、宗教、

---

① 《蒙古》标题下的解说文字:"内蒙古自治问题甚嚣尘上,该地人民之生活及习惯,想国人所乐知也。"《东方画报》1933年第30卷第23期。

图 3 – 8　"东方画报"蒙古图片报道辑选

（1936 年第 33 卷第 4 期）

蒙古包、衣着装饰以及结婚仪式、考古发现等，展示了当时蒙古地区的自然环境和社会风貌。

例如《外蒙之风俗人情》，以四幅图片记录了蒙古人民盛装出席寺院祈祷，以及夏季运动会少年练习驰骋的热闹场面。《外蒙近况》则分别以"骑兵"、"电报局收报员"、"无线电技师"、"工人"为主题，展示了体格强健男女青年的工作生活状态。《内外蒙古贵族妇女之装饰》、《蒙古王公的结婚仪式》、《蒙古之活佛与市集》，构成一幅幅艺术画卷，展现了蒙古当地风俗人情。

"东方画报"蒙古图片中关于政治方面的纪实照片较少，但就是这些少量的摄影图片对蒙古西盟会议、蒙古地方自治政务会议、蒙旗纠纷等的记录却成为后世极其珍贵的历史影像资料。

二　配合文字稿件的图片报道

一般来说，独立图片报道适合于形象生动、要素简单的新闻，而信息量大的新闻，则需以文字为主，再配以少量从属图片对文字进行证实、解释。《东方杂志》中除了卷首"插画"、"东方画报"对蒙古独立报道之外，也有不少文章以一幅或多幅图片配合文字进行报道，以加强稿件的传播效果，主要有摄影图片、新闻图表、漫画、图饰几种。

（一）摄影、绘图

人常说"眼见为实"，在文字报道中辅以新闻摄影图片，可以使文章更具真实性和信服力，而配以写实性的绘图图片，虽无摄影照片那么真实，却依然可以增加文章的直观性、生动性，甚至是趣味性。《东方杂志》蒙古报道文章既有新闻摄影图片还原真实场景，也有部分写实性的绘图图片来配合文字报道，当然这与当时摄影技术的局限不无关系。

《蒙古风俗谭》一文中配有"蒙古人宰马图"（2幅）、"蒙古布里阿惕之婚仪"、"蒙古风俗地主有疾则屠羊以祈之"，这4幅摄影图片将蒙古风俗直观展现在读者眼前。《蒙古旅行记》中"库伦罪犯自囚笼内伸手取食之情形"一图，对受众视觉及心理造成冲击，读者在目睹这一奇观的同时也不禁感叹当时刑罚之残酷。此外《俄蒙交涉之内容》中"俄京圣彼得堡欢迎蒙古特使"新闻图片，《俄国科斯洛夫探险队外蒙古考古发现纪略》"科斯洛夫"肖像，都使报道更加直观真实。《安德鲁斯蒙古探险队之所获》则刊登了一幅美国胡德华特女士幻想的安德鲁斯所获的三架巨兽骨骼化石的绘图，引发读者的想象力，使平面虚幻的东西立体化、鲜活化。

(二) 新闻图表

新闻图表是报纸杂志上一种形象化的资料展示，包括统计图表、示意图和新闻地图等。新闻图表具有突出的信息整合、对比、阐释及审美功能，可以将复杂抽象难以以语言描述的事物以形象化的方式介绍给读者。

《满蒙之国际经济战》、《日苏关系恶化之中外蒙古》、《蒙藏问题与蒙藏会议》等许多文章中都有统计表格出现，这是一种定量思维的体现，使大量庞杂的信息能够有机组合，以比较直观易懂的形式传达给受众。《外蒙的见闻》中的示意图将外蒙国民党组织系统清楚地展现给读者。但是，《东方杂志》时期的图表处理还处于初级阶段，统计图表的应用一般也仅限于对信息简单的统计陈列，没有发展到如今经过艺术处理呈现更为直观的柱状图、折线图、饼状图等。

图 3-9　蒙古报道新闻图表辑选（1924 年第 21 卷第 8 期）

蒙古问题作为当时重要的边疆问题，政治军事冲突不断，而有战争的地方一般就需要新闻地图来表明事件发生地点及其发展形势。

1924年第8期"时事述评"一栏,《收蒙问题又热闹起来了》中一幅"蒙古及中俄边界图"使当时的蒙古形势一目了然。此外,《外蒙侵入呼伦贝尔事件与日俄阴谋》、《呼伦贝尔事件述评》中的新闻地图虽不像现在的地图那么准确无误,但足以让读者警觉边疆危在旦夕之形势。除了政治新闻地图,《俄国科斯洛夫探险队外蒙古考古发见纪略》中还刊登了一幅科斯洛夫探险队考古发现略图,标识了发掘古墓之所在,以及当时库伦恰克图大道,简明扼要地展示了探险队的行进路线。

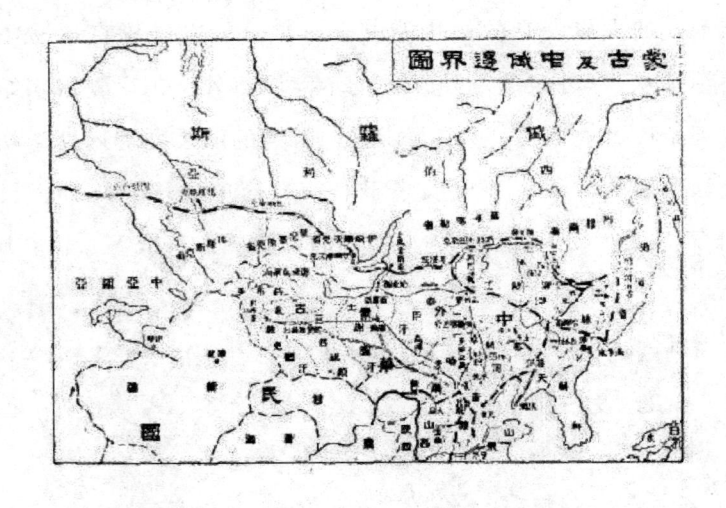

图3-10 蒙古图片报道漫画辑选(1928年第25卷第14期)

(三) 漫画

加拿大著名传播学家麦克卢汉曾提出著名的"冷媒介"、"热媒介"概念。"热媒介"是指传递信息比较清晰明确,人们不需要动用过多感官和联想就能理解,而"冷媒介"是指传达信息量少而模糊,在理解时需要更多的感官配合和丰富的想象力。漫画运用夸张、象征、比喻的手法,揭示社会问题,引发读者联想和思考,显然属于冷媒介。作为一种图片类型,漫画早在清朝末年的报纸上就已出现,《东方杂志》上也有不少以简练笔法、简单构图和夸张手法描绘时事或生活的漫画,具有强烈的讽刺性和幽默性。漫画按照性质可分为讽刺性漫画、抒情性漫画、歌颂性漫画,按照内容可分为政治性、经济和社会热点漫画等。

《东方杂志》的"世界小讽刺"栏目,曾对"溥仪复位"、"俄日美关系"、"德法和平交涉"等时事政治以夸张手法进行描绘和评论。蒙古报道中也有不少漫画插画附于文字报道之中,深化报道主题,渲染感情色彩。例如《外蒙古的新旧印象——新政府和喇嘛寺》中便插入了三组结合时事背景的讽刺性政治漫画,分别题为"竞卖和平"、"白里安人大失所望"、"白衣主教和黑衣主教"。这三组图片看似与文章内容没有实际联系,却是对当时外蒙所处国际政治环境的反映。除漫画本身外,漫画中的文字也是值得细细玩味的,如"日内瓦商店和华盛顿商店都有'和平'货色出售","白里安只打算请开洛一个客人,却不料他带着一大批客人来(由法美非战条约至世界弭战公约)"①,这些文字是画龙点睛之笔,对漫画蕴含意义起到阐释和提升的作用。

(四) 图饰

《东方杂志》中关于蒙古报道的图饰有版花、题花、尾花以及文章中的小插图。这些图片在文章中虽然没有任何实际意义,只是通过装饰性的小画,对文章起到点染、烘托作用,基本上是为了美化并活跃版面,但选取能够传情达意的合适图饰,就能用形象的画面暗示读者这篇文章的内容,在一定程度上对表达文章编辑思想起到作用。

最常见的是题花,即对文章标题的装饰,突出标题,使文章一

---

① 哲生:《外蒙古的新旧印象:新政府和喇嘛寺》,《东方杂志》1928年第25卷第14期。

目了然，这在《满蒙经济大要》、《蒙古史导言并序》、《俄国科斯洛夫探险队外蒙考古发现纪略》中都有出现。当然，装饰性的小画插入文章中间，为严肃的文章话题注入了些轻松的氛围，也可以缓解读者面对长篇大论文字稿件过程中可能出现的疲劳状态。《外人之蒙古近状观》文章末尾空闲处出现了一幅田园小画，意境恬淡优雅，乍一看与文章内容并无联系，但细究起来似乎在表达编者对未来蒙古生活的一种期许，一种美好的愿望。所以，精选文章图饰除了可以使读者身心愉悦之外，也可以巧妙注入一些内涵。

三　蒙古图片报道的功能

（一）立体传播蒙古信息

作为独立报道体裁的新闻图片具有再现新闻现场、记录真实瞬间的功能，是对当时事件的简单回放。使用附属于文字报道的图片，具有证实文字的功能，以形象生动的视觉冲击增强传播效果。图表、示意图、地图使复杂信息简单化，漫画以幽默的语言对文字进行阐释，方便读者理解，强化感知及认识。

《东方杂志》蒙古图片报道，无论是"东方画报"中的专题报道，还是文章中的图表图示，都承载着必要的信息，都是对蒙古社会及历史文化客观真实的记录与反映，方便读者更为全面地了解蒙古地区的状况。同时，这些图片与其他新闻文体一样，也可以蕴含深刻的思想内涵，直接或间接地体现作者、记者、编辑的思想，是赞成，是批评，是警醒，是弘扬，是《东方杂志》在蒙古问题上立场及观点的表达。这些优选的图片以简洁鲜明的阐释方式，实现信息和感情的有效传播，以直观直接的方式给受众带来启示，产生共鸣，进而形成认识。

(二) 真实记录蒙古历史

因摄影图片要比文字更为真实可靠，摄影技术从诞生之日起，就担负起了历史文献记录的工作。摄影图片记录了重要的战争、重大政治事件、重大灾难、重大发明，以及社会生活中的细微的变化，共同构成了中国近代史。

图片可以使历史文字不那么苍白无力，可以真实告诉读者侵略者的面目是如何狰狞可怕，告诉读者我们的民族究竟经历了什么。摄影图片记录历史的特殊功能是文字无法取代的，它有着文字无可比拟的真实性和形象性，通过这些图片，读者能直观地看到当时蒙古的服饰、建筑、风俗及信仰，能更为清楚地了解蒙古当时所处的历史局势。在图片面前，历史不再是大段大段枯燥的文字，需要人们通过想象去记住去理解，而是清清楚楚地呈现在读者面前。《东方杂志》中的每一张蒙古图片，都是那个时代蒙古社会状况的真实反映，是历史定格的瞬间，是重要的文献材料，对于研究蒙古史、蒙古社会变迁具有重要价值。

(三) 美化、活跃版面

对于一份报纸杂志来说，图片就是版面的形象，是重要的美编语言，是最常见最有效的视觉元素中心。《东方杂志》蒙古报道中的题饰、尾花，对版面有很好的装饰作用，而文中的插图，则很好的缓解了长篇大论给读者带来的疲惫感，为沉重严肃的话题注入了轻松的氛围。"东方画报"中的图片编排，也一改之前的呆板压抑，以咬合、叠压等灵活变化的排版方式极尽吸引读者注意，迎合大众的审美，给人以身心愉悦之感。图片本身的内容、构图、神态、动作、氛围，可以构成不依赖于其他形式而独立存在的审美意义。例如1917年"插画"中以四幅图表现内外蒙古贵族妇女之装饰，从她们的头饰到衣着都极具民族特色，1936年"内蒙宗教艺术"中恢弘的佛塔、西藏式的建筑、高达五六丈的金身佛像这些艺术写照，在传达蒙古文化的同时，也给人以美的感受。

第六节 《东方杂志》蒙古报道按语

根据《辞海》的解释，"按语，是指编辑、作者对有关文章、词语添加的评论说明或考证的话，也作案语"。按语是新闻报道中一种较为特殊而重要的存在，它篇幅短小，却有着其他形式无可比拟的优势，是加强传播效果的有效方法。作者、编者通常运用按语对文章背景、内容进行概述、解说，抑或就某个问题发表评论、看法。依写作主体分，按语一般有"记者按"、"编者按"两种，并常冠以"按"、"按语"的标志。另有一些标有"识语"的短小文字，与报道相配，也可归入按语范畴。除记者按、编者按外，《东方杂志》蒙古报道中译者在翻译外文时也常会加上精练的评议文字，因此"译者按"也是蒙古报道中常见的一种形式，而大量按语的存在，正是作者观点、编辑意图最显而易见的体现。

一 按语主要作者

杜亚泉、孟森、向达、钱智修、胡愈之、章锡琛、屠孝实等，这些各自领域的大家学者，都曾就蒙古问题发表见解或译文，在当时甚至于整个蒙古近代史上也都有着深远的影响。杜亚泉、孟森、胡愈之、钱智修作为《东方杂志》的历任主编，他们对蒙古的报道观点代表着《东方杂志》一个时期的编辑思想。孟森主编时对《东方杂志》进行了改良，增加了自撰稿件的比例，同时他还广泛涉猎有关时务的译著。杜亚泉任主编的十多年，以高劳、伧父为笔名发表作品达300多篇，述评大战后的世界格局，介绍日本舆论及对华政策，同时还致力于科学知识和新式教育的宣传，尤其关注边疆危机与中外关系，多次就蒙古形势发表见解，对当时社会舆论产生很大影响，得到社会高度评价。杜亚泉去世时，《东方杂志》编辑部曾发文追悼，蔡元培、章锡琛、胡愈之也多次在传略、回忆录中对先生表示敬佩之情。

钱智修作为国学大家，才智过人，具备出色的翻译能力。胡愈之，是集记者、编辑、作家、翻译家为一体的出版界少有的"全才"。陈书谅，著名的爱国人士，文史学家。向达，北京大学教授、图书馆馆长，著名敦煌学家、中外交通史家。屠孝实，北京法政大学校长、教授，翻译过多种蒙古史方面的资料，著有《蒙古史》一书。这些专家学者共同构成了蒙古报道方面的意见领袖群体，他们在文章中有意无意透露的思想倾向，都在潜移默化中影响着受众对边疆蒙古的态度，而文前按语作为评述之利器，更是直截了当表达了对蒙古形势的见解、看法，进而左右社会舆论，激发爱国思想。

二 蒙古报道按语写作策略

（一）权威作者介绍

蒙古报道译文原作多是出自国外著名专家学者之手，但鉴于当时并不被国人所知，编者、译者常常在文前按语中对作者作出简短介绍，以方便读者更好的理解，也可增加文章分量。

例如《俄人对蒙古新疆之阴谋》一文，对作者裴尼格生的介绍为"以通晓蒙古事情著名"，《日本法学者论海军协定与满蒙问题》记者按对末广重雄作了介绍，《蒙古风俗谭》按语称"乞米亚可丁氏为近世合众国一代通儒"，详谙蒙古史事，闻名于世，生平著述颇丰。向达译文《俄国科斯洛夫探险队外蒙古发现纪略》谓作者为"英国人专究中国美术之士也"，《外人之蒙古近状观》作者是研究国际政治的著名专家渥尔夫,《日本之满蒙经济政策》译者奔流生在按语中评价作者堀江归一为日本第一流的经济学,认为其逝世不仅是日本学界的损失,"即对于与日本临接之我国,亦不能谓无所失"①。

（二）交代背景,概述要点

《东方杂志》时期的蒙古所处政治经济环境较为复杂,以按语交代事情的来龙去脉,或者补充必要的时事背景,补遗漏、订舛误、清疑窦、概主题、表目的,可以折射出值得大众关注的更深层次的内容,对于整体上把握进而深入理解蒙古问题有着重要意义。

《外人之蒙古近状观》一文,记者按概述满蒙问题日渐紧张,指出当时苏俄煽惑蒙古青年党在呼伦贝尔起事背景。《蒙古调查记》,译者识曰:"日本人号奇峰者,以官命至蒙古口,留二年余,游历各地,调查种种。日前《每日电报新闻》为揭载其函稿,读之深有所感,用译之,以告内地贤士大夫。"②《蒙古风俗谭》,译者按中对正文所涉地名作了简单注释,概述"库逆肇乱"的事实及混乱时局。这些按语以寥寥数语概述文章要点,交代事件发生背景,方便读者用最短的时间了解文章内容,明确边疆危机之形势,在揭示正文内容的同时,又深化了主题。

（三）评议文章价值,揭示报道目的

1928年第25卷第2期《日本之满蒙经济政策》一文,译者按中写道:"其评论尚觉公允,且此问题与我国民有密切关系,其阐明日本历来对华政策,于研究问题者必有资助,故译之。""公允"二字是译者对文章的评价,而"必有资助"则表明了作者翻译之目的。

《东方杂志》蒙古报道中不乏这样的按语,对文章内容要点进行

---

① [日]堀江归一:《日本之满蒙经济政策》,奔流生译,《东方杂志》1928年第25卷第2号。译自日本《改造杂志》第九卷第十一号。
② [日]奇峰:《蒙古调查记》,王泰镕译,《东方杂志》1908年第7期。

简单评议，或公允，或偏颇，并以"促国人对外蒙之注意"①，"促留心边疆问题者之注意焉"②，"想为注意西北边情者所乐闻也"③，"以绍介于我国之有志实业者"④ 结尾，表达作者期冀，给予国民参考，抑或惊醒国人注意。

（四）发表言论，教育群众

《东方杂志》蒙古报道的编者、译者、作者主要有高劳、孟森、唐在章、向达、胡愈之、包涵生等。他们不仅是各个领域的专家学者，是重要的意见领袖，同时也是当时著名的爱国人士，有着忧国忧民之大家情怀。作为最直接了当地发表见解及主张的按语，寥寥数语却能增加文章分量，揭示事物的矛盾和本质，乃是编者思想重要的宣传阵地和政治斗争强有力的武器。

如《俄人对于蒙古新疆之阴谋》一文，记者按语如下：

> 裴氏之言，虽未足以代表俄国人之意见，然苟我国人对于边境地方之开发，不加注意，则使邻国，生窥伺之心，亦固其所，狡焉思启，何国蔑有，固不能以此咎他人也。而今而后，我国人犹不急起直追，则此言论之成为事实，自在意计之中。十八年以来，朝鲜事件之经过，犹印于吾人之脑蒂。前事之不忘，后事之师也，望吾国人之惊醒焉。⑤

---

① ［德］某氏：《外蒙之商务》，记者译，《东方杂志》1931 年第 28 卷第 5 期。译自《大公报》。
② ［美］渥尔夫：《外人之蒙古近状观》，赵简子译，《东方杂志》1929 年第 26 卷第 23 期。译自美国纽约 1929 年春《现代评论》。
③ ［美］丹伯述：《新疆与蒙古》，记者译，《东方杂志》1931 年第 28 卷第 5 期。
④ ［日］山本唯三郎：《论蒙古之羊毛事业》，许家庆译，《东方杂志》1911 年第 8 卷第 3 期。译自《实业之日本》。
⑤ ［俄］裴尼格生：《俄人对于蒙古新疆之阴谋》，蓬仙译，《东方杂志》1911 年第 8 卷第 5 期。译自日本大阪《朝日新闻》。

蓬仙之按语，可谓字字珠玑，揭露帝国主义之阴谋，期望大众之觉悟，读起来让人醍醐灌顶，发人深省。《东方杂志》之按语，站在国家立场，以全局角度看待问题，发表见地，力求言论精警，教育群众，引导舆论。

三 蒙古报道按语特点

（一）文前按语为主，位置显著突出

按语三种主要表现形式，文前按语、文中和文后，即部分置于报道正文之前，起到引导读者阅读，揭示报道意义，评述事件的作用，也有部分位于文章中间某句或某段之后，对文章进行随时评论，抑或置于文末，总结主题。

《东方杂志》蒙古报道按语多位于标题和正文之间，位置显著突出，最容易引起读者注意，具有直接传达作者观点的得天独厚的优势。文前按语以精炼的文字对正文进行补充及评述，与文章相得益彰，画龙点睛，增强了传播效果。

部分文中按，例如《俄国经营蒙古之野心》中介绍俄国怀柔政策之后，加入按语"俄人近方发行蒙文报纸，亦即笼络蒙古人之一端，我政府大宜注意。"① 以寥寥数语对文章主题随时加以揭示，提醒政府时刻关注边疆危机形势。《俄人对蒙古新疆之阴谋》则兼具文前按、文后按，译者在文前按中概述文章背景，文后按发表针砭时弊的评议，前后呼应，使文章更为完整有力。

（二）说明与评议交互运用

就其内容性质而言，按语大体可以分为四种类型：一是引导提要式，即以寥寥数语简明扼要概述文章的精髓之处，以此来推荐并

---

① 《俄国经营蒙古之野心》，《东方杂志》1909 年第 6 卷第 12 期。

引导读者阅读；二是说明补充式，用来补充文章背景，也可向读者介绍作者身份及刊载目的，帮助读者开阔思路，更好地了解报道内容；三是评议揭示式，对文章内容进行评说，或赞扬或批驳，揭示报道的深刻含义及价值；四是引申升华式，从宏观角度出发，言不离文而意在言外，从报道事件本身上升至一种更为理性的普遍性认识。

例如《日人心目中之满蒙政策》一文，按语如下：

此文为长野郎所著，原载十月十五日出版之日本《外交时报》，由寿彭君译为汉文，登于《民声周报》第五期。文中要旨：系以中国内乱不绝，日本非得满蒙为经济上自由发展之地不可。不过因中国反帝国主义运动之势力日增，与日本此项政策实有正面冲突之虞；但日本以人口食粮等问题之迫切，却又不能坐视不顾。是以依彼之意："宜将满蒙划出于中国本部以外，向世界为经济的开放。"此实可以代表大多数日人之野心[①]，因转录于此，以供参考。

这条按语中既有明快犀利分析独到的评述，也不乏提纲挈领的概述补充。杜亚泉、钱智修等编辑、作者，通过按语补充报道背景，揭示国际环境，直接了当评述蒙古形势，揭露帝国主义野心，指明翻译刊登意图，以使读者深层次理解文章内容，关注边疆。

（三）语言上高屋建瓴，观点鲜明

按语的特点在于敏捷及时，言简意赅，以最小的篇幅最清楚地

---

① [日]长野郎：《日人心目中之满蒙政策》，寿彭译，《东方杂志》1927年第24卷第4期。

表达编辑的立场、观点和看法。蒙古报道作为特殊时期的特殊题材，与当时边疆危机及国家命运紧密相连，要求作者能够站在全局的高度，以长远的眼光看待形势，眼观四海，心怀全局。按语虽短，表达方式却不拘一格，可叙述，可抒情，可说明，可直接了当地表达期许与愿望。《东方杂志》蒙古报道将按语作为编辑战斗的武器，语言上表现的干净利落，褒贬分明，多判断句和祈使句，如"前之事不忘，后事之师也。望吾国人之惊醒焉"①，"此实可以代表大多数日人之野心"②，"现时满蒙风云日急，不知国人读此，又将作如何感想也"③，节奏明快，义正词严，字里行间透露着对蒙古形势的担忧和对民族振兴的期许，达到很好的宣传鼓动效果。

第七节 《东方杂志》蒙古报道的价值

一 《东方杂志》蒙古报道历史价值

《东方杂志》诞生于积贫积弱的清朝末年，成长于炮火纷飞的战争年代，经历了四次迁址、三次休刊和多次合刊。在政治高压和经济严重匮乏的情况下仍然坚持出版，即使在不得已停刊的情况下，也要尽可能实现复刊以重新出版，且能做到适时的推陈出新，使之成为中国近代史上规模最大，出版时间最长的综合性期刊。《东方杂志》出版45年间，以高度敏锐的专业眼光对蒙古各个领域的状况及问题予以及时关注，这在新闻出版史上是独一无二的。

《东方杂志》的新闻事业在社会动荡过程中显示了蓬勃的生命

---

① [俄] 裴尼格生：《俄人对于蒙古新疆之阴谋》，蓬仙译，《东方杂志》1911年第8卷第5期。译自日本大阪《朝日新闻》。
② [日] 长野郎：《日人心目中之满蒙政策》，寿彭译，《东方杂志》1927年第24卷第4期。
③ 《东方与西方：日本所垂涎的满蒙产业概要》，《东方杂志》1928年第25卷第12期。

力,一直对边疆地区蒙古的重要战略地位及其政治经济命运予以高度关注,发表了173篇报道,既有行云流水的事实陈述,也有针砭时弊的时事评论,涉及蒙古地区一切重要方面,以其资产阶级宪政思想视野解读蒙古问题,报道客观、理性、全面,重在救亡与建设,担负起了近代知识启蒙,教育国民,拯救中华民族的艰巨历史使命。《东方杂志》蒙古报道以时政为主,讲究知识性学术性,开拓了读者视野,起到了很好的启蒙作用,堪称近代记录时代进程和进行特色化传播的典范,在近代新闻史、蒙古史上留下了浓墨重彩的一笔。

近代蒙古发生的大事件几乎均可在杂志中找到印记,包括外蒙独立的前因后果、内蒙自治、呼伦贝尔事变、蒙古青年党独立事件、日俄对蒙的侵略政策以及蒙古社会经济文化状况。《东方杂志》果敢坚毅,紧密关注边疆动态,揭露帝国主义对蒙古之野心,反应时局之各方言论,介绍蒙古实业、商务、交通、教育各方面状况,传播蒙古文化,是蒙古近代史的见证者,为后世研究积累了丰富的历史资料。

二 《东方杂志》蒙古报道学术价值

编辑学者化是《东方杂志》蒙古报道的一大特色,也正因如此,对蒙古当时问题看得才能如此透彻,评论才会那么切中时弊。虽以时政报道为主,却时时不忘自己作为一份学术期刊的使命,注重文章议题设置,注重内容的逻辑性及说服力,赋予观点以研究性和建设性。

《东方杂志》蒙古报道的编者记者都是专家学者,对文章不仅仅止于简单的编校工作,而是可以实现全局性和宏观性的掌握。例如杜亚泉、胡愈之、向达,他们本身就有着很好的学识修养,涉猎范围非常广泛,对于蒙古出现的各种问题有更深层次的思考,文章的知识性学术性自是不言而喻。社会变化浪潮面前，《东方杂志》做到了清醒审慎，以事实为依据，不盲从不盲评，对蒙古各方报道公平客观，兼容并包。蒙古报道中，杂志中不止于中国学者的一家言论，还转载翻译了国外报刊和专家学者的见解，理智宽容对待各方观点，以此来支持国内舆论为社会发展助力。对这些外文文章的选择、翻译，以及按语，也显示了编译者深厚的学识和较强的把控能力。

编辑记者的学识水平是报纸杂志水平的保证，只有提高编辑的专业及学术修养才能使文章水平达到质的飞跃。一个对专业领域一无所知或一知半解的编者，是无法对问题作出真正透彻分析的，只能是浅尝辄止。当然，编辑学术修养的提高不是一蹴而就的，需要长期不断的积累与开拓，公平客观看待报道事物，从而提升自身水平，提高报纸期刊文章质量。《东方杂志》蒙古报道是知识的引介和集萃，是真正意义上的知识启蒙，是蒙古学研究的历史组成。

三 《东方杂志》蒙古报道现实意义

1923年，美国报纸主编协会提出了报纸的责任问题。1924年，《新闻学原理》一书中指出报业要对社会"负责"，后来发展为新闻传播理论的社会责任论。社会责任论认为报业对于事件应做到真实、全面、理智的报道，呈现的信息应体现专业精神并承载相应的社会责任。如今，国家一再强调媒体应确保社会主义核心价值观，传播积极向上、健康活泼的基调，坚持关心人、尊重人、服务人的办报理念，为发展繁荣社会主义国家贡献力量。《东方杂志》创办时期还没出现所谓的社会责任论，但《东方杂志》却从未忘记自己承载的历史责任，一直关心国家大事，关注边疆安全，成为一份对社会对国家高度负责的刊物。

《东方杂志》从创刊之日起就将"启导国民"作为自己的办刊

宗旨，在战火纷飞社会动荡的年代，坚持以文字作为民族斗争的利器，引导社会舆论，启迪读者思考。面对蒙古内忧外患的局面，它关心蒙古命运，以事实为依据发表言论，为世人释疑解惑，指点迷津。《东方杂志》对蒙古的报道处处体现了国家利益至上的观点，体现忧国忧民之情怀，一些文字如今读起来仍给人激情澎湃之感，一些文章具有永恒的现实价值。如《历史证明蒙古是中国领土》一文，将蒙古历史由周朝论述到民国，得出结论"满蒙回三族，与中国发生关系，已在四千年前，其全部与中国混合，也已千余年了。彼此合成一大国，从来未受他国侵略，历史事实昭然"①，所以蒙古从始至终属于中国。

《东方杂志》蒙古报道立意高远，坚持家之情怀，国之利益，在当时环境下为促进蒙古的近代化建言献策，贡献力量，也为近现代期刊的发展树立了榜样，提供借鉴意义。现今，随着社会的发展，媒体门类繁多，内容五花八门，但是无论何时都应该谨记媒介之社会责任。不可一味追求经济利益，一味迎合读者需求，应拒绝肆意恶搞、低俗粗鄙，以传播正确价值观引导人类思想为己任。《东方杂志》蒙古报道为读者，为大众上了生动的一课，教育我们要时刻不忘国之利益，谨记社会之责任。

结　语

　　大众传播的社会功能包括政治、经济、教育功能等。《东方杂志》诞生于清朝末年，成长于战火纷飞的年代，民族危机是当时最重要的社会问题。蒙古作为当时中国北部重要边疆，面临着内忧外

---

① 包瀚生：《历史证明蒙古是中国领土》，《东方杂志》1934年第31卷第5期。

患的严峻局面,《东方杂志》以高度的社会责任感在其出版的 45 年间一直给予高度关注,全面深刻反映了特殊历史阶段蒙古问题,关注政治,解读政治,为经济实业发展建言献策,时刻不忘对大众进行爱国教育,希望能万众一心拯救国家于危亡之际。

《东方杂志》是一个大型商业杂志,但这非但没有妨碍其政治功能的发挥,反而使其在政治报道方面更客观,也更加具有信服力。《东方杂志》涉蒙报道中政治内容占有较大比例,高达 58.38%,这与当时蒙古特殊形势有着密切关系。《东方杂志》以其敏锐的观察力和专业的政治视角,对蒙古动荡局势和错综复杂的问题进行梳理评述,介绍政府对蒙政策的得失,揭露帝国主义对蒙古觊觎之野心。

教育功能是《东方杂志》蒙古报道的一个重要功能。传播效果理论讲求传播意图对受众认知、态度及行为改变的影响,《东方杂志》蒙古报道无一不带有说服的动机,希望受众面对蒙古险象环生的局面形成更为清醒的认知,坚信蒙古自古就是中国的领土,并能以强烈的爱国精神维护国家的尊严。

《东方杂志》以文字、图片两种形式,记录了 20 世纪上半叶的蒙古史,对当时知识分子群体、普通大众甚至整个传媒业都产生了深远影响,为新闻传播业树立了典范,也为蒙古历史研究保留了珍贵的材料,其意义之深远不言而喻。

附录　《东方杂志》蒙古问题报道一览

序号	发表时间	题目	内容类别	体裁	栏目	作者、译者
1	1904 年第 1 卷第 4 期	蒙古土尔扈特郡王呈外务部代奏因时变法请假出洋游历折	政治	奏折	内务	
2	1904 年第 1 卷第 4 期	蒙古土尔扈特郡王整顿政治条陈	政治	条陈	内务	

续表

序号	发表时间	题目	内容类别	体裁	栏目	作者、译者
3	1904 年第 1 卷第 8 期	奉天将军增奏蒙旗荒地招垦请派员收价丈放折	经济	奏折	实业	
4	1905 年第 2 卷第 2 期	吏部奏酌改六部满洲蒙古司员等选缺轮次折片	政治	奏折	内务	
5	1905 年第 2 卷第 3 期	论蒙古改设行省之不可缓	政治	政论	内务	
6	1905 年第 2 卷第 5 期	垦务大臣绥远城将军贻奏伊克昭盟杭锦旗报垦蒙地改收押荒折	经济	奏折	实业	
7	1905 年第 2 卷第 6 期	论急宜防备蒙古	政治	政论	军事	
8	1905 年第 2 卷第 8 期	户部奏遵议绥远城将军奏请将蒙旗自种罂粟援照山西土捐办法折	经济	奏折	财政	
9	1905 年第 2 卷第 11 期	热河都统崧奏昭乌达盟三旗碱地请由蒙旗自行试办据情覆奏折	经济	奏折	实业	
10	1906 年第 3 卷第 1 期	论今日宜明定统治蒙古之法	政治	政论	内务	
11	1906 年第 3 卷第 1 期	理藩院刑部会奏议覆改减蒙古刑律折	政治	奏折	内务	
12	1906 年第 3 卷第 4 期	督办垦务大臣绥远城将军贻奏准旗蒙匪逆就擒兼获从匪多名谨陈围捕情形并酌拟分别惩办折	政治	奏折	军事	
13	1906 年第 3 卷第 12 期	热河都统廷奏遵旨开放敖汉旗九道湾上台蒙荒酌拟章程折	经济	奏折	实业	
14	1907 年第 4 卷第 6 期	前奉天将军赵奏勘放图什业图蒙荒援案变通章程折	经济	奏折	实业	
15	1907 年第 4 卷第 7 期	蒙古喀喇沁亲王	政治	图片	插画	
16	1907 年第 4 卷第 7 期	学部陆军部会奏议覆前商约大臣正黄旗蒙古都统吕奏举行新政宜防隐患折	教育	奏折	内务	
17	1907 年第 4 卷第 8 期	邮传部议覆肃亲王请办蒙古铁路折	经济	奏折	交通	
18	1907 年第 4 卷第 9 期	学部奏筹设满蒙文高等学堂折	教育	奏折	教育	
19	1907 年第 4 卷第 10 期	吏部奏酌拟满蒙汉军文举人及翻译举人截取选班次折	政治	奏折	内务	

续表

序号	发表时间	题目	内容类别	体裁	栏目	作者、译者
20	1907年第4卷第12期	热河都统廷奏丈放巴林蒙荒并酌拟章程折	经济	奏折	实业	
21	1907年第4卷第12期	度支部奏议覆库伦贸易商民免纳厘捐折	经济	奏折	财政	
22	1908年第5卷第3期	学部奏请变通奖给大学堂优级师范蒙古毕业生折	教育	奏折	教育	
23	1908年第5卷第12期	吏部奏变通蒙汉军外任告近片	政治	奏折	法令二	
24	1908年第5卷第7期	调查河套情形记	社会	调查报告	调查	李逢谦
25	1908年第5卷第7期	蒙古调查记	社会	述评	调查	[日]奇峰撰，王泰镕译
26	1908年第5卷第11期	吏部奏变通满蒙汉军京外分发片	政治	奏折	法令二	
27	1909年第6卷第12期	俄国经营蒙古之野心	政治	政论	杂纂	
28	1910年第7卷第3期	俄国对蒙之政策	政治	述评	记载	
29	1910年第7卷第5期	蒙旗现状之一斑	政治	消息	中国时事录	
30	1910年第7卷第7期	俄人对于满蒙之政策	政治	评论	记载	
31	1910年第7卷第7期	记俄国远征队深入蒙古事	经济	评论	记载	
32	1910年第7卷第11期	俄人经营满蒙之近状	政治	述评	记载	
33	1911年第8卷第3期	论蒙古之羊毛事业	经济	述评		[日]三本唯三郎撰，许家庆译
34	1911年第8卷第3期	论满蒙之农牧业	经济	述评		柏克（Prof. Parkor）撰，甘永龙译
35	1911年第8卷第3期	蒙古阿鲁浑汗遗法兰克王腓力书二幅	政治	图片	插画	
36	1911年第8卷第3期	蒙古乌勒载图汗告即位于法兰克王腓力书四幅	政治	图片	插画	

续表

序号	发表时间	题目	内容类别	体裁	栏目	作者、译者
37	1911年第8卷第3期	蒙古乌勒载图汗遗法兰克王腓力书译文	政治	图片	插画	
38	1911年第8卷第3期	蒙古阿鲁浑汗蒙古乌勒载图汗	政治	图片	插画	
39	1911年第8卷第5期	俄人对于蒙古新疆之阴谋	政治	政论		[俄]裴尼格生撰，蓬仙译
40	1911年第8卷第11期	经营满蒙议	政治	述评	内外时报	
41	1911年第8卷第12期	俄国之并吞蒙古策	政治	评论	内外时报	
42	1912年第9卷第2期	外蒙古之宣布独立	政治	述评		高劳
43	1912年第9卷第5期	视察蒙古郭尔罗斯后旗报告	社会	调查报告	内外时报	孟森
44	1912年第9卷第6期	蒙古之活佛与市集	社会	图片	插画	
45	1912年第9卷第8期	独立后之库伦及俄蒙协约	政治	述评		高劳
46	1912年第9卷第8期	内蒙各王公扎萨克阶级姓名一览表	政治	消息	内外时报	
47	1912年第9卷第8期	蒙古盟旗军制观	政治	消息	内外时报	
48	1912年第9卷第9期	蒙古风俗谭	社会	通讯		[美]乞米亚可丁撰，屠孝实译
49	1912年第9卷第9期	蒙古赴俄道谢专使	政治	图片	插画	
50	1912年第9卷第9期	蒙古西盟会议纪念摄影	政治	图片	插画	
51	1912年第9卷第10期	俄蒙协约原文	政治	消息	内外时报	
52	1912年第9卷第11期	蒙古之富源	经济	述评	内外时报	唐在章
53	1912年第9卷第12期	库伦之伪官	政治	图片	插画	

续表

序号	发表时间	题目	内容类别	体裁	栏目	作者、译者
54	1912年第9卷第12期	蒙古各旗扎萨克阶级姓名一览表	政治	通讯	内外时报	
55	1913年第10卷第2期	蒙古政治考	政治	通讯	内外时报	
56	1913年第10卷第3期	日本人果为蒙古种欤	文化	述评		
57	1913年第10卷第3期	俄人在蒙古之势力	政治	评论		
58	1913年第10卷第4期	蒙古之现状	社会	述评	内外时报	
59	1913年第10卷第6期	中俄关于蒙事协商之成立	政治	述评		高劳
60	1913年第10卷第10期	忽必烈纪念碑	文化	图片	插画	
61	1913年第10卷第10期	俄蒙交界新发现之人种	科技	图片	插画	
62	1913年第10卷第7期	东蒙矿产之调查	经济	调查报告	内外时报	
63	1913年第10卷第7期	中俄对蒙之成败	政治	评论		某日人撰，章锡琛译
64	1913年第10卷第8期	中俄对蒙之成败	政治	评论		某日人撰，章锡琛译
65	1913年第10卷第12期	蒙古旅行记	文化	通讯		[英]菩尔斯屈罗（Beatrix Bulstrode）撰，钱智修译
66	1913年第10卷第12期	蒙古喇嘛教之教仪	文化	图片	插画	
67	1914年第11卷第2期	俄蒙交涉之内容	政治	述评		日人某君撰，许家庆译
68	1915年第12卷第2期	俄蒙电线条约	政治	消息	内外时报	
69	1915年第12卷第2期	俄蒙铁路条约	政治	消息	内外时报	

续表

序号	发表时间	题目	内容类别	体裁	栏目	作者、译者
70	1915年第12卷第7期	外蒙服叛之历史	政治	通讯	内外时报	
71	1915年第12卷第7期	蒙古马队迎接活佛图	文化	图片	插画	
72	1915年第12卷第7期	中俄蒙议订条文	政治	消息	法令	
73	1915年第12卷第9期	库伦办事大员公署章程	政治	条例	法令	
74	1916年第13卷第1期	禁止私放蒙荒通则	政治	消息	法令	
75	1916年第13卷第1期	蒙人甄试章程	政治	消息	法令	
76	1916年第13卷第10期	蒙古之巴匪	社会	图片	插画	
77	1917年第14卷第9期	外蒙官吏之摄影	政治	图片	插画	
78	1917年第14卷第9期	内外蒙古贵族妇女之装饰	社会	图片	插画	
79	1918年第15卷第3期	蒙古四部西藏第二届众议院议员选举施行法	政治	消息	法令	
80	1918年第15卷第5期	蒙古产之天然碱	经济	述评		王士森
81	1918年第15卷第5期	外蒙教育之一斑	教育	述评	谈屑	懐葛民
82	1918年第15卷第10期	满蒙经济大要	经济	述评		高劳 译
83	1919年第16卷第7期	满蒙四铁路借款预备合同	经济	消息		
84	1920年第17卷第1期	外蒙形势变迁略史	政治	述评	附录	
85	1920年第17卷第6期	修正蒙藏院管制第五条教令第六号二月二十六日公布	政治	消息	法令	
86	1921年第18卷第2期	蒙古之现状及吾人今后之责任	政治	述评	最录	马伯援

续表

序号	发表时间	题目	内容类别	体裁	栏目	作者、译者
87	1921 年第 18 卷第 4 期	库伦之失陷	政治	图片	插画	
88	1921 年第 18 卷第 4 期	库伦失陷之教训	政治	评论	评论	罗罗
89	1921 年第 18 卷第 9 期	库伦写真	社会	通讯		易道尊
90	1921 年第 18 卷第 9 期	蒙古之人物	社会	图片	插画	
91	1922 第 19 卷第 10 期	内蒙古人民之生活状况	经济	调查报告	社会调查	王华隆
92	1922 第 19 卷第 11 期	内蒙古人民之生活状况（续）	经济	调查报告	社会调查	王华隆
93	1924 年第 21 卷第 4 期	外蒙民国	政治	通讯	参考资料	佚名
94	1924 年第 21 卷第 4 期	外蒙民国	政治	评论	时事述评	南雁
95	1924 年第 21 卷第 7 期	美人在蒙古所发现的巨卵（一）	科学	图片	插画	
96	1924 年第 21 卷第 8 期	收蒙问题又热闹起来了	政治	述评	时事述评	大山
97	1924 年第 21 卷第 23 期	美国之蒙古探险队	科学	消息	补白	
98	1925 年第 22 卷第 6 期	蒙古事情	政治	评论	内外时评	愈之
99	1925 年第 22 卷第 12 期	蒙兵入新疆	政治	评论	内外时评	立民
100	1925 年第 22 卷第 15 期	蒙古史导言并序	文化		副刊	［英］霍渥尔特（Henry H. Howorth）撰，何炳松译
101	1925 年第 22 卷第 18 期	蒙古的宪法	政治	评论	内外时评	得一
102	1925 年第 22 卷第 21 期	满蒙的劳动状况与移民	经济	通讯		徐恒耀

续表

序号	发表时间	题目	内容类别	体裁	栏目	作者、译者
103	1925年第22卷第22期	满蒙的劳动状况及移民（续）	经济	通讯		徐恒耀
104	1926年第23卷第7期	日本在满蒙的所谓特殊地位及其势力	政治	评论		周曙山
105	1927年第24卷第15期	俄国科斯洛夫探险队外蒙考古发见纪略	科学	通讯		[英] W. Perceval Yetts 撰，向达译
106	1927年第24卷第15期	英报论日本积极侵略满蒙	政治	评论	东方与西方	记者译
107	1927年第24卷第16期	蒙古境内苏维埃陆军之布置	政治	述评	补白	马与国
108	1927年第24卷第21期	日人心中之满蒙政策	政治	评论	东方与西方	[日] 长野朗撰，寿彭译
109	1927年第24卷第22期	外蒙古探险纪略	科学	通讯		叔谅
110	1928年第25卷第2期	日本之满蒙经济政策	政治	述评	东方与西方	[日] 堀江归一撰，奔流生译
111	1928年第25卷第4期	外蒙游记	社会	通讯		张钝初
112	1928年第25卷第12期	日本所垂涎的满蒙产业概要	经济	述评	东方与西方	记者
113	1928年第25卷第24期	安德鲁斯蒙古探险队之所获	科技	通讯	新语林	哲生
114	1928年第25卷第11期	日本对华急进与满蒙问题的归趋	政治	评论	国际	育干
115	1928年第25卷第14期	外蒙古的新旧印象	文化	通讯	新语林	[美] 斯屈郎撰，哲生译
116	1928年第25卷第15期	外蒙侵入呼伦贝尔事件与日俄阴谋	政治	评论	国际	育干
117	1928年第25卷第18期	呼伦贝尔事件述评	政治	述评		盛叙功

续表

序号	发表时间	题目	内容类别	体裁	栏目	作者、译者
118	1929年第26卷第2期	蒙古之古代巨兽	文化	图片	插画	
119	1929年第26卷第18期	美记者发表中国可出卖满蒙的怪论	政治	评论		颂华
120	1929年第26卷第23期	外人之蒙古近状观	政治	述评	世界论坛	［美］渥尔夫（Serge M. Wolf）撰，赵简子译
121	1929年第26卷第24期	蒙古青年党的独立运动	政治	评论	国际	颂华
122	1930年第27卷第6期	蒙藏问题与蒙藏会议	政治	评论		蒋星德
123	1930年第27卷第11期	蒙古会议（一）（二）	政治	图片	插画	
124	1930年第27卷第13期	蒙古人的马	文化	通讯	新语林	哲生
125	1930年第27卷第15期	蒙古盟旗组织法	政治	消息	附录	
126	1930年第27卷第16期	日本学者论海军协定与满蒙问题	政治	评论	世界论坛	［日］末广重雄撰，执中译
127	1931年第28卷第1期	大可注意的满蒙国境大学	教育	评论	国际	颂华
128	1931年第28卷第1期	日本所谓新满蒙铁路政策者	政治	评论	国际	育干
129	1931年第28卷第5期	新疆与蒙古	政治	评论	时论要删	［美］丹伯（A. R. Tamberg）撰，记者译
130	1931年第28卷第5期	外蒙之商务	经济	评论	时论要删	某德人撰，记者译
131	1931年第28卷第6期	外蒙的见闻	社会	通讯		畏之
132	1931年第28卷第12期	苏联侵略下的外蒙的现状	社会	评论	时论要删	［俄］I. I. Serebrennikov撰，东序译

续表

序号	发表时间	题目	内容类别	体裁	栏目	作者、译者
133	1931年第28卷第20期	日本侵我满蒙的由来	政治	述评		王伯祥
134	1931年第28卷第23期	满蒙之国际经济战	经济	评论		[日]田中九一撰，幼雄译
135	1931年第28卷第23期	介绍满蒙问题丛书	文化	副刊	国际	
136	1932年第29卷第7期	深入蒙古的美国女探险家	科学	消息		
137	1933年第30卷第7期	外蒙之风俗人情	社会	图片	东方画报	
138	1933年第30卷第7期	外蒙之近况	社会	图片	东方画报	
139	1933年第30卷第21期	内蒙自治问题	政治	评论	东方论坛	良辅
140	1933年第30卷第24期	内蒙自治	政治	图片	东方画报	
141	1933年第30卷第23期	蒙古	文化	图片	东方画报	
142	1933年第30卷第23期	内蒙自治问题中的二要点	政治	评论	东方论坛	作舟
143	1933年第30卷第24期	内蒙古之现势	政治	述评		方秋苇
144	1934年第31卷第1期	汉蒙联欢大会	文化	图片	东方画报	
145	1934年第31卷第5期	历史证明蒙古是中国领土	政治	评论		包瀚生
146	1934年第31卷第7期	蒙古地方自治之原则及组织	政治	通讯	现代史料	难实
147	1934年第31卷第13期	蒙古地方自治政务会议	政治	图片	东方画报	
148	1935年第32卷第4期	外蒙之过去与将来	政治	评论	补白	刘桂楠
149	1935年第32卷第12期	伊克昭盟达拉特旗蒙民底乡村生活	社会	通讯	农村写实	庞善守

续表

序号	发表时间	题目	内容类别	体裁	栏目	作者、译者
150	1935年第32卷第14期	关于蒙藏三十个习见名词之解释	文化	副刊		冷亮
151	1935年第32卷第20期	蒙旗纠纷	政治	图片	东方画报	
152	1936年第33卷第4期	内蒙古的宗教艺术	文化	图片	东方画报	
153	1936年第33卷第4期	内蒙近况	社会	图片	东方画报	
154	1936年第33卷第5期	蒙满纠纷之探讨	政治	评论		方秋苇
155	1936年第33卷第5期	日本进窥蒙古	政治	评论	世界各国著名杂志论文摘要	[美]斯诺（Edgar Snow）撰，王成组译
156	1936年第33卷第5期	行将成立的绥境蒙政会	政治	图片	东方画报	
157	1936年第33卷第6期	苏满蒙边境问题的归趋	政治	评论	东方论坛	允恭
158	1936年第33卷第9期	最近苏联之外交政策与满蒙边境问题	政治	评论		陈智庭
159	1936年第33卷第9期	苏联与外蒙订立互助条约	政治	述评	现代史料	市隐
160	1936年第33卷第9期	苏蒙互助条约与远东	政治	评论	东方论坛	允恭
161	1936年第33卷第19期	蒙边现状	社会	评论	世界各国著名杂志论文摘要	[美]A. T. Steele撰，王成组译
162	1937年第34卷第5期	蒙古王公的结婚仪式	文化	图片	东方画报	
163	1937年第34卷第5期	外蒙近况	社会	图片	东方画报	
164	1937年第34卷第8期	绥省境内蒙政会成立周年大会	政治	消息	现代史料	市隐

续表

序号	发表时间	题目	内容类别	体裁	栏目	作者、译者
165	1938年第35卷第16期	日苏关系恶化中之外蒙古	政治	评论		萧恩承
166	1936年第33卷第13期	外蒙取消自治之交涉	政治	通讯		张忠绂
167	1939年第36卷第16期	苏日蒙伪冲突	政治	评论	现代史料	璞君
168	1939年第36卷第20期	苏日成立蒙伪边境休战协定	政治	消息	现代史料	东序
169	1943年第39卷第3期	中国与帝俄关于蒙古之交涉	政治	通讯		张忠绂
170	1943年第39卷第9期	金亡前后南宋和蒙古的一段交涉	文化	副刊		余行迈
171	1944年第40卷第4期	蒙古伐金初期契丹人之投效	文化	副刊		余行迈
172	1947年第43卷第13期	外蒙侵越新疆国境	政治	通讯	现代史料	
173	1948年第44卷第6期	独立后的外蒙	政治	述评		王永康

第四章 《东方杂志》女性问题报道研究

第一节 文章综述及研究意义

创刊于清末的《东方杂志》是发行时间最长、影响最大的百科全景式学术期刊。从 1904 年创刊到 1948 年终刊，以"启导国民，联络东亚"为宗旨，历时 45 年，对国际国内女性问题作了全面、客观、深入的报道。即使在时局动荡、战火纷飞的岁月，也一直不曾中断对女性问题的密切关注，女性报道一直保持着严谨的学术态度和客观理性的思想表达，特保存至今，为当代学界研究近代女性历史提供了大量第一手资料，成为一所学术宝库。

本文对《东方杂志》女性问题报道作专门研究，具体内容包括政治、教育、婚姻、职业、社会影响、思想文化等多方面。通过对文字报道的整理，根据重大历史事件，将报道划分为晚清（1904—1911）、民国至全面抗战前（1912—1936）、全面抗战至新中国成立前（1937—1948）三个时期。不同时期报道侧重点有明显变化，对变化原因及报道内容作出分析。《东方杂志》的广告介绍了有关女性的书籍及商品。图片报道方面，"东方画报"栏目及文章中插入的图片，使得女性报道变得更加形象生动，更加直观。

《东方杂志》对女子教育、女权运动、婚姻家庭、战争中的妇女、男女两性、中国农村妇女生活等问题的关注，不仅是当时国内女子生活状态的真实写照，同时也呈现出一幅女性自我意识觉醒及争取独立解放的画卷。进步知识分子通过《东方杂志》，报道国内外女界最新动态，传播先进的理论知识，号召中国妇女摆脱封建礼教及旧思想的束缚，接受西方男女平等平权的思想观念，促使女性思想走向文明开化。

《东方杂志》女性问题报道，贯彻始终。在其实业、社说、记事、内务、杂俎、内外时报多个栏目对女子教育、女性职业、家庭婚姻、参政运动等方面作了较为全面的报道。不仅关注中国的女性问题，对美国、英国、德国、法国、日本、南非等国的女性相关问题也都予以关注。

对《东方杂志》女性问题报道进行研究，可以还原中国近代女性群体真实的生活状态。这些珍贵资料，具有重要史料价值及学术价值，对当今媒体的新闻报道也具有借鉴意义。

《东方杂志》女性问题研究的论文主要有：缪英姿《20世纪30年代中国妇女问题研究的几个侧面——以〈东方杂志〉为中心》，对20世纪30年代婚姻生活中的妇女、职业中的妇女、抗日战争中的妇女作了研究。金璐洁《〈东方杂志〉关注民国时期妇女问题研究（1904—1932）》，主要从妇女教育、女性婚姻、妇女参政角度研究《东方杂志》对女性问题的报道，肯定了《东方杂志》促进女性解放的进步作用，指出民国时期的妇女由于时代的局限性，不可能真正取得完全解放。黄欣萍《〈东方杂志〉前期的近代女性形象呈现》，通过对1904—1924年《东方杂志》有关女学、女职、女权、婚姻的报道及其变化的分析，探讨了近代女性地位的变化及婚姻家庭关系的转变。唐艳香《从女子教育、妇女参政到婚姻自由——

1904—1919 年间〈东方杂志〉对妇女问题的关注》，研究了女子教育、妇女参政、婚姻自主权问题的报道。郭奇林《抗战初期中国妇女使命的讨论和宣传——以〈东方杂志〉为中心》，以 1937—1939 年《东方杂志》妇女专栏为中心，重点考察妇女使命与抗战相结合的主题，以及妇女人身解放的主题。

上述论文仅就《东方杂志》某一阶段进行研究，仅限于女性教育、婚姻、参政几方面，显然对《东方杂志》女性问题报道研究还不够全面、充分。

本文拟对《东方杂志》（1904—1948）女性问题报道作一全面研究，力图揭示《东方杂志》女性报道的历史图景。

第二节 《东方杂志》女性问题报道概述

一 女性问题的由来

作为中国社会主体之一的女性，一直受到男性的控制，遵守"三从四德"的传统由来已久，"妇人，从人者也：幼从父兄，嫁从夫，夫死从子"①。这使女性长期以来不管是在家庭中还是在社会中都处于低下地位。"女"字，甲骨文中宛若一个敛手跪着的人形，男尊女卑，男强女弱，女子似乎天生就是男子的附庸之物。

通过自我觉醒而产生女性意识，将自己认定为一个有独立人格，需要获得人权的自然人，最早是 1791 年法国大革命中的妇女领袖奥兰普·德古热提出的。她发表的《女权与女公民宣言》宣称："妇女生来就是自由的，在权利方面和男人是平等的。"② 由此拉开了女性

---

① 王文锦译解：《礼记译解》，中华书局 2016 年版，第 317 页。
② [法] 奥兰普·德古热：《女权与女公民宣言》第一条，1971 年。

为取得与男性人权平等的解放斗争序幕。但当时的中国仍处于闭关锁国的状态，与国际社会脱节，女子的毕生梦想就是嫁为人妇，社会讲求相夫教子，严守妇道，"女子无才便是德"。

其实，早在中国封建社会末期，女性启蒙思想就已经初现端倪，如文学作品中出现了抨击封建传统礼教对女性压迫与侮辱的内容。明中叶王文录的《海沂子》写道："古礼……父重而母轻。况制礼乃男子，故父重。为己谋，私且偏也。非由母胎出乎？不孝甚矣！"[1]就是对宗法社会中重男轻女现象的诘问。清顺治元年，反对缠足的呼声高涨，朝廷曾下令禁止女子缠足，解除对女性双脚的束缚，但是裹脚风气始于南唐，人们对"三寸金莲"小脚女人这种畸形审美的推崇根深蒂固，到了康熙年间只好罢禁。虽然此事以失败草草收尾，但也不能否认是一次对抗传统陋习的进步尝试。1840年，中国开启了近代化的进程，直到1949年这百余年，中国不断探索适合自己的道路，抵御列强，改良社会，发动群众革命，促进社会变革，接受西方先进技术，学习西方文化。西方资本主义侵占中国市场，冲击着中国固有的男耕女织的小农经济体制。近代工业文明从沿海向内地辐射，改变着落后的产业结构，自给自足的农耕经济悄然瓦解，男性、女性都被逐步发展起来的资本主义经济裹挟。这就进一步质疑并冲击了传统意义上"男女有别"的观念，男性、女性都可以接受雇佣，从事相同的工作。女性可以不依附于男性而独立生活，可以自主决定自己的工作与生活。各种社会因素相互作用，产生了新女性这一社会群体，争取平等与人权，学习掌握新知识，参与社会工作，独立谋求生存。新文明赋予女性独立自主的新形象，社会进步人士意识到了这一群体的重要性，媒体对于近代女性历史变革

---

[1] 刘宁元：《中国女性史类编》，北京师范大学出版社1999年版，第11—12页。

这一时代议题，自然也投入了密切的关注。

二 《东方杂志》女性问题报道

1904 年《东方杂志》创刊，以"启导国民，联络东亚"为宗旨。刊登的内容广泛，涉及政治、经济、教育、宗教、文学、哲学、历史等方面，不仅对国内时事进行报道，还密切关注国际风云变幻。

最初《东方杂志》设有 15 个栏目，全面介绍国内外时事变化。在主编徐珂、杜亚泉、钱智修等人，以及蔡元培、严复、陈独秀、张謇、李伯元、王国维、沈从文一大批作者的共同努力下，出版不久，就收到了积极效果。这些主编及作者对专业领域及现状各抒己见，其中就包括对女性问题的讨论。

杜亚泉于 1911 年春兼任主编，改变杂志开本，增加插图。内容上"凡世界最新政治经济社会变象，学术思想潮流，无不在东方译述介绍。而对于国际时事，论述更力求详备"①。杜亚泉在增设的"科学杂俎"和"谈屑"栏目中发表文章，常以笔名"伧父"、"高劳"发表有关女性问题的文章。如用"伧父"名义发表《戒早婚》、《自由结婚》、《文明结婚》，以"高劳"为名发表《妇女参政权小史》、《妇女职业》等。

1920 年杜亚泉辞职后，钱智修

图 4-1 主编杜亚泉

---

① 《追悼杜亚泉先生》，《东方杂志》1934 年第 31 卷第 1 期。

继任主编。他未当主编时就在《东方杂志》上发表有关女性问题的文章，如《女性职业问题》、《美国妇女要求选举权之进步》、《女子救弱法》、《世界婚制考》、《现实之妇女问题》、《世界妇女美观之异同》等。

商务印书馆遭日军飞机轰炸后，其《妇女杂志》停刊。期间，《东方杂志》每月一日出版的"妇女与家庭"栏目替代《妇女杂志》，刊登女性问题报道，由《妇女杂志》前编辑金仲华担任主编。金仲华担任主编期间，多次在"妇女与家庭"栏刊登文章，如《妇女劳动之生物学的见解》、《家庭的未来》、《目前中国之妇女儿童保护问题》、《欧洲国家奖励婚姻的法律》等，关注女性问题。除了主编，《东方杂志》还吸引了众多作者参与，像杨锦森、许家庆、章锡琛、陈碧云、孟如，密切关注国内外女界的发展动态，积极撰写文章。

图 4-2 主编钱智修

三 《东方杂志》中女性问题资料统计

通过查阅商务印书馆所创建的《东方杂志》全文数据库，共发现 480 篇女性问题报道，多集中在 1912 年到 1937 年。按主题大致划分，可分为女性教育、婚姻家庭、女性劳动与职业、缠足及娼婢陋习、各国女权运动发展状况、男女两性问题、农村妇女、女性人物介绍、生育节制对女性的影响、各国女性生活、女性外形美和生理变化、抗战时期的女性生活、东方画报上刊登的女性照片以及图书广告和普通广告中涉及的女性相关内容，计 15 类。各类在女性问题报道中占比如下表：

表 4-1　　《东方杂志》女性问题报道的分类与比重

分类	比例（%）
女性教育	5.21
女性婚姻家庭	10.2
女性劳动与职业	8.02
缠足、娼婢陋习	3.13
各国女权运动	16
男女两性问题	5.21
农村妇女	1.7
女性人物	8.13
生育节制	1.9
各国女性生活	2.34
女性外形美及其生理	2.51
抗战时期的女性生活	4
东方画报	11.13
图书广告	12.71
普通广告	7.72

《东方杂志》45 年的女性问题报道可划分为三个历史时期：晚清时期的女性问题报道（1904—1911）、民国至全面抗战前的女性问题报道（1912—1936）、全面抗战至新中国成立前的女性问题报道（1937—1948）。通过表中数据，可以看出《东方杂志》女性问题报道的方向，各时期侧重点。1904 年到 1911 年，女子教育占 4%。1912 年到 1936 年，着重女性婚姻家庭、劳动职业、各国女权运动、女性人物、《东方画报》及广告介绍。1937 年到 1948 年抗战中的女性生活占比最大。下表为三个不同历史时期内，女性报道文章类型所占比重。

表 4-2　　　　《东方杂志》三个阶段文章类型占比　　　　单位：%

类型	1904—1911 年	1912—1936 年	1937—1948 年
女性教育	4	1	0.21
女性婚姻家庭	0.4	9	0.8
女性劳动与职业	0.42	6.3	1.3
缠足、娼婢陋习	0.42	2.5	0.21
各国女权运动	0.63	13.5	1.8
男女两性问题	—	5	0.21
农村妇女	—	1.7	—
女性人物	0.42	7.5	0.21
生育节制	—	1.9	—
各国女性生活	0.21	1.3	0.83
女性外形美及其生理	0.21	2.3	—
抗战时期的女性生活	—	—	4
东方画报	1.5	9	0.63
图书广告	0.41	12.3	—
普通广告	0.42	7.3	—

第三节　《东方杂志》女性问题报道分期

一　晚清的《东方杂志》女性问题报道（1904—1911）

1904 年到 1911 年是《东方杂志》初创时期，这时期对女性问题报道比重较小，主要是围绕女性教育的报道。

古代，女性一直作为顺从、附属于男性的群体存在，从小就被灌输三从四德的观念，把她们抚养成人的目的，是为了嫁到好人家做一位"贤妻良母"，成为服侍丈夫和养育孩子的工具。只有极少数出生在富贵大家的女子受过一些教育，不识大字的女性比比皆是。"无才便是德"成为那个时代女性的标志，男子才能上私塾、请先生、考科举。鸦片战争以后，中国被迫开放通商口岸，沿海城市最先受到西方传教士带来的男女平等思想的影响。1844年，英国女传教士阿尔德塞女士，在宁波创建了中国近代第一所女子私塾，这成为了中国女子教育的开端①，之后形成从沿海向内地教会办学的新潮。政府和社会有识人士开始关注新女学的兴起，"禀悉家庭教育为学校教育、社会教育之基，若无女学安得有家庭教育。近来稍识实务者，莫不知女学之不可不兴，或大声疾呼或独居深念。"② 政府补助经费，众力捐助，支持女学堂的设立。《东方杂志》刊登《论提倡女学之宗旨》，倡议："女学之兴，有协力合群之效，有强国强种之益。有助于国家，无损于男子。故近世豁达之士……以提倡之。"③公立学堂的大力创办，使得留学和国外附属学校在中国办学形成潮流。1904年，中国留学日本的人数，不到一年就增加了500余人，可喜的是女子也有机会到日本的大学就读④。《东方杂志》广告也紧跟学堂教育大趋势，刊登"女子国文读本"、"女学堂用书"等，售卖女子教育用书（图4-3、图4-4）。

主张女子教育，兴办新式学堂。这一转变，一方面将女性解放出来，使她们获得进步的思想，对她们的智力进行开发，挖掘尘封已久的天赋才能。另方面促使她们获得身体上的解放。政府颁布的禁绝缠足陋习的章程中，明令有女学堂的地方，"应以该堂女堂长，或女职员，兼充稽查不缠足女董事。"⑤ 让女董事切实劝导女子不缠足，并命令稽查人员于次年复验。

《东方杂志》的这些报道，是女性争取平等、独立的重要突破口。

---

① 杨慧：《近代中国教会女子教育与妇女解放》，《北方论坛》2002年第6期。
② 《两广学务处批女学堂绅董禀请给地拨款由》，《东方杂志》1904年第1卷第2期。
③ 《论提倡女学之宗旨》，《东方杂志》1904年第1卷第5期。
④ 《派遣留学类志》，《东方杂志》1904年第1卷第2期。
⑤ 《前两江总督端札饬各属禁止缠足章程》，《东方杂志》1909年第6卷第12期。

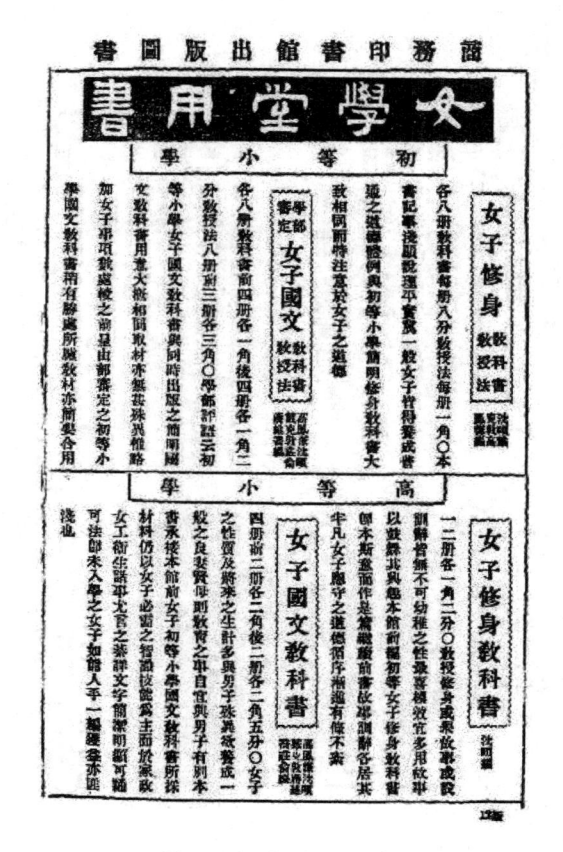

图 4-3　女子国文读本

二　民国至全面抗战前时期的《东方杂志》女性问题报道（1912—1936）

女学的逐渐普及促进了女权说的发展，一个国家由男女两部分组成，既然男性有能力也有权力，在社会中实现自身的价值，那么女性也应承担社会责任，并享有平等的权利与地位。

随着更多女性进入学校学习，教育水平的提高，全国各地妇女运动的开展，女性开始积极争取参政与劳动的权利。《东方杂志》刊登文章，主要介绍西方各国女权运动的发展状况。

图 4 – 4 女学堂用书

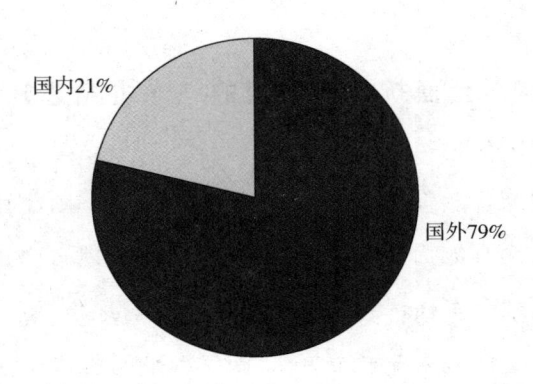

图 4 – 5 《东方杂志》国内外女权运动报道文章数量占比

由于国内女性思想解放较晚，女性争取人权与男女平权的运动也落后于西方各国。《东方杂志》通过对国外妇女运动的报道，介绍国际女界情形，给中国社会开展女权运动提供材料。"美国进化速率，固为全球所公认。而女子所享种种权力，与男子相等，亦为文明国内最大之特色。"① 1918 年，美国 48 个州均规定，不得因性别不同禁止市民投票。凡是年满 21 岁的女性，在州议会、联邦议会和总统选举中，同男性一样享有完全选举权。女性有交际自由，可以出门游玩，可以参加宴会，不会受到父母的阻拦。平时男子拜访女子，两人谈笑风生、结伴出行，更是一种很正常的事情，不会被外人说三道四，也不会说女子这一行为是有辱家门、败坏门声的。然而，权利的扩大都是建立在女性进行顽强斗争的基础之上的。在英国，女文学家、女记者、女美术家等组成团体，"或发刊画报，以表己之意思。或随地讲演，以耸人之听闻。或整群游行，以动人之观瞻。"② 更有举办激烈的政治会，以及毁坏油桶、打碎玻璃、焚烧车站、和警察正面发生冲突的事件发生，她们被捕入狱后用绝食来抗议权利的不平等。在下议院提出重新修正女子参政权，内阁意见不一致导致最终取消女子参政案，并将参加政党的妇女以肇事之罪而拘捕时，英国妇女也绝不妥协。受西方进步思想影响，一向以服从丈夫而知名全世界的日本女性也团结起来，组成新妇人协会，发起呼吁全日本妇女联合的运动。她们制订新妇人协会主要计划，在大学设立妇人讲习会，开办夜校、研究会，提供教育机会，以弥补女性缺少知识的不足，联络、动员妇女探讨妇女问题，"以谋妇人全体之利益与正当之权利义务。"③ 通过报刊、杂志、无线电传播国内国

---

① 《美国女界之情形》，《东方杂志》1912 年第 9 卷第 2 期。
② 章锡琛：《英国妇女之参政运动》，《东方杂志》1913 年第 10 卷第 2 期。
③ 《日本妇女界之新运动》，《东方杂志》1920 年第 17 卷第 5 期。

际女权运动的最新信息,日本女性逐步与国际接轨,争取与男性享受平等的权利,从而摆脱封建势力的枷锁。

国际上女性争取自身权利的同时,中国妇女运动的发展势头也方兴未艾。此时期,从《东方杂志》所刊登的国内女性问题报道中可以看出,妇女运动开展的过程中,这一群体对社会问题的理解愈发深刻,对争取权利与地位有了更清晰的认识。民国以前,因有觉悟而开展女权运动的很少,即使有也影响甚微。五四运动后,新思潮涌动,冲击着旧的封建思想观念,进一步推动了女权运动的兴起,女性争取自身权利的道路从此步入正轨。从进入新学堂接受教育到开展女权运动,从包揽家庭内部一切繁杂事务到向外雇佣清扫人员,女性因而拥有了自己的社交时间。从男性从事生产工作到女性走出家门与其共同承担家庭责任,女性不再是身处"闺房",大门不出二门不迈的柔弱女子。各种社会职位都能看见女性身影,打破了男性独大的局面。女权运动如火如荼地在全国范围内开展,随着运动的深入,女子高等师范学校的女权运动,主张刑法上增设"蓄妾者以重婚罪论、禁止买卖婢女、禁止公娼"[①]等新规定,以根除宗法的大家庭制度。这一主张得到了社会大众的积极响应。《东方杂志》在其谈屑、内外时报、妇女与家庭栏目发表文章,抨击传统陋习,指出一夫多妻使得女性地位日益卑微,家庭矛盾不断,认为"中国富人御贫之法,盖在戒纳妾"[②]。蓄妾制度存在严重弊端,夫妻之间只有奉行一夫一妻制度,才能促进家庭美满。中国,一方面蓄妾制度需剔除,另方面公娼、奴婢制同样毒害着女性无法拥有与男性同等的地位。"男奴制度几近绝迹,但女婢仍出现,娼妓亦是如此,前者是

[①] 高山:《中国的女权运动》,《东方杂志》1922年第19卷第18期。
[②] 劳人:《戒纳妾》,《东方杂志》1915年第12卷第6期。

体力的奴隶,后者是性的奴隶。"①《东方杂志》刊登《娼妓问题之检讨》②中提到,娼妓问题是由于私有财产制度而产生的,是以男性为中心的不合理制度。因不健康的社会制度及女子未能获得经济独立,致使为满足性要求的男性们以不正当手段,金钱的手段,来替代应以爱情为基础的婚姻方式。解决妇女问题也是在解决社会问题,今日的中国,人人都在呼吁解放,建立自由、民主的新社会,若想根本上改良制度,更应全力消减这些现象,来阻止对女性生理及心理的迫害,从而促进社会文明健康发展。

越来越多的女性接受了教育,参与到平权运动中。更多女性迈出家门进入社会,这就涉及她们如何在婚姻与职业上做出选择。一直以来,中国女性在婚姻上没有自主权,听从父母之命,早早嫁为人妇。1915年开始,《东方杂志》列举了早婚的各种危害,指出早婚不仅不利于女性健康,最重要的是不利于国家生产及富强,若不需任何劳民伤财的途径就可以让国家富裕起来,有效地办法就是戒早婚③。再从戒早婚延伸到婚姻,两个人终身大事的结合"允诺者,先有父母议定,在徵本人同意;自由者,先有男女两造允洽,再求父母同意。今开通之家庭,殆无不愿取允诺主义者"。由于父母决定子女的婚姻,使得婚后夫妇之间存在一定的矛盾,生活不幸福,希望当局予以重视并改良婚姻制度。除了讨论国内的婚姻问题,《东方杂志》还报道了世界各国的婚姻情况。随着女权运动的开展,女子获得了参政权,她们的社会地位和从前大不一样,丹麦为此修订新的婚姻法,规定结婚双方没有从属关系,地位绝对平等,对家务以

---

① 文玉:《目前中国之奴婢解放问题》,《东方杂志》1932年第29卷第5期。
② 碧茵:《娼妓问题之检讨》,《东方杂志》1935年第32卷第17期。
③ 伧父:《戒早婚》,《东方杂志》1915年第12卷第4期。

及子女的管教方面共同承担责任①。西班牙新宪法对离婚作出了新规定，国家准许夫妇双方或单方面提出离婚。在妻子想要离婚时，规定指出女性不需要陈述理由即可离婚，以法律来保护女性的贞洁名誉②。苏联在婚姻法的改革中，强调"今后禁止一切妨害母体的堕胎和生产"③。离婚后，若母亲抚养儿童，父亲每月要拿出工资的三分之一作为赡养费。不难看出，当女性地位得到认可，女性的权益也在改善，各国通过修订新的婚姻法来保护女性。自由选择恋爱结婚后，对于同等重要的离婚问题，也不再是过去将女性置于被动地位，没有选择就被丈夫一纸休书抛弃。

女性的觉醒，让女性有了不从属于男性的新身份。新女性有独立生活的能力，包括经济独立的能力。《东方杂志》与社会各界共同探讨女性职业问题。工业革命及其机械化大生产冲击了传统家庭手工业自给自足的经济模式，工厂劳动力不只有男性的身影。女性受教育程度越来越高，获得参政权，她们有更多的职业可以选择。仅看美国1900年调查，303种职业，除了海陆军、水手、消防等8种外，其他职业都有女性任职。④ 苏联，男女同工同酬，女性不仅限于轻工业的职位中。五年计划实施后，重工业工厂设施环境改善，政府重视女性健康，煤矿、机械制造业等都为女性提供学习技能的机会及生产岗位。女性可以担任女教授、女教师，管理层都有女性的身影。为了减轻妇女家务负担，更好投入工作中，公共食堂、托儿所、儿童游戏场也日益普及。⑤ 虽然中国女性投入到生产劳动的声势不及西方各国浩大，但民族资本主义日渐抬头，工厂商铺大规模创

---

① 《丹麦之婚姻法》，《东方杂志》1920年第17卷第13期。
② 《最急进的西班牙离婚法》，《东方杂志》1932年第29卷第1期。
③ 鲁沙白：《苏联婚姻法的改革与结婚问题》，《东方杂志》1936年第33卷第19期。
④ 于树德：《妇女问题与贫富问题》，《东方杂志》1924年第21卷第7期。
⑤ 林彬：《苏联妇女职业之进展》，《东方杂志》1935年第32卷第9期。

立,这就从各方面增强了女性群体与社会生产的互动及联系。中国女性在从事生产劳动中,仍存在着长时间过度劳动、工厂环境危害女性自身健康、对子女照顾不周等问题,那也不能否定她们在工作中所展现出的优秀能力。[①] 对于不利于女性生产劳动的因素,应该采取相应措施,以保障她们能在社会生产中发挥才干,创造财富。

三 全面抗战至新中国成立前的《东方杂志》女性问题报道(1937—1948)

近代中国承受着帝国主义近百年的剥削与压迫。19 世纪 60 年代,日本借鉴西方资本主义工业文明,进行自上而下的改革,走上了工业化强国的资本主义道路。这也为日本想要侵占更多领土、掠夺更多财富打下了基础。日本经过多年准备,于 1937 年 7 月对中国发动全面侵华战争。"七·七事变"后,全国上下开展抗日救亡运动,作为"启导国民"的《东方杂志》意识到全民抗战需要各界人士的共同努力,其中就包括女性的参与,于是在 1937 年到 1939 年集中刊登了大量报道,呼吁女性站起来反抗日寇侵略。

抗战时期《东方杂志》刊登呼吁女性反抗日寇侵略的文章,经历了一个由"大"到"小"的变化。起初的"大"是在组织这一群体,让她们意识到全面持久的抗战重责,先从受过教育、思想觉醒的知识女性开始,让她们动员无知落后的妇女到抵御外敌救亡的战线上来。对女工、农妇、家庭妇女进行讲解,根据以往的境遇因势利导,帮助她们认清现实大局,让她们踊跃抗战,为获得胜利参与其中。[②] 在让所有女性加入备战后,报道方向由"大"的唤醒意识、

[①] 碧云:《现代妇女劳动问题之检视》,《东方杂志》1936 年第 33 卷第 23 期。
[②] 啸云:《全面抗战中知识妇女的当前任务》,《东方杂志》1937 年第 34 卷第 18、19 期合刊。

承担责任转变为"小",即更为详细、更有针对性的具体报道。为了更好地让民众自愿参加救亡运动,必须依靠青年干部,他们是唤醒民众爱国的主力。动员妇女参加抗战,成立妇女训练员班是必要的,以使妇女干部集中组织和训练妇女。[①] 对如何开展农村妇女和家庭妇女工作,《东方杂志》也作了报道。由于农村妇女所处的社会环境,不可能让她们接受良好的教育,但作为人数最多、力量庞大的群体,一方面要提前充实教育知识,做好准备工作,另方面对农村环境、妇女地位进行考察,采取妥当的动员应对方法,同时寻求当地人员的帮助,以便使工作顺利完成。[②] 对待家庭妇女,应落实"精神动员",让其明白国家民族兴亡与自身利益密切相连,鼓励投身抗战,并让富贵人家尽量出钱、贫穷人家出力。对无法离开家庭直接参与抗战的妇女采取"消极动员"的办法,即节俭献金、购买国货来支持抗战。[③] 为前线士兵募制寒衣,提倡节约救难,减轻抗战后方负担,妇女学习家政学,妇女参政员应为妇女民主做出努力等,也都在《东方杂志》有详细报道。

随着抗战的深入,《东方杂志》不仅呼吁社会各界女性参加抗战,同时也时刻关注她们的生活情况。战争环境下,日军的侵略给妇女和儿童的生活带来了巨大破坏。工厂被战争摧毁,从事生产的女工失业人数增长,工厂为减少损失对女工实行压榨,让她们的生活境况愈加艰难。日军对妇女儿童进行毫无人性的劫持、蹂躏与杀戮,致使妇孺经历了无法想象的劫难。

从1937年全面抗战开始到1948年停刊这十年,《东方杂志》把对女性问题的报道着重放在了抗日战争这段时期,表明即使身处悲

---

① 罗叔章:《怎样办妇女干部训练学校》,《东方杂志》1938年第35卷第3期。
② 晓霞:《怎样动员与组织农村妇女》,《东方杂志》1938年第35卷第9期。
③ 青凡:《如何动员家庭妇女》,《东方杂志》1938年第35卷第21期。

惨境遇下的中国女性，也有着顽强的意志，与男性同胞们一起抵御外敌，为中国取得最后的胜利英勇奉献着自己。

第四节 《东方杂志》女性问题报道栏目设置

一 女性报道栏目概述

一种报刊的创办，是将其编辑思想及方针落实到具体操作步骤的创作性活动，包括内部结构、外在形象及整体的策划与设计。而组成各个版面的栏目就是内部结构中的子系统，从报刊整体出发，立足于报刊的总体定位，根据内部需要，设计版面和栏目、专栏。《东方杂志》栏目范围覆盖广泛，从创刊时的社说、内务、外交、教育、军事、财政、谕旨、实业等15个栏目到发行过程中的多次改版、栏目调整，新增了内外时报、谈屑、读者论坛、社会问题、现代史料、世界一角等，以辑录中外重大时事政治、经济要闻与文化事件。贯穿《东方杂志》始终，多方位多角度报道女性问题的文章，就分布在杂志的多个栏目之中，但各栏目发表的女性报道数量不等，有些栏目只刊登过一篇或两篇。下表为《东方杂志》栏目中女性问题报道部分文章示例[①]。

表4-3 　　　《东方杂志》诸栏目女性问题报道示例

栏目	标题
实业	《论女工》
时评	《官绅之权不及妇女》、《旗丁鬻女于西人》
小说	《女郎爱里沙》、《毒美人》、《薄倖女》
内务	《刑部奏妇女犯罪收赎银数太微不足以资警戒拟请酌量变通以昭书一摺》、《度支部奏选看秀女事宜请划归民政部会同各旗内务府办理片》

---

① 各栏目发表女性报道较多的会示例3篇文章，但在一些栏目中，女性相关报道只刊登过1篇或2篇。

续表

栏目	标题
社说	《兴女学议》、《论文明先女子》
杂俎	《婚姻沿革谈》（译自日本《法学新报》）、《美国女学与女权之实用》、《记荷兰妇人诬陷华侨事》
记事	《孝钦显皇后梓宫奉移日记》、《记上海印人轮奸乡女案》
章程	《前两江总督端札饬各属禁止缠足章程》
中国时事汇录	《补记广东新安县妇女抗钉门牌事》
内外时报	《美国女界之情形》、《列国女子选举权考》、《女德与家庭》
谈屑	《戒早婚》、《戒纳妾》、《男女及家庭》
补白	《英国工党内阁的女次官》、《两个英国的女游泳家》、《美国新副总统的女秘书》
世界新闻屑	《英国女伶当选为国会议员》
世界新潮	《英伦之女警察》、《日本妇女界之新运动》、《美国妇女选举运动之成功》
读者论坛	《世界两大系的妇人运动和中国的妇人运动》
评论	《世界妇女运动之近状》、《婚姻制度》
社会问题	《学生婚姻问题之研究》
新思想与新文艺	《南非女文学家须林娜》、《一个十四岁的著名女画家》、《文明之曙光——南非女文学家须林娜的遗著》
最录	《少年中国的男男女女》
名著研究	《两性伦理的基础》
杂评	《对于女权运动的希望》
女权运动	《近代妇女运动发生的途径》、《妇女参政运动的过去及现在》、《女权运动的根本要素》
宪法上特殊问题的建议	《輓近宪法上妇女权力问题》
时事述评	《妇女参政运动的胜利》
新语林	《法国的妇女不愿有选举权》、《日本人眼光中的美国女子》、《国际妇女卖买与现代文明》
现代史料	《印度国民议会的女会长》、《日本妇女劳动团体之勃兴》、《俄国新婚姻法的宣布》
附录	《已婚女子追溯继承财产施行细则》
时论要删	《印度妇女之对英不合作运动》

续表

栏目	标题
国际	《英国妇女参政权之扩张》
世界论坛	《妇女国际运动的近状》
世界一角	《美国的女官僚数》、《西班牙的妇女主义》、《甘地又得一异国女弟子》
文艺情报	《荷兰女作家许弥子的伟大的期待》
文艺	《莫斯科的女孩儿》、《给亡女》、《王后之侍者》
妇女与家庭	《女性与生育的艺术》、《天空中的妇女》、《妇女劳动之生物学的见解》
世界妇女新讯	《英国职业妇女的最近统计》、《世界女子打字锦标》、《捷克妇女要求有堕胎之权利》
教育	《论提倡女学之宗旨》、《论中国当以遍兴蒙学女学为先务》、《论女子教育上几种很严重的错误》
社会问题	《妇女与节制生育》、《家庭制度与男女平等原则》、《娼妓问题与优生运动》
农村写实	《广西农村中的劳动妇女》、《广西瑶民的婚姻生活》、《江苏北部农村中的劳动妇女》
中国文化问题特辑	《中国婚姻制度之发生并其发展》
现代史料	《国际妇女大会议决案》、《印度国民议会的女会长》、《苏俄最近的婚姻问题》

《东方杂志》女性问题报道文章不仅在多个栏目上刊登，而且还有专栏介绍国内外女性的新闻要事。专栏，是报刊专门用来刊登某一内容稿件所占据的局部版面，这些稿件根据开辟专栏所要求的主题写作，自成一体。与其他文章内容不同，专栏是相对独立的。报刊专栏名称也与报道标题不同，它代表的是这一类新闻报道内容的集合，所以更简练概括。《东方杂志》的女性专栏主要有"女权运动"、"妇女与家庭"及"世界妇女新讯"。

《东方杂志》1922年第19卷第18期设立了"女权运动"一栏。刊登《对于女权运动的希望》一文，介绍了女权的由来，"自来的社会是男子的社会，一切经济、法律、道德、教育等无不由男子去制定，而且掌握在他们手中的。对于两造的观念，无处不存尊卑高下二重标准，因为相沿既久，妇女也安于卑下，深信不疑了。但因为时代的变迁,思想也逐渐发达,人正确的概念渐渐为多数人所认识,人们的相互关系也同时渐得了解,于是聪明的妇女,也认知自己在人群中的地位怎样,因觉悟而感到不安,因不安而发生权利的要求了。"[①] 但是当时中国大多数人缺乏对于女权的认识,所以各运动团体的人员要对女权运动有彻底的了解后,再去领导别人,同时也要让女性醒悟过来,去争取自己教育、参政等方面的权利。为了让社会对女权运动加以重视,《东方杂志》"女权运动"一栏报道了近代女权运动的梗概。

1932年"一·二八事变"发生,日军飞机轰炸商务印书馆及其东方图书馆,厂房和排印好的杂志大多被摧毁,导致《东方杂志》停刊。历经8个月,10月16日复刊。在维持杂志原状的前提下,暂时作为商务印书馆几大无法复刊杂志的替代,增设了"教育"、"妇女与家庭"、"文艺"3个专栏。其中,"妇女与家庭"栏替代了原有的《妇女杂志》。从1932年第29卷第4期开始,每月一日出版的《东方杂志》增设"妇女与家庭"栏。在《妇女杂志》未恢复之前,持续在"妇女与家庭"一栏刊登讨论妇女问题的文章,内容重质不重量,篇目有所减少。1939年第36卷第15期之后的杂志中,仍刊登女性问题报道的文章,但是不再以专栏的形式出现。《东方杂志》复刊后设立了"世界妇女新讯"一栏,用来介绍世界各国女性的职业状况、文化活动、家庭生活、社会运动等内容,一直延续到1933年第30卷第3期。

二 女性问题报道专栏的特色

(一) 分门别类为读者指南

一种精美的报刊得以排版印刷,除了装帧的精心设计,离不开

[①] 乔峰:《对于女权运动的希望》,《东方杂志》1922年第19卷第18期。

内部有血有肉的稿件填充，十几篇甚至多达几十篇的稿件经过编辑细心筛选、编辑之后才能刊登在版面上。但是由于文章太多，种类太杂，涉及社会时事、论坛评议、文学作品、事件分析等内容，一方面读者读完一篇新闻报道，突然转到阅读诗歌、散文，跨度难免有些大，另方面读者数量庞大，文化水平、兴趣爱好以及职业的不同，导致他们所喜好的文章类型也有差异，在多种多样的文章中，寻找自己想要阅读的内容并非一件易事。专栏的设置，则帮助读者省去了挑拣文章的麻烦，使他们根据自己的需要在短时间内便可获知想要的文章种类。

《东方杂志》面向广大读者，刊登女性问题相关报道，在"实业"栏刊登《论女工》、"社说"刊登《兴女学议》、"世界新潮"刊登《日本妇女界之新运动》、"新语林"刊登《法国的妇女不愿有选举权》、"世界论坛"刊登《妇女国际运动的近况》等文章。总的看，女性问题报道在这些栏目的篇幅较少，且分散于各版。为了更好地反映女性主题，记录她们的生活近况，专门开辟了"女权运动"、"妇女与家庭"和"世界妇女新讯"3个专栏。这3个专栏的名称，归纳了报道内容的方向，做到了栏目精准定位，满足了读者能够及时获取社会女性热点文章的诉求。

(二) 直指女性内容，深化杂志主题

按时间分，专栏可分为长期专栏、短期专栏、固定专栏、不固定专栏。虽然《东方杂志》中的"女权运动"、"妇女与家庭"和"世界妇女新讯"3个专栏，并不是自创刊至停刊都存在，像"女权运动"专栏只在1922年第19卷第18期1期当中出现，"世界妇女新讯"栏目维持了一年，"妇女与家庭"专栏陪伴读者时间最长，有7年之久。但是，在《东方杂志》刊登的文章中始终都有女性问题的报道，有了3个专栏的加持，杂志在对社会各方面时事动态密切关注的同时，把女性问题单独划分为一个整体来跟进报道，不仅丰富了杂志内容，也切实促进了全社会的文明开化，将启迪民智切实贯彻到了女性之中。

"女权运动"栏，既有时事报道，又有研究文章。主要刊登内容包括：近代妇女运动与女权主义的起源与发展；妇女参政运动的兴起，从没有权利到获得实权；妇女主义要求妇女提高道德意识，确立自己"人"的地位；国际女权运动及中国女权运动团体，以及各自的主张和成员阶级的局限性等。"世界妇女新讯"栏，则汇聚了世界各地的女性讯息，不只报道女性解放运动的发展轨迹，还会刊登以描写中国题材成名的勃克夫人新出版作品的消息。也有文章总结青年男女婚姻失败的原因，还有写英国文官考试中投考和录取妇女人数比例的差别等。这些报道通常不是通过一大篇去阐述，而是概括及简要的说明，多个小简讯组成一期"世界妇女新讯"。"妇女与家庭"栏，涵盖了家庭婚姻关系中妇女地位、婚姻与职业的权衡、如何成为"良母"、生育节制、离婚问题等诸多内容。《女性美变迁考》一文，写了女性美的概念，提到因为民族、装饰手段和时代的不同，美的表现形式也是有差异的。《近代战争与女性》一文，写到与以前战争不同，一战期间，各国女性发挥了极大作用，由于男性需要参加战争导致国内劳动力不足，很多工作已经由女性替代。将来的战争中，直接编成正式的女子军队作战也是可能的。《日军侵略下上海妇孺所遭受到的劫难》一文，描述了上海的妇女和儿童遭受战争的悲惨境遇。《消逝中的日本公娼制度》一文，写了日本娼妓产生的原因以及政府废除封建的公娼制的实际举措。

（三）翻译国外女性报道及研究文章

《东方杂志》女性问题专栏，不仅报道国内国外女界运动近况，而且对国外发表的女性问题文章选择翻译，予以刊登。如《自由妇女的发现》① 一文，通过对美国、苏联等国女子的采访，可知苏联女性获取平等权利与地位进展较快。《德国的女子集中营》② 一文，吴大任节译自《New Republic》第88卷第1133期《The Nazis are kind to women》，写了德国女子在集中营被拘禁虐待的生活，提到如果有读者想要阅读原文，可以联系国际救济联合会的美国委员会。选择翻译国外女性问题文章，是《东方杂志》女性报道专栏的重要组成部分，展示了《东方杂志》的国际视野，提供了国外大量真实的报道材料及关于女性问题的思想观点。

第五节 《东方杂志》女性问题报道主题、内容

一 关注国内女性实际境遇，聚焦国际女权运动发展

（一）关注国内女性实际境遇

《东方杂志》一直致力于报道国内社会实情，依靠其不偏不倚的报道立场，刊登与女性切身相关的文章。报道或猛烈抨击，或直叙社会现实，或与他国现状对比，以此让社会各界人士更多地去了解女性这一长期被忽视的群体。女性问题开始进入大众视野，变得重要起来，必须让男性群体和身为女性的自己重视起来。通过对国内女性身处境遇的报道，使率先觉醒的进步人士更快地认识女性社会现状，为接下来争取女性权利的运动提供材料。根据报道中提到的女性生活境遇是否有所改善，或是暂时无法改变，甚至变得更为恶劣，供有识之士参考，以调整其努力方向，开辟新路径。

---

① Louise Anna Strong：《自由妇女的发现》，冯贞俞译，《东方杂志》1936年第33卷第13期。
② ［德］女犯：《德国的女子集中营》，吴大任译，《东方杂志》1936年第33卷第23期。译自《New Republic》第88卷第1133期《The Nazis are kind to women》。

例如《中国妇女运动的新阵线》一文，解释了中国妇女运动的含义，就是中国妇女起来革命。要从被征服的地位转变成与男子居于平等的地位，妇女运动的范围不只是女子本身力求解放，而是要为全民族与全人类谋幸福。要用历史的眼光看待中国妇女运动，大致分为三个时期："第一、胚胎时期，就是李、俞、陈、梁诸先生所提倡女子应解放的时期；第二、女子的民族运动时期；第三、女子的自觉时期。近年来的中国妇女运动已进入第三时期，这运动将来能否成功，我们必定要看这'自觉'时期的程度到了个什么地步。"[①] 这个时期的中国女子，尤其以身处都市中的为例，一面是上层阶级女子，自结婚后，家务雇用女仆去做，没有琐碎缠身的她们有大把空闲时间可以满足感官需求，而变得愈发"堕落"，与另一面无数被迫沦为娼妓的女子形成鲜明的对比。都市妇女的堕落和农民经济破产存在着关联。为了真正使妇女运动达到成效，解决把乡下女子卖到窑子或者去做使女的问题，就不得不更换阵线去实际解放农工妇女，在思想上破除她们的封建迷信，在生活中给予指导，让她们变得拥有独立的人格。

从《东方杂志》一路关注女性生活的报道来看，它在一定程度上记录着社会变迁对于女性的影响，是对女性为妾、为婢、为妓、只一心为妻到有了独立人格、出走家庭去谋得自身权利的真实写照。

（二）聚焦国际女权运动发展

中国女权运动的开展远远落后于西方各国，这是必须承认的事实。由于中国思想意识落后，法律观念淡薄，制度缺失，那么向先进国家学习经验，填补国内近代知识、理论和实践的空缺，就成为一种近代化的必然选择。

[①] 刘王立明：《中国妇女运动的新阵线》，《东方杂志》1933年第30卷第21期。

《东方杂志》放眼整个世界妇女运动的发展近况。1920年，刊登了一篇介绍召开国际妇女大会内容的文章。文章指出，"一战"后，巴黎召开的国际妇女大会经过决议，通过了三项妇孺的权利。分别是："一、凡国家所认许之一切权利，适用于男子者，必一律适用于妇女。妇女之于各国议会，不可不与男子有同等之政权。又凡国际集会及国际联盟之各机关妇女，必得举代表参与之。二、人类社会，各对小儿有不可避免之义务，欲令将来人类，获得生活道德知识之向上，社会间不可不取一致行动。凡有维护产前产后小儿之事，不可不以国际意义保障之。妇人在哺儿期内，社会必予以辅助。三、初等教育，无论何处，皆当出以强制。必以文化教育及职业教育为普遍性，不别男女及阶级，不论其社会上地位，尽得受教育之惠。务令尽人得自由发展其才能，各从其所好之职业。更须废止军备，而脱青年于战争之危险。"[①] 国际大会方案的制定，是世界妇女运动为之前进的方向标，《东方杂志》对这些国际大事的报道，为国内进步人士提供了制定条例的理论依据。

《东方杂志》作为强有力的传播媒介，不仅关注妇女运动的大方向及其轨迹，而且还聚焦英国、美国、法国、德国、日本等国的女权运动发展详情，以使国内了解世界各国女子参政的动机。介绍最为激烈的英国女权运动，面临数次驳回提议，仍顽强地争取选举权。美国运动较为成功，女子享有公民权利，拥有选举权。德国从女子不能干涉政治到成立女子参政会。日本女子参加政治集会，团结一致制定计划。挪威在法律上详尽规定了女性地位，女国民有自治的权利。

从各国女子团体代表参加国际妇女参政大会，到各国女子为平等所做出的努力与抗争的报道，激励着中国女权运动的兴起，呼吁

---

① 心瞑：《世界妇女运动之近况》，《东方杂志》1920年第17卷第4期。

万千女性更勇敢地站起来，对剥夺她们权利的政治制度发起挑战。

二 呼吁女性意识觉醒

"女为悦己者容"、"贤妻良母"是中国传统社会人们用来形容女性的刻板印象。然而，受近代文化运动的推动，更多的女子进入学校学习新知识，接受新思想。随着知识水平、文化程度的提高，促进了她们新思想的萌芽。进步人士鼓励女性抛弃顽固守旧的思想，呼吁社会女性群体，要认识到自身独立的人格魅力，应有新的现代人生观。女性在建设新人生观的过程中，要掌握判断人生价值的标准。女性的价值不在于拥有多少金钱以及享受多高的地位，而在于为了人们幸福做出多大的贡献，是否不计利害得失，不贪图享乐，不爱慕虚荣，是否懂得是非善恶，是否追求舍己利人，并以此作为人生道德的目标。

一个时代的思想可以反映出这个国家是在进化还是在倒退。不论是个人，还是家庭、团体、社会，若没有一个正确且集中的思想，那么最后的结果只能是仍处于病态的状态。随着时代潮流的发展，天下兴亡，不仅匹夫有责，而且女性也有其责。《建设女子中心思想的建议》一文，主张建设女性统一的新思想。文章指出，要建设女子的中心思想，需要两个阶段。甲阶段是建设中心思想的要素，女子要有享受权利的前提，然后要有承担国民天职的责任意识，以及肯定自己、谨慎自爱、自尊自重的独立人格。乙阶段则是范围的问题。家庭教育耳濡目染，对于思想极有影响，教者本身要注意做到以身作则。学校是养成青年思想的重要场所，所以和师长、同学相处而定型形成什么样的人格显得尤为重要。文化界可以利用文艺作品潜移默化地帮助并引导女性思想意识的觉醒。[①] 新女性观也好，女

[①] 沈仪彬:《建设女子中心思想的建议》,《东方杂志》1941年第38卷第12期。

子中心思想建设也好，都是为了唤醒国民女性从固有的旧观念束缚中解脱出来。

　　由于长期以来重男轻女的影响，不管是在家庭中、社会上还是法律上，女性本应有等同男性的天赋和能力，但是一切都按照男尊女卑的原则执行。中国女界的思想，虽有受过教育的女性在为一改往日的局面努力着，但始终是一小部分，大多女性意志薄弱甚至思想浅薄幼稚、缺乏正确思想。《东方杂志》刊登的报道中，向社会提出了一系列女性解放的思想，呼吁女性思想觉醒。首先要有独立的人格，要有作为一个人存在于世最基本的意志。在人格上男女是平等的，女性并不是附属于男性的产物，相反女性在一定程度上可以影响、改造男性。女性意识到自己的独立能力后，就要在家庭财产划分、家务承担、离婚后孩子抚养等方面行使权利。社会上可以有自己的事业、工作地位、薪酬待遇。法律上要有争取权利、参政议政的能力。这些文章介绍全面，观点鲜明，直接传达给广大读者，进而传播于整个社会，为女性解放起到了思想启蒙的巨大作用。

三　介绍国际女性最新态势

　　《东方杂志》报道西方各国女权运动发展历程的同时，对国际社会中女性生活的最新动态也多有报道。如《美国之妇女》一文，就对美国女性的现状作了及时介绍。婚姻上，两性的结合是因为爱情，并且是以尊重夫妇双方意愿为前提的。子女教育方面，父母会培养他们自由独立的人格。学校教育上，美国女子不分年龄都热爱学习，她们重视知识的累积。男女交际上，有一定的自由，但是存在礼俗的限制。经济思想方面，女子需养成独立的经济能力，且婚后夫妇双方拥有财产独立的权利，女子也有继承权。运动游戏，使得美国女子比日本女子活泼开朗，言语举止爽朗，有明辨公私的能力。最后还提到了美国女子注重全身服饰的装扮。①

为了使女性各种权利得到保障，世界各国对宪法进行修改，制定新的法律法规。德意志联邦新宪法规定男女都属于公民，有同等的权利与义务，年满二十岁以上可投票选举，限制女子担任公职的所有法律全部废除。瑞士阿奔塞尔州宪法提到，达到成年享有荣誉权的瑞士女子，可以任教育事业或慈善事业的职员。意大利对劳动妇女保护的事项相较旧法有了不少修正，在《意大利劳动妇女保护的新法制》一文中，对于肉体的适合性卫生及安全方面，赋予了非卫生作业的妇女有定期健康诊断的权利，禁止公司雇佣生产前三个月的孕妇搬运货物。劳动时间上采用交替制，妇女不能无休息地连续工作六小时以上，特别场合下也作了详细要求。产前产后的保护也细化到了适用范围、劳动的休止、哺乳期间工作的保留、强制母性保险等内容。② 这些关于国际上最新保护女性法律条文的报道，唤醒了中国女性的法律意识。如《已嫁女子追溯继承财产施行细则》中通过了在发生效力时期内，已嫁女子有获得继承权的条例。

把国外女性生活方方面面都呈现出来，为国内社会开阔眼界，提供新材料新范例。通过与西方各国比较，看到差距与不足，以此激励国内女性，获得动力，去改善和创造新的社会环境。

《现代妇女立法问题概观》一文，明确将现代妇女立法作为一个学术理论概念及问题加以专门介绍、研究，对妇女立法的渊源、立法部门以及研究方法等作了概论，为女性运动提供学术理论支持。

《东方杂志》一直关注女性问题，对国际女性最新态势持续报道，涉及英、美、法、德等大国，以及日本、土耳其、挪威、印度、

---

① ［日］三谷民子：《美国之妇女》，章锡琛译，《东方杂志》1913年第10卷第6期。
② 钱子衿：《意大利劳动妇女保护的新法制》，《东方杂志》1935年第32卷第23期。

朝鲜等国。

四 对两性问题进行探讨

沿着历史的脉络舒展开来，可以看出男女一直处在两性关系不平等的地位，直到近代才开始从男权社会逐渐转变为男女平权、相对平等的两性关系社会。那么，除了经济制度、政治制度外，男女自身之间究竟存在哪些方面的差异，《东方杂志》刊文对此作了一些探讨。有作者对动物实验、诸家言论和男女生理结构进行统计分析，得出"男为消耗性，女为储蓄性"，即男子是进取性，女子是保守性，男子是能动性，女子是受动性，男子是活动性，女子是静止性的结论。[①] 这使男女在性情的表达上大有不同，大概解释了女子退让、温和，男子进取的阴阳有别的现象。

言谈举止最能给人们留下直观的印象。女子相较于男性的不同：一是羞耻心，二是多言。从日常经验来看，确实女子见到男子更容易害羞。尤其出生在大家族的女性受传统礼教的教导，表现的更为明显，这非天生具有的，主要是后天养成的。那么为何女子更爱说话，《女子多言的原因》一文给出了答案。男子能节制地表达自己的心理活动，可把思想倾注于生活和事业里。女子则对内心情感不加束缚，再加上婚后过上主妇生活，家务烦琐，单调无味，只能通过语言把内心积攒的情绪表达出来。[②] 男女迷信心理的比较，通常是女性比男性更易迷信。《东方杂志》中一系列对男女两性问题的探讨，不只是局限于单纯对女性话题的关注，而是把女性放在与男性相同的大环境中进行对比，全面分析。

[①] 《男女之根本差》，《东方杂志》1915年第12卷第1期。
[②] 从予：《女子多言的原因》，《东方杂志》1925年第22卷第2期。

《东方杂志》报道涉及存在于社会现象中的男女敏感话题，如同性恋、性癖好等。即使把这些问题放到相较过去更为文明开放的当今社会公开讨论，也犹如一个重磅炸弹，能够激起人们的言论纷争。同性关系兼有男男、女女两个方面，一篇名为《人类学家所见同性爱的原因》，主要侧重女性之间的同性爱，作了原因分析。作者写到，在同性爱的女性之中，会有一位充当男性角色的女性，她的外貌服饰装扮、言谈行为举止都会模仿男性，也不会做平常女子所做的一切事务工作，并且还会和对方发生性关系满足需求。这种现象在东非、东印度、巴西以及广东顺德等地都存在，有些甚至是半公开、有组织的常见事实。究其产生的原因，根据人类学家威斯脱马克的研究，概括起来，分为本能的偏向癖好、心理上的性欲颠倒、迷信、迫于社会环境的无奈、异性缺乏或绝迹、女性的贞操和强迫的禁欲，以及两性之间暂时的隔别如军队中缺少异性七种原因。这七种原因有先天性质的，也有环境造成的，有个人主观选择的，也有客观的社会现状导致的，不管其产生的缘由如何，无论是当时的社会还是现在都有相当一部分人有着一致的观点，把这一现象归结为性心理变态的行为。[①] 它存在的对与否，这里姑且不论，单从《东方杂志》对女性问题报道来看，确实是做到了较为全面的关注，既包括男女之间异性关系方面，也有同性关系，尤其以女性之间同性爱的内容为主。

五 对农村妇女生活进行考察

《东方杂志》1935年开设了"农村写实"栏目，介绍中国农村各方面的情况，其中包括对农村妇女生活的考察。近代中国社会正

[①] 黄华节：《人类学家所见同性爱的原因》，《东方杂志》1933年第30卷第21期。

经历着一场新旧文明更新换代的过程，从遭受冲击的自给自足的农业经济体制中，率先诞生了一批沿海城市，这也让生活在城市、农村两个不同地域的妇女境遇产生了鲜明的对比。

在农村，妇女劳动是很普遍的现象，她们被雇佣，领取薪酬，在一定程度上可以说是妇女不再被家庭束缚，成了劳动者，有了独立自由的身份，但事实上并非如此。《东方杂志》报道了广西、江苏江阴、临武、安徽东流、河南、平南等全国各地的农村妇女，她们既要料理家庭事务，还要从事生产工作。她们承担着与男子同样的工作量，甚至工作时长达15个小时以上，领的却是微薄的收入，终日辛勤劳苦，不足维持一饱。有的妇女为了解决生计问题，甚至出卖肉体来换取几毛的钱币。不管是在贫农家里还是富农家里，妇女只是作为一个生产经济的主体存在。在平南，女子是以"赔钱货"的身份存在的，婚后的命运掌握在男方家里，用性关系和劳动关系来维持家庭的联系。① 女人被看成为了种田而出生的，完全是劳动的主力，没有任何自由，并且还面临着随时被抛弃和任人买卖的不幸。做童养媳，被纳妾，更是地主和富农常见的把戏，用低价买进而充当免费的长工，夜以继日地让妇女工作，劳动时间、劳动效率、劳动待遇上，更长、更高、更差。《东方杂志》揭露了农村妇女悲惨的命运，她们没有社会地位，如奴隶一般，没有自由，活在痛苦之中。"农村写实"栏中，也有对农村妇女婚姻风俗的介绍。如《广西瑶民的婚姻生活》② 一文，介绍了当地一年里会举行两个歌期，瑶民男女就借此期间通过高唱情歌来选择心仪的对象定情、订婚、描述了结婚习俗及过程。《粤桂的"自梳女"和"不落家"》一文，对"自梳

---

① 韦而久：《平南农村妇女生活》，《东方杂志》1936年第33卷第12期。
② 原文为"猺"，此改为"瑶"。

女"和"不落家"作了叙述。"自梳女"是指自谋自食，不依靠男人，持独身主义、不嫁主义的女子，她们在粤省各县普遍存在。"不落家"是按照父母之命、媒妁之言出嫁，嫁到男方家里之后第二天即逃回母亲家的女性，她们会从事家务劳动，性行为自由，直到怀孕才会被重新送回男方家中。

第六节 《东方杂志》中的新女性形象及其建构

一 普及女性生理知识

女性和男性在生理结构上有着较大的差距，一般的生理教科书讲到的知识通常是男女共同适用的，这就导致了女性对自身特有的生理现象以及这种现象对身体所产生的变化，了解的不多，而且在传统落后的观念影响下，仍会存在着把女性月经出现的症状，看作是女子生活不洁的象征。为此，《东方杂志》对科学的女性生理知识进行了普及。《妇女生理》一文，介绍了女性月经大约的起止年龄、大致的经期长短、月经的构成、环境对月经的影响、月经和排卵的关系等基本的生理常识。指出，无论是在中国还是西洋，都有一种认为女性在月经期间会产生一种不仅存在体内还会分泌出体外的毒，在这种情况下喂孩子吃会让他们消化不良或导致腹泻的结果，其实这种观念不具备任何合理性。[①]

生育问题是女性的基本问题，也是人类自身生产的基本问题。《东方杂志》刊登多篇报道，对生育节制进行讨论。如《从男女的争斗说到生育节制》一文，认为节制生育，一方面能够减轻女性生理和工作上的负担，另一方面对社会中用合理的方法去分配食物也是

---

① 克士：《妇女生理》，《东方杂志》1935年第32卷第3期。

有利的。《现代妇女节育运动的解剖》,指出:"妇女节制生育的运动,在现社会里几乎成为了一种普遍的潮流,而且常为一般所谓新时代的妇女视为一种新理想而奉行着。"① 对节育理论加以提倡的同时,对节育措施及方法也予以积极介绍。如《自然节育法》、《周期禁欲避妊法》诸文,介绍了如何利用女性月经的周期,推算出排卵的日期来进行避孕。《东方杂志》图书广告栏中,刊登有关女性各个时期如少女、青年、中年、老年及经期、妊娠期、哺乳期卫生保健方法的书籍,普通广告中也会宣传针对女性调理身体的药品。

《东方杂志》关于女性科学生理知识的报道,普及了生活状态、职业、气候可能对月经产生的影响、经期身体会出现的症状、受孕生育、如何利用合理的方法达到生育节制的效果等女性生理知识。促使女性重视起长久以来被她们忽视的生理现象,意识到首先要关爱自己的重要性。懂得自己生殖系统各阶段发育成熟时的变化,熟悉女子生理上的主要机能,利用掌握的常识保护好自己。正确地看待并爱惜自己的身体,明白正常的生理反应现象,不是所谓传统旧观念中的邪恶象征,有权利选择在何种时机受孕,不再是单纯传宗接代的工具。

二 对塑造女性新思想、新观念的提倡

统治阶级为了巩固自身的统治地位,在漫长的封建时代,通过三纲五常的伦理道德来规范甚至禁锢被统治阶级的言语思想、行为举止。其中"三纲"所包含的"夫为妻纲",主张夫为主,妇为从,为妻者无条件服从于丈夫,致使女性失去了社会独立地位,失去了人生独立性,沦为了男性社会的附庸。两千多年来长期受到政权、

---

① 陈碧云:《现代妇女节育运动的解剖》,《东方杂志》1933 年第 30 卷第 15 期。

族权、神权、夫权的掌控，没有自主选择的权利，没有平等待遇，不过是任由男性取悦的"物品"而已。

但随着中国封建社会内部经济的发展，资本主义萌芽的出现，使得女性意识渐渐萌发。近代中西方文化相互碰撞，催生出一批进步的思想家，率先觉醒，抨击批判封建礼教对人们的严重束缚。这就意味着，饱受几千年封建专制戕害的女性群体，开始有人为她们的权利与地位而发声了，向封建的伦理纲常提出质疑并予以否定。早在明清时期，李贽、唐甄等人就提出男女平等的思想。到了近代，源于西方资本主义国家"天赋人权"理论的女性解放思想，更是为中国女性争取独立自由及平等权利提供了强大的思想武器。

《东方杂志》关于女性问题的文章，不仅记录了国内外女界发生的重大事件以及新闻资讯，反映女性独立自主意识的觉醒，而且对清末民国近代新女性应有的新思想新观念也大力提倡。如《怎样才能养成"良母"》一文，谈到如果让妇女回归家庭，不问社会事业，一心教养儿童，成为"贤妻良母"，这样一方面不可能把孩子教育得良好，另一方面把妇女当作永久的家庭奴隶和男子的附属品看待，本身就是不正当的。所以，即便是要更好地教养孩子，也必须让妇女参与广泛的社会实践活动，从社会生活中感悟人生，获得知识，以此教养才能培养出推动社会发展的孩子。[①]《现代女子应有之新人生观》一文，明确指出："所谓新人生观者，即重新估定人生之价值、标准、意义、目的与归宿，是服务、牺牲之道德生活为人生之目的、归宿，是克勤克俭，舍生取义。新人生观之目的在'与'（give），新人生观唯计是非、价值、善恶，不计毁誉、成败、利害、得失。"[②]

[①] 陈碧云：《怎样才能养成"良母"》，《东方杂志》1934年第31卷第21期。
[②] 康选宜：《现代女子应有之新人生观》，《东方杂志》1935年第32卷第7期。

并同旧的人生观作了对比。《新女性观》一文,作者根据弗弥涅兹姆理论提倡,第一,确定严格的一夫一妻的结合与持续。第二,男女双方在理智和感情上站在同一线,让彼此获得满足,并把彼此当作最亲密的友人对待。第三,从事共同的生产工作,便是要对社会有共同的意志和认识。①

三 女性外表装扮美的新定义

一个女子随着年龄的增长,发育愈渐成熟,身体容貌会散发出吸引人目光的独特女性魅力。陈东原在《中国妇女生活史》中说过:"女性美的标准,很不易说,向来所谓为美的,大都是男子眼中的美。"② 历史上,女性去打扮的直接目的就是为了博取男性的关注。随着时代潮流的变迁,不同女性注重妆容的精致和服饰穿着的打扮各异,人们对美的追求也不再趋同,各国评判美人形态的标准也截然不同。钱智修在他的《世界妇女美观之异同》一文中描述了日本人观念中的女性美,是"髋髀瘦削,面庞椭圆,眼如画眉,鼻端微钩,修发如漆,睫毛细长"。法兰西妇女善于利用装饰装扮自己,金发碧眼的意大利女性则以肤发眼睛略黑为贵。他还从头发、手足、臀骨、胸部等方面来比较各国不同的审美要求,总结出真正的美其实是"惟合乎身体之自然,而后男女皆感其愉快耳"③。与此同时,中国的女性在外表装扮上也开始发生了变化,摆脱束胸和宽松臃肿的裾袍而穿起凸显身材曲线的西洋裙子,为了装束时髦搭配高跟鞋,购买化妆器具,穿戴首饰。《东方杂志》1934年刊登的一篇名为《妇女国货年中之舶来化妆品的畅销》报道中显示,"去年度香水脂

---

① [日]冈邦雄:《新女性观》,鲁沙白译,《东方杂志》1937年第34卷第11期。
② 陈东原:《中国妇女生活史》,上海书店1984年版,第222页。
③ 钱智修:《世界妇女美观之异同》,《东方杂志》1914年第11卷第2期。

粉进口,达一百五十余万元,本年自一月至四月,亦达五十二万元,均大部消耗于本埠妇女界,漏卮惊人,闻者咋舌。"[1] 同年,据国际贸易局发表的1934年7月以来进口各国香水脂粉统计,中国女性购买的总额达到一百万零六千一百四十元。即使在国际贸易正值衰落之际,进出口商品数量锐减,但唯独脂粉香水的进口总量,反较去年还增加了。[2] 随着近代女性劳动、消费的个体化,她们对美的审视也不再仅仅是通过男子眼中来规定美与丑,女性同样是审美的主体,这就促使审美原则趋向多元、差异。

图4-6 日本、法兰西美人图

《东方杂志》"东方画报"栏中,刊登了数组不同国家女性装饰图片,有内外蒙古贵族妇女的装饰照、非洲妇女奇异的装饰照以及欧美女性穿着的照片等,还刊登了中美美女竞赛、欧洲小姐当选者的照片。通过文字叙述与真实摄影图片的结合,让读者领略到由于各

---

[1] 《妇女国货年中之舶来化妆品的畅销》,《东方杂志》1934年第31卷第14期。
[2] 《化妆品输入额的激增》,《东方杂志》1934年第31卷第18期。

图 4-7 妇女国货年图

图 4-8 非洲妇女的奇异装饰

图 4-9　内外蒙古贵族妇女之装饰

国文化的不同，女性的穿着带有自身独特的韵味。利用这种图文结合的报道手法对女性进行刻画，使女性这一整体变得更加鲜活立体。

四　刻画女性独立的个体形象

《东方杂志》注重对国际著名女性、成功女性的关注与报道。视野国际化，充分展示国际女性面貌、事业、形象，以此供人了解国际女性整体状况，塑造女性独立形象，培育女性独立思想。有些文章配有插图、画像，直观形象，图文并茂，令读者眼界大开。女性新闻如《法国喀罗夫人公判余闻》、《美国女飞行家格雷爽女士遇难》、《甘地英国女弟子被捕入狱》、《拿破仑第三皇后之逝世》、《殴

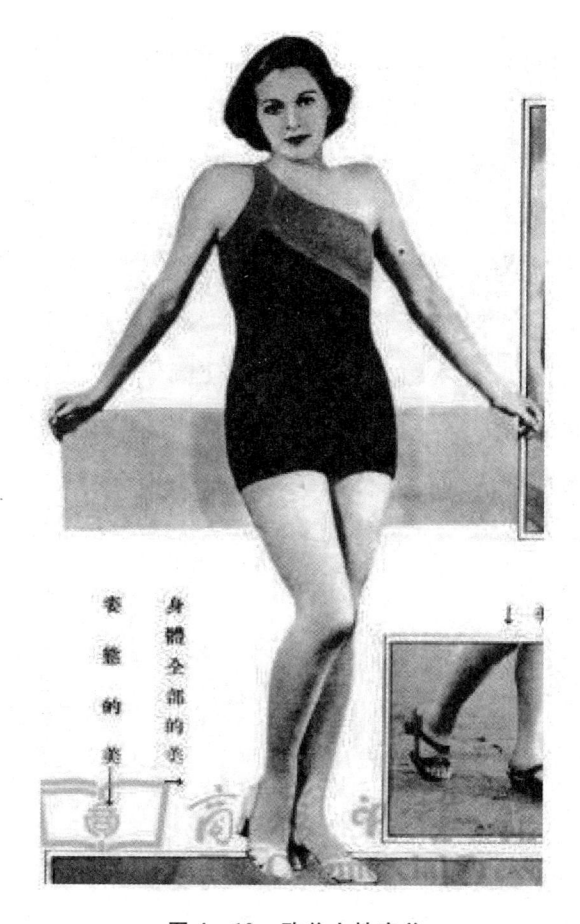

图 4-10 欧美女性穿着

哈脱女士大西洋飞行记》。人物介绍如《一个十四岁的著名女画家》、《南非女文学家须林娜》、《印度国民议会的女会长》、《新得诺贝尔奖金之意大利女作家黛利达》。人物研究如《三十五位美国总统夫人之分析》等。主要为美国、英国、法国、德国、土耳其、加拿大等国女性，包括文学界、科学界、政界的各类女性。

《镭锭发明者居里夫人小传》中写到了居里夫人的生活境遇，她即使面对物质短缺、实验失败的困难，也坚持不放弃，最终取得了成功。给予她"此镭锭之发现，为现在科学界中之最重要者。法国科学界中生存之男子，无足与并肩而立"①的赞誉，来肯定她所做出的巨大贡献。早在《东方杂志》1911年第8卷第8期的"东方画报"栏中就刊登了"雷的姆原质发明者居里女史"的图片。居里夫人逝世时，"东方画报"中刊登了一组她的照片，以此来悼念居里夫人不平凡、受人尊敬的一生。海伦·凯勒凭借特有的智慧和超人般顽强的意志毅力，战胜天生残疾而成为奇迹。《海伦凯勒的新荣誉》一文中，对凯勒女士日常如何进行言语交流作了简单叙述，表达了对她的敬佩之情。著名女性报道中，还有在英国选举中胜出，成为划时代事件的担任内阁大臣的蓬斐尔特女士、世界上第一个担任外交部部长的罗马尼亚女部长、因为喜好而成功飞渡大西洋的殴哈脱女士等，她们凭借自己的天赋和努力给"女子生来不如男"的刻板观念一次又一次漂亮的回击，用事实证明了自己。通过这些报道，向国内落后迷茫的女性宣告，天赋不因性别的差异而产生优劣之分，为自己而活，为自己擅长喜爱的事业而活，活出生命的价值和意义。

虽然中国女性接受了一定的西方女性解放思想及理论，接受了一定的新式教育，初步有了相对独立的意识及观念，但相较于欧美等国的女性还有很大的差距，真正实现全体女性的独立解放还要走很长的道路。国内社会中仍有不少人对于女性应该处在和男性同等地位不屑一顾，轻视她们的能力与价值。这种矛盾现象反映了社会及观念新旧交替的长期性及复杂性。甚至在《东方杂志》中也存在着较为传统的思想内容的报道，像一则《妇与其夫最大之贡献》的普通广告，其中写有"如果爱与家庭确为夫妻结合之目的，则妇与其夫最大之贡献无过于婴孩，尤其是男孩，然因身体不佳，妇竟不

---

① 高劳：《镭锭发明者居里夫人小传》，《东方杂志》1911年第8卷第11期。

图 4-11 雷的姆原质发明者居里女史

能作此贡献而负其夫之切望者……"① 这在一定程度上可以看出，即使遵从双方意愿自由成婚者，女性仍是扮演家庭中以生孩子为最终目的重要角色，更何况还是以生男孩为重要责任，重男轻女的思想还根深蒂固地存在于部分国人的心中。即便如此，《东方杂志》总的思想及其落脚点还是在于塑造一改往日旧观念、旧思想的新女性。对女性人物和事迹的报道，凸显了作为独立个体女性的身份。她们是社会中独立自主的个体，或因智慧的科学头脑、或杰出政治才干、或顽强精神意志得到社会的赞誉与认可。《东方杂志》本着新闻理念

---

① 《妇与其夫最大之贡献》，《东方杂志》1931 年第 28 卷第 15 期。

对此竞相报道，彰显了国际女性的魅力，然而这种魅力并非"花瓶"的婀娜身姿，只叫人观赏，毫无社会贡献价值可言。

第七节 《东方杂志》女性问题图片报道

一 女性问题图片报道

报刊新闻报道是以文字为主要形式叙述事件原委始末的最传统、最基本方式，但除了依靠文字这种语言符号传递信息外，图片作为视觉性非语言文字符号同样是报刊版面中不可或缺的重要组成。报刊上采用的图片总的来说可以分为四种，即照片、漫画、图示和图饰，它们以其自身特有的表达方式与文字相得益彰地呈现着信息内容，吸引着读者的眼球。不管是在生活节奏不断加快，人们更倾向于利用网络，进行碎片化浅阅读的今天，还是百年前利用摄影术及传真技术将照片呈现到报纸上，使得报纸使用新闻照片变得普及，直观形象的图片都是重要的存在。

图片都是重要的存在。

（一）"东方画报"中女性图片概述

"东方画报"是有别于文字报道而出现在《东方杂志》中的独立栏目，它刊登了许多以时事为拍摄对象的新闻照片及为人物拍摄的艺术照片。不需要复杂的思考解读，《东方杂志》通过这些照片，让读者了解女性真实的生活状态，也展现了新时代的女性形象。

表 4-4　　　　　　"东方画报"栏女性图片汇总

时间	标题
1907 年第 4 卷第 1 期	比利时后、意大利后
1907 年第 4 卷第 8 期	荷兰女王威尔密那及夫亨利公爵、西班牙王阿芬琐第八及其妃
1907 年第 4 卷第 11 期	德国太子及其妃、瑞典皇孙及其妃

续表

时间	标题
1908 年第 5 卷第 1 期	俄皇尼古拉士第二家庭、美总统鲁司华尔家庭
1911 年第 8 卷第 1 期	游历中之德国皇太子及其妃
1911 年第 8 卷第 2 期	獏猱与西番妇女、猓猡妇女、汉民妇女、水田妇女
1911 年第 8 卷第 6 期	英美之女飞行家
1911 年第 8 卷第 8 期	雷的姆原质发明者居里女史、美国女子走绳索之广告术
1911 年第 8 卷第 11 期	光复军女子北伐队统制林素骽、光复军女子北伐队管带陈婉衍、光复军女子北伐队、浙江女子北伐队
1912 年第 9 卷第 10 期	清隆裕皇太后崩逝之纪念
1913 年第 10 卷第 1 期	德皇之女及其夫壻
1913 年第 10 卷第 7 期	亚尔巴尼亚新王维廉及其王妃与王女
1915 年第 12 卷第 7 期	上海女子运动会摄影、希腊王及其家属
1915 年第 12 卷第 12 期	英国女子在军械厂做工之图
1916 年第 13 卷第 6 期	俄国随军至战地之女医生
1916 年第 13 卷第 1 期	欧洲女界在大战中之运动
1916 年第 13 卷第 2 期	德皇德后及德太子最近之摄影
1917 年第 14 卷第 6 期	法国女界今日之职业
1917 年第 14 卷第 7 期	冰上之和兰女王及公主
1917 年第 14 卷第 9 期	内外蒙古贵族妇女之装饰
1917 年第 14 卷第 10 期	英王暨英后之战地巡幸
1917 年第 14 卷第 11 期	冯代总统夫人周女士之丧仪
1918 年第 15 卷第 5 期	英国妇女在飞行机制造厂工作之图
1918 年第 15 卷第 6 期	美国妇女学习铁路事务图
1919 年第 16 卷第 4 期	英国妇女就飞机雏型练习飞机制造术
1918 年第 15 卷第 7 期	英国女子投入皇家海军军役之状
1921 年第 18 卷第 12 期	牧羊女子之缝织
1922 年第 19 卷第 6 期	西班牙之女、母之幸
1923 年第 20 卷第 9 期	世界第一名女伶莎拉之死
1925 年第 22 卷第 6 期	江湖女子、玛加利花中之少女
1926 年第 23 卷第 1 期	希腊女诗人沙孚之死
1926 年第 23 卷第 20 期	女子游泳英格兰海峡的成功
1929 年第 26 卷第 4 期	牧场之乐女

续表

时间	标题
1930 年第 27 卷第 6 期	妇女提倡国货筹备委员会摄影
1930 年第 27 卷第 9 期	匈牙利妇女历年杀人案之破获
1930 年第 27 卷第 12 期	上海之母亲节
1930 年第 28 卷第 3 期	一九三一年之欧洲美女竞选
1931 年第 28 卷第 20 期	最近来华之林白夫妇与詹生女士
1932 年第 29 卷第 4 期	世界的妇女
1932 年第 29 卷第 5 期	妇女航空、苏俄妇女
1932 年第 29 卷第 6 期	世界妇女消息
1933 年第 30 卷第 10 期	处女舞
1933 年第 30 卷第 14 期	欧美女性之美
1934 年第 31 卷第 3 期	妇女国货年
1934 年第 31 卷第 3 期	新妇女、女监狱
1934 年第 31 卷第 16 期	悼居里夫人
1935 年第 32 卷第 2 期	非洲妇女的奇异装饰
1935 年第 32 卷第 6 期	一九三五年中美美女竞赛
1935 年第 32 卷第 16 期	一九三五年的欧洲小姐
1935 年第 32 卷第 19 期	阿比西尼亚妇女与战争
1937 年第 34 卷第 3 期	妇女与抗战
1937 年第 34 卷第 14 期	中国女妇史话之——髮髻
1948 年第 44 卷第 7 期	金陵女子文理学院体育舞蹈表演

"东方画报"中刊登的女性图片可以分为两类，第一种是独立编发的一幅或几幅图片，没有过多的文字介绍，用标题即可概括主要内容。如 1907 年第 4 卷第 1 期的《比利时后、意大利后》、1911 年第 8 卷第 6 期《英美之女飞行家》、1935 年第 32 卷第 6 期《一九三五年中美美女竞赛》、1948 年第 44 卷第 7 期《金陵女子文理学院体育舞蹈表演》等。这些图片多是人物特写照片，多数时效性不高，通过标题即可知道照片内容，但颇具艺术性、表现力，尤其强调动态。

第二种是由多幅图片构成，配有简短的说明性文字，用来表达

图 4-12 英美之女飞行家

特定主题的组合照片。这些照片选取多个状态的不同形象，从而表现事件发生的过程。也有单幅照片，下方或左边配有文字介绍。图片、标题、文字三者共同构建出新闻报道的有机画面，使报道有深度、有广度，从而变得更加深刻。如 1911 年第 8 卷第 8 期《雷的姆原质发明者居里女史》照片下方写道："原质中之最新奇者，为雷的姆。Radinm，意即热力原质也。（或译为铤）其首先发明者为法国居里夫人。Madam. Curie 夫人又考定其原子之重量，奏游离之功绩。然以身为女子之故，竟不能入国家科学会云。" 1918 年第 15 卷第 6 期

图 4-13　金陵女子文理学院体育舞蹈表演

《美国妇女学习铁路事务图》，则通过"以铁路雏形练习开车之法以电话为开车之记号"、"练习火车改换轨道之法"、"火车开行时即以信号报告第二站之练习者"、"练习铁路事务之妇女授课时之状"4张照片展现出了美国妇女学习的场景。

对人物和事件进行拍摄构成了"东方画报"的53组女性图片，这些照片记录了国内外女性的外貌、肖像、服装、头饰、节日景象、职业、工作环境、游行活动等，呈现了女性形态及其社会生活的各方面。如《女子游泳英格兰海峡的成功》，拍下了女子成功后握手祝贺的珍贵瞬间。《悼居里夫人》，1934年居里夫人病逝，杂志刊登了3张居里夫人的照片来悼念。《上海之母亲节》则是带领读者一起去感受母亲节那天庆祝的喜悦气氛。

（二）文章报道中的女性图片概述

《东方杂志》除了有"东方画报"专栏刊登图片外，女性问题的文章报道中也有配合文字稿件出现的图片，使读者把"看"的视觉效果和"读"的消化信息的过程连接起来，所谓图文并茂，使文

第四章 《东方杂志》女性问题报道研究

图 4-14 雷的姆原质发明者居里女史

图 4-15 美国妇女学习铁路事务

章更具证实性，使图片发挥其补充解释作用。

照片在《东方杂志》女性问题报道文章中所占比例较大，大都是新闻照片，以新闻事件和新闻人物为拍摄对象，以重现当时发生的现场情景。如《美国摩门教之多妻俗》一文，配有"摩门教创立司密约瑟氏"、"摩门教首杨勃烈汉氏"少年与老年、"摩门教首华特勒夫氏"、"摩门教首司密爱富氏" 5 张特写人物头像照片，将摩门教创教、发展及其与政府关系，依次结合正文予以图示。《女医之今昔观》一文中，刊有"英国红十字会惠亚医院之病房"、"苏格兰女子在法国阿槐育蒙寺病院为法国伤兵包裹创伤"、"英国王后查看救伤车之内部"等多幅照片，证实今日妇女可以担任医生职业，打破了以往男子独掌大权，男医生缔结同盟排斥女子成为医生的局面。《英国女子参政案之顿挫》一文，配发"英议院取消女子参政议案日院门以外之情形"照片，大批女子举牌抗议。《英国女权党之狂暴》一文，刊发"女权党捕入警局铁栏"、"班霍斯德夫人被捕"照片，女子被多名男警察拖拽带走。《英国女子参政党之分裂》一文中"英国威尔斯女子参政党之受窘"照片，下面配有女子参政党阻止英国财政大臣进行典礼，大呼女子投票权，旁观群众回应把她扔到河中。"兰尼斯东德威之女子参政党员被打后由警察护卫而行"照片，让读者亲眼目睹英国女子为争取自身政治权利的过程是如何受到不公的惨烈待遇及其依然顽强地去反抗的场面。图 4-16 就是从报道中截取的局部照片"女子参政员被打后由警察护卫而行"。

漫画是一种艺术作品。有刊登在新闻版上，根据事实进行艺术加工的新闻漫画；有反映社会现象的漫画；还有用在文字报道的图解漫画，以及连环画、幽默画等。漫画以夸张、幽默、象征、搞笑的表现手法，描绘社会生活或讽刺社会现象。《东方杂志》在其女性

图 4-16 《英国女子参政党之分裂》配发照片

问题报道文章中，积极插入漫画，以此激起读者的阅读兴趣。如《国际妇女之平和运动》一文中提到这次大会要求国际联盟"逐渐平等的解除各国之军备，废除军器之私人制造及贸易，以渐达于一般的军备解除之倾向"[1]，就配了一张与内容相呼应名为"发掘藏金者的商量"的漫画。漫画中，在埋有解除军备的宝藏箱子上压着重重的"日本移民问题"、"美日同盟问题"、"开发中国问题"、"开放门户问题"等大石头，挖掘者拿着工具讨论不知将这些问题石头移到哪里去。这张漫画讽刺了问题的解决并不是想象中那么容易，暗示了文章主题。

图示有统计图表、示意图与新闻地图三种。《东方杂志》报道中图示多以统计图表的形式出现，将数字数据制成表格，一目了然，方便读者阅读、查询与比较。如《现代妇女劳动问题之检视》中列

---

[1] 《国际妇女之平和运动》，《东方杂志》1921年第18卷第20期。

有"关于上海各业女工工资、工作时间和工作人数调查表"与"关于汉口各业男女工资调查表"。《论早婚及姻属嫁娶之害》中统计了各国男女法定结婚年龄。但是《东方杂志》只是将数据分类罗列，相对简洁地集中起来，没有把数据趋势或走向展现出来，还处于基本的统计阶段。

照片、漫画、图示在《东方杂志》女性报道文章中出现较多。此外，点缀栏题的图案、以及文尾装饰版面的图饰（尾花）也是常用的美术图案。图饰同图示不一样，它不传递任何新闻信息，只是单纯地美化版面，让版面变得生动活泼，免于单调乏味。

二 女性问题报道中图片应用的意义

新闻报刊主要以文字报道为主，尽管早期的报刊受到摄影设备、制版技术等方面的局限，但是依然不可忽略图片在报道中无可替代的重要作用。它与文字一起，给读者营造了一种阅读新体验，促进了内容传播。从视觉传播理论来看，利用图像的视觉效果，与文字报道组合在一起，改变单一文字传播的形式，可以丰富视觉信息，实现信息传播更优化。

（一）女性报道事件的场景纪实

《东方杂志》在其"东方画报"栏及报道文章中插入的照片，能够再现、还原新闻事件发生的现场，捕捉到真实的场面瞬间，使读者通过图片直观地看到事件发生的现场画面乃至细节。不管是战争局势、政治运动还是文娱、庆祝，一同定格保存下来。从女性报道图片中，读者能够清晰地了解到她们从事工作的环境、参与社会活动的场景、各国妇女衣着装扮的异同等。这些都是在女性追求独立解放的历史中真实发生过的，是最直接的历史纪实，是历史宝贵的记录资料。这些照片也是供后人识别真伪，辨认史实，考证信息来源是否可靠，从事历史研究的第一手资料。

一篇报道只有文字记录事件原本始末，未免稍显生硬，不可能带领读者进入特定的现场语境中去，且读者也难免受到作者主观情绪的影响及带动。而经由新闻照片却可生动形象地看到当时的事件场面，人物的表情、动作是真实的，新闻事件氛围是真实的。显然，配合文字报道的图片增强了并证实了文章的可信度。

（二）吸引读者视觉，点缀装饰版面

新闻照片同文字不同，它是形象性的生动符号，最大的特点就是具有动感的视觉冲击力及震撼力，强烈吸引着读者的视觉。《东方杂志》女性报道中加入图片，可使读者第一时间就看到这篇带图的版面，吸引其注意力，激发读者阅读兴趣，优先选择阅读此篇文章，联系上下文脉络，进一步梳理全部内容。画面的代入感能够唤醒内心情感，可以达到使读者同照片人物、事件共情的效果。这同全是文字报道的文本相比，更容易让读者全篇看下去，并在头脑中留下深刻印象。

新闻漫画可以是独立的新闻作品，也可以帮助读者理解抽象的报道及说明文字。报道文章插图、文中图饰的灵活运用，既可表达意义，又可美化装饰版面。报刊版面编排，讲究文图并茂，构图完美、匀称，所以恰到好处地将图片编排在版面上，会给整版吹来一股艺术气息。总之，图片的广泛运用，将《东方杂志》女性报道内容的丰富性生动展现了出来。

第八节 《东方杂志》女性问题报道中的广告

一 女性问题报道中的广告

从古代售卖商品而吆喝的叫卖开始，到发明雕版印刷术，印刷版画宣传广告,再到鸦片战争后外国商人在中国创办商业报纸,刊登商品广告推销工业产品,广告一直是人类社会一种信息传播方式。广告的基本目的,就是广泛传播特定信息,商业广告作为主要类型,其根本目的在于向消费者销售商品。《东方杂志》从1904年创刊起,至1048年终刊止,45年来刊登了大量广告,每期所登广告分成普通广告、图书广告两大类。此对涉及女性的广告予以关注,略加分析。

(一) 图书广告与女性

《东方杂志》提倡女性解放,致力于女性近代化建设,培养新女性,注重对女性实行新式教育。其广告贯彻了这一思想主张,特别体现在图书广告中。图书广告中,包括女子教育图书,女性心理、生理卫生、保健图书,婚姻和职业指导图书,妇女问题和妇女解放运动图书,以及馆办《妇女杂志》每期内容介绍等。每则广告,通过简短的文字对每种图书的主要内容、特点、编辑方法、适合对象或适用范围、适用方法等方面加以介绍,标注著者、译者、售价,以供读者参考。

如"女子国文教科书"、"女子国文教授法"广告(图4-17):

沈颐、戴克敦、蒋维乔、庄俞、高凤谦编。

修订初等小学"女子国文教科书",前后四册,每册一角、一角二分。修订初等小学"女子国文教授法",八册,每册三角。

是书与同时出版之简明国文教科书用意大概相同,而对于女子特殊之材料,悉选择收入。文字简洁,便于学步。教授法,用三段教授法,反复指授,浅近易晓,于程度适合。

最初《东方杂志》图书广告栏中主要是女性教育教材类广告,如《女子国文读本》、《女学堂用书》、《女子国文教授法》、《女子国文教科书详解》等。这是因为当时国内已经意识到兴办女子学校,让女性接受教育的重要性，政府颁布章程设立女学堂，各省积极拨款响应，社会进步人士纷纷倡导文明的进步应以发展女学为重。学校的兴起，最急需入手的就是学习基础知识的课本，所以这一时期《东方杂志》刊登了大量教授女子知识的教科书广告。

图4－17　《女子国文教科书》《女子国文教授法》
（1912年第8卷第12期）

之后，《东方杂志》女性图书广告范围逐渐扩大。从教材到研究性著作，均予刊登。如《女子心理学》，系作者根据女学执教多年的经验观察及东西洋女子心理学名著编写而成，从知识、感情、意志三方面进行研究介绍。女性应该具备卫生、妊娠、流产、月经、性疾病、育儿哺乳、不同时期保健法等常识的，如《女子之性的智识》、《女性养生鉴》、《妇女卫生新论》、《妇女保健良箴》。探讨妇女现实问题、男女关系、女性地位、女权运动发展的，如《妇女之过去与将来》、《女性中心说》、《妇人和社会主义》。对女子在启蒙时期、幼稚园时期、中学时期、高等学校时期等一生中职业修养和训练作介绍的，如《女子职业训练谈》。针对女性研究并制定法律，供妇女研究者参考的，如《中国妇女在法律上之地位》、《中国婚姻法综论》。妇女运动理论与实践的，如《妇女参政运动》。著名女性传记，如《维多利亚女王传》、《居里夫人传》等。

  特别需要指出的是，其中包括许多翻译类女性图书广告，反映了女性图书出版的国际视野及其先进性。

  《东方杂志》女性图书广告这一系列变化，一方面反映了商务印书馆编辑出版了多种女性图书，另一方面也在一定程度上反映了当时的社会现实。随着时间的推移，新学的传播，中国文明的进程逐步加快，大众对女性的关注度增强。越来越多的女性开始自觉，对自身有了科学认知。女性解放理论及思想得以普及，女性已经成为与男性平等的社会主体力量。女性的政治权利、法律权利、教育权利、文化权利以及工作权利等至少在理论上得以确立，在先进地区已经得以实现，并进而逐步影响到全国。因而编辑出版一系列女性图书，积极传播关于女性的科学知识，推进女性解放，同时满足女性启蒙、学习与求知需求，也就必然成为了出版界神圣的使命，而《东方杂志》女性图书广告，正是这一社会现实及出版现实的典型表现。

  不过，女性图书广告关键词中多冠以"女子"一词，未免带有新旧交替时期的文化色彩。然而，已开始使用"妇女"一词。

第四章 《东方杂志》女性问题报道研究　　275

图 4-18　《女子心理学》（1921 年第 18 卷第 12 期）

图 4-19　《妇女卫生新论》（1925 年第 22 卷第 20 期）

图 4-20　《中国妇女在法律上之地位》（1928 年第 25 卷第 5 期）

（二）普通广告与女性

《东方杂志》除了图书广告中介绍女性图书，一般商业广告中也会刊登一些女性图书信息。如《女子教科书》、《春秋始业男女生徒

图 4 – 21 《中国妇女运动》（1936 年第 33 卷第 11 期）

用书表》、《妇女杂志》新一期内容预告等。但主要是女性商品广告，有悬挂在学校或家中，用来指示女子各项交际礼仪的挂图广告，帮助爱美女性去除脸上斑点、保持嫩白红润的化妆品广告，以姓名生辰即可推算出命运的著名心灵手相家海伦巴勃女士的宣传广告等。刊登最多的是供女性服用的药品广告，有通便润肠、保持血液清洁的"嘉德红包补丸"，通经活血、改善月经不调的神药"月月红"和"女界宝"，调节肝火引起女性肠胃不适、多愁忧闷的"韦廉士红色清导丸"等。诚然，一副健康的身体尤为重要，因为女性群体受众广，随着思想意识的逐渐开化，女性对自身关爱程度的提高，她们对自己也更加爱护，较多的药品都是针对女性，吸引她们根据自己的需求调理身子进行购买，刺激消费。但是，将药品和女性联系起来，用药物维持健康，是否说明了在大众眼中，女性仍是以一个柔弱不堪的形象存在。

普通广告中，除了对商品的作用、功能予以介绍外，更向消费者提供了购买途径和购买价格，如图 4 – 25 标题为"多愁之妇女鉴诸"的"韦廉士红色清导丸"广告，清楚地标出"各大药房均有出售，或向上海江西路四五一号韦廉士医生药局函购，每瓶大洋七角，

图 4-22 乌鸡白凤丸（1919 年第 16 卷第 3 期）

图 4-23 妇女两种妙药（1933 年第 30 卷第 9 期）

六瓶三元五角，邮力在内"的字样。普通广告中不仅有文字，而且还配有女性形象的图画作点缀，相较于图书广告单一文字的叙述而变得形象生动。尤其是面向女性读者，能让她们更加直白地看到产品定位，满足她们关爱呵护身体的内在需求，以及形象打扮年轻美丽的外在追求。

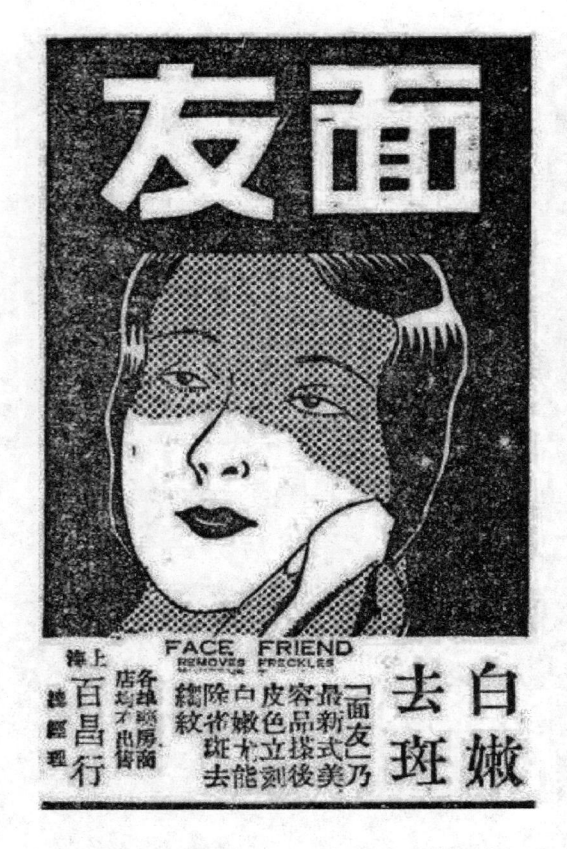

图 4-24 面友（1934 年第 31 卷第 9 期）

二 刊登女性广告的意义

（一）刺激女性消费心理 获取商业利润

广告，即广而告之。通过传播媒介将信息告知社会大众，产生预想的作用和影响。广告最基本的目的在于商品销售。无论是《东方杂志》刊登的女性图书广告还是相关女性产品商业广告，都是直指女性消费者群体，刺激她们的购买欲望，出售商品，获取利润。

中国近代初期，意识到男女平等，为女性争取权利，重心放在兴女学上，创办新式学堂，增设女性课程，招收女子入学。这正是

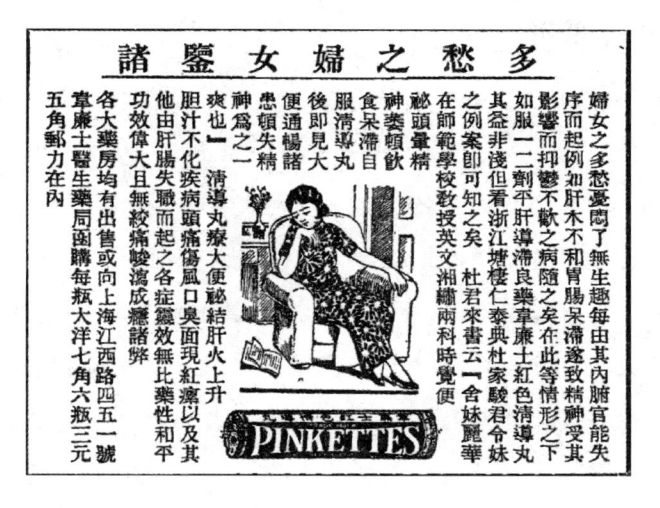

图 4-25　多愁之妇女鉴诸（1935 年第 32 卷第 10 期）

女子教育教材需求大增时期，《东方杂志》恰好利用了这个时机，所登图书广告大多是女子教材、课本。之后，随着社会的发展及女性权利意识逐渐加强，刊登女性职业、婚姻家庭权利方面的图书广告。伴随着女权运动的兴起，刊登宣传女性解放思想理论的图书广告。

《东方杂志》普通广告中，涉及针对女性群体的美容产品、药品、日用品等，详细介绍商品性能，举例某人使用后有何效果，注明购买方法与渠道，文案足以刺激女性消费者购买的欲望。女性独立个体意识的增强，注重内部生理调节和利用化妆品对自身外在形象加以修饰，一些职业女性有工作收入维持自己所需的花费，这些因素使得普通广告出售的女性商品受到了女性消费者的追捧。

（二）塑造新女性形象　培养女性消费群体

《东方杂志》刊登的女性图书广告经历了从教科书目推荐到宣传女性传记、心理、生理卫生、婚姻、职业书籍的发展过程，反映了特定时期女性社会角色、社会地位的明显变化及差别。从最初获得受教育的权利，学习进步思想知识，具有较为开化的独立意识，到追求更多的权利即家庭地位平等、职业平等、政治平等。这一进步变化，少不了图书传播西方先进思想、知识及女性事迹、成就的巨大作用。《东方杂志》对女性图书的广泛推介，正是给了女性社会解放运动多把钥匙，有理论依据地将女性群体中愚昧的封建思想消灭殆尽，使之接受进步知识，成为新时代的新女性。

与传统女性形象不同，《东方杂志》普通商业广告里的女性审美越来越开放，注重表现女性身形优雅的外在美的时代特征，突出女性性感。在售卖女性药品和化妆品的广告里，女性一改往日长袍大袖的衣服，取而代之的是年轻美女身穿凸显玲珑曲线的旗袍，打扮俏丽，表情妩媚动人。广告面向大众，针对女性消费群体，提供内服外用由内而外的产品服务，受到女性追捧的同时，也反映出女性变得更加关爱呵护自己的身体。显然，报刊广告塑造了近代新女性形象——追求时尚、美丽、健康的新生活方式的女性形象。

第九节 《东方杂志》女性问题报道特点

一 女性问题报道贯穿办刊始终

《东方杂志》1904 年创刊之初，就刊登女性问题报道。1904 年 3 月 11 日首刊上刊登了一张"俄国皇太后"照片。第一篇关于女性的文字报道是刊载在 1904 年 4 月 10 日出版的第 1 卷第 2 期"教育"栏目的《两广学务处批女学堂绅董禀请给地拨款由》。同年，相继在教育、实业、时评栏发表了《论提倡女学之宗旨》、《论女工》、《官绅之权不及妇女》诸文，直到 1948 年 9 月出版的第 44 卷第 9 期《联合国经社理事会通过保障女权》的补白，结束了《东方杂志》对女性问题的全部报道，12 月结束了长达 45 年的办刊历程。

《东方杂志》刊登的女性问题报道数量在两个时期中最多，分别是 1915 年至 1923 年及 1932 年至 1938 年，其中 1932 年至 1936 年的五年内达到了发文数量的顶峰。

　　1915 年正值第一次世界大战，西方列强疯狂瓜分殖民地，加紧侵略扩张。国内辛亥革命失败，袁世凯复辟帝制，民族资产阶级想要摆脱帝国主义、封建主义的枷锁，进一步发展资本主义，实现民主政治。一批激进的知识分子意识到，必须从思想文化上使国人摆脱封建愚昧思想及封建意识，改变旧的生活习惯。以陈独秀、鲁迅、李大钊为代表的激进民主主义知识分子，掀起了一场反封建的思想解放运动。他们主张男女平等、个性解放、人格独立。《东方杂志》立足于这一大背景，对西方如火如荼的女权运动进行报道，目的是加快唤醒国内女性，促进女性解放。

　　虽然 1932 年《东方杂志》遭受日军飞机轰炸商务印书馆的严重破坏，停刊八个月，但复刊后，《东方杂志》重振旗鼓，添设"妇女与家庭"一栏，专门用来报道女性问题。"七·七"事变后，日本全面侵华，国人饱受战争摧残，妇女儿童尤其处在水深火热之中，面对如此国难，《东方杂志》肩负起救亡图存的使命，对女性问题报道的文章数量激增。

二　报道内容紧跟国内外时事动态

　　《东方杂志》紧密围绕国内外具有重大影响的大事件进行报道。20 世纪初第一次世界大战期间，报道了欧战对妇女生活、生产以及参政运动的影响。在战事惨烈、生命财产损失惨重的情况下，各国妇女竞相走出家庭，投入到国家劳动工作上去。大多数工作都有妇女参与，她们和男子做相同的工作，在制造业工厂、军火弹药加工厂、交通运输部门、商店等单位上班，英国在战时还创设了女警察职位。俄国、英国，设立了女子医院，让女医生参与战争医疗救治工作。美国，妇女拥有航空执照的人数相较战前增加了很多，她们打破记录，创造了新的飞行成绩，同男子一样，有了属于自己的空中职业。参政运动上，由于事态紧急，男性集中投身战争中，一些事务得以让女性代理，在一定程度上让女性有了更多的机会去争取政治权利，并减少了靠暴力流血夺得参政权的事件，只用和平手段就达到了目的。战后，促使妇女参与到民族解放运动中去，越来越多的国家有了男女平等的权利。所有这些内容，《东方杂志》多有报道。

世界经济危机、中国抗日战争报道。1929年，美国纽约股票暴跌，资本主义世界经济危机爆发，迅速蔓延到整个资本主义世界，直接导致大规模的工业生产下降，工厂破产倒闭，大量女性受到影响继而失业。《东方杂志》报道了各国女子失业后艰苦悲惨的生活处境，一些女子连最基本的生计都难以维持，得不到救济而沦落街头，无家可归，尚有工作可以自食其力的女性面临着政府为挽救失业，实行排挤，用男子取代女性职业的政策威胁。对中国抗战的报道，大义凛然，内容丰富，记录了当时妇女的生活实况，战争中妇女和儿童的悲惨遭遇，帮助妇女认清面临的现实境遇，激励她们团结起来，共同御敌，才能使生活步入正轨。组织动员妇女积极加入反侵略斗争，呼吁妇女如何奉献一份力来支持前线作战。

报刊杂志作为能够反映社会变化、记录新闻事件的主要媒介，能够及时向广大读者传递各种信息、意见及思想观点。报刊杂志具有社会责任、正义责任及舆论引导控制的重要功能。《东方杂志》面对世界风云变幻，面对国家命运，努力发挥其媒介功能，站在社会正义的立场上，宗旨鲜明，客观报道国内外女性实际境遇，充分调动社会各方面力量，调动女性自身力量，反抗不义战争，反抗侵略，为和平与幸福坚决斗争，起到了巨大的引导与鼓舞作用。

三　报道内容丰富　涉及领域广泛

对新闻事实的报道，从内容范围看，大致可分为政治领域、经济领域、科教领域、文化领域、社会领域、家庭领域等。《东方杂志》对女性问题的报道，自1904年创刊至1948年终刊，不仅时间上持续关注，贯穿杂志存在始终，而且特别是在报道内容上，涵盖了政治、经济、思想、文化、教育、社会生活等多方面，可谓视角全面，巨细无遗。

依据前文表4-1、4-2女性问题资料统计，《东方杂志》女性问题报道，大致可分为女性教育、女性婚姻家庭、男女两性问题、女性劳动与职业、缠足娼婢陋习、国际女权运动、各国女性工作与生活、农村妇女考察、杰出女性、女性生殖生理、女性生育节制、女性形象、抗战时期女性生活、"东方画报"栏女性照片、女性图书广告、普通广告中女性16类。所有报道中，占据比例较多的为国际女权运动16%，女性婚姻家庭10.2%，杰出女性介绍8.13%，女性劳动与职业8.02%，女子教育5.21%，男女两性问题5.21%。东方画报、图书广告及普通广告之于女性，前文已有详细探讨。这六类报道，其总篇数占全部女性报道的50/100。

图4-26显示，《东方杂志》女性问题报道虽然是多方面、全方位的，但是各国女权运动报道篇幅明显最多。这是因为中国女性长期受到封建制度的束缚，当时大部分女性还未走上自我觉醒及自我解放的道路，女权运动的起步也远远落后于西方各国。为了进一步促使愚昧的国人特别是女性擦亮蒙蔽的双眼，看清社会潮流，《东方杂志》通过一系列国外最新女权运动实况的引进报道，以期敲醒国内女性沉睡的身体，让她们团结起来，为了自由和平等而抗争。

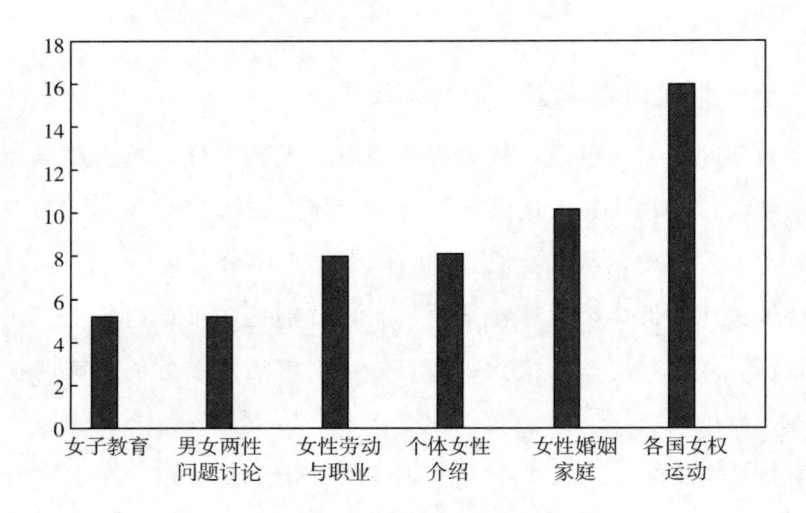

图 4-26 《东方杂志》女性问题报道主要议题占比

四 报道方向在历史时间段内侧重明显

《东方杂志》出版 45 年里，女子教育报道从 1904 年到 1944 年都有，但主要集中在 1904 年至 1908 年，如提倡女子教育之《论提倡女学之宗旨》、《论女学所以兴国》，学堂章程之《直隶天津县详送试办女学堂章程》、《北洋女子师范学堂章程》，游学、留学之《派遣游学类志》等。之后直言教育的文章明显减少，只在 1915 年第 2 卷第 1 期《欧美教育之进步及其趋向》中，写了英国、美国、德国、俄国学校的情况。1935 年第 32 卷第 3 期《第一次自办女学堂》，写了在梁启超先生主张女子应有受教育机会的号召下，第一个由国人自办的上海女学堂成立的经过。1944 年第 40 卷第 9 期《今后中国之女子教育》，写今后男女平权的社会中，怎样建设中国的女子教育。

中国社会进步思潮的涌动，使国人思想观念日渐开化，更多女性接受教育，她们意识到应该去争取与男子同等的权利。1912 年至

1938年,《东方杂志》比较集中地对女权运动及其发展趋势作了报道。主要描述了国际社会中,女性在政治方面凭借什么方式获得参政权,以及获得胜利之后如何使用权利。同时,还相继报道了进步知识分子对自由婚姻的渴望、夫妻之间就组建家庭的探讨、男女两性存在何种区别、女性权衡家庭与职业关系、妇女劳动现状、封建陋习的废除等。

1937年,《东方杂志》的报道重点转向抗日战争中的女性。1937年至1938年,刊文主要有《孤岛上的妇女生活》、《怎样使妇女运动与抗战联系起来》、《怎样开展华南各省的妇女工作》、《江西妇女工作的实况》、《妇女参政员的责任》、《妇女与募制寒衣运动》、《抗战期中妇女生活的改善》等。

可见,不同历史阶段《东方杂志》女性报道方向及其侧重点明显不同。总的看,《东方杂志》女性报道方向及其侧重点与国际妇女运动及国家民族命运密切相关。

五 报道详细真实,客观反映社会现实

新闻是指及时报道国内外新近或正在发生的具有一定社会意义及价值的重要事件,是对人和事实的报道。因此新闻报道具有及时性、真实性、准确性诸特点。《东方杂志》严格遵循新闻报道规律及专业要求,对45年间发生的新闻作了全景式记录,几乎囊括了国内外所有重大事件,如实展现社会原貌和社会风气。所登文章观点鲜明,追求进步,体现前沿性。切实坚守国家民族立场,以爱国主义为中心。国际视野开阔,各种学术观点、思想兼容并蓄。

《东方杂志》对国内外女性的政治生活、家庭生活、社会活动等多方面均作了报道。国际报道中,如英国女性获得参政权过程中的流血暴力事件、美国女子教育进步、德国贤妻良母走出家庭、日本

妇女明治维新后生活考察、挪威妇女的法律地位、万国女子同盟会召开等。就国内而言，女学的提倡与兴起、女工问题、中国妇女的社会地位及女权运动发展等，均予详细讨论。同时，毫不保留地揭露了中国的缠足、蓄妾、童养媳、贞节堂制度对女性的毒害，国内外战争对女性境遇的破坏和摧残。针对自己社会存在的不足，积极宣传、学习先进文明，努力改造社会，消除黑暗。对各国女性社会的现状，有议有论，评价优劣，多方面加以思考。

《东方杂志》重视报道及文章的客观性，不偏不倚，使读者读到了不同的舆论观点。

第十节 《东方杂志》女性问题报道的历史意义和现代价值

一 《东方杂志》女性问题报道的历史意义

（一）女性问题报道的历史地位

一个时代的进化蜕变，传播媒介在其中担负着记述事实引导社会的重要责任。作为中国近代史上影响最大、发行时间最长的综合性学术刊物《东方杂志》，诞生于颓败的清朝末年，饱受战乱的洗礼，顽强存世45年之久，忠实地记录着其时中国社会的近代化历程。从1904年创刊到1948年12月终刊，《东方杂志》见证了近代中国的社会变迁，记录了各重大历史时期的大事件，对清末变局、辛亥革命、新文化运动、五四运动、抗日战争、解放战争作了全景式记录。它是极具价值的近代历史资料库，保存着时间，同时也接受着时间给予它的一次次考验。在战火蔓延、政治压迫和物资匮乏的困境中，三次休刊、四次迁址、多次合刊增刊，即使已经满目疮痍，仍然顽强地坚持复刊，重新出版，站在时代前沿，以独到的眼光创新改版，一次次重现于大众视野面前。社会几经动荡波折，《东方杂志》及其主编还有诸多作者，仍能坚守阵地，共同努力，积极关注报道着国内外女性生活的方方面面，流淌着心系国家、启迪民智的血液，初心未变。

《东方杂志》直面正视女性问题，全程参与其中。随着近代国门的打开，社会风气逐渐自由、开化，西方各国在女性教育、婚姻、参政、职业等方面的发展，使进步知识分子看到了中国的曙光。《东方杂志》女性问题多方面的报道，面对现实，分析评论，客观理性地促使国人尤其是国内女性接受新知识、新理论、新思想。让她们摆脱身困其中的封建牢笼，奋起反抗奴役压迫，争取自由解放。报道重在女性解放，拯救国家与民族，针砭时弊，促进社会进步。

《东方杂志》洞悉近代国内外女界现实，为学界了解研究女性发展历史提供了大量重要资料。如清末女子教育章程、女子日本留学实况、英美各国女性参政奋斗史、反对早婚、倡导婚姻自由、女性法律地位及其权利与义务、抗日战争中女性等均有翔实报道，脉络清晰，堪称一部中国近代女性史。

（二）记录女性思想解放、转变历史进程

古代社会，一直是男权占主导地位，独掌国家一切权利。这使女性在政治、经济、文化、教育、社会上发挥的力量十分有限。女性身体自由、意志、思想不受自己控制，而是被封建礼教枷锁束缚着，依附男子，成为男权社会的使用工具。

女性思想解放经历了萌芽、初步探索、兴起与发展诸阶段，发展为世界性的女权运动。《东方杂志》女性报道所蕴含的女性解放思想，紧紧跟随着近代中国社会的历史脚步。戊戌变法中的维新代表康有为，以天赋人权理论论证男女平等，提出要解放女性首先从解放身体开始。梁启超发起不缠足运动，号召兴女学。但是他们是在不触动封建专制制度前提下进行变法，主张女性解放，最终是想把她们变成诞育健儿、相夫教子的女性，以强国保种。因而这种女性解放是不彻底的，完全是按照资产阶级需要去塑造所谓新型的女性形象。[①]

20世纪初，资产阶级民主革命掀起了社会变化的浪潮，孙中山提出了民族、民权、民生三民主义。为了使民权主义更全面、更好地发挥作用，其中就涵盖着女权主义。革命斗争中，孙中山倡导、鼓励女子参与进来，投入战斗。辛亥革命失败后，更是寄希望于女子担负起国家兴衰成败的使命，在革命的过程中寻得自身的解放，从而将女性思想解放推进到一个历史新阶段，为之后五四时期女性解放运动的空前活跃作了历史铺垫。《东方杂志》正值这一时期，记录并见证了资产阶级民族革命前后中国社会中的进步人士为女性解放发声，到越来越多的女性思想发生重大转变亲身去争取权利的历史过程。

近代女性解放思想是从废除缠足陋习起步的，先让女性获得身体自由，继之提出女子教育，让她们拥有接受知识的权利，再发展到女性同男性一样被社会认可，男女平等平权，在政治、职业、婚姻、家庭、生育、社会上享受法律保护。由于男女之间生理存在差异，专门针对女性生理进行科普，让她们了解自己的生殖生理，运用科学知识保持卫生健康。所有这些内容在《东方杂志》上都有报道、表达及宣传。如讲论新文明的《论文明先女子》，废陋习的《前两江总督端札饬各属禁止缠足章程》、兴女学的《兴女学议》、女性工作权利的《女子职业问题》、女性财产权利的《女子财产继承权之过去与将来》、女性生育自由的《自然节育法》等。中国女性思潮

[①] 张莲波：《中国近代妇女解放思想历程》，河南大学出版社2006年版，第2页。

的发展,一直在借鉴学习西方的进步理论及其社会实践,如《列国女子选举权考》、《美国妇女选举运动之成功》、《丹麦之婚姻法》、《苏联妇女职业之进展》等文章,令女性眼界大开,自觉行动起来。

近代中国女性解放运动,主要从辛亥革命后发展兴盛起来,《东方杂志》不仅以大媒介的身份投身其中,积极宣传与鼓吹,力倾天下,而且全面客观地记录了这一历程。

二 《东方杂志》女性问题报道的现代价值

(一)兼容并包 汇聚各方观点

近现代诸种大众媒体、媒介,均是传递信息、发表思想观点的平台。《东方杂志》奉行兼容并包、稳健开放的办刊理念,汇聚各家思想、见解及观点,构建起一幅中国近代思想地图。如1917年第14卷中,作者伧父同恽代英就婚姻问题进行论战。伧父在其《自由结婚》一文中,用甲代表少年时对自由结婚向往的自己,乙代表当时人到中年的自己,思想反复,觉得礼教婚姻更为精当。[①] 恽代英读后,随即发表自己的想法,针对结婚主权应属于男女自身还是听从父母做主这一要点,认为应由男女自己决定,坚定婚姻自主的立场。这场争论以伧父又在恽代英文末附上反驳意见收尾。这两篇文章,针锋相对,意见相左,《东方杂志》往往发表这种两方甚至多方进行公开讨论乃至争辩的文章,让各种想法、观点激烈碰撞。对作者也没有性别选择、偏见,许多女性作者参与其中,针对社会现实,著文发声,呼吁号召,倡导社会新文明,捍卫自己和国家的利益。

《东方杂志》这一编辑理念,同样适用于现在。自媒体时代,社会各界、一切作者均可自由发表意见,表达各种思想观点。特别是

---

① 伧父:《自由结婚》,《东方杂志》1917年第14卷第5期。

对于促进社会文明进步，消除社会丑恶及弊端，更应该大力鼓励并支持社会力量展开争论，使公平正义得以伸张。

（二）报道理性客观　力求全面深刻

《东方杂志》女性问题报道一直都保持着理性客观、沉着冷静的态度。陈述事件缘由始末，无论是事件往好的方向发展，还是噩耗频发，危机笼罩，均能冷静处理。对西方各国的进步之处，主张应引进、效仿、学习。对国内女性思想解放，理性引导，注重说理。发表《新女性观》、《现代女子应有之新人生观》、《建设女子中心思想的建议》等文章，使她们意识到摆脱浅陋、愚昧、拘束、固执的重要性，懂得树立平等、独立人格的实际道理。对国际上女权运动激烈的狂暴场面、面临失业悲惨落魄的妇女生活、中国女性封建陋习的束缚、农村妇女待遇的不公、战争中妇女儿童惨遭残害等社会现实，坚定主持正义，客观报道，不会鼓吹言辞偏激的论调，以防引发大规模社会混乱，防止社会更加动荡不堪，给国民带来日益沉重的影响。它即使处在20世纪斗争风波不断的环境下，仍可对时局进行跟进式报道，揭露阴暗面，能够提出可取建议，以供参考。

《东方杂志》女性问题报道也做到了全面深刻。如《朝鲜的妇女》一文，写到现代朝鲜存在着旧式妇女和新式妇女两种类型，并把前者比作土草鞋，后者比作晚礼服，分别对旧式妇女的婚姻家庭生活、新女性的表现、职业妇人情况、妇女运动加以描述。[①]《东方杂志》往往就某一女性问题进行多方面报道，深入研究，力求完整勾画出一个大的结构框架。也会从单一角度切入，围绕一个主题，挖掘探讨，但是并不显得空洞，而是有血有肉，话题饱满。

现今社会，网络与自媒体发达，进入门槛低，言论自由，但是

---

① 孙庆云：《朝鲜的妇女》，《东方杂志》1936年第33卷第21期。

不负责任乃至危险言论很容易造成煽动，颠倒黑白，恶意歪曲事实，人身攻击，因而导致乃至酿成无法挽回的严重后果。所以，不带任何主观思想情绪的客观冷静的报道尽管实际做起来不容易，但是对信息的处理不能凭空想象，随意夸大或缩小，一定要尊重事实，时刻紧跟事态发展，做到严谨理性全面。

（三）女性问题报道的现实意义

今天，女性问题依然是人类最重要的问题之一。虽然妇女解放运动已经历时200多年，但是社会依然存在对女性的歧视、剥削与压迫现象，歧视女性的观念依然顽固存在，女性遭受社会不公正对待的现象时有所闻。显然，女性全面解放、彻底解放，其道路依然漫长，许多问题需要解决。女性问题，无论在理论上还是在实践上，都需要继续进行研究，进行实践。《东方杂志》对近代女性问题所作报道代表了近代中国女性解放的基本方向，起到了思想解放与行为解放的巨大推进作用，功不可没，完成了其媒介使命。它对女性问题关注的态度、观点、思想、报道策略、社会责任、方向诸方面，无论思想理论层面，抑或是记录、反映层面，对于今天女性研究、报道、工作都具有经验及典范意义。现在，商务印书馆不仅重新影印出版了全套《东方杂志》，而且通过现代科学技术，把《东方杂志》一期期纸质资料变成了电子资料，组建了《东方杂志》全文数据库。继承《东方杂志》这笔优秀而丰富的历史遗产，对于女性发展进步工作，具有重要现实意义。

正如《东方杂志》自己评价之言："就'东方'的个性言，他是纯学术而极普遍的一项刊物。这就是说，他所负载的各种文字，并不是武断的臆说，空洞的理论，乃是经过一番研究的各种学问上的发挥，学术家可以用作参考，职业家以及从事政治的人们可以当作建议或情报，一般的读者更可用为广大智识增进思想的工具。由此看来，东方作者合编者所负的责任已经够重的了。"① 《东方杂志》秉承严谨的学术态度，历任主编及其主要作者钱智修、章锡琛、胡愈之、金仲华等具有良好的学识及专业修养，从而使杂志尽到了启迪民智的社会责任，树立了知识促进社会，服务社会，促进社会知识进步的媒介典范。

《东方杂志》主张的女性理论、思想及基本观点，现今依然适用。

结　语

自鸦片战争中国沉重的封建大门被迫打开始，西学东渐逐渐加深，革新及革命伴随着中国近代化的整个历程。1904年至1948年，《东方杂志》正值中国近代历史大变革的年代，社会矛盾及民族矛盾愈演愈烈，影响着社会各阶级各层面，上自国家政治经济制度，下到人们家庭生活角落。内有压迫，外有侵略，然而内忧外患的双重打击并没有击溃顽强的中国人，反而激起了中国人民积极探索、救亡图存的爱国行动。这就意味着需要全体国人共同努力，解放妇女，促使女性自我意识觉醒，寻求解放，正是构成这一时期社会巨变新旧更替的重要内容。

《东方杂志》对女性问题的报道贯穿了办刊始终，涵盖了女性教育、女性婚姻家庭、男女两性问题讨论、女性劳动与职业、缠足娼婢陋习、国际女权运动发展、农村妇女情况考察、著名女性介绍、生育节制对女性的影响、国际女性生活、女性外形美与生理变化探讨、抗战时期女性生活等15个方面，各时期报道方向及重点明确。

《东方杂志》书写了近代中国女性解放的历史主题，记录了近代

---

① 《读者作者与编者》，《东方杂志》1933年第30卷第7期。

中国女性解放的完整历程，报道了近代中国女性解放的丰富生活。而且，此一书写、记录与报道，是在当是国际社会大背景及视野中进行与完成的，体现了世界近代化的基本趋势。报道的核心，在于解放女性，救亡图存，促进中华文明新生。

第五章 《东方杂志》封面设计研究

《东方杂志》是中国20世纪影响深远的杂志，内容包罗万象，封面设计内涵广博，具有重要的研究价值。

本文以主编任期为依据，将《东方杂志》分为早期《东方杂志》（1904—1910）、杜亚泉时期《东方杂志》（1911—1919）、钱智修时期《东方杂志》（1920—1931）、王云五时期《东方杂志》（1932—1941）、苏继顾时期《东方杂志》（1943—1948）五个时期，分别研究各时期封面的发展及其特征，总结出了《东方杂志》封面设计的两个规律：其一是设计理念，主要包括注重品位和内涵、与时事政治保持较高的关联性、设计风格紧随时代潮流；其二是封面表现风格，主要为丰富的绘画风格、纪实的摄影风格、时尚的现代风格。

《东方杂志》封面设计中运用了较多的文化元素，包括悠久灿烂的中国文化、古老的东方文化及新进的西方文化。其视觉元素的基本构成，包括刊名字体、封面构图、封面色彩。主要体现为民族图示的心理认同、与时事政治保持较大关联性、设计风格紧随时代潮流、注重内涵和品位四个传播策略。《东方杂志》封面设计坚持对国人进行文化启蒙，坚持民族个性与风格，大胆吸取西方文化，为中国现代书刊设计实践做出了积极贡献,树立了典范。

第一节 研究价值及文献

中国近代出版史上,商务印书馆一直扮演着重要的角色。《东方杂志》作为商务印书馆最有影响力的刊物之一,亦在中国期刊史甚至出版史上起着不可替代的作用,被誉为"杂志界的重镇""杂志中最长久最努力者"。

自清末起,中国期刊封面设计就逐渐开始迈出了近代化的步伐,而《东方杂志》持续时间长、内容丰富全面、影响巨大,堪为近代期刊封面设计的典型代表。因此,研究《东方杂志》封面设计,有利于正确认识中国近现代封面设计的历史,也有利于把握中国未来期刊封面设计的发展趋势。

尽管学界对《东方杂志》的研究文献很多,但关于《东方杂志》封面的研究较少,至于结合出版学、艺术学、传播学和心理学等学科,以全景式的方式对跨度长达 45 年的《东方杂志》封面的研究尚属空白。研究《东方杂志》封面设计,可以观照中国当前设计工作中面临的问题,从而提出改进的办法。

关于《东方杂志》的研究文献较多,主要以专著类、论文类为主,影响较大的三部专著为:《东方杂志之刊行及其影响研究》(1969 年版,黄良吉著)、《宽容与理性——〈东方杂志〉的公共舆论研究》(2006 年版,洪九来著)、《"选报"时期〈东方杂志〉研究(1904—1908)》(2010 年版,丁文著)。《东方杂志》研究论文较为丰富,如对《东方杂志》文本、编辑、作者群体的研究,对传播学视域中某题材的文本分析(如政治、经济、文化等)、民族主义等的研究。

关于《东方杂志》封面设计研究的文章甚少，主要有 3 篇参考价值较大。

一是陈乐的《现代追求与国家塑造——以陈之佛的〈东方杂志〉装帧设计为观察视角》。以设计家陈之佛《东方杂志》封面设计为切入点，通过分析陈之佛的知识背景及设计风格，肯定了以陈之佛为代表的设计家们追求封面现代化、追赶国际设计水平的努力。因文章涉及时间仅有五年，不可能全面反映《东方杂志》封面设计。二是李华强的《国族想象与图式认知——〈东方杂志〉封面设计风格演变与传播》。从视觉传播的角度分析了《东方杂志》的封面设计，指出了《东方杂志》的国族立场与其装帧风格相辅相成，正是这种文化民族主义树立了《东方杂志》在大众心中的公共形象。由于文章的重点是阐述国族想象与图式认知，对《东方杂志》具体设计加以研究的笔墨不多，不可能全面观照《东方杂志》封面设计。三是黄艳华《近代上海平面设计发展研究（1843—1949）》。文章在时代、人文、都市、经济变迁及历史叙事的背景下，对近代上海平面设计从启蒙到发展的过程进行了深入研究，包括月份牌、商标包装、报刊广告、图案字体设计等媒介。研究视域主要为近代上海期刊封面设计的全局，并不局限于个案，因此对《东方杂志》封面设计涉及较少。

本文的研究对象是《东方杂志》（1904—1948）全程的封面设计，讨论《东方杂志》44 卷封面中蕴含的现代设计因子。以清末到新中国成立前夕作纵向时间轴，以不同时期《东方杂志》封面设计为时间横向轴，分析《东方杂志》20 世纪上半叶封面设计的特征，及其为现代封面设计工作带来的启示和思想。

第二节　中国近现代期刊封面设计概述

近代西方铅活字印刷术传入以前，中国的书籍封面一直以线装封面为主。光绪末年，尽管石印和铅印已经开始流行，但中国书籍封面却变化不大，发展速度较为缓慢。1897年，上海商务印书馆开时代之先河，逐渐迎来了出版技术的新局面。

上海商务印书馆成立初期，没有完全舍弃线装封面的形式，只在细节上做了诸如改排铅字、用书法题写书名、封面上去掉书名签条等调整。客观地说，上海商务印书馆对书籍封面的有益探索，依然具有不可忽视的意义。

从20世纪初到"五四"运动之前，中国的书籍封面形式逐渐丰富起来，但没有形成影响整个时代的格局，只是在一些小的领域做了一些尝试。诸如封面的颜色更为丰富，封面加上花边或框线，使用彩色的图画，横写书名等。一直以来，中国人都坚持竖式的阅读习惯，而1905年《东方杂志》第1期的封面（图5-1），则采用了横写书名，这在当时具有革新的意义。这些有益的尝试，都为中国近代的封面设计之路做好了铺垫。

五四运动到"七·七"事变之前这段时期，是中国封面设计艺术发展的黄金时期，可谓百花齐放、百家争鸣。五四运动开一代风气之先，它打破旧传统旧事物的革命精神，对中国近代政治、经济和文化影响巨大，书刊封面自然也不例外。

五四运动前后，中国近代的书刊封面艺术迈入了一个新的发展阶段，技术、方法和艺术形式都具有新文化的开创意义。当时的封面设计家、画家甚至作家都对新文化及西方文化表示出了极大的热情，参与了封面设计实践。

图 5-1　1905 年第 1 期封面

封面设计家的代表为陈之佛,他坚持使用近代几何图案和古典工艺图案,最终形成了自己独特的艺术风格。

画家代表为丰子恺和钱君匋。丰子恺率先创立了以漫画制作封面的形式,影响深远。如分别出版于 1924 年 7 月和 1925 年 6 月的《我们的七月》和《我们的六月》)(图 5-2),即用漫画手法装饰封面,两书各自只用了一种颜色装饰封面,营造出的装饰效果较为强烈。钱君匋则坚持以现代思路设计封面,并始终坚持封面设计的民族化方向。

作家代表为鲁迅、钱玄同等人,他们深入封面设计实践,并将传统书法元素应用其中,封面书卷气较为浓厚。如 1928 年 8 月开明

第五章 《东方杂志》封面设计研究

图 5-2 《我们的七月》封面（1924）和《我们的六月》封面（1925）

书店出版的《杂拌儿》（图 5-3），封面书法由钱玄同书写。

这一时期新的封面设计手段和方法受到广泛关注，更由于鲁迅等人所起的先锋作用，此时期的封面设计人才也不断涌现。

鲁迅先生是优秀的作家、出版家，更是此时期封面设计重要的引领者。他在亲自参与封面设计实践的同时，还注重对封面设计的理论探索，如坚持思想开放、反对图解式的创作方法等，注重对新一代封面设计人才的发现和培养。在他的影响和关怀下，一批优秀的设计人才，如陶元庆、司徒乔、王青士、钱君匋、孙福熙等人迅速成长起来。这个时期既是中国封面设计艺术的开拓期和繁荣期，也是中国封面设计人才创作队伍的重要培养时期。设计人才的队伍逐渐开始壮大。

抗日战争时期是中国封面设计较为艰苦的时期，设计、印刷所用物资材料十分紧缺，常常是土纸甚至是杂色纸印刷，但许多封面设计者诸如丰子恺、钱君匋等仍坚持创作。此时期封面设计取得较

图 5-3　《杂拌儿》封面（1928）

为突出成绩的是一批漫画家,如张光宇、丁聪、廖冰兄、余所亚、特伟等人,黄苗子、郁风、新波、梁永泰等也创作了一些封面。

从抗战胜利到新中国成立之前,是中国封面设计艺术另一个较为关键的时期,流派纷呈,风格多样,民族色彩较为浓厚,大有"五四"之风。此时期取得突出成绩的有钱君匋、丁聪、曹辛之等人,同时庞薰琹、张光宇、叶浅予、章西厓、池宁、黄永玉等人也创作了一些作品。

新中国成立前后,中国封面设计艺术呈现出全新的面貌,巨大的社会变革对其产生了深远影响,时代特色和创新精神为广大封面设计者所提倡。如1949年6月出版的《五四卅周年纪念专辑》（见

图 5-4），黑色的"1919"和红色的"1949"对比强烈，飘扬的红旗象征着时代的巨变。这代表着当时的封面设计者承接五四、呼唤时代变革的期望，表明了历史的推移和变化，风格较为突出。

图 5-4　《五四卅周年纪念专辑》封面（1949）

总之，随着西方近代印刷术的广泛使用和多种西方艺术思潮的广为传播，中国的书籍开始逐渐从线装书籍形态过渡到近现代书籍形态，而书籍的封面也随之发生变化，即开始从线装古籍题签形式的封面向近现代书籍封面形式演变，并呈现出从幼稚走向成熟、现代设计意识逐渐普及、注重运用传统文化元素并学习国外设计元素、设计实践受时代发展变化的制约等特征。经过一代设计主体的多方有益尝试，特别是鲁迅等人的设计实践及其模范引领，中国近现代封面设计人才开始涌现，最终为新中国成立之后百花齐放的封面设计景象奠定了基础。

第三节 《东方杂志》各时期封面特征

一 早期《东方杂志》

（一）社会背景与《东方杂志》

《东方杂志》创刊于1904年3月，终刊于1948年12月，总计44卷，出版了819期/号，包括3种增刊、46种专号、纪念号，22种专辑、特辑。尽管经历了四次迁址、三次休刊，但仍发表作品几万篇，总计1亿多文字。《东方杂志》创刊时为月刊，从第17卷开始改为半月刊，后从第44卷开始又恢复为月刊。《东方杂志》创刊时为24开本，第8卷以后改为16开本。

《东方杂志》先后由徐珂、孟森、杜亚泉、钱智修、王云五、苏继顾等任主编，经历了徐珂、孟森时期（1904—1910），杜亚泉时期（1911—1919），钱智修时期（1920—1931），王云五时期（1932—1941），苏继顾时期（1943—1948），既保证了办刊思想的连续性，又彰显了主编的特色。随着主编的调整及其改革，《东方杂志》逐渐成为了一本大型综合性刊物。

晚清时期，由于国力较弱，西方列强纷纷侵入中国谋取利益。随着《辛丑条约》等一系列不平等条约的签订，清政府逐渐意识到改革的必要。1901年失败的清末新政，部分涉及政治制度的改革在客观上促进了社会发展，各种社会思潮得以广泛传播，对整个社会观念的转变起到了一定的推动作用。

早期《东方杂志》对清末新政予以密切关注，刊登述评，传达了当时国人对改革的呼声。

徐珂任主编时，封面、栏目等方面发生了一定变化，出售价格、文字数量、版式、出版周期、插页广告等方面保持了相对稳定。

孟森主编《东方杂志》后，对栏目有过较大调整，增加了栏目，调整了文字大小，一定程度上满足了读者的需求。

经过两任主编的努力，《东方杂志》销量大增，广受社会欢迎。

（二）主编思想及其对杂志内容的影响

徐珂稳重博学，较少涉及政治，因此其任主编时分类刊登的转载文章较多，内容构成主要为奏折、宫门抄和少量知识分子的时论（如关于国民教育、实业救国等方面）。

与徐珂相比，孟森较为关注社会现实，他一度热衷预备立宪并亲自撰写"宪政篇"，以大量篇章关注清末新政，《东方杂志》一时成为了宣传立宪的重要阵地，直至预备立宪失败。

除了清末新政，此时期的《东方杂志》还关注传统文化、外交形势、社会新发展、国外新科技和新知识等内容。

（三）早期《东方杂志》封面特征

徐珂主编时期主要为第1卷到第5卷第6期，孟森主编时期主要为第5卷第7期到第7卷。由于主编风格的差异，早期的《东方杂志》封面以第5卷为分界点，呈现出不同的样貌。从第1卷到第5卷第6期，《东方杂志》的封面是"文字+图画"的形式，从第5卷第7期到第7卷，封面由要录形式构成。

早期《东方杂志》的封面设计在一定程度上具备了独有的魅力，具体而言，主要呈现出如下特征：

初具国际设计视域。典型代表为创刊号，创刊号"简要章程"中曾明确说明"本杂志略仿日本《太阳》报、英美两国《而利费》（Review of Reviews）"[①]。《太阳》报和《而利费》都是视野广阔、影

---

① 《新出〈东方杂志〉简要章程》，《东方杂志》1904年第3期。

响深远的综合性期刊（见图 5-5），而《东方杂志》选择借鉴这两个国际大刊设计封面，一定程度上可以说明《东方杂志》在起步之始即已初具国际设计视域。

图 5-5　左为《而利费》1896 年创刊号，中为《太阳报》1895 年创刊号，右为《东方杂志》1904 年创刊号

具体来说，创刊号主要在视觉元素、构图形式等方面对国际封面设计艺术作了借鉴。

视觉元素方面，创刊号主要借鉴了《太阳》报和《而利费》中的关键视觉元素，如《而利费》中的地球，《太阳》报中的地球、太阳和光。创刊号的主要视觉元素除了龙外，也为太阳、地球和光。可以看出《东方杂志》对这些视觉元素的选择有其独特的文化意义。

首先是龙这个封面的真正"主角"。龙是中国文化的典型代表，是权力的象征，可以呼风唤雨，上天入地，自古被中国人崇拜。1904 年为晚清时期，而晚清的国旗为黄龙旗。显然，对龙元素的使用可能在暗示清政府或者中华民族要像龙一样腾飞。

其次是太阳。选取太阳大概有两层含义，一是暗示清末新政带来新气象。封面上红色的太阳万丈光芒，普照华夏，可能暗合新政可以如太阳般泽被大众。二是太阳代表了热切的希望和前进的动力。封面上这轮在海上喷薄而出的红日，很可能寄托着《东方杂志》对整个中国昂然而起、傲立于世界东方的热切希望。

最后是地球。对地球这个元素的应用传达出了《东方杂志》创刊号可贵的国际视野。在封面右下方的地球上，可以清晰地看到中国在世界的位置，这说明《东方杂志》力图改变国人"中土"的固有地理观念，从而站在国际的高度展望整个地球。

构图形式上，创刊号借鉴了《太阳》报。《太阳》报封面中，太阳自右上对角线位置将一束强光射向地球，形成了独特的"聚光灯"效果，而《东方杂志》右上角也有一道自龙口喷射出的光，形式较为类似，由此看出《东方杂志》在构图形式上借鉴了国际封面设计艺术。

具有稳重敦厚的特征。受主编徐珂影响，早期《东方杂志》封面1904年第1期到第5年（卷）1908年第6期（图5-6、图5-7），均以年（年、卷意义相近，之后统称为卷）为周期，每卷换一个封面样式，每期调整颜色，呈现出稳重敦厚的特征。这种方式节约了设计成本，可以让读者快速建立"熟识"感，从而产生购买行为。第5卷第7期开始到整个第7卷（图5-8）都是直接在封面上标示要目，显示出简洁、直接而务实的风格。

整体风格具有浓厚的东方韵味。《东方杂志》第1卷到第5卷第6期中，相当比例的中国传统元素出现在封面上，主要有龙、太阳、梅花、牡丹等元素，中国传统文化韵味较为浓郁。

龙元素在早期《东方杂志》中被广泛应用，多以舞动的姿态出现，或驰骋于海，或傲飞于天，十分威武；太阳元素在早期《东方杂志》中频繁出现，常常伴随着高山、大海、梅花等元素。

图 5-6　左为《东方杂志》第 2 年第 1 期封面（1905），
右为第 3 年第 1 期封面（1906）

图 5-7　左为《东方杂志》第 4 年第 2 期封面（1907），
右为第 5 年第 2 期封面（1908）

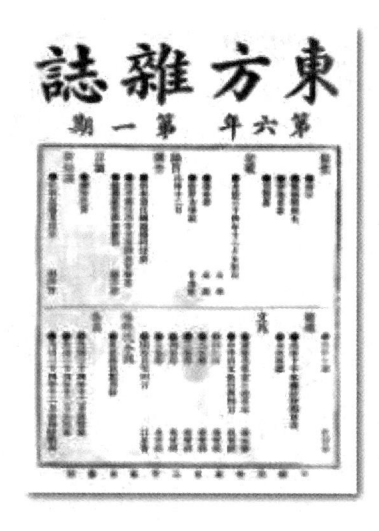

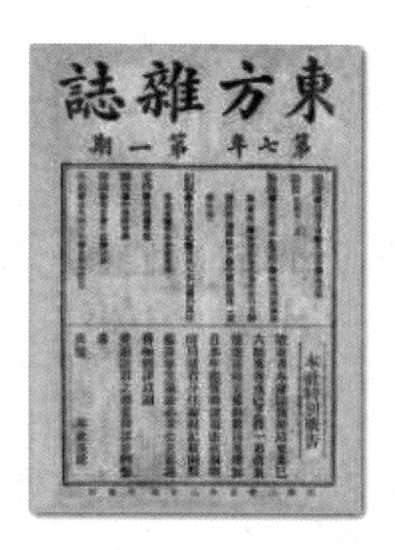

图 5-8　左为《东方杂志》第 6 年第 1 期封面（1909），
右为第 7 年第 1 期封面（1910）

　　梅花因被赋予高洁、谦虚、坚毅的品性，寓意吉祥，历来为中国文人墨客颂扬。首次出现梅花元素的第 3 卷第 1 期封面，变体的梅花以不屈之躯，托起了整个《东方杂志》。梅花枝干的内部，正是在海上喷薄而出的红日。红日的右上方，则是威武的飞龙。梅花、太阳和龙三个元素相得益彰，体现出了中华文化独有的设计之美。

　　牡丹元素主要为第 5 卷第 1—6 期。一直以来，牡丹被赋予富贵、不畏强权等品性，深受中国人民喜爱。封面上的牡丹绚丽多姿，盎然而立，一枝向上伸展的花蕾含苞待放，喻示着当时备受列强欺凌的中华民族不畏强权、勇于斗争之志。

　　《东方杂志》早期的封面中，频繁使用这些具有浓郁东方特色的元素，鲜明表达了中国近代知识分子渴望改变国家命运的迫切希望。

　　初具国际设计视域、稳重敦厚的特征及浓厚的东方韵味塑造了早期《东方杂志》封面设计的风格特色，也为其成为晚清时政大刊树立了璀璨夺目的"形象"。

《东方杂志》在1910年时，销量已经位居当时杂志之首，每一期销量就达15000份。封面设计精美、售价低廉、内容全面、工艺先进、用纸及印刷精良都是重要的原因。

二 杜亚泉时期《东方杂志》

（一）社会背景与《东方杂志》

辛亥革命后，西方列强加紧在中国扩张，民族危机和军阀斗争严重影响了中国社会的发展进程。1911—1919年，发生了三起影响中国的国际大事，分别为"一战"、北洋政府与日本签订"二十一条"及"十月革命"。"一战"间隙给了民族工业长足的发展空间，客观上提供了各类社会思潮的经济基础；"二十一条"使得中国民族主义运动高涨；"十月革命"促进了马克思列宁主义在中国的广泛传播。在这些因素作用下，中国迅速掀起了"新文化运动"及轰轰烈烈的五四运动，社会的思想启蒙加速推进，各种社会思潮风起云涌。

中华民国成立后，国人较为关注西方社会的民主政治，因此杜亚泉任主编时期（1911—1919）从多方面对《东方杂志》进行了调整。在资料来源上，改变了早期以汇编资料为主的情况，刊登了大量欧美、日本的翻译文章和国内报纸的转载文章；在题材及内容上，由于许多知识分子以作者身份加入，《东方杂志》各种"论说"类文章大量出现。此外，丰富的编辑手段、版式变化及商品广告的引入，进一步提高了《东方杂志》的竞争力，杂志获得了稳定发展。

（二）杜亚泉思想及其对杂志内容的影响

杜亚泉的思想较为活跃，他热衷宣传科学知识，积极推动社会思潮的传播，对一战前后的国际政局、边疆危机、日本问题等议题表达了关注，并撰写相关文章评述，逐渐形成了中西文化调和论等思想。

杜亚泉担任主编时期，对辛亥革命后中国社会的变化进行了深刻反思，并在主编后期与《新青年》展开了文化论争，积极参与了新文化运动，因此《东方杂志》成为了杜亚泉阐述中西文化调和论的重要阵地。在杜亚泉的引领下，这一时期的《东方杂志》"随世运而俱进"，不仅"鼓吹东亚大陆之新文明"、介绍"诸科学最新之论著"，更摆脱了对西方文明的盲目崇拜，开始以冷静的姿态，站在国际社会的大视野和大格局中，引领和启蒙着国人思考中国未来的发展之路。

（三）杜亚泉时期封面特征

杜亚泉时期《东方杂志》得以较大改良，从第8卷开始，从32开改为了16开，不仅字数增加，版式也开始图文混排，而且采用了铜版、三色版等先进技术[①]，因此销量"打破历来杂志销数的纪录"。

《东方杂志》的封面自第8卷第1期（图5-9）起，有了英文刊名《The Eastern Miscellany》，发行地"Commercial Press, Ltd., Shanghai"和英文发行日期（如第1期封面 NO.1 OCTOBER 1911 EIGHTH TEAR），封面设计水平达到了一个新的高度，并呈现出如下特征：

具备现代设计水平。相比对西方设计艺术借鉴较多的早期封面，杜亚泉时期的封面已经具备了现代设计的水平。主要体现在以下几方面：一是创新封面设计方式。与前7卷固定封面的形式不同，从第8卷起，开始独立探求一种新的封面设计方式，即保持整体格局不变，有选择性地变化局部，这种设计方法的特点是同中有异，守中有变，既保持了整卷封面的风格统一，又能保持每一期封面的独

[①] 谢慧：《张元济与〈东方杂志〉》，见乔万敏、俞祖华、李永璞主编《中国近现代史史料学国际学术讨论会论文集》，新华出版社2005年版，第269—278页。

图 5-9　《东方杂志》第 8 卷第 1 号封面（1911）

有特点。二是封面构图变化灵活，或上下格式，或左右排版，或居中显要，或三分封面，体现了封面设计的丰富之美。三是创新设计组合。如第 8 卷中，采用书法集字＋摄影图片的设计形式，每一期都灵活多变，各有特色。书法艺术作为中国传统文化的瑰宝，是东方元素的典型代表。第 8 卷第 12 期的刊名背景色为大气而端庄的中国红，而"东方"二字主要来源于名家真迹或碑文，包括篆书、隶书、楷书、行书、草书等，突出了封面的东方韵味。加上与之对应的摄影作品，凸显了《东方杂志》封面的现代设计水平。

封面内容与时局联系密切。受杜亚泉主编影响，此时期《东方杂志》的封面设计与时局关系密切。因此，集字组成的书法刊名和与之组合的图片并非随意为之,而是在影射时代变化之势。正如康有为在《广艺舟双楫》开篇所称"书学与治法,势变略同"①,"书学之变",往往预示"政体之变"。

如第8卷第9期(图5-10)"集魏张猛龙碑文"和"武昌黄鹤楼之风景"组合就大有讲究。《东方杂志》因辛亥革命而第一次休刊,而第9期正是第8卷最后一期。辛亥革命自武昌起义开始而影响全国,而第9期封面就刊登了武昌的黄鹤楼。值得注意的是,辛亥革命前《东方杂志》的纪年方式都是清历,而此时却为"辛亥年九月二十五日",虽未直言革命,但"山雨欲来风满楼"之势,似乎已隐隐而来,足见《东方杂志》的封面与时局联系之密。

图5-10 《东方杂志》第8卷第9期封面(1911)

---

① 康有为:《广艺舟双楫》,中国书店1983年版,第2—3页。

再如与时局联系更为密切的第 9 卷封面（图 5－11），其 12 期封面均采用民国政要"题字＋肖像"的形式，即邀请国内政要题写《东方杂志》的刊名并刊登其肖像照片。第 1 期至第 12 期的封面人物分别是伍廷芳、陆徵祥、吴景濂、汤化龙、宋教仁、蔡元培、袁世凯、王宠惠、汤寿潜、张謇、吴稚晖、陈澜，他们都是中华民国临时政府的政要。有趣的是，他们都是持有不同政见的人，立场并不相同，却在《东方杂志》这个平台上集体出场，这种封面形式不仅别有趣味，其实也是对《东方杂志》办刊策略的体现——以不偏不倚的平和中正立场保护自己。

图 5－11　《东方杂志》第 9 卷第 7 号大增刊封面（1913）

"洋为中用"的设计特色。杜亚泉十分推崇中国文化，因此《东方杂志》的封面设计颇受其影响。与早期《东方杂志》封面主要运用东方元素相比，杜亚泉时期的封面设计具备了更加广阔的设计视野，并开始利用西方文化元素配合表现东方文化元素，以"洋为中用"的方式为杂志内容服务。

如第 10 卷第 12 期封面，主要形式为篆刻印章 + 西方十二星座图形符号，字体风格各异，灵活多变。其中前 6 期的篆刻印章主要为红色阳刻，后 6 期为白色阴刻，以红底衬托。而十二星座配有对应星座代表的图片和符号，与篆刻印章相得益彰，表达了中国篆刻艺术和东方文化之美。

图 5-12 《东方杂志》第 10 卷第 2 号封面（1913）和第 10 卷第 7 号封面（1914）

篆刻是书法和镌刻结合的艺术，是最古老的东方艺术形式之一，而星座是西方人对"找到精神宇宙运行规律"[①] 的寄托。封面上篆刻和星座结合起来的艺术形式，也许意在探求东西文明的交融与对话，从而最终寻求"拯救今日世界之良方"。

---

① 王玉民：《星座世界》，辽宁教育出版社 2008 年版，第 144 页。

三 钱智修时期《东方杂志》

（一）社会背景与《东方杂志》

钱智修主编时期（1920—1932）的《东方杂志》努力传播"科学精神和民治主义两大潮流"[①]，积极介绍各类社会思潮，内容和风格变化较大。这一时期时间跨度较长，国际政治格局也发生了重大变化。

1920—1923年的国内外形势变化都较大。从国际看，1920年华盛顿会议后，国际力量对比发生了很大变化，美国超越英国，成为新的世界霸主，这对20世纪上半叶的中国社会影响深远；从国内看，由于此时期军阀混战严重，政治生态和社会思潮发生了较大变化，三民主义、无政府主义、马克思主义等社会思潮较为活跃，中西文化论战和社会主义论战交锋不断。

1924—1927年，由于华盛顿会议后世界政治格局的改变，西方列强纷纷开始争夺制定国际新规则的主动权，世界民族运动的形势发生了变化。在苏联的支持下，中国民族主义高涨，如近代影响最广、规模最大并取得局部胜利的"五卅运动"。同时，以国共合作为基础的国民革命成为了国家统一的新路径。随着国民革命运动的失败，国共合作也随之破裂，国共两党的政治斗争也随之展开。

1928—1931年，国民政府结束了北洋军阀的统治，为国家统一做出了很大努力。此时，日本帝国主义加紧了侵略中国的步伐。

在如此纷繁复杂的国际国内背景下，《东方杂志》主编时间最长的钱智修对杂志进行了改革。第一，调整编辑方针，坚持文化导向。钱智修时期的《东方杂志》坚持文化导向，扩大文章来源，吸收更

---

① 坚瓠：《本志的第二十年》，《东方杂志》1923年第20卷第1期。

多社会作者，各类符合时代潮流的独立评论、学术作品、文学创作和翻译作品大量出现，西方现代政治学、社会学等内容尤其受到知识分子的欢迎。第二，增设新栏目，开辟专号和纪念号。钱智修先后增加了21种新栏目，在坚持时事政治特色的基础上，把其他社会思潮的文章以较为集中的形式呈现，专题色彩较为浓厚，最终使《东方杂志》成为了一个广受欢迎的大众舆论平台。从1920年起，《东方杂志》还开辟了较多的专号和纪念号，据统计，此时期的专号和纪念号占整个《东方杂志》的一半以上。

总之，钱智修主编时期的《东方杂志》为促进社会进步做出了很多的努力。

(二) 钱智修思想及其对杂志内容的影响

钱智修坚持平民政治思想，曾翻译大量西方民主宪政论著，因此这一时期的《东方杂志》在内容方面变化明显。

1920—1923年，世界政治秩序进行了新一轮洗牌，此时的《东方杂志》不仅积极关注国内外政治，而且以此为基础，积极传播现代社会思潮。1924年到1927年，《东方杂志》拥有了更大的作者群，报道了更多的国际时事政治新闻，较多的文学创作也涌现出来。1928—1931年，受整个社会形势的影响，此时的《东方杂志》在一批以救国自任、努力促进自身改造并主张改造民众素质的新式知识分子作者的影响下，除了继续关注国际时事政治，评述欧美的矛盾和危机，还增加了较多关于中日冲突和介绍中国国家建设的文章。

(三) 钱智修时期封面特征

钱智修时期是《东方杂志》封面变化最为丰富、种类最多、文化元素最多的一个时期，封面设计表现出高超的设计水平和多样化的设计风格。封面设计主要呈现出如下特征：

封面要录得以充分应用。密集应用封面要录，第 18 卷至第 23 卷（图 5-13、图 5-14）均保持了这种封面要录的风格，表现方式也变化多样。主要有以下几种方式：

图 5-13　《东方杂志》第 18 卷第 1 期（1921）、第 19 卷第 1 期（1922）、第 20 卷第 2 期（1923）封面

图 5-14　《东方杂志》第 21 卷第 1 期（1924）、第 22 卷第 1 期（1925）封面

一是单纯文字型。主要是第 18 卷，要目的位置在封面中间，每幅封面基本都有 12 条要目，其中 2—4 条重点要目穿插在众多要目

中间，字号也相应加大加粗。

二是图案+文字型。这种封面主要呈现两种结构，即上下结构和左右结构，而尤以上下结构居多（只有第 19 卷的第 1—6 期为左右结构，左边为人物，右边为要目）。上下结构除了要目外，还有典型的东方文化元素图案，如帆船、亭台、长城、画像砖等，凸显中华传统文化。

三是装饰花边+封面要录型。整个第 20 卷和第 23 卷都采用了这种形式。如第 23 卷封面图案以画像砖为视觉文化元素，花边图案和古典方正的字体相得益彰，凸显了封面的东方韵味。

通过这三种封面要目的表现方式，《东方杂志》不仅将当代最重要的文章标题快速展现给读者，且其优美、简洁、典雅的封面也给读者带来了舒畅的阅读感受。

世界多民族文化图式共存。钱智修时期对《东方杂志》作了较大革新，全面引进和介绍东西方的新知识和新思想，封面设计风格（第 22 卷到第 27 卷）发生了较大变化——多个国家的民族图案和文化元素得到应用，呈现出世界多民族文化图示共存的灿烂局面，并涌现出了陈之佛等优秀设计人才。

陈之佛先生 1918 年赴日本东京美术学校留学，是中国第一个去日本学习工艺的留学生。他以广阔的文化视野，广泛吸收和借鉴了古希腊、古埃及、古波斯、古印度以及从文艺复兴到新古典主义时期的众多装饰风格和元素，形成了独具特色的现代图案设计风格。这在《东方杂志》封面设计中得以充分展现，令杂志大显神威！

中国民俗文化艺术元素大放异彩。世界多元文化呈现的同时，东方传统的民俗文化艺术也得以继承与应用，如民间漆金画、传统木刻版画、民间木雕画等，东方魅力十足。如第 26 卷第 7 号（图 5–15）封面，其效果与中国传统的阴刻版画十分相似。阴刻版画的特征就是用白色的线条在黑色背景上描绘事物。此幅封面意境清幽，淋漓尽致地表现了徜徉于山水间的怡然自得之态，设计水平不凡。

图 5-15 《东方杂志》第 26 卷第 7 号（1929）、第 25 卷第 9 号（1928）、第 26 卷第 16 号（1929）封面

第 26 卷第 16 号（图 5-15）的封面装饰画，与中国民间木雕画十分相像。民间木雕画主要是用变形、夸张的方式，浑厚而稚拙的线条来描绘物象。这幅封面中，两只面色愉悦温和的绵羊相对而立，不仅传达了吉祥的涵义，且给人一种稳定而安静的对称美。

这一时期陈之佛等人的封面设计，以其独特的艺术性深受广大读者欢迎和喜爱，据一些"老商务"回忆，陈之佛设计的几卷封面，其发行量都有显著增加。

四 王云五时期《东方杂志》

（一）社会背景与《东方杂志》

1930 年初，南京国民政府利用西方国家陷入经济危机之机，大力开展国家建设，取得可喜成绩，如在 1936 年时，已基本建成国家金融体系，并以此为基础发展工商业，中国经济获得了长足发展。当然，1936 年以前，国民政府取得的部分成绩是以对日本的妥协为代价的。

"塘沽协定"(1933)、"何梅协定"(1935)、"秦土协定"(1935)的订立就是和日本妥协的结果,然而日本的侵略气焰越发嚣张,人民的抗日救亡运动不断兴起,1935年的"一二·九"运动掀起了全国抗日救亡的高潮。华北危机和"西安事变"促使南京国民政府终于走上了第二次国共合作的道路,开始了全面抗战。

1932—1941年的《东方杂志》尽管发展十分曲折,遭遇了多次停刊和搬迁,但在王云五等人"为文化而奋斗"[①]的不懈努力下,成绩十分显著。此时期《东方杂志》虽偶有间断和合刊,但基本保证了较为稳定的出版周期,大概都在每月的1日和16日出版。同时《东方杂志》本身也在随着时代的发展而不断变化,如在作者队伍上,由于"一·二八"事变导致编译所和东方图书馆被毁,因此刊登了大量的社会稿件,作者人数也有显著增加。

到1933年4月,《东方杂志》无论发行规模、读者数量、社会影响以及经济效益,均恢复到理想状态,销售量竟达五六万份[②]。而后《东方杂志》又经历了"八·一三"事变、长沙大火,再次搬迁、转香港发行及转迁重庆等阶段,但在王云五等人的坚定维持下,《东方杂志》依然盎然而立,记录着并见证着中华民族奋起的精神和努力。

(二) 王云五思想及其对杂志内容的影响

王云五时期的《东方杂志》,在日本侵华战争的时代背景下,内容有了一定的调整。第一,在保持时政类作品的同时,增加了中日关系内容的篇幅;第二,增加了中国改革、社会发展题材的文章;

[①] 张凤:《为国难而牺牲 为文化而奋斗——抗日时期的商务印书馆》,载《商务印书馆一百年》,商务印书馆1998年版,第504页。

[②] 《读者作者与编者》,《东方杂志》1933年第7期。

第三，增加了一些栏目以替代因"一·二八"事变而不能发行的部分定期发行的杂志，如"教育"栏目临时代替《教育杂志》、"妇女与家庭"栏目临时代替《妇女杂志》、"文艺"栏目临时代替《小说月报》等。值得注意的是，此时这三个新增栏目的主编都是杂志原来的主编，如《教育杂志》原主编赵廷为、《妇女杂志》原主编金仲华和《小说月报》原主编徐调孚。

（三）王云五时期封面特征

王云五时期的《东方杂志》发展十分曲折，1932年发生了堪称对商务印书馆毁灭性打击的"一·二八"事变，《东方杂志》为此停刊八个半月，但在王云五等人的努力下，《东方杂志》在1933年就恢复到了较好的水平。1937年日本在上海发动了"八·一三"事变，《东方杂志》只能合刊（图5-16）发行，1937年底日军侵占上海，《东方杂志》只好内迁到长沙，不料1938年11月长沙发生大火，《东方杂志》不得不转迁香港。由于太平洋战争的爆发，《东方杂志》在香港的资产损失殆尽，因此在1941年又被迫转移到重庆，此时的《东方杂志》在纸张、印刷设备上彻底陷入了困境，因此自1941年11月15日（即第38卷第22号）起一度休刊一年零四个月，直到1943年3月15日（即第39卷第1号）复刊。总之，王云五时期的《东方杂志》几经周折，编辑和出版人员发生了一定的变动，也直接影响了刊物的发行质量，对《东方杂志》的封面也有一定的影响。尽管如此，王云五时期的《东方杂志》也得到了发展，呈现出自己的特征。

封面要目的形式得以空前应用。除了复刊号、新年特大号、纪念号和极个别的封面外，几乎每一卷封面都有。有的标有标题和作者，有的直接是标题，还有的标有文艺、教育或妇女与家庭栏目。前文提到，这是因为要临时代替当时《教育杂志》、《妇女杂志》、

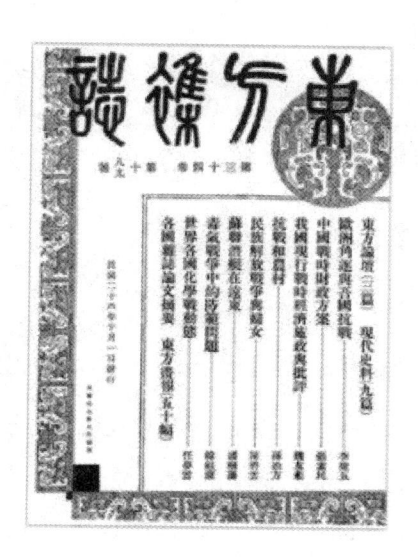

图 5-16 《东方杂志》第 34 卷第 18、19 号合刊（1937）、
第 30 卷第 16 号（1933）封面

《小说月报》三个杂志（图 5-16，第 30 卷第 16 号）。封面要目的形式被频繁应用与社会形势有直接关系。当时日本侵华战争对中国造成了深远的影响，《东方杂志》也为之迁徙奔波，因此简洁、直接的要目形式更符合当时要迫切了解国家和世界形势的读者需要。同时，王云五时期的封面以红色、黄色和橙色为主色调，醒目别致，吸人眼球。

中国传统元素为主要视觉文化符号。受日本侵华战争影响，中国人民民族意识高涨，因此王云五时期《东方杂志》封面中中国传统文化元素得到了回归，如第 36—38 卷（图 5-17）都以狮子为主要视觉文化元素。它们或一跃而起、声动天地（第 36 卷），或跳跃起来、阔口大开（第 37 卷），或怒目刚牙、威风凛凛（第 38 卷），仿佛在向世人传达中国这头雄狮已然醒来，必将在抗战时期大展雄风夺取胜利。

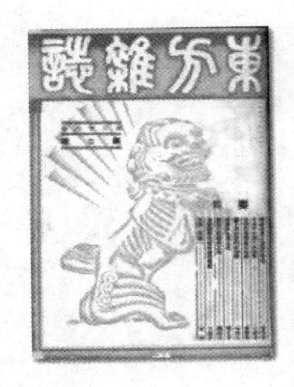

图 5-17 《东方杂志》第 36 卷至第 38 卷（1939—1941）封面及其狮子形象

除了狮子，汉代画像砖（整个第 35 卷）、祥云（第 31 卷到第 34 卷）及篆书（如第 31 卷到第 34 卷）等中国传统文化元素也被应用到封面上。

折线图、漫画等新的设计元素开始出现。总之，王云五时期《东方杂志》一种封面形式应用一卷甚至两卷较为普遍，而《东方杂志》第 30 卷（图 5-18）的封面则不同，甚至出现了折线图、卡通画和漫画等新的艺术表现形式。以第 30 卷第 4 期为例，这一期的封面就出现了折线图，以折线这样直观的形式表达"经济的困难"，直观醒目。第 30 卷第 5 期为"德国之反动政治"，以漫画的形式将德国的政治巨头形象地表现出来，这种和时政密切联系的有趣方式，与《东方杂志》一贯严肃、调和的形象形成了巨大的反差，颇具吸引力。

五 苏继廎时期《东方杂志》

（一）社会背景与《东方杂志》

在抗日战争和国共内战的动荡形势下，《东方杂志》也在艰难发展，尽管主编苏继廎等人做了各项努力，如努力恢复"现代史料"、

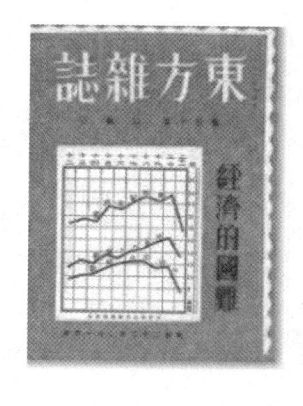

图 5-18 《东方杂志》第 30 卷第 4 期、5 期和 6 期封面（1933）

"文艺"等栏目，但在时代大潮的裹挟下，也仅能保持一定的发行量，最终走向衰败，直至休刊。

（二）苏继庼思想及其对杂志内容的影响

苏继庼时期《东方杂志》的内容主要有两点变化：第一，逐步削弱了评述时事、记录时代的内容特色，尤其是关于国际政治的相关述评在第 43 卷和第 44 卷中明显减少，且逐渐呈现零散状态；第二，增加了文史和教育研究类的文章，甚至超过了总作品的一半；第三，内容较为庞杂，相关专题较少。这一时期的作品包含了时事政治、史学、文艺、社会学、自然科学、经济、政治学、教育八大类内容，专题较少。

（三）苏继庼时期封面特征

苏继庼时期的《东方杂志》在日本侵华战争及国共内战的动荡局势中艰难发展，尽管杂志于 1943 年 3 月 14 日复刊，但印刷、纸张、设计条件等依然十分艰难，封面质量也随之受到了较大影响，呈现出如下特征。

种类较为单一，长期使用固定简易封面。受战时艰苦条件影响，第 39 卷至第 42 卷的封面都以粗糙的毛边纸印制，封面只有《东方杂志》刊名、期数、卷数、商务印书馆刊印等必要信息，不同期数只是字体颜色或纸张颜色稍微变化，十分简单（如图5-19）。通过苏继顾时期《东方杂志》的封面，可见当时商务印书馆及其《东方杂志》因日本侵华产生的经济困境及文化事业遭遇的摧残，亦可以感受到时人对复兴与延续文化的不懈努力。

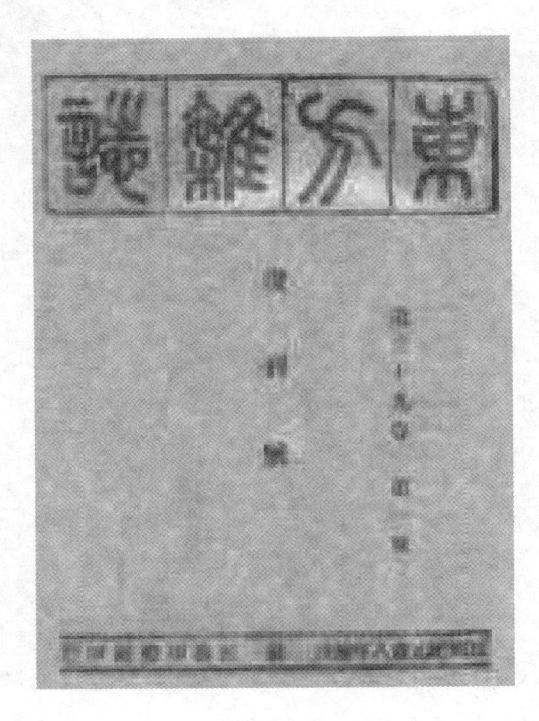

图 5-19 《东方杂志》第 39 卷第 1 号复刊号封面（1943）

封面随着《东方杂志》的衰颓而日渐凋落。混乱的社会形势、窘迫的经济困境使得《东方杂志》日益艰难，最终一度辉煌的《东方杂志》封面也随着《东方杂志》的衰败而走向了凋零。

第四节 《东方杂志》封面设计特色

一 封面设计理念

（一）与时代变化同步

早期《东方杂志》封面设计中，主要使用的视觉文化元素都是龙、太阳等东方传统文化元素，尽管在封面构图及元素上借鉴了当时西方的国际大刊，但《东方杂志》当时的文化和设计视域依然是中国范围内的"东方"。随着西方文明的不断输入，中国人看世界的眼界变得日益开阔，封面设计者一直与时代保持同步，设计理念也开始逐渐转向"大东方"国家，因此古埃及、古印度等诸多国家的民族图案和文化元素被广泛应用到封面设计当中。随着世界民族主义运动的兴起，中国人通过学习东西方优秀文化及先进文化来探索属于自己的路，因此东西方民族文化及装饰图案等元素逐步在封面设计当中出现，《东方杂志》封面设计理念也随着时代变化走向了新高度。

（二）保持独立精神

传媒在政治占据高位的时代往往依附或委身于政治，而历尽沧桑的《东方杂志》从晚清至新中国成立前夕，始终保持独立精神，立于时代之巅。以第9卷封面为例（图5-20），从第1期至第12期分别刊登了12位代表着不同势力民国政要的肖像及其题字。他们大多立场不同，但却同时出现在《东方杂志》上，这既保证了《东方杂志》能够安稳度过变化莫测的政局，又能以独立的设计理念保持不偏不倚的态度，从而间接促成了公众对《东方杂志》独立性的认知。

梁启超认为："凡一国之能立于世界，必有其国民独具之特质。

图 5-20 《东方杂志》第 9 卷第 5 号封面（1911）

上自道德法律，下至风俗习惯、文学美术，皆有一种独立之精神"①，正是凭借这种独立的精神，才使《东方杂志》被认可为客观公正、价值中立的公共平台。

（三）坚持设计的民族特色

《东方杂志》从创刊号起，始终一脉相承地坚持取材民族文化元素。早期封面设计中主要运用龙、梅花、牡丹等元素，封面整体风格具有浓厚的东方韵味；杜亚泉时期封面设计中的篆刻、书法等艺术元素的应用，都是坚持民族特色的体现；钱智修时期的封面大量

---

① 梁启超：《新民说一·释新民主义》，《新民丛报》1902 年第 1 期。梁启超著，宋志明选注：《新民说》，辽宁人民出版社 1994 年版，第 8 页。

地呈现世界多民族图案元素，同时中国传统民俗文化艺术元素在封面中大放异彩，包括民间漆金画、传统木刻版画、民间木雕画等，民族特色较强；王云五时期的东方传统文化元素更为集中，威风凛凛的雄狮、粗犷深厚的汉代画像砖、意蕴悠长的篆书刊名，都让人感到浓郁的民族设计特色；苏继顾时期的封面虽然因动荡的时局而印刷粗糙、设计单一，但一直保持篆书刊名，设计的民族特色更为凸显。

（四）与社会形势有较大的关联性

从清末新政到辛亥革命，从五四运动到抗日战争，从解放战争到新中国成立前夕，《东方杂志》始终在跃动时代的脉搏，封面设计一直与社会形势及杂志内容保持着千丝万缕的联系。如前文提到的第8卷第9期，封面上就刊登了一幅"武昌黄鹤楼之风景"的图片，很快震撼全国的辛亥革命在武昌爆发，而第9期封面的黄鹤楼正是武昌的代指，足见《东方杂志》对政治的关切。又如第8卷第9期（图5-11）"民国成立后之明孝陵"封面图片也和社会形势有着较大的关联性。明孝陵的前方是中华民国的"五色旗"，这无疑客观再现了中华民国成立后的社会意识形态，暗寓着"反清复明"的事业成功。

（五）注重设计的启蒙和引领作用

《东方杂志》力图通过对社会形势的高度关注，借机发声，以启蒙和引导广大国民关注国家和民族命运，最终找到中国人自己的路。如第30卷第1号"新年特大号"封面（图5-21），《东方杂志》就秉承了注重启蒙和引领的设计理念，希望中国一新。

1933年底，《东方杂志》发行了一期"新年特大号"，刊登了包括鲁迅等人在内的142名作者关于新年梦想的信，杂志发行后在社会上引起了很大的震动。封面上的小孩把地球放在木盆里，并用消毒药水刷洗着中国，讽刺意味较为明显。当时国民政府对舆论控制

图 5-21 《东方杂志》第 30 卷第 1 号封面（1933）

极其严密，《东方杂志》作为一个有影响的大刊物更容易引起注意，很快，《东方杂志》就遭遇国民政府的压力，策划这一期杂志的胡愈之也因此辞职。尽管这样，《东方杂志》也没有因为压力而屈服，而是一如既往地以更多形式启蒙和引领国民，如介绍西方先进思潮，发行纪念号、专号等。

（六）始终坚持文化内涵和艺术性

《东方杂志》封面设计坚持文化内涵和艺术性是一以贯之的，通过对东方传统文化元素、"大东方"文化元素和西方文化元素的取材、借鉴和大胆尝试，始终呈现出一种别样的内涵美和艺术美。《东方杂志》是中国的，更是世界的，《东方杂志》封面设计人员的努力在今天依然值得称道。在当今的封面设计工作中，我们应该更加注重文化内涵与艺术品位，坚定现代封面设计前进的方向，为我国当今的封面设计做出更大的贡献，在世界封面设计的舞台上展现中国设计的独有光彩。

二 封面的表现风格

为了在同类杂志中脱颖而出，体现商务印书馆的出版理念及精神文化，多种文化元素及设计手法被运用于《东方杂志》封面设计，从而形成了文化多元、主题突出、端庄大气、特色鲜明、自成一体的表现风格。《东方杂志》封面表现风格主要包括丰富的绘画风格、纪实的摄影风格和时尚的现代风格三种。

（一）丰富的绘画风格

彩色封面具备图案清晰、色彩鲜艳和形象饱满的特点，由于彩色印刷技术的发展，批量复制彩色封面成为可能，因此绘画风格在整个《东方杂志》44 期封面中占有很大的比例。

《东方杂志》丰富的绘画风格中，又包括了立体主义绘画风格、自由手绘风格、装饰艺术风格、漫画风格。

1. 立体主义绘画风格。立体主义风格在《东方杂志》当中的应用可能是借鉴了 20 世纪初立体主义画派。立体画法常常在封面整体设计之中运用，通过对封面不同层次的区分，使得封面呈现出一定的立体效果。如《东方杂志》第 1 卷创刊号封面，右上角的龙喷射出的"东方杂志"就呈现出一定的立体效果，与两边的日出和地球分属不同层次，因此封面具备了较强的空间感和设计感。第 3 卷中（图 5-7），伸展的梅花将整个"东方杂志"联合托举起来，凸显出了梅花的力量感，而在梅树中腾跃的龙则一半露出，一半隐藏在云雾里，既显示出封面的神秘感，又充分表现了封面的立体效果。

2. 自由手绘风格。手绘风格以其自由灵活、选择多样、题材广泛等特性在封面设计中广为使用，如第 5 卷封面上的牡丹，不仅雍容富贵，绚丽多姿，而且较为接近真实的画作，给《东方杂志》封面带来了别样的东方韵味。又如第 15 卷（图 5-22）中的封面，同样属于自由手绘风格，描绘了一幅意境悠远的水墨画，远处的海鸥与近处的树木构成了一种动静对比，配上同是手写的"东方"二字和卷号、期号，给人亲切而悠远的美感。这幅封面画还借鉴了西方的印象派画风，对光与影的表现也比较到位，体现了《东方杂志》多样化的自由手绘风格。

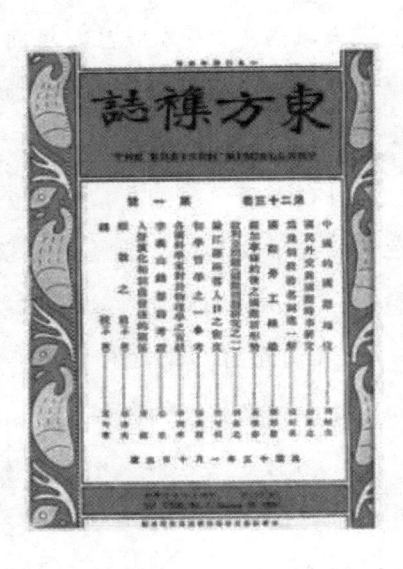

图 5-22　《东方杂志》第 15 卷第 11 号（1918）、第 23 卷第 1 号（1926）封面

3. 装饰艺术风格。装饰艺术风格在《东方杂志》封面中应用较为广泛，钱智修主编时期尤为明显。装饰艺术风格具有线条简洁流畅、色彩丰富、图案装饰性强的特点，予人以赏心悦目的享受。《东方杂志》自第 20 卷起，开始运用装饰艺术风格。第 20 卷中，封面格式固定，每一期以不同颜色加以区别和变化，封面四周的花边和

要目的花边构成了双重花边,具有浓郁的装饰风格。第23卷中(图5-22),以汉代画像砖为设计元素的装饰花边色泽绚烂,给人留下了极其深刻的视觉印象,装饰艺术风格十分明显。之后的第20卷和第30卷中,装饰花边则越来越简洁流畅,视觉冲击力强,给人带来了愉快的审美享受。

4. 漫画风格。由于漫画新奇有趣、题材丰富、简洁明快、发人深思,因此也被应用到《东方杂志》的封面设计中,但是和其他绘画风格相比,漫画风格应用不多。总体来说,漫画风格分为写实漫画和抽象漫画,写实漫画的特点是注重表现细节,而抽象漫画的特点是注重轮廓。《东方杂志》的封面设计中,应用最多的是线条简洁的抽象漫画。

最典型的漫画是前文已分析过的第31卷第1期关于新年梦想(图5-21)的封面漫画。这幅漫画想象力丰富,造型夸张,讽刺意味较强。第30卷第2期中,封面漫画主要由几何图形组成,生动描绘了中苏复交后苏联的现状,形象生动。第30卷第5期(图5-18)中,封面以漫画的形式画出了四个德意志不同领域的统治者,以反映"德国之反动政治"的社会现实,让人印象深刻。第30卷第6期(图5-18)中,漫画题目为"恼人春色",地上放着一颗用过的弹壳,一边是郁郁葱葱的草地,一边是光秃秃的土地,对比十分明显,引发了人们对战争的深刻思考。

(二)纪实的摄影风格

摄影风格的封面主要是伴随摄影技术的出现而产生的,摄影封面的特点是真实清晰、色彩饱满。《东方杂志》封面主要以绘画风格为主,具备这种纪实摄影风格的封面较少,主要是1911年第8卷、1912年第9卷。第8卷第2期到第12期中(图5-23),刊登了"喜马拉雅最高峰之雪"、"长白山之天池"、"泰山之绝顶"等摄影照片，表现了祖国自然风光的崇高之美。

图 5 - 23 《东方杂志》第 8 卷第 5、6、7 期封面及其摄影（1911）

1912 年第 9 卷封面上分别刊载了伍廷芳、陆徵祥等人的肖像，12 位民国政要的肖像同时被刊登在一个期刊上，这种纪实摄影风格给人一种别样的震撼效果，可想而知当时《东方杂志》封面设计者付出的莫大努力。

（三）时尚的现代风格

对于 20 世纪上半叶的《东方杂志》来说，时尚的现代风格始终是其封面设计风格中的重要组成部分。对古埃及、古印度、古希腊民族图案及民族文化元素的吸收和借鉴，就是受到国际时尚设计风格影响的表现，如第 24 卷第 7 期中对古埃及文化及象形文字的应用、第 25 卷第 7 期中对波斯小形画的借鉴等，都是《东方杂志》现代风格的重要标志。

第五节 《东方杂志》封面设计中的主要文化元素

《东方杂志》封面设计中的文化元素十分丰富，不仅包括中国传统的东方文化元素,而且随着西方列强的侵入,开始把眼光放到了一个更大的视野当中,因此古埃及、古印度等"大东方"的文化元素逐渐占据了较为重要的地位。随着西方文化思潮的不断涌入以及中国人探讨治国良方的迫切愿望,中国人在《东方杂志》等现代传媒的引领和影响下,开始对西方文化表示出了较大的兴趣,因此西方文化元素也被引入了《东方杂志》封面设计当中。当然,封面设计当中某一文化元素的出现,每个时期并不是固定的,而是互相穿插、互相影响的,共同构成了《东方杂志》封面独特的视觉识别图式。总体来说,《东方杂志》封面设计中的文化元素主要包括悠久灿烂的中国传统文化、神秘古老的"大东方"文化和灵活多变的西方文化。

一 悠久灿烂的中国传统文化

中国传统文化元素在各个时期几乎都有体现,它们主要有龙、太阳、祥云、画像砖、长城、狮子等。龙元素和太阳元素主要在早期《东方杂志》(第1卷到第4卷)的封面设计中集中出现,这些龙形态各异,生动逼真,不仅表达了《东方杂志》信念中中国传统文化的骄傲,暗示了《东方杂志》对东方大刊定位的期许,而且引发了中国人对中华民族傲立于世界东方的热切希望。

祥云是中国文化中代表吉祥的图案,在服饰、雕塑、玉佩、建筑等方面应用广泛,深受中国人喜爱。这一元素在早期《东方杂志》(第1卷中伴随龙飞翔于天的祥云)和钱智修时期(第24卷刺绣上的祥云图案)零星出现过,集中出现主要在王云五时期(第31卷第12号和第35卷第1号中,见图5-24),这固然和蒋介石重视"民族意识"的政策有关,"各种书刊封面,报纸题字标语等,概不准用立体阴阳花色字体,及外国文,而于文中中国问题,更不得用西历年号，以重民族意识"①。主要原因还在于《东方杂志》主编影响下的民族自觉。《东方杂志》封面设计的变化跟日本侵华战争的程度呈正相关，1937年全面侵华战争之后，《东方杂志》传统图案逐渐增多，包括画像砖、狮子和传统建筑等。民族危机空前严重之际，传统图案的使用可以增强民族认同，树立中华民族自信心，团结一心，抵御外侮，夺取抗战胜利。

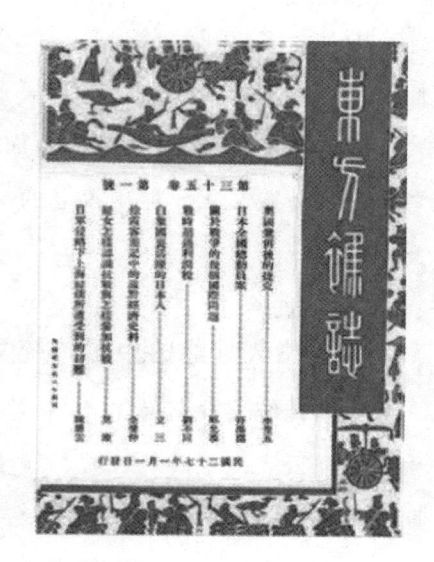

图 5-24　《东方杂志》第 31 卷第 12 号 (1934)、
第 35 卷第 1 号 (1938) 封面

画像砖这一文化元素的出现主要在钱智修和王云五主编时期，分别在第 22 卷（1925 年）、第 23 卷（1926 年）和第 35 卷（1938 年，图 5-24）中以整卷的方式出现，主要起装饰和配图作用。画像砖元素主要取自汉代画像砖，除了和时局有关，还和鲁迅等人对传统文化的关注有关。鲁迅等人不仅本身影响巨大，而且还直接参与

---

①　周博：《字体与家国——汉文正楷与现代中文字体设计的民族国家意识》，《美术研究》2013 年第 1 期。

到现代传媒的出版和传播,甚至亲自参与到封面设计的实践当中,因此鲁迅等人的思想又会直接影响到钱君匋等设计师的设计倾向。画像砖等传统民族文化元素,正是以《东方杂志》为代表的近现代传播媒介对传统文化深层关注的体现,显示了《东方杂志》的文化自觉。

长城是世界八大奇迹之一,是中国为世界带来的优秀文化遗产,它的历史文化价值和人文价值已为世界所公认,是世界人民了解中国的靓丽名片。对于中国人来说,长城这个文化元素更是意义深远。它不仅仅是万里雄关,也不仅是民族融合、中外交流的纽带,它更蕴含着中国人顽强刚毅的精神,象征着中华民族的伟大意志与力量。如第8卷第6期的封面为"万里长城之一阙",就是物理意义上的中国大山大河性质的壮美,而整个第21卷(1924年,见图5-25)中的长城,则代表着中华民族的意义。钱智修时期,由于中国人对西方文化以及古印度和古埃及等为代表的"大东方"文化有了更多的关注,因此封面设计中出现了世界多民族图式集中出现的现象。而长城这个文化元素的出现,是《东方杂志》设计者以封面元素的方式展示出的文化自信,以期在世界文化中展现中国的灿烂之光。

狮子这一文化元素主要在王云五时期(第36卷到第38卷)出现,当时正处于抗日战争时期,对于民族文化的挖掘有助于提升民族自信心,增强民族自豪感,因此王云五时期的民族元素应用广泛,不仅刊名大量使用传统书体篆书和隶书而且较为集中地应用狮子等传统文化元素。这些狮子状态各异,或一跃而起、不怒自威,或阔口大开、声动天地,或怒目刚牙、威风凛凛,东方威武之狮的形象跃然纸上,让人印象深刻。

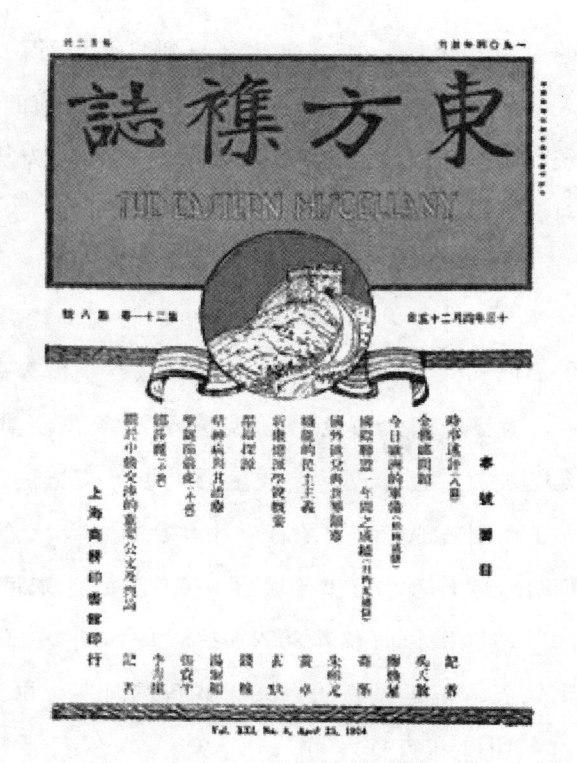

图 5-25 《东方杂志》第 21 卷第 8 号封面（1924）

二 神秘古老的"大东方"文化

"大东方"文化元素在封面上的应用主要表现在更多关注国内外政治大事、热衷于传播现代思潮和报道各地风俗民情的钱智修时期。受钱智修影响，此时期《东方杂志》的设计视域极其广阔。就图案的地域来说，这些"大东方"的文化元素主要来源于古代中国、古埃及等民族图案。

古代中国的文化元素包括天坛长城、画像砖等。天坛元素主要出现在"宪法研究号"第 19 卷第 21 期和第 22 期（图 5-26）。之所以选择天坛这一形象，别有深意。第一，天坛是中国传统建筑的典型代表，更是世界文化遗产，代表着东方建筑文化的深厚底蕴；第二，天坛作为明清帝王祭祀、祈福的场所，不仅是帝王与天对话的重要渠道，更是象征君权神授合法性的重要仪式，因此天坛在封面上的应用，与以人权、法制、民主等要义为主要内容的宪法形成了鲜明的对比，更能激发国人对于民主、自由的思考和追求。

图 5-26　《东方杂志》第 19 卷第 21 号封面（1922）

　　古埃及是四大文明古国之一，它有自己多神信仰的宗教系统、象形文字系统及完整的政治体系，这些都组成了神秘古老的古埃及文化。而埃及文化对古希腊和古罗马等文明产生了深远的影响，因此对古埃及文化元素的应用反映出《东方杂志》不再局限于中国文化元素的文化视域，而是以一种更加开放的态度，深度审视以古埃及为代表的"大东方"文化。如前文提到的第 24 卷第 7 期至第 12

期封面画，就借鉴了古埃及的劳作壁画和竖向排列的象形符号的样式，给人一种神秘古老的视觉效果。《东方杂志》第24卷第13期至第18期，不仅出现了横向排列的象形符号，还出现了整齐的圆形、波浪形花边装饰图案及花草图案，具有浓郁的古埃及特色。

三 灵活多变的西方文化

《东方杂志》封面中对西方文化元素的应用，种类较多，包括古典装饰画、神话人物、星座等多种类型。

《东方杂志》对西方古典装饰画的应用主要包括古希腊瓶画、欧洲玻璃镶嵌画等元素，但与中国的传统元素整卷应用相比，显得较为零散。如古希腊的瓶画，即陶器上的装饰画，以其多样的风格、精湛的技艺、深刻的寓意和较强的装饰效果而在希腊美术中占据崇高的地位。《东方杂志》第25卷第11号及第12号（图5-27）这两期封面，描绘的是三个古希腊家庭妇女，一人呈仰望姿势，面色愉悦而充满期待，另外两人俯身注视仰望之人。画面以黄、赭等暖色调为主，上方配以古希腊特有的花纹图案，加上经过处理的斑驳的残片效果，不仅让人感受到瓶画悠久的历史沉淀，更给人一种宁静祥和、怡然喜悦之感。从古希腊瓶画的封面图式中，可以清晰地触摸到《东方杂志》促进东西方文明调和与交流的努力。瓶画作为西方文明发源地古希腊的艺术代表，应该是以与东方文明对话的姿态出现的。

欧洲玻璃镶嵌画历史悠久，古罗马时期已经开始使用彩色玻璃镶嵌画。欧洲玻璃镶嵌画以其繁缛的画风、绚丽的色彩备受关注。如第26卷第17期（图5-27）的封面就借鉴了这种效果，整个封面全部被卷草植物图案铺满，画面中下方有一位单膝跪地手摁弓箭的武士。整个画面只用一种红色，呈现出富丽典雅、图案繁缛的风格

图 5-27 《东方杂志》第 25 卷第 11 号（1928）、
第 26 卷第 17 号（1929）封面

特征。欧洲玻璃镶嵌画在封面中的应用，显示出《东方杂志》注重吸收世界优秀文化、构建多样化民族图式的努力。

《东方杂志》对西方文化元素的应用，除了古典装饰画，还有神话人物、星座等视觉符号。神话人物的应用主要集中在第 11 卷第 1 期至第 6 期（图 5-28）。神话人物形象，主要以封面的褐色为底色，简要勾勒轮廓，呈现出简洁清晰的视觉效果。这些神话人物包括古罗马神话中的智慧女神弥涅尔瓦（Minerva）、主神朱庇特（Jupiter）、主管农业和丰收的女神色列斯（Ceres）、太阳神阿波罗（Apollo）、处女守护神（狩猎女神和月亮女神）黛安娜（Diana）等。对西方星座文化的应用主要集中在第 10 卷的第 1 期至第 12 期，它们分别代表着宝瓶、双鱼、白羊、金牛、双子、巨蟹、狮子、处女、天秤、天蝎、人马、山羊十二星座。西方星座文化是和东方的篆刻文化组合使用的，这种组合方式不仅代表着人类对精神力量的反思，更代表着《东方杂志》对东西方文化对话和携手的期待。

图 5-28　《东方杂志》第 11 卷第 2、3、5 号封面（1914）

第六节　《东方杂志》封面设计中视觉元素的构成

一　刊名字体

在《东方杂志》44 卷的封面中，刊名是一道独特的风景，刊名字体更是折射出了浓郁的书法趣味。总体来说，早期《东方杂志》（第 1 卷至第 7 卷）刊名，隶书和"馆阁体"楷书平分秋色。从第 8 卷（1911 年）开始一直到第 29 卷（1932 年），刊名的"金石气"逐渐浓厚起来，刊名字体主要是隶书和魏碑，碑学趣味浓厚。第 30 卷（1933 年）刊名改为了具有美术特征的"宋体字"，从第 31 卷（1934 年）第 2 期到第 10 期为图案文字。从第 31 卷第 11 期开始，字体忽转为篆书，以和背景一致的黄色祥云图案为底，并一直持续到第 33 卷（1936 年）第 24 期，第 34 卷（1937 年）不再使用祥云图案，但刊名仍为篆体，并坚持使用到第 43 卷（1947 年），直到第 44 卷（1948 年）才改回了楷体。从第 31 卷（1934 年）到第 43 卷（1947 年），《东方杂志》刊名使用了 14 年的篆书。因此，根据《东方杂志》刊名字体的变化，可以将其刊名字体分为早期（1904—

1910年)、中期(1911—1932年)和后期(1934—1947年)三个阶段。《东方杂志》刊名字体具备如下特征。

(一) 早期楷书和隶书刊名平分秋色

早期《东方杂志》(1904—1910年)的刊名字体,楷书和隶书平分秋色。

《东方杂志》创刊号的刊名字体为类似"馆阁体"的楷体(图5-5)。馆阁体为明清科举制度的标准书体,风格工稳端庄,正雅圆融,深受皇帝和士人欢迎。《东方杂志》第1、6、7卷和第5卷第1—6期,刊名都是馆阁体的楷书,楷书刊名一共用了42期。此外,第3卷临时增刊《宪政初纲》四字为魏碑书体。

隶书的特点是苍劲古朴、宽博厚重。隶书在早期《东方杂志》刊名的应用主要是第2—4卷和第5卷的第7—12期。第2卷刊名(图5-1)为中国红的汉隶书体,第3卷刊名继承了第2卷的风格,也为中国红的汉隶书体,只是加上了黑色的描边以示突出,第4卷(图5-7)为黄色汉隶书体,隶书刊名也用了42期,所以说早期刊名楷书和隶书平分秋色。选用楷书和隶书的书体,这和早期《东方杂志》主编稳重内敛的风格不无关系。

(二) 中期以魏碑和隶书为主

中期《东方杂志》(1911—1932)的刊名字体以魏碑和隶书为主。

这一时期的刊名具有较强的碑学风格,刊名大都具备峻劲雄强的碑学特点,而碑学特点的开端则是第8卷(图5-9)。第8卷的刊名采用集字、集碑的方式,收集"东方"二字并刊载到封面上,"东方"二字因为保留了拓本的形式感,所以各具神韵,令人拍案叫绝。第1期至第12期分别集颜真卿浑厚苍健、气势开张的《东方先生画赞》碑文,集陶渊明挥洒自如、臻微入妙的《拟古杂诗》真迹,集赵孟頫刚健有力、笔法圆熟的楷书《道教碑》,摹颜真卿丰腴雄浑、气势恢宏的《东方先生画赞》碑额文,集柳公权骨力遒劲、结构严谨的《玄秘塔碑》铭字,集端正朴茂、方劲雄浑的汉《张迁碑》字,集李邕灵动有力、古妙异常的《岳麓寺碑》文,集颜真卿苍劲古朴、骨力挺拔的《麻姑山仙坛记》文,集劲健雄俊、风力危峭的魏《张猛龙碑》文,集文徵明温润秀劲、稳重老成的行书《千字文》,集劲健开张、结体方正的北魏《高贞碑》。这些碑文包括了魏碑、唐碑,其中《张迁碑》、《张猛龙碑》、《高贞碑》等为魏碑,《麻姑仙坛》、《东方先生画赞碑》、《玄秘塔碑》、《岳麓寺碑》等为唐碑。

由于发生辛亥革命,第9卷的《东方杂志》刊名采用了民国政要题字的方式,有趣的是,这些政要的风格却不太一致。如实业家张謇和大总统袁世凯的字体为"馆阁体",而王宠惠和吴稚晖的题字则碑学风格突出。

《东方杂志》第10卷(图5-12)的刊名颇具新意,全部采用印章式篆书的风格,其中前6期篆刻采用阳文,后6期采用阴文,碑学色彩浓厚。

从第12卷(1915年)到第29卷(1932年),除了个别刊名外(第17卷刊名为楷体,第20卷刊名为缪篆——来自《天发神谶碑》,偶尔有碑刻风格的宋体字),主要以隶书和魏碑为主,因此中期《东方杂志》刊名字体碑学风格明显,魏碑和隶书占主流。

(三)后期篆书刊名独领风骚

后期《东方杂志》(1934—1947)则以突出金石趣味的篆书刊名独领风骚。

从第31卷第11期(图5-24)开始,一直到第43卷第12期,《东方杂志》的刊名全部为篆书,具体来说主要为小篆。这些小篆的刊名或配祥云,或配画像砖,或配狮子,或只是单纯的文字。之所以篆书使用如此频繁，主要有三个原因，一是前文提到的蒋介石维护"固有文化"的政策，二是《东方杂志》的文化自觉，三是篆书古雅高远的风格特点。篆书是汉字最早的标准文字，具备完整的艺术形式，是中国书法的重要基础，更具备金石气及装饰效果，因此深受设计师喜爱。

值得注意的是，除了上文提到的各个时期的特点，《东方杂志》还有部分具有特点的刊名，如现代印刷体的应用，包括具有美术特点的宋体字（主要为1933年整个第30卷刊名及1934年第31卷第1期"三十周年纪念号"），具有碑学味道的楷体字（1948年第34卷）。除了现代印刷体，还有少量其他风格的刊名设计，如具有特色的图案文字等。

二　封面构图

构图在封面设计中占据重要位置，它主要由文字、图案和色彩等构成，通过这些元素的合理安排和巧妙穿插，最终形成完整的设计作品。

由于《东方杂志》的封面主要以卷为周期，因此以卷为划分依据，对《东方杂志》总计44卷的构图方式作了统计。其中，水平式构图有29卷，大致占整个44卷的66%，垂直式构图有10卷，大致占比为23%，倾斜式构图有1卷，大致占比为2%，聚集式构图有1卷，大致占比为2%，混合式构图（一卷中有不同的构图方式，称之为混合式构图）有3卷，大致占比为7%（图5-29）。

（一）水平式构图占有绝对优势

水平式构图的特点是沉稳安定，主题明确，符合视觉传播规律，令人一目了然。

刊名在封面中的位置十分微妙。如果刊名居中，则给人沉稳规

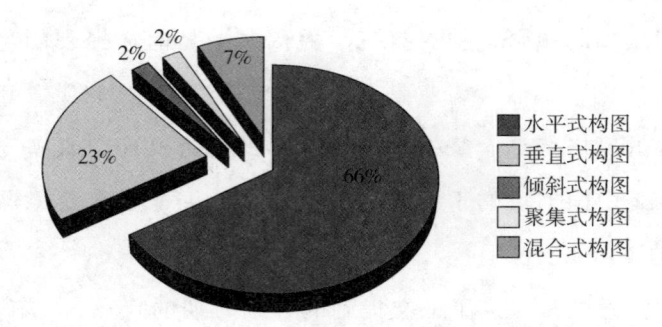

图 5-29　《东方杂志》封面构图方式及其占比

矩之感；刊名若在上方，则给人轻松愉快的体验；刊名如在左边，则让人感觉到动感和活力；而刊名在下方，则让人感觉到压抑。总44卷封面中，水平式构图方式占比最大（图5-29），且以刊名居上或者水平居上的方式呈现，如早期《东方杂志》第2、3、6、7卷（分别见图5-6和图5-8），杜亚泉时期第8卷，钱智修时期第18卷至第28卷，王云五时期第29卷至第38卷（第35卷除外），苏继顾时期第39卷至第44卷，从而带给读者一种稳定而愉快的阅读体验。

（二）垂直式构图占有重要地位

垂直式构图是中国传统的构图方式，一般会给人高尚典雅、庄重大方的感觉。《东方杂志》垂直式构图主要有垂直居中、垂直居左和垂直居右三种方式。垂直式构图主要集中在杜亚泉时期（第9卷至第16卷，第10卷除外），其他时期也间有应用，如第5卷、第26卷、第27卷、第31卷与第35卷，因此垂直式构图在《东方杂志》封面构图中占有重要地位。垂直式构图方式之所以较多应用，一方面缘于《东方杂志》对传承中国传统构图方式的努力，另一方面缘于这种构图方式醒目清晰、严肃刚直的特点。

（三）其他构图方式的灵活应用

《东方杂志》除了水平式构图、垂直式构图外，还灵活运用了少量其他构图方式，主要包括倾斜式构图和聚集式构图。其中倾斜式构图主要为第 1 卷。倾斜式构图的特点是生动活泼、动感十足，给人一种打破束缚的感觉。如第 1 卷中龙喷射的白光沿对角线分布，"东方杂志"四字也沿光而出。倾斜式构图方式让图案和文字相得益彰，彰显了《东方杂志》的设计风采。而聚集式构图则以其紧凑感、秩序感和强冲击力吸引读者关注。以第 27 卷第 1 期（图 5 – 30）为例，封面中央偏下为"东方杂志"四个篆书大字，突出醒目，加上上方传统的狮子图案，以及底部"中国美术号"一行隶体字，给人一种典雅庄重之感。

图 5 – 30　《东方杂志》第 27 卷第 1 号封面（1930）

三 封面色彩

《东方杂志》对封面色彩的运用较为讲究。纵观《东方杂志》的所有封面，朴实厚重、大气悠远的红色，威严富贵、明亮欢快的金色和黄色，温润典雅、矜持内敛的青色和黑色应用较多，其他颜色也偶有涉及。

（一）朴实厚重、大气悠远的红色

红色在中国悠久历史文化中占据着重要地位，它朴实厚重、喜庆祥和、大气悠远、活力四射，视觉冲击力极强，在建筑、服饰、民俗文化等方面都是非常重要的主色及装饰色，如红色的故宫城墙、红色的婚礼服装、红色的灯笼、红色的对联等。

红色在《东方杂志》封面中占据着重要地位，除了第6、7、11、14、15及31卷计6卷（占比14%）没有运用红色外，其他卷均有应用（图5-31），不同时期的主编都对红色作了大量应用。运用方式主要有：红色文字与图案或底色（占比为29%），红色图案或底色（占比为25%），红色文字（占比为32%）三种类型（图5-32）。《东方杂志》封面中对红色的大范围应用，旨在以传统图式和色彩彰显中国精神和中国特色。

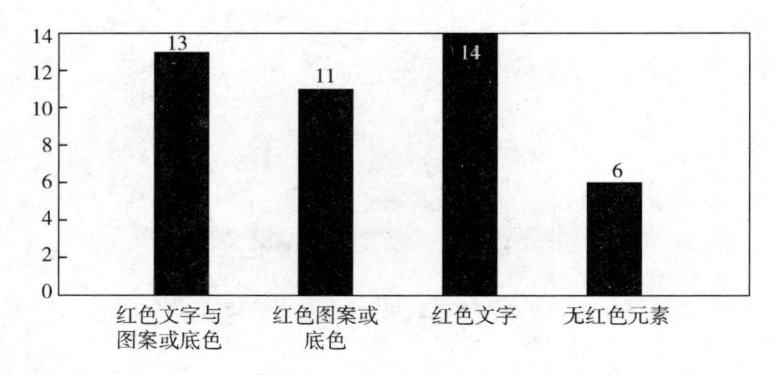

图5-31 《东方杂志》封面中红色文字及图案所占卷数

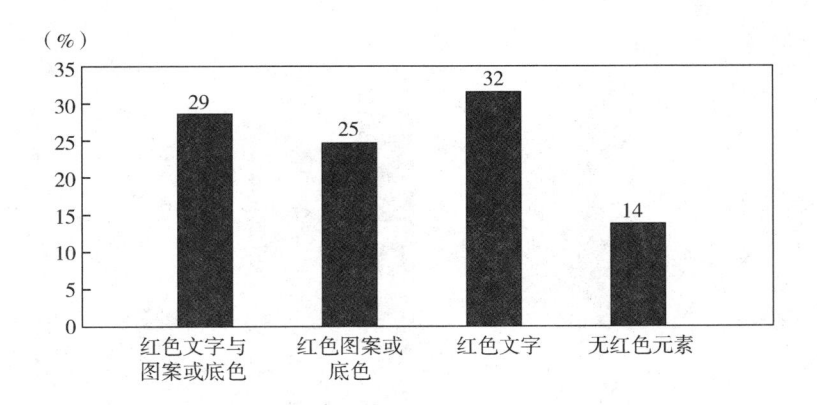

图 5-32　《东方杂志》封面中红色文字及图案占比

（二）威严富贵、明亮欢快的金色和黄色

作为"炎黄子孙"的黄种人——中国人对黄色（金色和黄色较为接近，在此一并分析）有一种天然的亲切之感，它是中国人色彩系统中的代表色，明亮欢快，高贵中和，五行归一。黄色在服饰、建筑、壁画、佛像等方面应用广泛，如黄色琉璃瓦等。古典建筑及工艺中，鎏金、描金、飞金、洒金、泥金等手法常被提及。

随着君主专制制度的建立，黄色逐渐被赋予了威严富贵的含义，因此黄色逐渐成为了皇家的专用色，是权力和地位的象征，如龙袍、龙椅、宫殿等。因此，注重应用传统文化元素的《东方杂志》在封面中运用了大量黄色。除了第10、11、18、30、35卷没有涉及黄色外，其他各卷均有涉及（图5-33）。主要运用的方式有：金、黄色文字与图案或底色（占比46%），金、黄色图案或底色（占比43%）两种（图5-34）。

（三）温润典雅、矜持内敛的青绿色

青色也是中国人色彩系统中的代表色，它温润典雅、矜持内敛，给人一种历史沉淀后的美感，在中国水墨画、瓷器、服饰等方面应用广泛。青色其实是一种介于绿色和蓝色之间的颜色，在此将青、

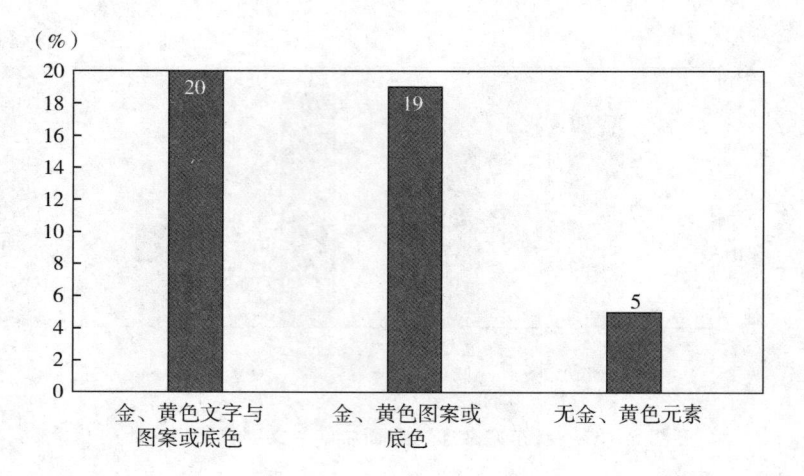

图 5-33　《东方杂志》封面中金、黄色文字及图案所占卷数

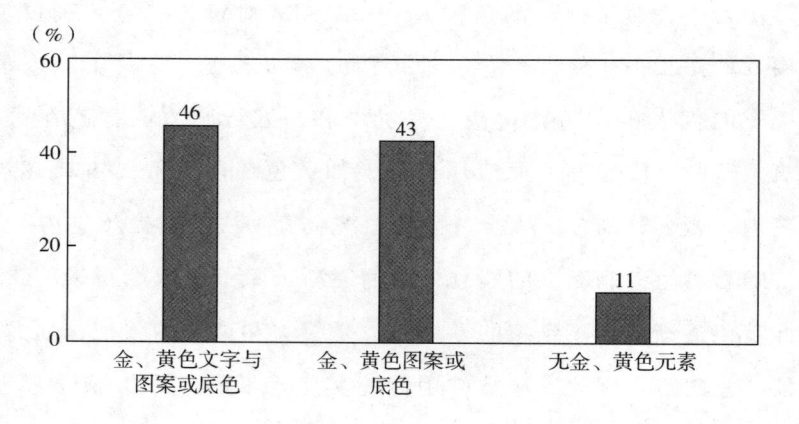

图 5-34　《东方杂志》封面中金、黄色文字及图案所占百分比

绿色一起分析。

《东方杂志》封面中，青绿色的应用共 26 卷，占《东方杂志》总计 44 卷的近 60%（图 5-35），足见青绿色的重要地位。运用方式主要有：青绿色图案或底色（占比为 45%），青绿色文字与图案或底色（占比为 4%）、青绿色文字（占比为 10%）三种类型（图 5-36）。

第五章 《东方杂志》封面设计研究　　349

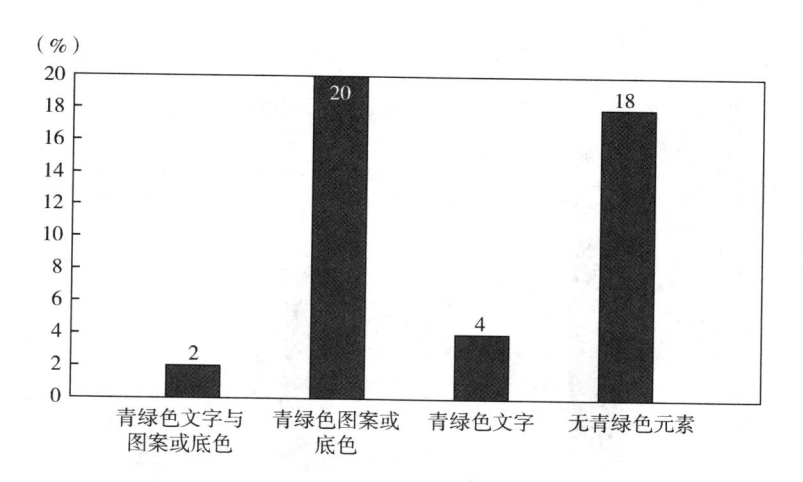

图 5-35　《东方杂志》封面中青绿色文字及图案所占卷数

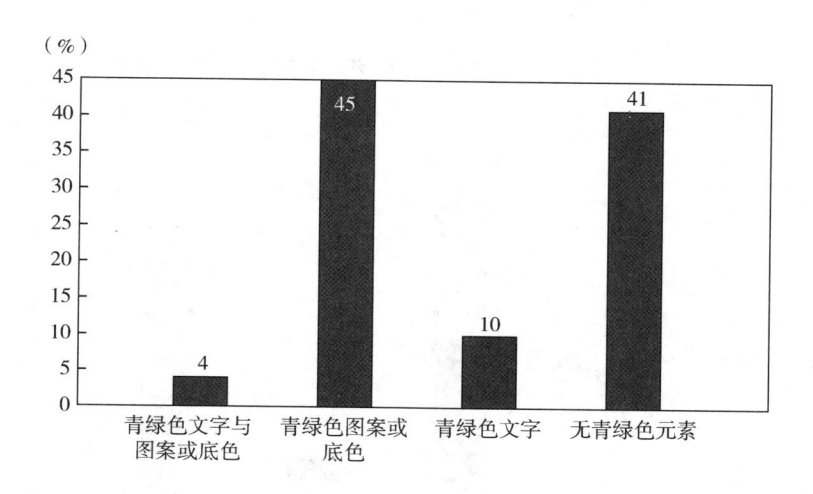

图 5-36　《东方杂志》封面中青绿色文字及图案所占百分比

（四）庄重大气、智慧洒脱的黑色

黑色也是中国人色彩系统中的代表色，它庄重大气、智慧洒脱，具有包容的精神和聚集的力量，在中国的书法和绘画中应用最广，因此，《东方杂志》对其进行了大量运用，除了第9、13、16、17 和34 卷中没有黑色外，其他卷期均有应用（图5-37）。运用的方式主要有：黑色文字与图案或底色（占比为 4%），黑色图案或底色（占比为 45%），黑色文字（占比为 10%）三种类型（图 5-38）。

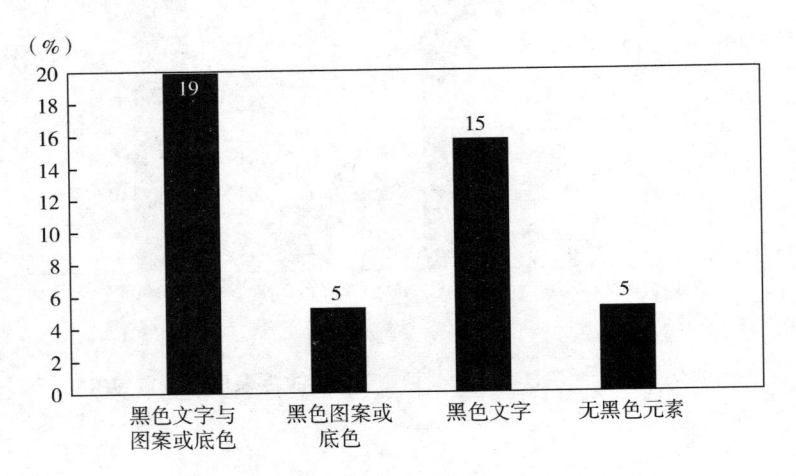

图 5-37　《东方杂志》封面中黑色文字及图案所占卷数

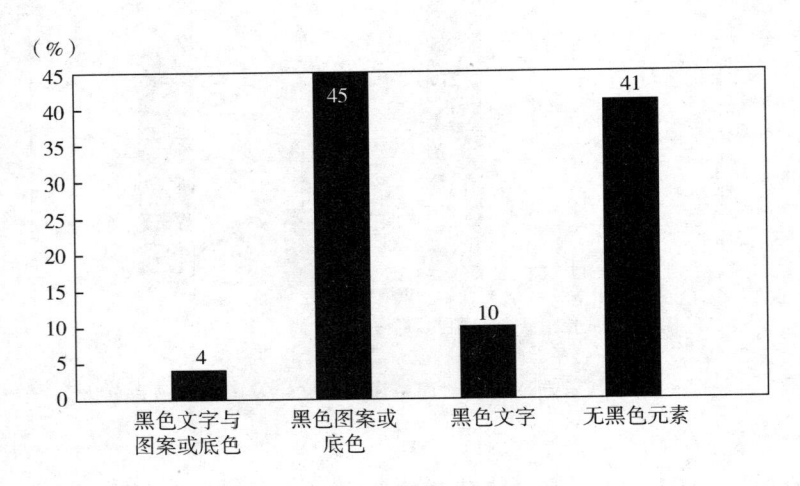

图 5-38　《东方杂志》封面中黑色文字及图案所占百分比

当然，在封面设计中，颜色只有合理搭配才能相得益彰，因此《东方杂志》封面设计中很少单独运用某一种颜色。在此对红色、金色和黄色、青绿色和黑色进行单独分析，也是为了探寻每一种颜色在《东方杂志》封面设计中的价值和规律。

第七节 《东方杂志》封面设计中的传播策略

一 注重品位和内涵

《东方杂志》的封面设计由于注重设计方法、采用东西方优秀的民族文化元素,因此具有较高的品位和深厚的内涵。

《东方杂志》优秀的设计人员将东西方优秀文化融进封面设计,造就了《东方杂志》兼具东方美和现代美的设计成就。龙、太阳、祥云、画像砖、长城、狮子等悠久灿烂的中国东方文化元素,古埃及象形文字等神秘古老的"大东方"文化元素,古希腊瓶画及欧洲玻璃镶嵌画等古典装饰画、神话人物、星座视觉符号等灵活多变的西方文化元素,最终使《东方杂志》逐渐成为了"杂志界的重镇",并广为传播。

二 与时事政治保持较高的关联性

整体来说,对时事政治的关注是"为时代而生"的《东方杂志》的最大特色,因此《东方杂志》的封面设计也与时事政治保持了较高的关联性。

如前文提到的第 8 卷第 9 期中"武昌黄鹤楼之风景"的出现,就是对辛亥革命前夜风云欲来之势的暗示,而辛亥革命后的整个第 9 卷封面,都是以刊登民国政要"题字+肖像"为主要形式。再如第 30 卷第 2—6 期封面中,分别刊载了中苏复交与苏联现状、冰天雪地中的抗日战争、经济的国难等图片,在接下来的 6 期中,则分别刊载了"宪法问题专号"、世界经济问题、美国转变对外政策等图片,内容涉及时事政治的多个方面,这些和时局密切相关的封面设计,促使更多读者关注中国的现状、前途与命运，因此《东方杂志》得以大量传播。

三　设计风格紧随时代潮流

《东方杂志》从创刊号起，封面设计风格就紧随时代潮流，设计水平不断提高。如创刊号的视觉元素及其构图图式就借鉴了日本《太阳报》和英美两国《而利费》（Review of Review）杂志。随着杂志的发展，《东方杂志》封面的设计风格和时代潮流的关系愈益密切，这在借鉴日本刊名图案文字中可见一斑。图案文字兴起于日本大正时期，很快传到中国，对当时的期刊封面设计产生了广泛影响。早在1930年，图案文字就已在《东方杂志》的内文图和广告中应用，1934年，图案文字被应用到第31卷第2期至第10期（图5-39）的封面刊名上。长方形的横、三角形的点、圆中带方的的折角让刊名具有浓郁的图案装饰效果，昭示着时尚潮流。

《东方杂志》封面中对古埃及、古印度等文化元素的应用，也是紧随时代潮流的典型代表。20世纪初埃及的重大发现较多，很多艺术家都在埃及文化元素上寻求灵感。20世纪20年代到30年代，西方艺术主要呈现出两个特点，一是几何装饰风格，二是强烈的东方韵味，而这两点正是《东方杂志》设计者陈之佛经常吸收和借鉴的（如第24卷第7—12期为古埃及元素），可见《东方杂志》设计者对国际潮流的追寻。

图 5-39 《东方杂志》第 31 卷第 2 期封面（1934）

第八节 《东方杂志》封面设计的历史价值及其启示

《东方杂志》的封面设计对中国近现代的封面设计影响巨大，不仅在一定程度上奠定了当今封面设计的理论和实践基础（如封面要录的形式在现代期刊中得以广泛应用），还开创了近现代封面设计模式和方法。《东方杂志》的封面设计作为中国近现代期刊封面辉煌历史的重要代表，具有颇多值得学习和思考的地方，如重视主编的影响，坚持民族个性与风格、引领时代潮流，重视封面创新性等。

一 近现代期刊封面设计的里程碑

《东方杂志》是中国20世纪上半叶影响巨大的期刊,它内容丰富,广闻博取,被誉为"杂志界的重镇""杂志中最长久最努力者",在封面设计领域引领潮流,不断创新,设计者更以其宽广的设计视域、高超的设计水平、开拓性的设计理念对晚清民国封面设计乃至整个书报刊设计产生了巨大影响,树立了榜样。

以我国近现代设计工作的拓荒者——《东方杂志》著名设计师陈之佛为例,他创办"尚美图书馆",从事艺术教育工作,出版及主编多本设计及美术教材,培养了中国早期的设计人才,为我国工艺美术教育做出了杰出贡献,因此陈之佛是中国封面设计教育从传统迈向现代的代表人物。当然,除了陈之佛外,还有其他从《东方杂志》走出来的设计师,如丰子恺等人。因此,《东方杂志》不仅以其卓越的封面设计水平堪称中国近现代期刊封面设计的里程碑,而且它作为中国近现代报刊设计的沃土,培养出了中国最早的一批设计人才。正是在这些优秀设计人才的带领下,才有了中国当今的现代设计水平。

二 努力对国人进行文化启蒙

中国的近现代化道路是一条不断抗争、不断自强、不断探索的道路,而《东方杂志》见证并参与着这条道路的探索,并与其他文化传播媒介共同肩负着近现代中华民族文化启蒙的重任。文化启蒙的方式有很多,如演讲、结社、文艺演出、出版等方式,但以出版的方式影响最为显著,它种类多样,内容丰富,读者众多,传播广泛,作为近现代新兴的主要大众传播媒介,通书报刊三种出版方式,发挥巨力,对国人进行文化启蒙,促进民族新生。尤其是作为期刊的焦点——封面,更是具有其他形式无法超越的优势。

封面是杂志的第一印象。《东方杂志》中那些具有中华民族传统图案和文化元素的封面,具有直指人心的力量,唤起了中国人心中的文化认同。《东方杂志》大量应用封面要录的形式传播新学,直接引导和吸引着中国人放眼全世界,深入阅读,参论国是,建设国家,积蓄着近现代中华民族崛起的力量。

三 坚持民族个性与风格,引领时代潮流

由于中国近现代的设计水平不高,设计工作较晚才得到重视,因此《东方杂志》从创刊号起,就不断吸收和学习西方的设计方法及设计思想,并一直以理性而自觉的精神,坚持民族化路线,将中国悠久灿烂的历史文化呈现在绚烂多姿的封面之中,不断铺设着中国设计工作的现代化之路。

随着国力的增强和设计工作者的不懈努力,中国大部分期刊封面设计水平都有了长足的发展,甚至一些设计者还在国际设计大赛上崭露头角,摘获桂冠。但总体来说,中国的整体设计水平和西方国家还有一定的差距,这和传统优秀文化没有较好地融入设计有一定关系。

由于西方设计思潮的影响,当代中国一小部分设计人员放弃了对民族元素的运用,而是以西方元素、西方风格、西方技法盲目设计封面。不可否认,适度借鉴和学习能让我们走得更快,但要想飞得更高,望得更远,亦步亦趋是没有出路的。只有虔诚地挖掘民族自身的优秀文化,不断尝试和创新,坚持民族个性与风格,善于学习借鉴,才能将辉煌灿烂的中华文化展现给世界,在国际设计舞台上大放异彩。

结　语

  《东方杂志》是中国 20 世纪影响深远的杂志，内容包罗万象，封面设计多姿多彩，具有重要的研究价值。

  《东方杂志》的设计者在历任主编的影响下，坚持先进的设计理念，坚持尝试利用多种设计手法，将悠久灿烂的中国东方文化元素、神秘古老的"大东方"文化元素及灵活多变的西方文化元素融进了封面设计之中，坚持民族个性与风格，紧随时代潮流，重视封面创新，为中国近现代期刊设计理论和实践树立了典范。

第六章 《东方杂志》图书广告研究

商务印书馆在中国近现代乃至当代出版史上具有举足轻重的地位，对中国近代文化的传播和发展起了重要的作用。创刊于1904年3月的《东方杂志》是商务印书馆最重要的刊物，被赞誉为"中国近现代史的资料库""知识巨擘""杂志的杂志"，1948年12月终刊，共出版了44卷819期，跨越了清末、辛亥革命、五四运动、抗日战争、解放战争等重大历史时期。长达45年的办刊时间里，《东方杂志》刊登了数量巨大的图书广告，这些图书广告清晰地记录了商务印书馆的成长历程，同时也是近代广告发展的缩影，具有重要的研究价值。

本文以近代广告史为背景，将《东方杂志》广告分为三个时期：广告创作的萌芽时期（1904—1911），广告创作的发展时期（1912—1937），广告创作的停滞时期（1938—1948），以期对《东方杂志》刊登的图书广告进行系统全面的梳理。

第一节 绪论

商务印书馆创办于1897年，是中国近代出版之母，历经120余年，依然保持旺盛的出版生命。商务印书馆创办的《东方杂志》，忠实地记录了商务印书馆从清末到新中国成立前夕的发展历程。

《东方杂志》所刊登的数量巨大的图书广告，绝大部分是商务印书馆自身的图书广告。通过对图书广告的整理研究，一是可以清晰地了解商务印书馆的成长脉络，二是可以一窥近代历史发展一角，三是可以了解近现代图书广告的发轫与成长，四是可管窥中国近现代的出版历史。

《东方杂志》具有丰富的史料价值，内容多元广泛。商务印书馆开发了《东方杂志》全文数据库，影印出版了《东方杂志》全集。学界关于《东方杂志》的研究成果非常丰富，但是对图书广告的研究还非常少，且从出版学、广告学、传播学等角度对其的解读还处于空白阶段。

截至目前，对《东方杂志》广告的研究不是很多，主要有以下文章。佘又有《〈东方杂志〉广告与近代上海社会生活变迁》[1]，以1904年至1948年的《东方杂志》为样本，探讨了《东方杂志》广告与上海近代社会生活变迁的关联，认为《东方杂志》的广告与近代上海社会是一种相互作用、相会影响的关系。论文将广告分为商业广告、文化广告和社会广告，从这三方面论证《东方杂志》刊行的广告对近代上海"衣""食""住""行"的影响，但对图书广告的分析则是不充分的。王莉《〈东方杂志〉商务印书馆广告研究》[2]，通过对广告整体的呈现与研究，探讨了商务印书馆的经营状况、广告策略及其对商务印书馆自身和社会文化的作用与影响。论文主要从宏观上对图书广告进行了分析，但是没有从编辑出版角度对图书

---

[1] 佘又有：《〈东方杂志〉广告与近代上海社会生活变迁》，硕士学位论文，西北大学，2014年。

[2] 王莉：《〈东方杂志〉商务印书馆广告研究》，硕士学位论文，河北大学，2015年。

广告进行分析,而且对于广告的经营策略也缺少进一步的细化。初云玲《〈东方杂志〉的广告文本探究》①,分析了广告文本对人们日常生活方式、生活观念及政治生活的影响。主要研究对象是商业广告,提及教科书广告和杂志广告,但没有展开论述。罗奕《探析清末民初时期杂志广告——以1911—1919年〈东方杂志〉为例》②,对1911—1919年《东方杂志》广告的种类、版式设计、创意作了分析,以此来窥视民国建立前至五四运动前十余年里上海经济、生活图景及民族资本的发展。主要是探究1911—1919年上海社会生活的变化,主要研究的是商业广告,对于图书广告提及较少。罗奕《近代杂志广告中的现代化追求——以〈东方杂志〉广告为例》③,通过分析近40年《东方杂志》广告,认为广告话语见证了近代中国的现代化追求,主要表现是:启迪国民知识的传播;资本主义消费伦理的兴起;民族振兴意识的强化。此文主要研究广告的影响与意义,并非是图书广告。王玉蓉《论民国早期〈东方杂志〉商业广告对女性形象的建构》④,以1912—1917年《东方杂志》商业广告为研究对象,对广告中的女性形象作了分析,未涉及图书广告。

　　以上只有第二篇文章对商务印书馆图书广告作了一定研究,其他文章仅止于涉及而已,因此对《东方杂志》图书广告的专门研究基本上还处于空白。

　　本文对《东方杂志》图书广告进行专题研究,将其广告置于近现代广告史的大背景中,首先梳理总计44卷的图书广告,进而从图

---

① 初云玲:《〈东方杂志〉的广告文本探究》,《今传媒》2011年第1期。
② 罗奕:《探析清末民初时期杂志广告——以1911—1919年〈东方杂志〉为例》,《文化与传播》2014年第1期。
③ 罗奕:《近代杂志广告中的现代化追求——以〈东方杂志〉广告为例》,《当代传播》2013年第4期。
④ 王玉蓉:《论民国早期〈东方杂志〉商业广告对女性形象的建构》,《新闻知识》2014年第5期。

书广告文本入手,作出历时性的研究阐释。

第二节 《东方杂志》图书广告的文化背景

一 百科全书式的现代期刊

近代伊始,清帝国被西方列强的坚船利炮轰开了国门,与侵略者铁蹄一同踏足中国国土的还有西方近代文化。各国传教士纷至沓来,在传播宗教思想的同时也带来了先进的科学技术和人文思想。这些传教士在中国创办出版社和报社,利用先进的印刷设备传播宗教、思想、知识及社会信息。清廷部分有识之士意识到中国近代科技及实业的落后,于是掀起了洋务运动,除打造坚船利炮外,也开办新式出版机构。至19世纪七八十年代,国内民族资本家也开始投资出版业。官方的出版机构与资本家投资的出版业打破了中国传统的出版格局,开启了中国近代出版业。

1897年2月11日,由夏瑞芳、鲍咸恩、鲍咸昌等合股开办的商务印书馆成立了,这个资本只有3750元的小印刷所在张元济、高凤谦、杜亚泉、胡适、沈雁冰、胡愈之、王云五等诸多人才的相继带领下,在近代动荡的社会风云里,扛起了传播先进文化的大旗,既承传统,又启民智,为一代又一代中国人打开了世界之窗。无论是中国出版史还是文化史,都无法绕开这座历经百年沧桑的出版社。

《东方杂志》作为商务印书馆出版时间最长的代表性期刊,不仅记载了中国近世时事风云的变幻,见证了商务印书馆在近代的沉浮,更是中国近代文化发展与演进的主要媒介及记载者。

《东方杂志》是商务印书馆继《绣像小说》后,创办的第二种杂志。1903年经夏瑞芳提议,于1904年3月11日正式出版。最初定名为《东亚杂志》，因为德国驻上海总领事馆有德文版《东亚杂志》，为避免同名，遂改为《东方杂志》。创办之初为月刊，每月25号发行，每册250页，约15万字，内容广泛，以搜集各家新闻信息为主，力图全面报道国内外各方面的信息。1911年，杜亚泉兼任杂志主编后，对《东方杂志》进行了全面改革，开本由24开改为16开，每期字数也从10万余字增加到20万余字，杂志编辑摆脱了剪刀加糨糊的编辑模式，通过征集稿件进行组稿，内容更加多元，大量关于政治、经济、学术、社会问题的文章被刊载。经过此次改革，《东方杂志》销量倍增。

《东方杂志》先后经历了徐珂、孟森、杜亚泉、陈仲逸、钱智修、王云五、苏继庼等主编，期刊内容也随着主编的更换不断调整，最终发展成为一本集教育、外交、经济、科学、时评、交通、学术、文学等于一身的大型综合性刊物。期刊内容与现实社会问题、生活问题息息相关，紧随时代发展，对时人多有启迪，广受读者喜爱。

《东方杂志》发展过程中，除内容有调整外，出版周期也不断调整，从1904年到1919年为月刊，从1920年（第17卷）到1947年改为半月刊，1947年8月（第43卷15号）再次改为月刊，直到1948年12月终刊。

长达45年的时间里，《东方杂志》共出版了44卷，819期/号，包括增刊、专号、纪念号、专辑和特辑。由于时局动荡，《东方杂志》先后经历了五次停刊。第一次停刊是在辛亥革命时期，中间三次停刊则是在日本侵华战争期间，最后一次停刊是1948年底，需要着重说明的是中间三次停刊。

1932年1月28日，日本海军陆战队轰炸上海闸北火车站，29日上午，出动6架飞机轰炸上海宝山路的商务印书馆总厂，造成总管理处、第一至第四印刷厂、书库、纸库、东方图书馆、尚公小学及相关机构房屋中弹起火,全部化为灰烬。

《东方杂志》第29卷第4期中,何炳松①记录了这场灾难的详细过程:

> 民国二十一年一月二十八日晚十一时后,日本陆战队突然侵犯闸北,我十九路军为自卫计起而力抗。日军志不得逞,遂于二十九日晨四时二十分开始用飞机多架由黄浦江中航空母舰上起飞,向闸北空际盘旋示威。至十时许接连向本馆总厂掷下炸弹六枚。第一弹中印刷部,第二弹中栈房,当即爆裂发火。救火车因在战区无法施救,只得任其延烧。火起后日机复继续掷弹,于是全厂皆火,浓烟弥漫天空。又因总厂纸类堆积甚多,延烧更易。厂中各种印刷机器全部烧燬。焚余纸灰飞达十数里外,是日下午三时许全厂尽燬,唯火势至五时许犹未全熄……当本馆总厂被燬之日,东方图书馆及编译所即已有人传言因火焰冲过马路,亦遭殃及。迨二月一日晨八时许,东方图书馆及编译所又复起火。顿时火势燎原,纸灰飞扬。直至傍晚,此巍峨璀璨之五层大厦方焚燬一空。东方图书馆三十年来继续搜罗所得之巨量中外图书,极大部分之旧四部各善本书,积累多年之全部中外杂志报章,全套各省府厅州县志,以及编译所所藏各项参考书籍及文稿,至是尽化为劫灰。②

此次灾难对商务印书馆是致命的打击。事变后,《东方杂志》停

---

① 何炳松(1890—1946年),字柏丞,浙江金华人,现代著名历史学家和历史教育家,1927年进入商务印书馆编译所任所长,编辑《教育杂志》,被誉为"中国新史学派的领袖"。
② 何炳松:《商务印书馆被毁记略》,《东方杂志》1932年第29卷第4期。

刊约 8 个半月，至 1932 年 10 月 16 日才复刊。

1937 年 8 月 13 日，日本为扩大侵华战争，蓄意在上海制造事变，日本海军空军协同作战，由于中国军队军事装备不占优势，11 月 5 日，日军在杭州湾登陆后，中国军队撤退。11 月 12 日，上海沦陷。"八·一三"事变后，《东方杂志》改为合刊发行，第 34 卷第 16 期、17 期为合刊，第 18 期、19 期为合刊，之后转移至长沙发行，1938 年第 35 卷恢复半月刊，继续发行。

1938 年 11 月，日军攻占岳阳，《东方杂志》迁至香港发行，此时香港的商务印书馆分馆实际上已经成为商务印书馆总部。《东方杂志》开始在香港发行的是第 35 卷第 21 期，一直发行到第 38 卷第 9 期，历经近 2 年半的时间，1941 年 12 月太平洋战争爆发后迁往重庆。《东方杂志》发行至第 38 卷第 22 期后，被迫停刊。此次停刊长达一年四个月，直至 1943 年 3 月才复刊，即第 39 卷第 1 期，此即为第四次停刊。《东方杂志》在重庆发行了近 5 年半的时间（1941 年 5 月—1946 年 10 月），于 1946 年 11 月重新迁回上海，直至 1948 年底终刊。

历时 45 载，《东方杂志》在近代风云激荡的洗礼下，见证了时代的发展与进步，成为 20 世纪上半叶的中国近现代史的资料库。

二　商务印书馆与《东方杂志》的互动

近代以来，出版社既出版图书又出版杂志是很常见的现象，这是一种资源整合运用的营销方式。出版社每出版一种图书，都需要通过广告告知读者，而广告费用往往要计算在出版的图书中，若在广告中投入巨大，那么图书成本也会相应增加。馆办杂志在这个问题上，既解决了成本增加的问题，又相应地缩短了图书被告知读者的时间，是出版商推销图书的上上之选。

商务印书馆从建立之初,到获得读者的认可用时较短。《东方杂志》创刊于商务印书馆原有的口碑基础之上,可以说有了先天的优势。而商务以馆办杂志之便,将本馆的图书广告发布其上,既将新书的信息广而告之,又以商务的良好声誉带动了杂志的销量,可谓一举两得。

从《东方杂志》的广告中,不难看出商务印书馆出版理念的变化。反过来,《东方杂志》之所以能够历时45载,成为包罗万象的"近现代史料库",也是因为有商务印书馆为其保驾护航,二者是不可分割的彼此。将《东方杂志》刊登的广告放在广告史上看,在这长达近半个世纪的时间里,其所刊登的广告,是在近代广告由萌芽到逐渐发展的大背景中逐渐成长起来的,其发展历史也是近代广告发展的成长史。

三 "以辅助教育为己任"的出版理念

甲午战败,国人痛定思痛。废科举,兴学校。传统儒学开始受到质疑,时人开始对西学感兴趣。以工商业及金融业迅速发展起来的国际性都市上海为出版业的发展与繁荣推波助澜。受维新思想的影响,很多有识之士力图通过教育改变国家积贫积弱的现状。商务印书馆在这样的背景下初创成功。

商务印书馆创办的第二年,出版了第一部出版物《华英初阶》,销量甚广,为以后的发展打下了一个初步的基础。1900年,商务收购日资"修文印书馆",扩大了经营面积。1901年,"学贯中西"的张元济加入商务印书馆,从此商业与文化得到了高度的融合,为商务印书馆今后的走向奠定了基础。1903年,日资注入,资金更加充裕,各大中心城市都建立了商务印书馆的分支机构。至1914年,日资从商务撤走,商务的资本额已经达到200万元。

商务的发展离不开出版人的坚守。张元济一直主张教育救国，进入商务以后，坚持文化救国的理念，曾与夏瑞芳约定"吾辈当以扶助教育为己任"①，这一约定对商务的出版理念影响甚大。1904年，商务印书馆编的第一套教材《最新教科书》出版，这套教科书出版以后，市场上其他教科书顿失色彩，从此教科书成为商务印书馆的出版重点。清末在教科书出版领域商务印书馆占有绝对优势，这种情况直至民国才略有改变，但商务印书馆依然占有十分之六的教材市场，直到1949年。

四 紧随时代发展的出版理念

近代以来，国内开始接受西方思潮，社会思想也在不断变化。商务印书馆受立宪思潮与维新运动的影响，再加上张元济、高凤谦的加入，出版理念发生了较大变化。张元济主张变法维新，通过文化的道路改良国人思想，希望以和平稳健的方式救国。他进入商务印书馆后，出版了一系列有关立宪思想的书籍，如《各国国民公私权考》《各国宪法略》《宪政论》《万国宪法比较》《新译日本法规大全》等。辛亥革命爆发，民国初立，商务印书馆对相关清末的旧有词汇删减修改，启用新的词汇，尤其是教材。1919年，五四运动爆发，西方各种主义及思潮不断涌入中国，商务印书馆对此都作了不同程度的介绍，为时人了解国际形势提供了方便。1931年抗战爆发，商务印书馆不仅在杂志上宣传抗战，而且出版了一系列相关图书，如《黄河志》《北满概观》《东北地理总论》《中国民族之改造与自救》《东省刮目论》《日本经济地理》《战时的粮食》《日本国势图

---

① 张元济：《东方图书馆概况·缘起》，载《张元济诗文》，商务印书馆1986年版，第240页。

解》等。1945 年后，商务印书馆同样关心社会走向，并依旧注重对西方文化的传播。

五 保存与传承传统文化的出版理念

商务印书馆渐有起色后，张元济加入了商务，不久后就开始整理古籍。近代中国社会动荡不安，珍本古籍大量散佚，要想影印古籍并予以出版并不是一件简单的事。商务印书馆在搜集古籍珍本上耗费了大量的物力、财力、人力。1909 年，商务印书馆建立了一座图书馆，命名为"涵芬楼"。1916 年，出版了第一套《涵芬楼秘笈》，至 1926 年，10 年间共出版了十套。1924 年，商务印书馆以涵芬楼为基础建立了上海最大的图书馆——东方图书馆。经过多方搜求，至 1932 年 "一·二八" 事变前，东方图书馆的馆藏达到51.8 万余册，国内无以匹敌。除普通书籍外，藏有大量的宋版书、元版书、明版书、清版书，更有不少无价的孤本。以此为基础，商务印书馆从 1919 年至 1936 年陆续出版了《四部丛刊初编》《四部丛刊续编》《四部丛刊三编》。1930 年至 1936 年 6 年间，影印出版了计 820 册的《百衲本二十四史》。1934 年至 1935 年，又出版了《四库全书珍本初集》。

传承中国古籍，商务印书馆从未停止脚步。虽遭 "一·二八" 事变，东方图书馆藏书尽数化为灰烬，但对于中华文脉的拳拳之心，商务人从未改变。

第三节 《东方杂志》广告概述

目前学界对中国古代史与近代史的分界时间是 1840 年，这一年第一次鸦片战争爆发，中国被迫打开国门，开始了百年抗争帝国主义侵略的历史,而中国的近代化步伐也在艰难前行。此间广告业随着工商业的发展逐渐成为一门学科,在近代广告人不断探索创新中也有了巨大飞跃。《东方杂志》正是近代广告发展的参与者和见证者。

一 以近代广告发展为依据的《东方杂志》广告分期

近代中国成为西方列强商品的倾销市场。入驻中国的外商依靠强大的政治背景和雄厚的资金实力,在中国城乡通过广告,向中国民众宣传商品,而此时中国的广告依旧延续布幌、招牌、沿街叫卖等比较古老的形式。

中国商人在与外商竞争的过程中逐渐意识到了广告对商品销售的助力作用,开始在报刊上刊登广告。随之,广告成为商家商业竞争的手段之一。这期间,中国近代广告创作经历了清末的萌芽时期、民国到全面抗战前的发展时期及全面抗战至新中国成立前的停滞时期。同理,《东方杂志》图书广告的发展亦遵循近代广告的发展轨迹,可以划分为四个阶段,即:清末选报时期的《东方杂志》广告(1904—1911),民国至全面抗战前的《东方杂志》广告(1912—1937),全面抗战至新中国成立前的《东方杂志》广告(1938—1948)。

(一)清末选报时期的《东方杂志》广告(1904—1911)

清朝末年,外强干预中国内政,国内政局动荡,对民族工商业少有扶持。中国以农业立国,重农抑商,商业并不为当权者所重视,自给自足、自产自销依旧是国内商人的经营法则。民族工商业没有强大背景和资金支持,面对强大的竞争对手,力量不足,无法与之抗衡,且对外商刊登的广告有抵触心理,不屑向其学习,认为广告是列强的"附属品"。另一方面,清末的报刊多为官办,经费充足，对报社的经营之道少有钻营，对广告的认识不足，收费标准不一，且其刊登的也多为外商广告。这是因为华商一方面吝惜广告经费，一方面对外商有抵触情绪，不愿意在报纸上刊登广告。

由于商业竞争不断加剧，外商广告充斥大街小巷，中国民众争相购买。因此华商顿足，始而效仿外商刊登广告。通过长时间的广告效应累积，华商这才意识到"一纸风行，不胫而走。故报纸所到之区，及广告势力所及之地。且茶坊酒肆，每藉报纸为谈料。消息所播，谁不洞知。永印脑袋，未易磨灭。非若他项广告之流行不远，传单之随手散佚也"。[1] 自此近代广告成为华商商业竞争手段之一。

清末广告刊登的媒体主要为报纸和杂志，另外也有招贴和路牌广告。据统计，自嘉庆二十年（1815）中国近代报刊创刊，至宣统三年（1911）辛亥革命胜利，在我国和海外出版的中文近代报刊达1753种[2]，主要集中在经济比较发达的北京、上海、广州、天津等地。

此时，报纸和杂志没有明显的区分，报纸像杂志一样装订成册进行销售。1904年3月《东方杂志》刊行，创刊号《简要章程》第八条："本杂志分门别类、搜罗宏富、选择精审，有志之士欲检查时事者，得此可免抄录之繁。"第九条："本杂志字数较现行各杂志为多，售价极廉，内地人士无力遍阅各报者，得此亦足周知中外近事。"[3] 此时期的《东方杂志》为文摘性质杂志，除商务本馆广告之

---

[1] 薛雨孙：《新闻纸与广告之关系》，申报馆：《最近之五十年——申报馆五十周年纪念》，上海申报馆1923年版，第471页。
[2] 史和、姚福申、叶翠娣编：《中国近代报刊名录·前言》，福建人民出版社1991年版，第1页。
[3] 《新出东方杂志简要章程》，《东方杂志》1904年第1卷第1期。

外，商业广告①数量有限。

此据1904—1911年的《东方杂志》，采用系统抽样法，以一卷为一个总体，以四期为一个间隔进行样本抽取，分别统计《东方杂志》上刊登的商务印书馆广告和商业广告，形成下列表格。

表6-1   1904—1911年商务印书馆广告与商业广告对比   单位：%

年份（卷期）	商务印书馆广告	商业广告
1904	97.80	2.20
1905	97.80	2.20
1906	93.10	6.90
1907	84	16
1908	83	17
1909	91.90	8.10
1910	94.10	5.90
1911	80.10	19.90

通过表6-1可以清楚地看出，商务印书馆本馆广告占居主要，随出版时间的增加，商业广告大致呈现递增的情况。此时《东方杂志》属于新出版的刊物，发行量与知名度都不高，故商业广告刊登较少，且此时在杂志上刊登广告的绝大多数为外商。这些外商依靠雄厚资金和先进的技术为后盾，在中国创办自己的广告部及印刷公司，以优厚的待遇在中国招揽人才，进行本土化广告创作，无论是管理方式、内部分工还是广告设计都远胜于广告业刚刚起步的中国工商业广告。此时，华商的广告多为文字，鲜有图片出现，文字以文言为主，内容冗繁，用词贫乏且存在夸大之嫌，主要以黑白两色为主，有基本的边框和纹饰作为分割。

---

① 商务印书馆广告指的是商务印书馆自身在《东方杂志》上刊登的广告，包括商务的图书、教育器械、堂幅、笔记本、日历、结婚证书、毕业证书广告等，商业广告指的是承接自外部的广告。

广告的收费标准也非常简单,但逐渐有了版面区分。初期分为半面和一面,半面一册为5元,一面为8元,封面加倍,半年或全年给予一定优惠。而后逐渐发生变化,广告版面位置分为特等、上等和普通三种。特等一面一册40元,三册110元,半年200元,全年320元。上等一面一册33元,三册80元,半年115元,全年240元。普通每行一册0.55元、半面12元、一面20元,三册每行1.5元、半面33元、一面55元,半年每行2.8元、半面60元、一面100元,一年每行4.5元、半面100元、一面160元。

华商在之后的竞争与学习中,广告主与广告经营者逐渐分离,出现了广告代理商。初时广告代理商类似中介,为报社招揽广告,从中抽取利润,最后逐渐发展为专门的广告社或广告公司。报社内部也纷纷成立广告部,作为报社中单独的部门为广告主设计制作广告。1904年,闵泰广告社成立。1905年,商务印书馆成立中国商务广告公司。广告代理商与广告公司的出现,标志着广告成为独立的、专门的新兴事业,是广告发展成为独立学科的基础。

清末国人从抗拒、抵触广告到逐渐接受,广告有了最初的发展。下图是1904—1911年《东方杂志》上刊登的商务印书馆广告与商业广告对比,可见二者在清末的发展变化。

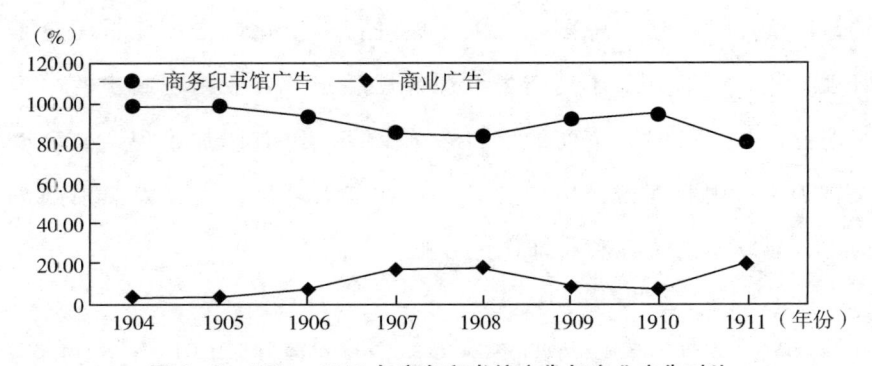

图6-1 1904—1911年商务印书馆广告与商业广告对比

(二) 民国至全面抗战前的《东方杂志》广告（1912—1937）

民国初立，但中国依旧处在内忧外患中，振兴实业与外商竞争，减少外商对中国的商品倾销，发展民族经济成为振兴中华的重要基石。救亡图存的号召得到了社会各界的积极响应，兴办实业成为热潮。随着一战的爆发，帝国主义之间开始忙于战争，放松了对中国的侵略，这一时期民族工商业得到了一个难得的发展时机。然而随着一战的结束，帝国主义势力又卷土重来，直到全面抗战爆发的19年间，中国工商业在夹缝中图存发展，广告创作也有了明显的提升。尤其是1927—1937年，国内政治环境相对稳定，为经济发展创造了一个良好的环境。这十年被称作广告发展的"黄金十年"。

这一时期广告刊登的主要载体，除路牌、招贴外，月份牌、车身、橱窗、广播、霓虹灯、电影等都成为刊登广告经常使用的载体。广告设计有了大幅度的提升，不仅成为招揽消费者的商业利器，也成为精美的艺术品。其中杂志相对于黑白两色的报纸而言，以其精美的印刷工艺和色彩受到时人的青睐。

1911年杜亚泉任《东方杂志》主编，对《东方杂志》的栏目作了大幅度调整，这也奠定了日后《东方杂志》的基本刊风，与报纸分离，成为真正意义上的杂志。改版后的《东方杂志》大受欢迎，商业广告数量逐渐增加。广告表现形式多样化，文字与图片相互配合，开始注意编排技巧。图片的使用相较于文字而言更加生动可感，易于读者接受。《东方杂志》的广告价目表也有了新的变化。广告版面分为特等、优等、上等、普通四种。特等指的是封四，优等指的是封二和封三，上等指的是图书中及正文前，普通指的是插入正文及正文之后的版面。广告价格也出现了上涨，特等全面60元、半面35元，优等全面48元、半面28元，上等全面36元、半面21元，普通全面24元、半面14元、每行1元。三期以上九五折，半年以上九折,全年八折。与上文所述相比,价格涨了近一倍。这也从侧面反映出《东方杂志》的销售量及受欢迎程度。此据1912—1937年《东方杂志》刊登的商务印书馆广告与商业广告制表如下。

表6-2　　1912—1937年商务印书馆广告与商业广告对比　　单位:%

年份(卷期)	商务印书馆广告	商业广告
1912	76.32	23.68
1913	55.03	44.97
1914	63.16	36.84
1915	87.72	12.28
1916	81.08	18.92
1917	85.50	14.50
1918	83.66	16.34
1919	79.80	20.20
1920	69.71	30.29
1921	65.55	34.45
1922	79.04	20.96
1923	65.52	34.48
1924	56.83	43.17
1925	53.17	46.83
1926	60.11	39.89
1927	59.53	40.47
1928	65.81	34.19
1929	57.45	42.55
1930	46.40	53.60
1931	56.79	43.21
1932	67.91	32.09
1933	68.79	31.21
1934	79.39	20.61
1935	74.64	25.36
1936	82.86	17.14
1937	85.24	14.76

新文化运动及五四运动时期，开始提倡白话文写作，广告内文也开始由文言文过渡到白话文（图6-2、图6-3）。广告叙述方式多样化，采用叙事体、新闻体、告白体、小说体等多种叙述方式。语言不拘一格，或简洁、或幽默、或恳切。另外，此时中国处在一个特殊时期，五四运动"五卅"运动"九·一八"事变的发生，导致三次大规模的抵制洋货运动。华商在抵制洋货运动过程中，将民族情感、爱国情怀应用到广告内文中，以引起国人的情感共鸣。其中"国货"二字是最为常见的两个字。图6-5、图6-6、图6-7中都标明"国货"字样，这三幅图片分别是1919年、1922年、1931年《东方杂志》上刊登的国货广告。其中"国货"为主要中心词，而附之以其他或请求、或告知性词语，以引起消费者的注意。

图6-2 《东方杂志》1912年第9卷第1期广告

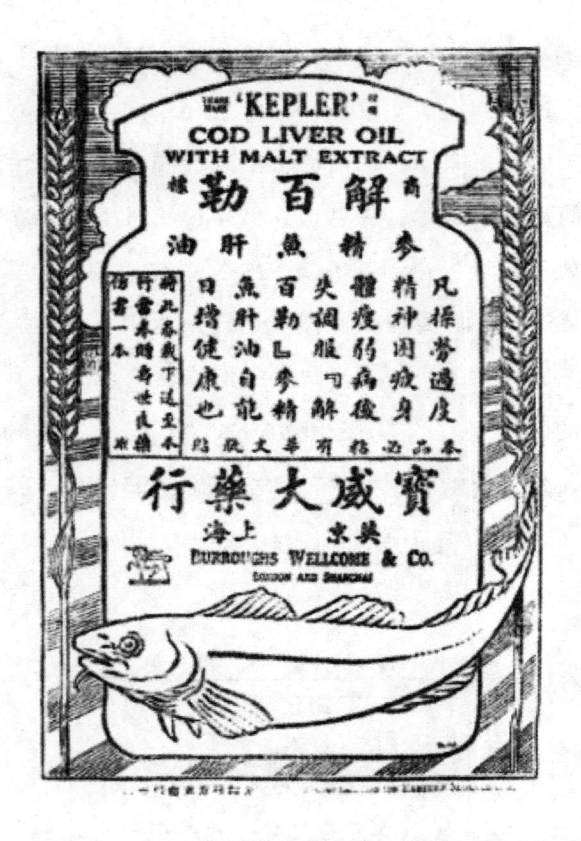

图 6-3 《东方杂志》1922 年第 19 卷第 4 期广告

此间，由于杂志主编杜亚泉对于时下新文化思潮的却步，商务印书馆受到了较大的冲击，使得《东方杂志》的销量从 1917 年的 14600 册下降到了 1918 年的 11100 册。由此也影响了商人对《东方杂志》广告的投放。1919 年后，商务印书馆对人员作了大幅度的调整，之后由一批追随新文化思潮的年轻人开始掌舵。自此风气大开，商务印书馆再次攀升至一个新的台阶。同年，商务印书馆成立中国商务广告公司，聘请留美归国的"中国广告之父"林振彬主持广告部，承接京津汉铁路广告和商务印书馆自身广告。

新文化运动之后，《东方杂志》上商务印书馆的本馆广告依旧是

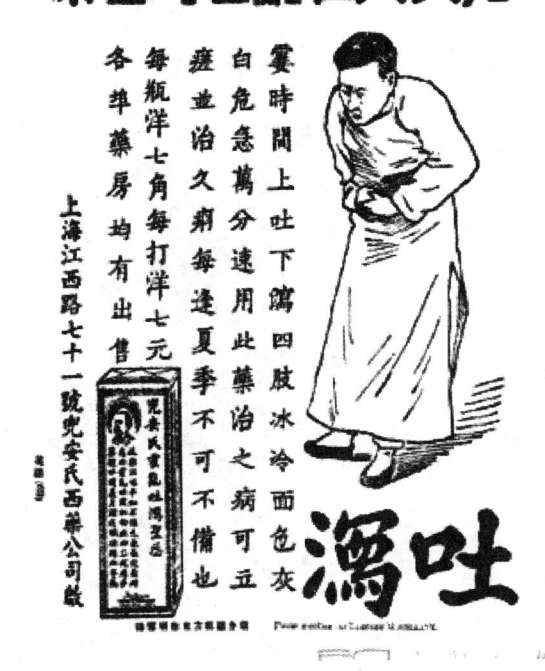

图 6-4 《东方杂志》1923 年第 20 卷第 10 期广告

主流，但其他广告的投放量也能稳定在一定的数量。商业广告中除洋商刊登的鹰格索表、司各脱滋补鱼肝油、好立克麦精牛乳粉、轿车等广告外，本土商人所刊登的美女牌香烟、橘红半夏露、绸缎、上海保和堂参茸熟药丸散膏丹等广告也占有相当大的比例。然而，1932 年之后，情况急转直下。

1932 年，商务印书馆总管理处、编译所、印刷厂及苦心修建的东方图书馆被日军炸毁，损失惨重。商务自同年 8 月 1 日起，重整旗鼓，以日出新书一种鼓舞士气。此时本馆广告相应增加，一直持续到 1937 年全面抗战爆发。图 6-8 是 1912—1937 年商务印书馆广告和商业广告对比折线图。

图 6-5 《东方杂志》1919 年第 16 卷第 8 期国货广告

26 年间，在对中国广告的不断探索与学习中，广告业从萌芽状态不断向前发展。1911 年，上海成立中国广告公会，这是中国最早与世界广告协会有联系的唯一全国性广告机构。1918 年甘永龙编译的《广告须知》出版，是中国第一部广告学专著。同年北京大学新闻学研究会成立，将"广告术"列为其"研究之重要项目"，成为中国最早的广告研究团体，导师徐宝璜将讲义整理后，在 1919 年出版了《新闻学》一书。1920—1925 年，上海圣约翰大学、厦门大学、北京平民大学、燕京大学相继设立报学系，并开设了广告学方面的课程。1926 年，林振彬创办华商广告公司，将美国广告经营方

图 6-6 《东方杂志》1922 年第 19 卷第 4 期国货广告

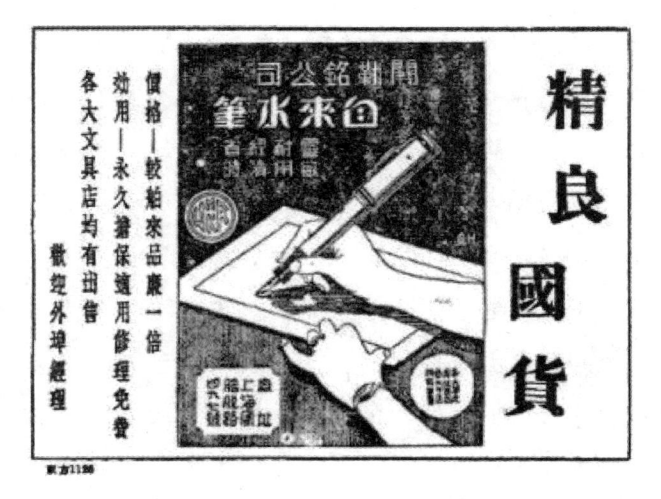

图 6-7 《东方杂志》1931 年第 28 卷第 20 期国货广告

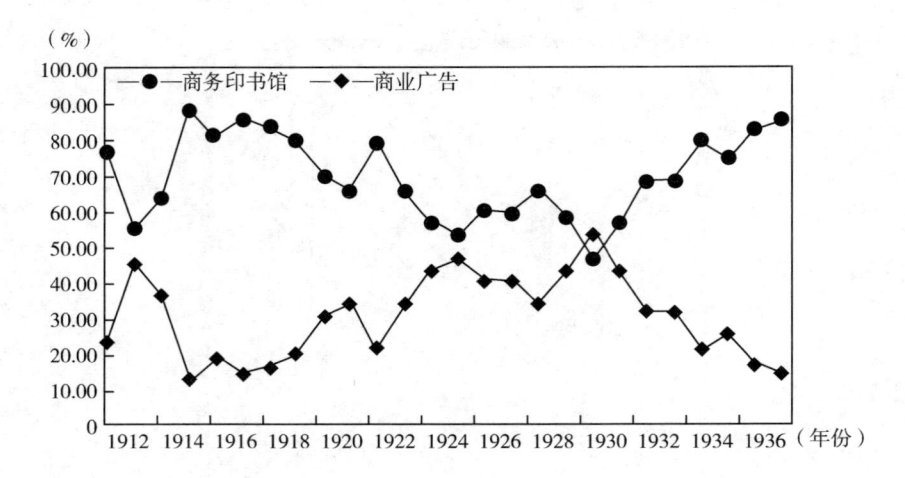

图 6-8　1912—1937 年商务印书馆广告与商业广告对比

式引进上海，被誉为"中国广告之父"。1927 年，上海的 6 家广告社组织成立了"中华广告公会"，这是中国最早的广告同业组织。1935 年 3 月，北平市立第三职业补习学校成立，是北京最早的广告学校。与此同时，发表在各大报纸和杂志上论述广告的文章不胜枚举。这一时期广告真正脱离了侵略者附庸的角色，成为一门专门的应用型学科。

（三）全面抗战至新中国成立前的《东方杂志》广告（1938—1948）

1937 年全面抗战爆发，中国大地战火纷飞，社会生产及人民生活遭到重创，经济凋敝，商业不振，物资匮乏，物价飞涨，是黎明前最黑暗的一段时期。由于物质基础被破坏，广告从业人员不断减少，广告业的发展停滞了。但上海成为了一时的例外。

上海被日军占领之前，公共租界和法租界成为各大工商企业的庇护所。与此同时，沿海地区的工商业也纷纷涌入上海租界，一时上海租界热闹非凡。大量资本的注入，使得上海这座孤岛出现了畸形的繁荣，广告创作得以攀新。大小商家纷纷利用各种渠道刊登广告，报纸上的广告篇幅只增不减。《申报》、《新闻报》两大报纸相互争夺广告资源。太平洋战争爆发后，上海被日本侵略者占领，新闻事业和众多工商企业被日本侵略者接管，新闻事业沦为日本侵略者政治宣传的工具，民族工商业的广告受到日本商业的打压，这种状况一直持续到抗战胜利。

表6-3　　　1938—1948年商务印书馆广告与商业广告对比　　　单位：%

年份（卷期）	商务印书馆广告	商业广告
1938	99.77	0.23
1939	100	0
1940	100	0
1941	100	0
1942	100	0
1943	100	0
1944	100	0
1945	100	0
1946	100	0
1947	100	0
1948	100	0

1937年11月20日，上海沦陷。1937年10月1日，《东方杂志》发行第34卷第18期与第19期合刊后，迁往长沙正南路的商务印书馆（分馆），11月1日，第34卷第20期与第21期合刊发行。1938年10月25日，武汉沦陷，武汉的机关、工厂、难民及大批伤兵涌入长沙。长沙作为上海、南京等会战的后方，积累了大量战略物资。1938年11月8日，日军攻陷湖南北部，临湘和岳阳分别在11月9日与10日失守。11月11日，蒋介石向当时湖南省政府主席张治中下达"焦土政策"① 密令。11月13日夜，长沙南门口外伤兵医院意外起火后，城内警备司令部误以为是信号，遂在城内放火。长沙大

---

① 焦土政策：即长沙如果失陷，在全部秘密准备妥当后，务必焚毁全城。

火燃烧了五日五夜，全城90%以上的房屋被毁，30000余人丧生，长沙成为一片焦土，《东方杂志》发行到10月16号，即第35卷第20号，被迫搬迁至香港。

当时商务印书馆的印刷所分厂位于香港英皇道。1938年11月1日至1941年4月16日，《东方杂志》在香港发行近两年半的时间，太平洋战争爆发，商务印书馆损失惨重。印刷设备被毁，财务陷入困境，被迫迁往重庆。1941年5月1日，第38卷第9期《东方杂志》发行，直到1946年抗战胜利后迁回上海。这一时期，《东方杂志》刊登的几乎都是本馆广告。

早在全面抗战爆发前，各大报馆、出版社陆续内迁。1938年，武汉陷落，文化事业转到重庆、桂林等地。内迁过程中，物资缺乏，广告从业人员锐减，新闻事业受到重创。据当时记载，各报"普遍的呈现退步的现象。印刷美观既大逊于前，纸张的质量，亦低劣远甚。战前铅字精美，现在或者粗疏简陋；战前字体繁多，现在或者普遍减少；战前篇幅广大，现在一般的缩小；战前一概采用白报纸，现在则大部分改用土产纸"①。出版事业之艰难可见一斑。报纸销量大不如前，各报馆收支相抵者少，亏损者多。为支持报馆生计，除政府补贴外，广告是报馆维持生计的一大支柱。同战前相比，报纸刊登的广告比例大幅增加，比例高者可达50%。由于纸张缺乏，图片用量减少，多为文字叙述，但注重文字技巧和编排方式，注意留白，以方便读者阅读。此时的广告水平虽没有超越30年代，但除印刷质量外，并没有下降。

1938年后，《东方杂志》上仅有商务印书馆刊登的本馆广告，主要原因有五：一是《东方杂志》属于杂志类出版物，出版周期相

---

① 蔡铭泽：《论抗战时期国民党党报的发展》，《新闻大学》1993年第2期。

对较长，而相对于战时经济来说，商家刊登广告必定要求能够迅速被消费者知道，因此多选择在报纸上刊登广告；二是杂志相对报纸而言，版面收费较高，战时经济紧张，商家的财务预算相对较少，退而求其次，选择在报纸上刊登广告；三是《东方杂志》先后三次搬迁，广告客户的粘度下降，因此鲜有商业广告刊登；四是《东方杂志》搬迁到重庆后，由于纸张缺乏，所用的杂志印刷纸张多为粗糙不堪的毛边纸，印刷质量严重下降，失去了杂志广告的优势，商家便选择报纸作为其传播工具；五是各国忙于战争，对商业的关注度下降，杂志相对报纸而言，刊登的广告多为奢侈品，战时人们的购买力下降，因此广告的刊登量也随之下降。

这10年战争期间的《东方杂志》，出版发行，历经艰难曲折，而其广告，也经历了同样的命运，图书广告，更是经历了战火的洗礼，显示出不可磨灭的知识的力量。

二 《东方杂志》图书广告统计分析

此对商务印书馆发布的本馆图书广告进行系统分类。分类标准以民国时期商务印书馆对图书的分类方法为主，以《中国图书馆分类法》为辅。每卷为一个整体，采用系统抽样法，以三期为一个间隔进行系统抽样，然后将每个样本中的图书广告进行分别归类，之后对图书种类进行综合统计，分别计算比例，以求接近实际情况。由于清末民国时期社会动荡，政局时变，商务印书馆在不同阶段出版的侧重点有所变化，所以，依照近代广告业的发展历程，对图书广告的统计分为1904—1911年、1912—1937年、1938—1948年三个阶段，予以列表。

（一）1904—1911年图书广告类别统计分析

此据《东方杂志》1904—1911年所刊登图书广告绘制。

表 6-4　　　《东方杂志》1904 年—1911 年图书广告分类统计　　　单位：%

年份 类别	1904	1905	1906	1907	1908	1909	1910	1911
教科书	58.40	84.08	65.66	46.38	54.76	63.78	51.82	44.47
学堂参考书	—	—	—	1.57	1.82	—	—	—
工具书	1.20	1.35	3.84	0.97	0.51	2.89	—	1.43
教育	—	—	—	—	—	—	—	0.53
史地	10.80	6.28	6.87	3.36	—	—	—	3.12
地图	—	—	4.85	2.68	2.04	—	0.66	7.75
社科	—	—	—	—	—	—	—	0.27
政法	15.80	2.69	3.84	7.53	10.91	13.39	37.29	9.36
军事	—	0.67	0.20	0.22	—	—	—	23.98
哲学商业	2.00	1.12	1.41	1.04	0.73	—	—	0.71
经济	4.60	1.35	0.81	0.45	—	—	—	0.71
传记	2.00	—	—	—	0.44	—	—	0.09
古籍	2.40	1.35	—	—	—	—	1.65	3.65
文学	—	1.12	11.72	34.30	26.98	17.06	3.30	—
旅游	—	—	—	—	—	—	0.33	0.09
统计	—	—	—	—	—	—	0.33	—
地球科学	—	—	—	—	—	—	0.33	—
航空	—	—	—	—	—	—	0.33	—
生物科学	—	—	—	—	—	—	0.66	—
丛书	—	—	—	—	—	0.26	—	—
百科全书	—	—	—	—	—	—	0.33	—
童书	—	—	—	—	0.22	1.57	1.65	0.80
尺牍	—	—	—	—	0.58	1.05	1.32	2.14
杂书	2.80	—	0.81	1.49	1.02	—	—	0.89

注：哲学商业类，《东方杂志》早期图书分类，见《东方杂志》1904 年第 1 卷第 1 期。

　　1942 年中英《南京条约》签订，清政府被迫开放广州、福州、厦门、宁波、上海五处港口。19 世纪中叶后，上海迅速发展，很快超越广州，成为集纺织业、军工业、运输业、机器制造业、交通运输业、出版业等于一体的国际化大都市。大大小小的出版社、报馆如雨后春笋般涌现在上海的大街小巷。商务印书馆正是这一背景下顺应时代发展的产物。

表6-4显示，1904—1911年《东方杂志》上刊登的教科书广告，除1907年及1911年以外，比例都在50%以上。受洋务运动和维新运动的影响，传统教育模式被抛弃，新式教育被普遍接受，清政府创办了大量的新式学堂。西方教育思想的传入与教育方式的改变，必然导致教科书的变革。新式教科书产生之前，上海各书局均有教科书编校机构，多聘请翰林出身的文人及举人、秀才编写，这些旧式教科书已不被时人接受，因此市场不大。

1902年，商务印书馆设立编译所，聘请蔡元培兼任所长，张元济为实际负责人。1903年，应张元济之邀，高凤谦进入商务印书馆编译所，任国文部长。此前，高凤谦曾为浙江大学堂总教习，后率多名学生赴日本留学，留学期间对日本的教育有深切体会。进入商务印书馆后，主持编辑国文教科书。1904年，张元济、夏瑞芳邀请杜亚泉担任商务印书馆理化部主任。杜亚泉在1989年考中秀才，后学习算术、物理、化学、矿物学及动植物学，并自学日文。商务印书馆出版的理化教科书及参考书，十之有九皆出自杜亚泉之手。由中国名家经手编写的教科书在当时的教材市场上是无一与之匹敌的。清末，商务印书馆就出版了初等小学堂用教科书、高等小学堂用教科书、中学堂用教科书、简明教科书、女子教科书、商业教科书等大量的教材和教授法。

清末维新变法，为众多有识之士带来了前进的思想曙光，他们认为君主立宪可以富国强民。清末商务印书馆出版了大量介绍西方君主立宪思想的书，如《各国宪法略》《议会政党论》《宪政论》《万国宪法比较》《各国国民公私权考》《日本维新人物志》《地方自治财政论》《日本武备教育》《新译日本法规大全》等。政法类图书之外，文学类图书也占有一定比例，尤其是小说，其中林译小说占有相当大的比例。

通过对《东方杂志》清末图书广告的统计,可见此时商务印书馆的出版重心主要是教材和政法类图书。大量新式教材的出版为中国教育事业的发展做出了重大贡献,而政法类书籍的出版则启迪了国人的思想,为了解新思想开启了大门。

(二) 1912—1937 年图书广告类别统计分析

此据《东方杂志》1912—1937 年刊登的图书广告绘制。

表 6-5　　　《东方杂志》1912—1920 年图书广告分类统计　　　单位:%

年份 类别	1912	1913	1914	1915	1916	1917	1918	1919	1920
教科书	60.81	52.15	73.10	41.50	45.23	74.04	16.33	27.11	44.20
工具书	1.44	0.31	1.38	2.02	8.30	2.56	2.72	1.10	3.72
教育	0.29	—	—	—	0.41	—	0.68	0.37	7.59
古籍	0.29	0.31	2.76	3.75	32.37	2.24	11.56	13.92	1.34
文学	4.61	0.92	3.45	2.02	1.66	9.29	7.48	10.99	7.29
传记	0.29	—	—	—	—	—	3.40	2.93	0.60
哲学	—	—	0.69	0.58	—	0.32	2.04	5.86	1.34
艺术	1.44	—	—	—	—	—	2.72	—	1.04
史地	1.44	—	0.69	0.29	2.49	2.24	8.16	8.42	1.64
地图	2.02	13.50	9.66	17.29	4.98	3.85	—	2.56	7.89
政法	20.17	21.17	5.52	20.46	—	0.32	7.48	5.49	10.27
经济	2.31	2.76	1.38	2.59	—	—	0.68	2.20	2.98
社科	—	—	—	0.86	0.41	1.28	1.36	3.30	—
军事	—	—	—	—	—	0.64	5.44	1.10	0.45
体育	—	—	—	—	—	0.32	2.04	0.73	—
版本学	—	—	—	—	—	—	0.68	—	—
旅游	—	—	—	—	—	—	0.68	0.37	—
医药卫生	—	0.31	—	0.86	—	0.64	12.93	6.96	1.64
生物科学	—	—	—	—	—	1.28	1.36	1.10	0.45
地质学	—	—	—	—	—	—	—	—	0.15

续表

年份 类别	1912	1913	1914	1915	1916	1917	1918	1919	1920
农业	—	—	—	—	—	—	—	0.73	0.30
工业技术	—	—	—	—	—	0.64	2.72	—	—
通信	—	—	—	—	—	—	0.68	0.37	—
机械	—	—	—	—	—	—	—	0.37	—
童书	4.03	0.31	0.69	5.19	2.90	—	6.12	2.56	1.49
丛书	—	0.61	0.69	1.73	0.41	0.32	2.04	—	3.27
百科	—	—	—	—	—	—	0.68	1.10	—
杂书	0.86	—	—	0.86	—	—	—	—	—
尺牍	—	7.67	—	—	0.83	—	—	0.37	2.38
文库	—	—	—	—	—	—	—	—	—

表6-6　　《东方杂志》1921—1928年图书广告分类统计　　单位：%

年份 类别	1921	1922	1923	1924	1925	1926	1927	1928
教科书	36.35	43.92	49.62	16.86	45.67	38.54	18.86	47.94
工具书	1.34	2.47	2.26	4.46	0.23	3.75	4.45	1.48
教育	—	1.52	3.26	2.33	1.87	0.83	1.60	0.11
古籍	1.34	2.47	0.75	1.55	5.15	16.25	1.60	8.66
文学	14.41	14.83	6.77	4.46	3.04	10.00	3.56	11.09
传记	—	0.19	—	0.39	0.47	—	—	0.21
哲学	1.34	2.85	1.75	10.27	0.94	1.25	0.71	—
艺术	2.51	0.57	—	0.39	—	6.04	3.20	2.43
史地	2.85	3.23	3.26	1.74	2.58	0.21	0.36	2.64
地图	19.10	0.95	13.53	30.23	12.41	—	—	—
政法	2.51	4.37	3.26	8.72	13.58	8.75	14.59	3.80
经济	—	1.90	3.51	2.52	1.64	0.21	6.41	6.02
社科	3.35	1.33	3.26	1.94	3.28	4.17	3.20	6.12
军事	—	0.19	—	—	0.23	—	0.89	—
体育	3.02	0.38	0.25	3.29	0.47	—	—	0.11
图书馆学	—	—	—	0.19	—	—	—	—

续表

年份 类别	1921	1922	1923	1924	1925	1926	1927	1928
出版学	—	—	—	0.19	—	—	—	—
旅游	1.84	—	—	1.94	2.34	—	—	1.37
医药卫生	1.68	5.89	0.25	0.39	0.23	0.63	16.73	0.21
生物科学	0.50	—	—	—	—	—	4.63	0.11
科学	—	—	0.25	—	—	—	—	—
天文	—	—	—	—	—	—	—	0.21
地质学	—	—	0.50	—	—	0.21	0.36	—
农业	—	—	—	0.19	0.47	—	3.02	0.21
工业技术	1.84	—	—	0.39	—	0.63	2.31	0.11
交通	—	—	—	—	—	—	0.89	1.58
通信	—	—	—	0.19	—	—	—	1.69
机械	—	0.19	—	—	0.23	—	—	—
童书	0.67	6.84	1.25	1.36	—	0.42	—	0.32
丛书	2.18	5.89	6.27	5.23	3.98	7.92	4.98	3.38
百科	—	—	—	—	1.17	—	0.36	—
论文集	—	—	—	—	—	—	0.36	—
尺牍	3.18	—	—	0.19	—	—	6.76	—
文库	—	—	—	0.58	—	0.21	0.18	0.21

表 6-7　　　《东方杂志》1929—1937 年图书广告分类统计　　　单位：%

年份 类别	1929	1930	1931	1932	1933	1934	1935	1936	1937
教科书	37.20	34.27	41.14	21.62	43.10	35.23	41.91	27.37	21.15
挂图	—	—	—	—	—	—	—	0.83	—
工具书	2.22	2.40	5.08	9.73	7.13	5.13	3.92	6.24	5.68
语言	—	—	0.31	—	—	0.06	—	—	—
教育	3.41	3.01	4.16	1.08	2.43	1.11	3.35	3.43	5.95
古籍	20.82	18.24	4.93	3.78	4.78	5.41	2.42	7.91	4.49
文学	9.73	9.02	13.87	9.19	4.31	8.75	4.06	3.85	4.12
传记	0.85	1.00	0.31	0.54	0.39	0.06	0.43	0.52	0.27

续表

年份 类别	1929	1930	1931	1932	1933	1934	1935	1936	1937
哲学	0.51	2.81	2.31	1.08	0.94	0.56	1.71	1.35	4.12
艺术	2.73	3.21	0.31	—	10.50	0.89	3.14	17.07	14.65
英文书	—	—	—	11.89	3.92	5.63	3.64	—	—
史地	5.46	3.01	2.31	5.41	1.49	1.51	6.13	3.33	4.30
地图	—	1.60	0.46	1.62	—	—	0.07	0.73	—
政法	6.83	4.21	6.47	14.05	1.41	11.65	2.71	2.50	2.66
经济	2.22	1.80	2.00	8.65	0.86	2.40	2.00	3.64	3.85
社科	1.19	2.61	3.54	2.70	2.51	5.69	10.12	4.37	4.85
统计	—	0.20	—	—	0.08	0.50	—	0.31	0.09
军事	—	0.80	—	—	0.31	0.22	0.21	—	0.37
体育	0.17	1.00	0.62	—	1.72	0.11	0.14	1.66	0.37
图书馆学	—	—	—	0.15	0.63	—	—	—	—
出版学	—	—	—	—	0.24	0.06	0.07	—	—
目录学	—	—	—	—	0.24	0.06	—	—	—
金石	—	—	—	—	0.24	—	—	—	—
旅游	1.71	2.00	—	—	0.08	—	—	0.10	0.09
医药卫生	0.51	—	8.32	0.54	0.16	0.11	0.29	0.94	1.01
生物科学	—	—	0.15	—	0.47	0.11	0.50	0.10	0.64
科学	—	—	0.15	0.54	0.94	—	0.36	0.21	0.27
自然科学	—	—	—	—	0.16	0.61	1.43	0.42	0.27
地球科学	—	—	—	—	—	—	—	0.10	0.18
天文	—	—	—	—	—	0.06	0.14	0.21	—
地质学	—	—	—	—	—	—	—	—	0.09
农业	—	—	—	0.54	1.33	0.11	0.43	0.83	0.64
工业技术	0.17	0.20	0.15	—	0.24	0.50	2.49	0.62	0.92
交通	—	—	0.15	—	0.08	—	0.07	0.31	0.18
通信	0.17	0.20	0.15	—	—	—	—	—	—
航空	—	—	—	—	0.08	0.06	—	0.31	—
机械	—	—	0.15	—	0.71	0.11	—	0.10	0.27
童书	0.34	—	—	—	—	6.24	0.07	—	0.09

续表

年份 类别	1929	1930	1931	1932	1933	1934	1935	1936	1937
丛书	3.75	4.61	2.62	6.49	7.68	6.69	7.63	9.26	8.15
百科	—	0.40	0.15	—	—	0.06	0.07	0.10	0.37
论文集	—	—	—	—	—	0.06	—	—	—
全集	—	—	—	—	—	—	—	0.10	—
族谱	—	—	—	—	—	—	—	0.10	—
尺牍	—	3.01	—	—	—	—	—	0.62	—
文库	—	0.40	—	0.54	0.55	0.28	0.50	0.42	0.55
战时读物	—	—	—	—	—	—	—	—	9.16

民国建立，封建王朝结束，社会风气开放。此时商务印书馆出版的图书种类大为增加，从上文可知，按照大类来分有49种（包括地图和挂图），而教科书一贯是商务印书馆的出版大头。虽然中华书局、世界书局的兴起打破了商务印书馆独霸教材市场的垄断格局，但是商务依然占据教材市场的十分之六。至全面抗战爆发，商务印书馆出版的教材包括共和国教科书、新法教科书、复兴国语教科书、商业学校教科书、师范教科书、单级教科书、农业教科书及大学教科书等。从教科书的名字可以看出，教科书的内容一直不断更新。其中，国语运动对白话文的倡导，也影响了商务人对教材的编写。商务推行关于国语的教科书包括国音、国语、会话、文法、语法、国文、历史、地理、唱歌、尺牍等，还有教具、图表、字典、词典、字帖等学习参考工具。可见，商务印书馆对于教科书的出版极其专业，这也正是商务印书馆能够占据教材市场十分之六的原因所在。

这一发展阶段，工具书的出版是一大重点。从清末作为课堂辅助及外语学习者工具书的《华英音韵字典集成》《袖珍华英字典》《华英字典》《华英新字典》《中德字典》开始，商务印书馆对于工具书的编撰一直没有停止过。最为世人瞩目的《辞源》始编于1908

年，直到1915年10月才正式出版发行。出版时有甲乙丙丁戊五种版本，定价分别为20元、20元、14元、7元、5元。《辞源》全书采用繁体字，释义均用浅近的文言文，是一部综合性大型历史文化辞书。商务印书馆冠以"文学之渊薮，常识之府库"10个字。除《辞源》外，商务印书馆的其他工具书还有《综合英语大辞典》《动物学大辞典》《地质矿物学大辞典》《教育大辞典》《中国人名大辞典》《中国古今地名大辞典》《王云五大辞典》《新文化辞书》《康熙字典》《平民字典》《模范法华大字典》《德华大字典》《新字典》《学生字典》等等。商务印书馆出版的多种工具书，上自学识渊博的大家学者，下至普通平民，都是其受益之人。

  商务印书馆将中国传统文化的保护与传承列为主要出版方向之一。上表显示，古籍整理与出版占有很大比例。对于传统文化的关注，从建馆之初即已开始。最初只是为编辑图书而寻找善本，长期积累后，发展为整理并出版古籍的规划。商务印书馆所建的涵芬楼，后来以涵芬楼为基础所建的东方图书馆是其影印古籍的坚实基础。张元济在致傅增湘的信中提道："吾辈生当斯世，他事无可为，惟保存吾国数千年之文明，不至因时势而失坠，此为应有之则。能使古书多流传一部，即于保存上多一份效力。"① 张元济对古籍善本的态度一直影响着商务印书馆。从1916年到新中国成立前，商务印书馆陆续出版了多部大部头的古籍。1916年《东方杂志》第13卷第10期中，涵芬楼影印《殿版二十四史》以一百十两正（约合当时上海市价154元）正式预约发售。共分三期，第一期十史，第二期和第三期每期七史。1917年《东方杂志》第14卷第1期刊发《涵芬楼秘笈》广告，《涵芬楼秘笈》采用两种纸张印刷：毛边纸定价2.5

---

① 张元济、傅增湘：《张元济傅增湘论书尺牍》，商务印书馆1983年版，第283页。

元，连史纸定价3元。发行广告中提道："古书善本，寖销寖亡，此自不可逃之理。惟赖好事之家，郑重翻印，继续流通，敝馆深体此旨。爰出涵芬楼所蓄秘籍世无传本者，校正印行。纸墨装潢，力求精善，使爱古者不至薄今，垂绝者赖以续命。念千狐之腋，非俄顷所能成，因仿'知不足斋丛书'之例，刊成八本，区为一集。岁行月布，以副海内先睹为快之心。"① 除《二十四史》和《涵芬楼秘笈》外，商务印书馆还整理出版了《四部丛刊初编》《四部丛刊续编》《四部丛刊三编》《四库全书珍本初集》《丛书集成初编》《续古逸丛书》等大部头古籍丛书。这些古籍的影印出版不仅在当时具有重要价值及意义，直到今天它的价值及意义依然存在。

民国时期，商务印书馆的丛书出版成就斐然。其时国内学术团体林立，学术文化自由发展，商务印书馆对学术图书科普图书及知识性图书出版投入了相当大的精力。商务印书馆与北京大学合作出版了《北京大学丛书》《世界丛书》，与国立中央大学合作出版了《国立中央大学丛书》，与尚志学会合作出版了《尚志学会丛书》，与共学社合作出版了《共学社丛书》，与文学研究会合作出版了《文学研究会丛书》等。1922年，王云五进入商务印书馆后，开始编印出版小丛书。这些小丛书包罗万象，兼具中西，受到了当时社会各界的喜爱。如《百科小丛书》《国学小丛书》《工学小丛书》《农学小丛书》《社会科学小丛书》《算学小丛书》《商业小丛书》《师范小丛书》《医学小丛书》《农业小丛书》《新时代史地丛书》等等。丛书是商务印书馆一个重要的出版方向，系统传播了各科新知识。

基于各类丛书，1928年，王云五开始准备《万有文库》的编辑

---

① 《涵芬楼秘笈》第一集广告，《东方杂志》1917年第14卷第1期。

出版。1929年,《万有文库》编辑完成,共收入图书1010种、2000册,计1500万字,另有10巨册参考书,每部预约金为360元。1929年第26卷第13期《东方杂志》刊登了"万有文库"的预约广告:"自西学东渐,学术界之风气大变,旧时书籍不能尽应今代需要,《万有文库》选集东西学术上之名著及各科基本之书,用科学方法编辑,用经济方法排印,范围虽广,所费仅及普通售价四分之一。各地领袖人物欲为地方造就人才,学校当局为便利学生参考,或父兄为其子女成就计,均应订购本文库,此在购者轻而易举而读者受惠无穷。本文库自发售预约以来,各地教育行政机关、社会教育机关、学校、家庭、图书馆竞相订购,而浙江省政府独购一百余部,分派各县学校图书馆及重要机关,嘉惠所被,必可于将来学术界中得有相当之收获也。"[①] 起初《万有文库》印行5000部,而最终竟订出约8000部。1934年,又出版了第二集。继《万有文库》之后,商务印书馆又编辑出版了《幼童文库》及《中学生文库》。

1932年"一·二八"事变对商务造成巨大的打击,经过短暂的6个月恢复,王云五制订了"日出一书"的计划,商务逐渐走出灾难的阴影。《东方杂志》刊登每周新书、最近重版书及最近特价书的广告日渐增多。这是对商务同仁的一种鼓励,也是其承担社会责任的一种表现。

1912—1937年这段漫长而不平凡的岁月,虽历经坎坷,然商务依然能够保持高水平的出版质量,是时人之福,也是社会之幸。

(三) 1938—1948年图书广告类别统计分析

此据《东方杂志》1938—1948年所刊登的图书广告制图。

[①] 《万有文库》广告语,《东方杂志》1929年第26卷第13期。

表 6 - 8　　　《东方杂志》**1938—1948 年图书广告分类统计**　　　单位：%

年份 类别	1938	1939	1940	1941	1943	1944	1945	1946	1947	1948
教科书	68.89	49.47	32.28	38.14	—	2.25	2.91	6.59	35.24	25.86
工具书	9.83	10.20	10.55	3.42	38.78	6.74	0.97	5.49	11.46	5.17
挂图	0.11	0.30	2.11	—	—	—	—	—	—	—
教育	0.44	12.18	1.69	1.71	1.53	2.25	1.94	3.30	2.29	2.59
古籍	2.62	2.89	2.11	1.90	0.51	1.12	2.91	—	0.29	2.59
经济	1.20	0.46	3.59	4.17	1.53	—	0.97	3.30	14.33	3.45
社科	1.31	1.22	1.90	1.71	25.51	8.99	20.39	16.48	6.59	6.90
史地	0.98	1.98	1.90	1.33	8.67	11.24	8.74	15.38	5.16	12.93
地图	—	—	3.59	—	—	—	—	—	0.29	—
政法	2.40	2.13	5.27	7.78	1.53	26.97	7.77	7.69	5.44	4.31
哲学	—	0.30	—	0.76	3.06	6.74	5.83	1.10	5.16	4.31
艺术	0.33	0.91	0.63	0.38	1.53	1.12	—	1.10	—	1.72
文学	1.20	2.13	5.91	11.57	7.14	14.61	7.77	13.19	1.15	5.17
传记	0.44	1.83	4.01	0.57	1.02	1.12	0.97	2.20	0.29	4.31
语言	0.22	—	0.42	0.19	—	—	0.97	—	—	—
旅游	—	—	1.69	1.52	—	—	—	—	—	—
图书馆学	—	—	—	—	—	1.12	0.97	1.10	—	—
档案学	0.11	—	—	—	—	—	—	—	—	—
校雠学	—	—	—	—	—	—	0.97	—	—	—
公共安全	0.55	—	—	—	—	—	—	—	—	0.86
军事	1.42	3.96	2.74	3.61	1.53	1.12	2.91	4.40	0.29	—
体育	—	0.30	0.42	2.66	—	—	0.97	—	0.86	—
统计	—	0.15	—	—	—	—	—	—	—	—
航空	0.11	—	2.74	7.59	—	—	—	—	—	0.86
机械	0.22	—	—	—	—	—	—	—	—	—
交通	0.11	—	—	—	—	—	0.97	1.10	0.29	—
科学	—	—	—	0.38	—	—	—	—	—	—
自然科学	—	—	—	—	—	—	0.97	—	—	—
生物科学	—	0.30	0.42	0.19	—	—	0.97	—	0.57	0.86
地球科学	—	—	—	—	—	—	—	1.10	—	—

续表

年份 类别	1938	1939	1940	1941	1943	1944	1945	1946	1947	1948
地质学	—	—	—	—	—	—	—	—	—	0.86
天文学	0.11	—	—	—	—	—	—	—	—	—
医药卫生	—	0.15	—	—	0.51	—	2.91	—	0.29	1.72
工业技术	—	—	0.63	0.38	4.08	1.12	3.88	3.30	6.02	5.16
农业	—	—	—	—	1.02	2.25	1.94	2.20	0.29	—
丛书	7.31	8.68	13.29	7.97	2.04	11.24	18.45	9.89	2.87	6.03
文库	0.11	0.46	1.90	1.71	—	—	1.94	1.10	0.86	6.03
全集	—	—	0.21	0.38	—	—	—	—	—	—

注：1942年停刊。

1937年7月，抗日战争全面爆发。淞沪会战后，上海沦陷，各大报馆及出版社都陷入了纸张缺乏的窘境。商务印书馆在1938—1948年间，出版物的数量和质量均有所下降。《东方杂志》转辗各地，刊印自然大受影响。

1938年至新中国成立前夕，《东方杂志》上几乎没有商业广告刊登。从其刊登的图书广告来看，教科书依然是商务印书馆的出版重点。这一特殊时期，商务印书馆出版了战时补充教材、补充读本以及战时常识。依据低年级、中年级、高年级三段分编，主要内容是抗战认识、军事常识以及防空防毒救护方法等知识。这些战时教材的出版对应时事所需，对于学生来讲非常实用。

教材之外，商务印书馆还出版了《抗战小丛书》与《战时常识丛书》。《抗战小丛书》计有28种，内容囊括民众组织、民众训练、国际公法、国际形势、太平洋问题、民族工业、军事常识、防空、间谍、农村经济、救护工作、公共事业、救济事业、教育、歌曲、电影、戏剧等。《战时常识丛书》计有15种，内容主要包括兵役、法规、自卫、化学战争、食料管理及救护常识等。战时图书的出版是商务印书馆做出的迅速应对，是文化抗战事业的重要体现。

三　商务印书馆本馆广告占主要位置

通过对《东方杂志》上刊登广告的分析及总结，可以看出商务印书馆在不同阶段的出版重点。

《东方杂志》在漫长的45年里，不同历史时期刊登的广告有不同的变化，尤其是在大的时代动荡时。

清末，《东方杂志》刚刚起步，处于发展时期。这一时期，广告业的发展也处于萌芽状态，报纸杂志上刊登的只有洋商的广告，而本国商人因为民族情怀将广告视作侵略之物，并不认可广告之于商品倾销的作用，直至普通百姓纷纷购买洋货，本国商人才将广告视作商品销售的手段，渐次开始效仿洋商在报纸和杂志上刊登商品广告。在此背景下，《东方杂志》在清末这段时期，商业广告呈递增趋势，但涨幅不大，商务印书馆所刊登的本馆广告占主要位置。

民国时期，政治环境相对稳定，民族工商业得到发展，这为广告业的发展奠定了物质基础。上海作为港口城市，工商业发展更为迅速，经济财富的积累使广告发展的速度超越其他城市，各大报纸杂志上充斥着琳琅满目的商品广告。作为商务印书馆最重要期刊的《东方杂志》，以商务印书馆为后盾，获得了社会的普遍认可，其商业广告的刊登比例也逐渐发生了变化，甚至有超过本馆广告的年份。这是时代经济发展造成的结果。

抗战爆发后，社会各行各业都处于一个相对停滞时期。工商业的停滞，直接影响了社会经济，因此广告业赖以发展的物质基础严重受损，致使广告业发展的黄金时代不复继续。这也是《东方杂志》1938—1948年几乎没有商业广告的重要原因。这11年里，《东方杂志》上刊登的本馆广告也大有缩减之势，但依旧能够保持在一定的数量之上。

总体看来，《东方杂志》上刊登的本馆广告是占主体优势的，究其原因有二：一是馆办杂志的一种先天优势，二是与时代经济发展的好坏有关。

　　商务印书馆在清末及民国时期，虽各时间段出版侧重点有所不同，但教科书的出版一直是最重要的部分。教科书的内容也是随时代发展不断变化的，清末学制改革时新式教科书的出版占据了教科书的主要市场，民国建立时共和国教科书的编写很及时，抗战时战时补充教材的迅速出版适应了全民抗战的需要。

　　清末洋务运动、维新运动，促使君主立宪思想传入中国，这种非革命的救国图强方法为张元济所接受，商务印书馆出版了一系列关于君主立宪的书籍。民国建立后，西学大量传入，翻译西方书籍成为热门，商务印书馆翻译了大量的西方书籍，包括社会科学类图书、科学技术类图书、哲学类图书、世界文学名著、戏剧等。19世纪20年代后，国内各种学术团体建立，学术出版成为商务印书馆出版的又一重点。翻译传播西学与学术出版奠定了商务印书馆在中国出版界首屈一指的地位。在后期的发展中，丛书的出版使其出版的内容更加广泛，更加系统。

　　综上来看，不论是教科书的出版还是其他书籍的出版，其发展变化都是紧随时代的，这是商务能够发展壮大的主要原因。

第四节　《东方杂志》图书广告方案

　　广告作为一种信息传播活动，其传播必须依靠传播者与接受者能够共同理解的文字符号，这种文字符号就是广告文案。《东方杂志》上所刊登的广告在随时代发展的过程中，其文案设计也呈现出了不同风格的变化。

一 图书广告的三种主要形式

《东方杂志》上刊登的图书广告主要有三种形式：简单的书目列表广告、简要的文字推介广告、重点推介的单本图书广告。

（一）简单的书目列表广告

书目列表广告是商务印书馆经常使用的图书广告形式，这种广告将图书按照一定次序排列，广告文案上呈现出图书的名称、定价、作者及发行方式。商务印书馆的教科书通常应用此种方式。商务印书馆出版的教科书种类众多，用此种方式节省版面，同时也节省了消费者找书的时间，一举两得。另外，商务印书馆新出版的小说、丛书也多用此种方式。这种书目列表广告方式一直使用到新中国成立前。

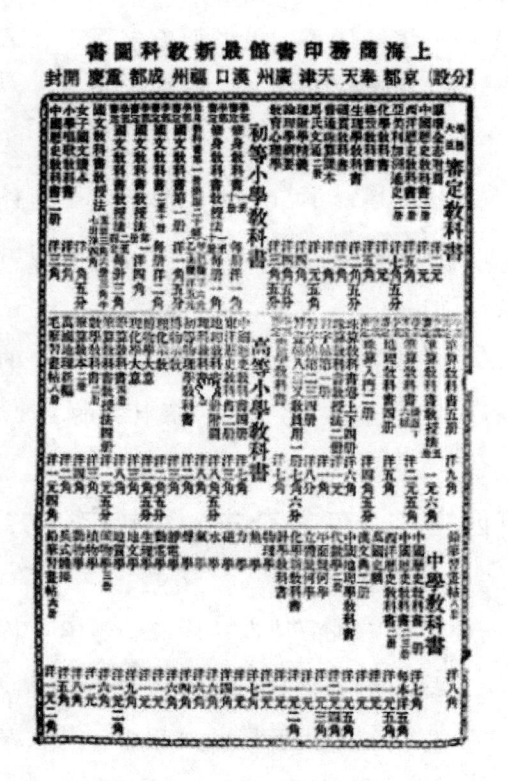

图 6-9　《东方杂志》1907 年第 4 卷第 1 期图书广告

图 6–10 《东方杂志》1907 年第 4 卷第 1 期图书广告

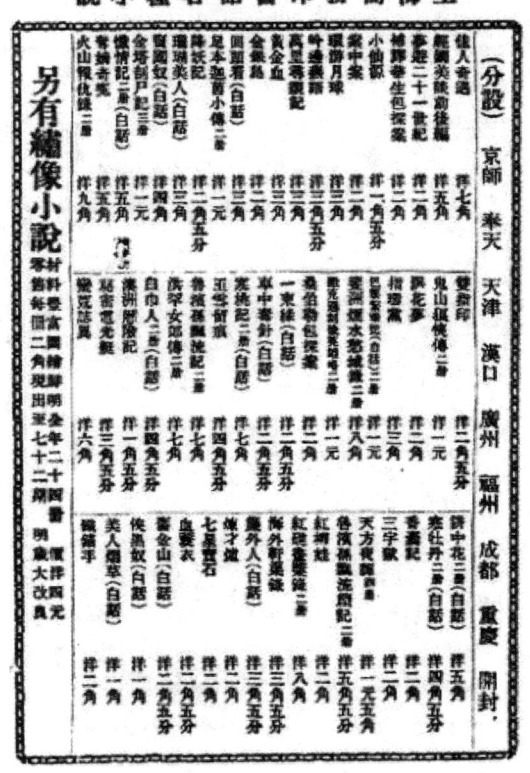

以下 3 幅图所呈现的就是《东方杂志》上刊登的书目广告，它将书的名称和价目表罗列其上，条理清晰，节省版面，能够让读者迅速了解出版的书目及价格。但其缺点也很明显，从视觉原理来说，竖排版式是不利于阅读的，兼之众多书目及价格的密集罗列，很容易使读者眼花，同时也不利于单本图书的销售，读者在寻找图书过程中很容易失去耐心。

(二) 简要文字介绍广告

书目列表广告虽然可以一次向消费者展示多种图书，但其缺点也很明显，于是在版面允许且出版社又希望重点推介的条件下，一

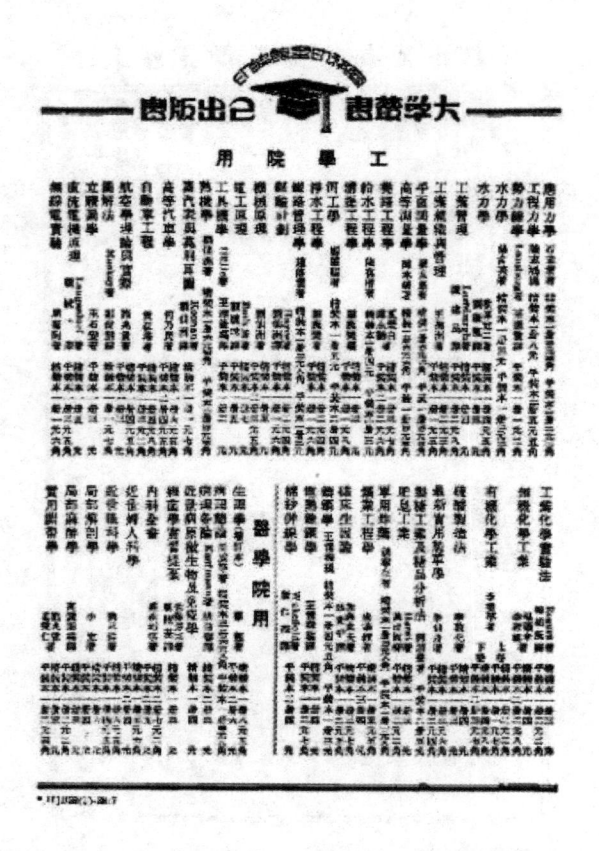

图 6-11　《东方杂志》1939 年第 36 卷第 16 期图书广告

般会对图书进行简要的文字介绍。这样能使消费者大致了解图书的主要内容，以便决定是否购买。如图 6-12《东方杂志》所刊登的财政类图书广告，该版广告对《理财学精义》《经济通论》《国债论》《地方自治财政论》《欧洲财政史》《英国度支考》这 6 本书作了简要的内容介绍，同时向读者介绍了这些书的作者、译者及定价。1939 年第 36 卷第 16 期《东方杂志》上介绍每周新书的广告也是采用这一形式。

这类广告在设计中加上了边框及线条，增加了版面的美感。线框与文字的配合应用，使广告的页面整洁清晰，重点突出，便于引

第六章 《东方杂志》图书广告研究

图 6-12　《东方杂志》1905 年第 2 卷第 4 期图书广告

起读者注意。读者在翻看杂志时，能够很清楚地看到图书名称，如果读者对此书感兴趣就会进一步阅读介绍图书的内容，这样就增加了图书的卖点。

（三）重点推介的单本图书广告

单本图书广告，主要应用于商务印书馆出版的重点图书及大部头图书。通过详细的文字介绍，将图书的主要内容、特点、定价、订购方式、销售门店、优惠等一一向读者展示。读者通过这样的广告就能对该书有足够的了解。图 6-14 是 1911 年第 8 卷第 2 期《东

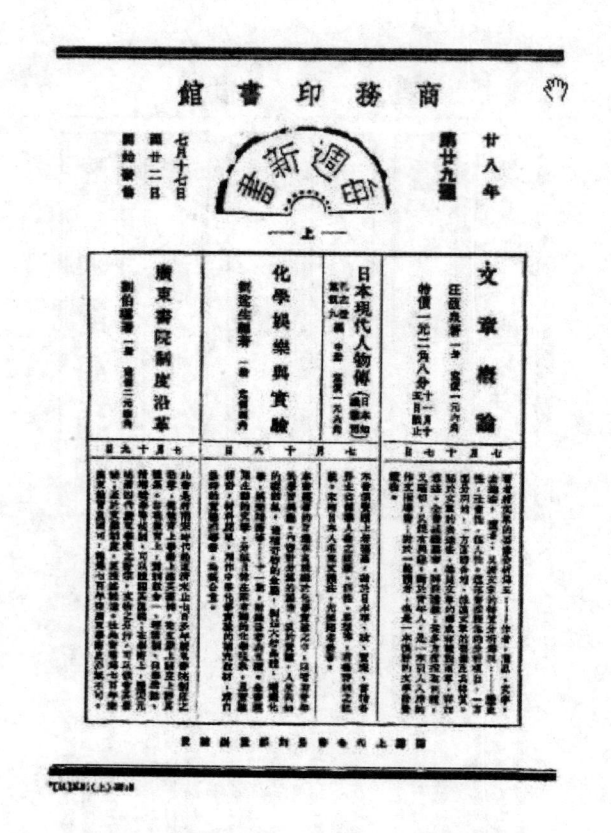

图 6-13　《东方杂志》1939 年第 36 卷第 16 期图书广告

方杂志》上刊登的《涵芬楼古今文钞》广告，图 6-15 是 1918 年第 15 卷第 12 期刊登的《日用百科全书》广告。《涵芬楼古今文钞》广告中，注明此书为"乙种"，定价 20 元，预约为 12 元，分订为 100 册，预约 5 月底截止，全书在 6 月份出版。

《涵芬楼古今文钞》广告文案：

一搜罗宏富可供国文教员之教材，一分类精密可供学者作文之模范，一圈点明了可供初学自修之诵读，一合装两箱可供行旅四方之携带。吴君曾祺旧有古今文钞之选，以家贫乏，书久而未就。本馆近得名家藏书数十万卷，庋置涵芬楼中，吴君因而补辑，乃卒成之。上自三代，下迄国朝同光之间，凡二千余家，为文万篇。分十三类、二百一十三目，侯官严幼陵先生序言，称为艺苑巨观，非虚言也。本书前用中国连史纸①精印，分订一百册，定价二十八元，预约十八元发售，预约券早已售罄。兹改用上海造纸厂连史纸印刷，成本较轻，定价二十元，预约十二元，先付六元，即交收条一纸，全书告成，续付六元，凭券取书。另刊样本一册，欲阅者可向上海四马路昼锦里口总发行所及各省分馆索取。远地函寄邮票二分，当即寄赠。"②

全文不着虚假夸大之词，对消费者而言非常实用。

《日用百科全书》的广告遵循同样规则，语言铅华不着，仅叙述图书概况，文中提道："本馆编辑是书已历三年之久，内容材料或撰或译皆有系统，非任意割裂随便抄袭者可同日而语。兹因出版在即，除将要目择登各报外，兹将其编名列下，虽未窥全豹亦可见内容之一斑矣。"③ 读者由此可以大致了解此书的编撰过程，从而增加对出版社的信任度。

单本图书的推介广告，占用的版面相对较大，但极其醒目，且能够显示该书的优势及特点，有利于读者全面了解，同时能够彰显出版社的实力。

---

① 连史纸：也称连泗纸，主要产地是福建、江西。以嫩竹为原料，碱法蒸煮，采用手工竹帘抄造，有"寿纸千年"的称号。着墨鲜明，吸水易干，纸色洁白如玉，耐热防虫，且不变色。古籍类图书多采用此种纸来印刷，读者除享受阅读的乐趣外，书也极具收藏价值。
② 《涵芬楼古今文钞》广告语，《东方杂志》1911年第8卷第2期。
③ 《日用百科全书》广告语，《东方杂志》1918年第15卷第12期。

图 6-14　《东方杂志》1911 年第 8 卷第 2 期图书广告

二　图书广告标题的字体应用

文字是最为基本的信息传播符号，在广告设计中占有重要地位，可以直接传递广告信息。《东方杂志》刊登的图书广告中，应用最多的元素就是文字。通过文字，能够直观表达图书出版信息，介绍图书大概内容。《东方杂志》所刊登的图书广告，其文字变化是最为直接的，尤其是广告标题以及书名字体的变化。广告标题是最具传播力度的主打文字，它能够吸引读者的注意力，引导读者关注广告正文。理想的广告标题简短有力，概括性强，字体醒目，字

图 6-15 《东方杂志》1918 年第 15 卷第 2 期图书广告

号相对较大。字体是广告标题的重要形式特征，既具有明显的内涵，又具有美的意味。《东方杂志》图书广告运用了丰富的字体，通过不同字体之间的合理配置，彰显了字体的魅力，并且利用这种魅力有效传达了图书信息。兹以图书广告标题之字体运用为主，略作分析。

（一）端正清秀的宋体标题

宋体字源于宋代，真正确立为宋体字是在明代。宋代文化发展呈现前所未有的繁华景象，雕版印刷进入大发展时期，雕版过程中，原有楷体字的钝角和转折逐渐消失，开始有了宋体字的雏形。发展到明代，形成了字形方正、横细竖粗、末端有装饰的宋体字。宋体字便于阅读,风格简洁美观,端正清秀,适于报纸和杂志的印刷。宋体字在商务印书馆图书广告标题中使用频率非常高。

書科教文國

图 6-16　《东方杂志》1904 年第 1 卷第 1 期图书广告字体

書史恥國

图 6-17　《东方杂志》1928 年第 25 卷第 22 期图书广告字体

(二) 方正严谨的楷体标题

　　楷书又叫正楷、正书,由隶书演变而来,相比较隶体而言,更加简化。楷体字笔画横平竖直,字体端正,笔画间距均匀,重心平稳,是一种书写字体,广告标题中应用较少。《东方杂志》刊登的图书广告中有少量应用。由于楷体属于书写字体,给人的印象更加亲切、自然,更加活泼。以下二图选自《东方杂志》图书广告,效果类似石碑拓印,采用黑色背景和反白楷体字,给人古色古香之感。楷体字较为流畅,有圆润之美,以碑拓之法呈现,更添韵味。

要政國美

图 6-18　《东方杂志》1912 年第 9 卷第 5 期图书广告

图 6-19　《东方杂志》1916 年第 13 卷第 6 期图书广告

（三）肃穆大方的黑体标题

黑体字又称为方体，是在近代才产生的字体，分为方黑和圆黑两种。19 世纪下半叶，随着欧洲、日本等外来文化的入侵，在无衬线字体和日文哥特体的影响下，中国上海率先出现了现今意义上的等线体黑体字。[①] 黑体字的出现丰富了报刊版面，带给媒体更多的选择。黑体字改变了宋体字原有粗细的变化，去掉了末端的装饰，横竖笔画的粗细一致，方头齐尾，只保留了字体的骨骼。从风格上来说，黑体字相较于宋体字更加庄重有力，字体也更简洁醒目，适合作为广告的标题。《东方杂志》图书广告中，应用黑体字作为标题的较少。这一时期的黑体字近似于印章，并不成熟。

以下两幅图片采用的是黑体字，显得醒目而朴拙。

（四）风格各异的书法体标题

书法体标题因人而异，风格独具，颇能体现中国书法的自由创造精神。书法体在《东方杂志》广告标题中不常见，只有少量广告标题采用了书法体。书法体相比较其他字体而言，更具有艺术张力，使广告整体更具活力。中国书法具有鲜明民族性，是中国传统艺术的精华。书法体给人的视觉享受极具传统文化意味。对于广告主来说，合理运用书法体，更够给广告带来无穷的视觉魅力。对读者来

[①] 吴卫、李婧：《试论黑体字的发展源流及特征》，《设计》2015 年第 9 期。

说，书法体的运用也会让人耳目一新，调动根植于读者心中的传统民族文化之情。

图 6-20 《东方杂志》1911 年第 8 卷第 1 期图书广告

图 6-21 《东方杂志》1916 年第 13 卷第 6 期图书广告

图 6-22 《东方杂志》1911 年第 8 卷第 1 期图书广告

图 6-23 《东方杂志》1911 年第 8 卷第 1 期图书广告

广告标题的目的在于吸引读者注意，以便引导读者进一步阅读广告正文，最终产生购买行为。以上广告标题字体的变化，表明商务印书馆非常重视图书广告设计中标题字体的选择、创造及应用。

戰後新世界

图 6-24　《东方杂志》1928 年第 25 卷第 4 期图书广告

商務印書館
日出新書一種

图 6-25　《东方杂志》1933 年第 30 卷第 6 期图书广告

《东方杂志》图书广告标题所用字体，变化多端，风格多样，不拘一格，不泥一体，而是兼容并蓄，化而出之，所谓某种字体，实际上也是大致而言，如楷体中含有明显的隶意、颜意，并不纯粹，正因如此，其魅力更加无限。

三　图书广告正文的表达方式

杂志广告属于平面广告，对图书而言，消费者主要通过阅读文字来了解图书的基本内容，因此文案设计极其重要。我国广告的发展是从幼童学步开始的,最初广告没有正文和标题之分,语言是晦涩难懂的文言文。诉求方式以简单的通告为主,没有创意可言。随着商业竞争的加剧,广告主对广告的要求越来越高。商务印书馆所发布的图书广告也同样是在这样的环境下成长起来的,广告正文从最初的简单告知型,逐步发展到了多元诉求型。

(一) 演说式

清末西学传入,翻译介绍西方图书成为热点。商务印书馆这一时期的广告正文主要是演说体。如《东方杂志》1904 年第 1 卷第 1 期刊登的《伊索寓言》图书广告正文:"伊索产自希腊,距今二千五百余年,是书藉草木鸟兽问答之言描写人情世态,使人知所劝惩。泰西各国学堂,无不译成本国文字用为课本。是书据英文本译出,词笔隽雅,足称原书声价……附图数十,最资启发,诚少年绝妙之教科书也。"① 1907 年第 4 卷第 9 期《新译日本法规大全》图书广告:"此为最完全,凡全国法律规则命令无一遗漏。欣逢朝廷宣布立宪,谕旨有云:'先将官制议定,次第更张,并将各项法律详慎厘订,而又广兴教育,清理财政,整修武备,普设巡警,使绅民明悉国政,以豫备立宪基础等。'因此书于日本官制、教育、财政、武备、巡警等事言之綦详,且系同洲同文同种之国,尤足为我官绅士庶参考之用。"② 这两则广告,均为竖排文言文,且无句读。广告文案相对冗长,如演讲文稿。清末国民素养没有得到很大提升,因此对于普通民众来说,读懂这些广告相对困难。

(二) 夸张式

民国时期,夸张式广告极为常见,通过放大或缩小商品的某些

---

① 《伊索寓言》广告语,《东方杂志》1904 年第 1 卷第 1 期。
② 《新译日本法规大全》广告语,《东方杂志》1907 年第 4 卷第 9 期。

特征加强广告文案的情感，从而引起消费者注意。夸张式广告通常于新书出版前，或者促销时运用。1912年第9卷第3期《东方杂志》刊登的图书广告中有这样的广告语："空前未有最廉价之共和国教科书。"① 1935年第32卷第4期中图书广告语这样形容工具书："效率最高的修学工具。"② "空前""最廉价""未有""最高"都是夸张性修饰词，这些词语的运用一方面加强了广告语的情感，另一方面也会刺激消费者的情感。虽有助于图书销售，但不宜过高频率使用。

（三）事实式

事实式广告语以一种事实陈述的方式来表述商品内容，介绍商品时更注重商品的质量、价格及其自然属性，这种诉求方式对消费者来说更具有诚意。《东方杂志》上这一类广告诉求方式更多一些。如1913年第10卷第4期《东方杂志》上刊登的《说部丛书》广告语："一百又三十册，一万六千余页，七百数十万言，零售四十余元，预约减收十元，阳历二月截止。本馆出版小说情节新奇，趣味浓深，极承阅者欢迎。惟以陆续发行，未得窥全豹为憾……不及原价四分之一，中有林琴南先生手笔二十一种尤为本丛书之特色……爱读小说者幸勿失此机会。"③ 1917年第14卷第4期刊登《国文成语辞典》广告语："本书依地支顺序分为十二集，洋装一厚册，计一千余面，二百万言。编纂之法，不列单字，与欧西成语辞典之例相符。解释亦属简明，证引尤为确凿。于历史成语，且详注某史某篇……凡属普通文人及高等小学以上各学校学生，苟人手一编，于文学上之裨益，殊不在少处也。"④

---

① 《共和国教科书》广告语，《东方杂志》1912年第9卷第3期。
② "字典"广告语，《东方杂志》1935年第32卷第4期。
③ 《说部丛书》广告语，《东方杂志》1913年第10卷第4期。
④ 《国文成语词典》广告语，《东方杂志》1917年第14卷第4期。

这两则广告语，都是从图书实际出发，将册数、页数、字数、定价及编纂体例诸基本信息一一列出，读者由此会对全书有一个大致的了解。读者购买图书后，无疑会增加对商务印书馆的好感，对商务品牌的塑造极其有利。

（四）问答式

《东方杂志》图书广告中，有一类广告极具特色，以问答方式来介绍图书的主要特点。通过一问一答，既宣传了图书的特色，也解答了读者心中的疑问。1919年前后，白话文运动提倡人们使用白话写作，摒弃晦涩难懂的文言文，这一时期商务印书馆开始编辑《新法教科书》。《东方杂志》1922年第19卷第1期宣传《新法教科书》的广告采用了问答式：

问："贵馆近出的《新法教科书》，编辑上抱'么宗旨'？"

答："依据新教育的精神，处处把儿童做本位，所以全书取材，都是实用的……合着儿童心理的。"

问："现在教育界都提倡国语，这套新法教科书，是语体呢？还是文言呢？"

答："除另出一种国文外，其余一律用语体编辑的。"

……①

这则广告，对于解答读者的困惑极有帮助，且将该教科书的主要特色也表达的很清晰，读者购买时，也可省去诸多答疑解惑的精力。

（五）散文式

散文式广告语主要以散文形式介绍图书的主要信息，广告文案形式优美，对称和谐，音韵流畅。这样的广告文案刻画了优美的意境，

---

① 《新法教科书》广告语，《东方杂志》1922年第19卷第1期。

读者在阅读广告时有美的享受,可启发读者的联想和想象,增加商品的文化价值,提升广告的文化品位。《东方杂志》1925年第22卷第14期中有一则以"暑期中之雅人雅事"为标题的广告:"炎炎长夏,暑气困人,浮瓜沉李之余,尚有消暑之乐事否乎?曰有。窗明几净,泼墨挥毫,是消暑之一法也,本馆精印名人碑帖画册,可备观摩。山间海涯,旅行游览,亦消暑之一法也,本馆有精印中国之名胜及各地风景照片,各地游览指南,可备应用。轻摇画扇,清风徐来,亦消暑之一法也,本馆有各种折扇执扇,可备选择。二三素心,围棋一局,亦消暑之一法也,本馆有各种棋子棋盘,可备玩赏。"① 读者阅读这则广告时,不仅可了解商品,同时也可心情愉悦。

以上5种广告文案是《东方杂志》图书广告的基本形式,随着广告业的发展,广告文案的形式也不再拘泥于一种或几种。广告的目的在于销售商品,而非制造噱头,尊重实际,真实可信,通俗易懂是广告文案所应遵循的基本法则。

四 情理结合的图书广告创意方式

广告文案的诉求方式决定了广告文案的创意形式。通常来讲,广告的诉求方式主要有三种:理性诉求、感性诉求、情理结合诉求。商家根据商品的不同属性,选择不同的诉求方式。

理性诉求为消费者提供足够的购买理由,是一种观念说服。其诉求方式一般是准确的传达出企业的品牌、产品的功能及可提供的服务,是一种功能诉求。通过直白、准确的指出商品的属性及优点,以便消费者对其进行理性的分析和判断,进而决定是否购买。

感性诉求则是通过挖掘消费者的某种情绪和情感,进而让消费

---

① 碑帖画册及摄影作品广告语,《东方杂志》1925年第22卷第14期。

者对产品产生某种好感,打动消费者,从而引起消费者的购买欲望。这种诉求方式,以人性化的内涵来接近消费者的内心,使消费者对产品、服务、公司产生好感,从而建立起消费者与产品之间的联系,使消费者在心理上对产品产生某种偏爱。这种感情共鸣会增加消费者对公司的信赖和黏度。

感性诉求和理性诉求两种方式都存在一定的缺陷,理性诉求单调而生硬,感性诉求则更多的加入了情感因素,使得广告缺少足够的产品信息,因此二者的结合是广告制作经常使用的诉求方式,即情理结合的诉求方式。《东方杂志》广告中,情理结合的广告创意方式是常用的一种方式。此举二例。

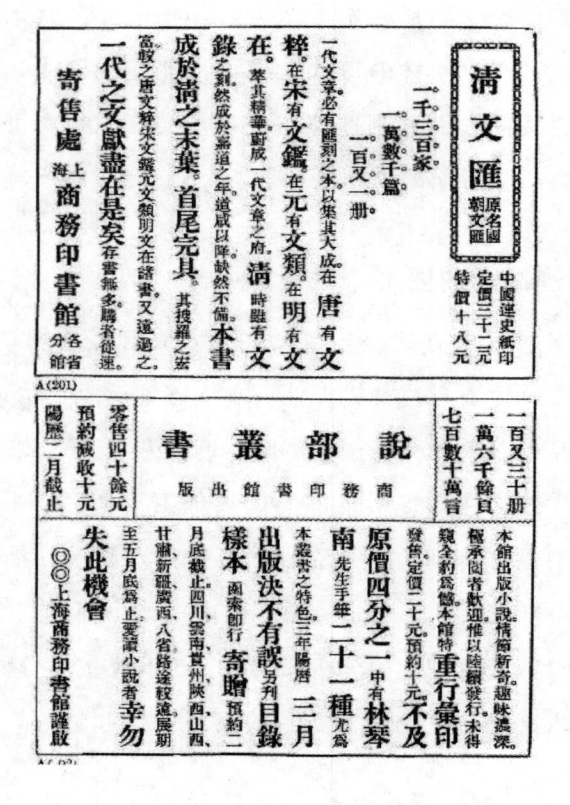

图6-26 《东方杂志》1913年第10卷第4期图书广告

《清文汇》原名《国朝文汇》，其广告文案："一千三百家，一万数千篇，一百又一册。一代文章必有汇刻之本，以集其大成。在唐有《文粹》，在宋有《文鉴》，在元有《文类》，在明有《文在》，萃其精华，蔚成一代文章之府。清时虽有文录之刻，然成于嘉道之年。道咸以降，缺然不备。本书成于清之末叶，首尾完具。其搜罗之宏富，较之《唐文粹》《宋文鉴》《元文类》《明文在》诸书，又远过之。一代之文献尽在是矣。存书无多，购者从速。"① 这篇广告文案正是运用了情理结合的诉求方式，其理性诉求表明书的主要来源、册数及编纂方式，感性诉求通过比较历代文选类图书，以彰显《清文汇》的特点，同时以"存书无多，购者从速"促使消费者尽早购买。整个文案情理结合，情中有理，理中含情，是典型的情理结合广告诉求方式。

《说部丛书》广告文案："一百又三十册，一万六千余页，七百数十万言，零售四十余元，预约减收十元，阳历二月截止。本馆出版小说，情节新奇，趣味浓深，极承阅者欢迎。惟以陆续发行，未得窥全豹为憾，本馆特重行汇印发售。定价二十元，预约十元，不及原价四分之一。中有林琴南先生手笔二十一种，尤为本丛书之特色。三年阳历三月出版，决不有误。另刊目录样本，函索即行寄赠，预约二月底截止。四川、云南、贵州、陕西、山西、甘肃、新疆、广西、八省路途较远，展期至五月底为止。爱读小说者幸勿失此机会。"② 上述广告文案，即采用了情理结合的诉求方式，简单直白，写明书的册数、字数及价格，又以"情节新奇，趣味浓深，极承阅者欢迎"打动人，号召读者购买。情理结合恰到好处，没有做作和

---

① 《清文汇》广告语，《东方杂志》1913 年第 10 卷第 4 期。
② 《说部丛书》广告语，《东方杂志》1913 年第 10 卷第 4 期。

夸大之词。

这种情理结合的广告文案，能使读者迅速了解图书基本信息，且以情动人，对消费者而言具有较强的吸引力。

第五节 系列书目广告文案

商务印书馆自成立以来，以积极传播新学为己任，出版了一批又一批新学图书，系统全面地介绍新学，为中国近代出版文化事业，为中国近代思想启蒙事业，为中国近代教育事业，做出了巨大贡献。兹以商务印书馆系列图书的出版广告为据，略作分析。

一 "宪政"类书目广告文案

1840 年鸦片战争发生后，西方资本主义经济进入中国，破坏了中国传统的自给自足的自然经济，资本主义萌芽开始在古老而落后的中国孕育成长。为富国强兵，清政府掀起了轰轰烈烈的洋务运动，开办军用工业、民用工业、交通企业等，意图"师夷长技以制夷"。

随着资本主义经济在中国生根，由官僚、地主、商人和买办构成的中国民族资产阶级诞生，在与西方资产阶级的较量过程中，思想不断转变，这就产生了早期的维新思想。

1895 年甲午战败，彻底宣告了洋务运动的破产，列强对中国的侵略变本加厉。中国在经济与政治上都失去了话语权，成为"待宰羔羊"，此时亡国灭种的阴影笼罩全国。梁启超曾言："唤起吾国四千年之大梦，实自甲午一役始也。"[①] 救亡图存，变法与自强成为此

---

① 梁启超：《戊戌政变记》，载杨家骆主编《戊戌变法文献汇编》第 1 册，鼎文书局 1973 年版，第 249 页。

时最为迫切的需要，众多维新人士以办报和译介西书的方式来宣传维新思想，意图唤醒国民。

1904—1905年，日本与俄罗斯为争夺中国辽东半岛和朝鲜半岛的控制权爆发了"日俄战争"，这场横跨整个西伯利亚的战争以老牌帝国主义俄罗斯的失败而告终。国人对此一战争极为关注，究其原因，认为是立宪之国打败了专制之国。1905年第3卷第11期《东方杂志》社说中提道："今者立宪之声，洋洋遍全国矣。上自勋戚大臣，下逮校舍学子，靡不曰立宪立宪，一唱百和，异口同声。"[1] 由此看来，立宪思想已经深入民心，立宪在此时已经成为众多人士的期待。

在立宪思想充斥整个中国的时代，商务印书馆为介绍立宪思想，出版了大量有关立宪主题的图书。兹根据《东方杂志》刊登的图书广告，整理如下。

表6-9　　　　《东方杂志》图书广告中之宪政类图书

	书名	作者	译者	刊期
1	近世陆军	陶森甲编辑	出洋学生编辑所校订	1904年第1卷第2期
2	日本武备教育		商务印书馆译	1904年第1卷第2期
3	日本监狱法	[日] 佐藤信安著	中国国民丛书社译	1904年第1卷第2期
4	日本维新人物志	[日] 冈本监辅著		1904年第1卷第1期
5	日本法规大全		留学日本毕业生刘崇杰、梁志宸、高种陈威、何燏时、陈与年校译	1908年第5卷第1期
6	明治政党小史	[日]《日日新闻》社著	出洋学生编辑所译	1904年第1卷第2期
7	欧洲最近政治史	[日] 森山守次著	商务印书馆译	1904年第1卷第2期
8	万国宪法比较	[日] 辰巳小二郎著	戢翼翚译	1904年第1卷第2期
9	宪政论	[日] 菊池学而君著	林棨译	1904年第1卷第2期

---

[1] 闵阇：《中国未立宪以前当以法律遍教国民论》，《东方杂志》1905年第2卷第11期。

续表

	书名	作者	译者	刊期
10	议会政党论	[日] 菊池学而君著译		1904 年第 1 卷第 2 期
11	欧美政体通览	[日] 上野贞吉著	出洋学生编辑所译	1904 年第 1 卷第 2 期
12	群己权界论	[英] 穆勒约翰著	严复译	1904 年第 1 卷第 1 期
13	社会通诠	[英] 甄克思著	严复译	1904 年第 1 卷第 1 期
14	普鲁士地方自治行政说	[德] 莫塞著	[日] 野村靖原译商务印书馆重译	1904 年第 1 卷第 2 期
15	地方自治财政论	[日] 石塚刚毅著	古斋主人译	1904 年第 1 卷第 4 期
16	各国国民公私权考	[日] 井上毅原著	出洋学生编辑所译	1904 年第 1 卷第 2 期
17	各国宪法略		出洋学生编辑所译	1904 年第 1 卷第 2 期
18	列国政要	戴鸿慈、端方等编		1908 年第 5 卷第 9 期
19	立宪国民读本	商务印书馆编译所编纂 张元济、陶葆霖、陈承泽校订		1909 年第 6 卷第 4 期
20	十六国议院典例		蔡文森编译	1911 年第 8 卷第 6 期
21	世界共和国政要	商务印书馆编译所编纂		1911 年第 8 卷第 9 期
22	法国宪法释义	金季著		1911 年第 8 卷第 12 期

出版是近代最重要的知识传播媒介。商务印书馆紧扣时代进步主题，不遗余力，大量出版宪政类图书，一心致力于宣传宪政为中国近代政治文明建设做出了巨大贡献。

《近世陆军》《日本武备教育》《日本监狱法》《日本维新人物志》《日本法规大全》《明治政党小史》属于系列介绍日本明治维新及其影响的图书。广告文案中介绍了以上几种图书的主要内容。如《近世陆军》："前编叙日本陆军，后编论各国陆军。国家多故，亟须修明武备。是书在兵学中最为新颖，最为详备，治兵学者不可不读。"[①]《日本武备教育》："日本以区区三岛战胜第一雄国，使非教之有素，乌能臻此地步。近来学者方提倡军国民主义，诚以处此竞

---

① 《近世陆军》广告语，《东方杂志》1904 年第 1 卷第 2 期。

争世界，有不容己之故也，爰译是编以资先导。"① 可见，商务印书馆通过图书出版，宣扬日本明治维新的强军成就，进而积极鼓吹实行宪政，为宪政制造社会舆论，提供知识资源。

《欧洲最近政治史》，1904年第1卷第2期《东方杂志》广告："泰西列国政治日新月异，是书备举最近世纪中宪法、会盟、变革、战争诸政，详晰无遗，了如指掌，欲知欧洲富强之源者亟宜浏览。"② 可知其备述欧洲政治变革，其中包括宪法、战争、会盟等诸多历史事件。对想要了解欧洲政治变革的人，这本书无疑是不错的选择。《普鲁士地方自治行政说》则详尽叙述了普鲁士地方自治行政之法，以地方之人办地方之事，是一本普及地方自治的图书。《日本法规大全》尽述日本法律命令和规则，全书达400万字，对书中所有名词都作了详细的解释。《列国政要》是介绍西方政法知识的专业性百科全书，1905年载泽、戴鸿慈、端方等人奉命到日本、欧洲等各国考查之后编纂，书中囊括了宪法、官制、地方制度、教育、海军、陆军、商政、工艺、财政、法律、教务11门，约60余万字，具有重要的文献价值。商务印书馆在出版上述主要针对知识分子的图书的同时，还出版了针对一般民众的普通读本《立宪国民读本》。这本书主要介绍了国家与人民的关系、权利与义务以及立法司法行政制度，通俗易懂，言简意赅，非常适合民众阅读。

上表中介绍日本君主立宪的图书较多，原因在于日本与中国"一衣带水"，国体与民俗相仿，因此清政府更愿意仿效日本的"二元"君主制。其次，日本的君主立宪制，主权在君，这也是清政府愿意效仿的原因。

---

① 《日本武备教育》广告语，《东方杂志》1904年第1卷第2期。
② 《欧洲最近政治史》广告语，《东方杂志》1904年第1卷第2期。

二 译介西学书目广告文案

近代以始，中国开始向西方学习。洋务运动是国人向西方学习的开端，尤其是军事技术。在洋务派学习的过程中，西方人文社科知识也进入了国人的视野。甲午一役，"中学为体，西学为用"的政治观念被迅速打破。戊戌变法到辛亥革命，有识之士对西学有了更多的认识。维新派与革命派对西学倍加推崇，希望通过效法西方，实现国富民强。民国建立后，西方民主思想传入，国内学术气氛更加活跃。五四运动后，国内风气大变，"民主"和"科学"的大旗飘扬起来，全国学术团体风起，西方的哲学、史学、社会学、经济学以及实用主义、改良主义、无政府主义、社会主义等社会思潮都被介绍到中国。近代中国就是向西方学习、不断探索以救国自强的中国。商务印书馆在近代化的大背景下，为传播西学做出了重大贡献，为近代中国文化传播抒写了浓墨重彩的一笔。

兹据《东方杂志》刊登的图书广告整理了部分商务印书馆出版的译介类图书①，列表如下。

表6-10 《东方杂志》图书广告译介类图书（部分）一览

图书类别	序号	书名	作者	译者	刊期
政法类	1	国际公法大纲	［日］松平康国著	中国国民丛书社译	1904年第1卷第1期
	2	政治学	［德］那特硁著	［日］李家隆介、小崎哲藏译述戢翼翚、王慕陶合译	1904年第1卷第2期
	3	政治汎论	［美］威尔逊著	［日］高田早苗原译商务印书馆重译	1904年第1卷第2期
	4	法学通论	［日］织田万著	刘崇佑译	1911年第8卷第7期

---

① 严译著作作为一个特殊的类别单独列出。

续表

图书类别	序号	书名	作者	译者	刊期
政法类	5	国法学	[日] 笕克彦讲	陈时夏述	1911年第8卷第5期
	6	比较国法学	[日] 末冈精一		1913年第10卷第5期
	7	民法原论	[日] 富井政章著		1913年第10卷第5期
	8	布尔什维主义底心理		陈国榘译	1931年第28卷第16期
	9	社会主义与进化论	[日] 高畠素之著	夏丏尊、李继桢合译	1921年第18卷第14期
	10	德国社会民主党	[英] 罗素著		1922年第19卷第16期
	11	平民政治的基本原理		罗志希译	1922年第19卷第3期
	12	世界新宪法		商务印书馆译	1922年第19卷第22期
	13	瑞士民主政治		徐同华译	1923年第20卷第18期
	14	现代民治政体	[英] 蒲徕斯著	梅祖芬译	1923年第20卷第22期
	15	工业政策	[日] 关一博士著	马凌甫译	1924年第21卷第2期
	16	国际关系论	[英] 詹姆斯·莱里斯著	钟建闳译	1924年第21卷第19期
	17	公共意见与平民政治		范用余译	1924年第21卷第19期
	18	近世民主政治论		萨孟武译	1926年第23卷第10期
	19	民治政体	[英] 蒲徕斯	赵冠青、赵蕴琦译	1928年第25卷第6期
	20	公法的变迁	[法] 狄骥著	徐砥平译	1933年第30卷第12期
	21	大学之行政		谢冰译述	1928年第25卷第20期
	22	日本在满洲特殊地位之研究	国联远东顾问著	叶天倪译	1934年第31卷第4期
	23	荷属远东殖民地行政	赫斯基·贝尔著	苏鸿宾、张昌祈译	1934年第31卷第23期
	24	工人意外遭遇统计法	国际劳工局著	丁同力译	1933年第30卷第10期
	25	奥本海国际法——平时	L. Oppenheim著	岑德彰译	1937年第34卷第1期

续表

图书类别	序号	书名	作者	译者	刊期
政法类	26	我之世界大战经验	[美]潘兴将军著	周济民译	1938年第35卷第1期
	27	现代英吉利政治	T. Stoye 著	李万居编译	1938年第35卷第5期
	28	战时石油政策		陈允文编译	1938年第35卷第13期
	29	世界原料与殖民地问题	英国皇家国际关系学会编著	史国纲译	1938年第35卷第23期
	30	科学战争	[日]寺岛柾史著	赵立云、吕鹏搏译	1936年第33卷第10期
	31	法国崩溃日记	[法]阿姆斯脱朗氏	张君劢译	1943年第39卷第7期
	32	英国合作运动		章元善译	1947年第44卷第9期
社科类	33	实用主义	[美]乾姆斯教授著	孟宪承译	1924年第21卷第8期
	34	政党社会学	[德]密须尔斯著		1920年第17卷第18期
	35	生物学的人生观		张修爵译	1924年第21卷第18期
	36	英国劳动组合论		吴善恒译	1934年第31卷第23期
	37	社会问题改造的分析	[美]爱尔乌特著	赵廷为译	1922年第19卷第11期
	38	都市经营论		吴剑秋译	1926年第23卷第2期
	39	主要社会问题	[美]R. M. Binder 著	杨廉译	1928年第25卷第17期
	40	社会问题		赵廷为译	1928年第25卷第1期
	41	社会问题与财政	[日]小川乡太郎著	甘浩泽、史维焕合译	1924年第21卷第17期
	42	人口问题	[英]柯克斯著	武熵干译	1927年第24卷第14期
	43	日本的发展	[美]Latourette 著	梁大鹏译	1933年第30卷第24期
	44	失业统计法	国际劳工局著	丁同力译	1934年第31卷第23期
	57	二十世纪的问题	Lord Davies 著	朱实贤译	1945年第41卷第9期
哲学类	58	哲学要领	[德]科培尔著	[日]下田次郎译 蔡元培重译	1904年第1卷第2期
	59	理想国	[古希腊]柏拉图著	吴献书译	1927年第24卷第17期
	60	近世美学		刘仁航译	1920年第17卷第8期
	61	物质与记忆	柏格森著	张东荪译	1922年第19卷第6期
	62	社会心理学		高觉敷译	1931年第28卷第19期

续表

图书类别	序号	书名	作者	译者	刊期
哲学类	63	哲学中之科学方法	[英] 罗素	王星拱译	1922 年第 19 卷第 2 期
	64	比较宗教学	耶方斯著	严既澄译	1926 年第 23 卷第 2 期
	65	审判心理学大意		陈大齐译	1923 年第 20 卷第 3 期
	66	意见及信仰	[法] 黎朋著	冯承钧译	1923 年第 20 卷第 4 期
	67	教育哲学大意	波特（B. H. Bode）著	孟宪成译	1925 年第 22 卷第 14 期
	68	人事工程学		张振铎译	1946 年第 42 卷第 7 期
经济类	69	经济通论	[日] 持地六三郎著	商务印书馆译	1904 年第 1 卷第 4 期
	70	国债论	[日] 土子金四郎著	王季点译	1904 年第 1 卷第 4 期
	71	会计学		张永宣译	1918 年第 15 卷第 12 期
	72	马克思经济学说	[德] 柯祖基著	陈溥贤译	1920 年第 17 卷第 24 期
	68	财政学大纲	亚当士著	刘秉麟译	1927 年第 24 卷第 6 期
	69	资本主义经济学之史的发展		林植夫译	1928 年第 25 卷第 18 期
	70	近世欧洲经济发达史	[美] 阿格博士著	李光忠译	1925 年第 22 卷第 3 期
	68	世界经济发展史论	[日] 野村兼太郎著	徐文波译	1934 年第 31 卷第 23 期
	69	苏联经济地理	[日] 平竹传三著	陈此生、廖莹光译	1937 年第 34 卷第 1 期
	70	战争与财政	H. Pantlen 著	杨树人译	1938 年第 35 卷第 1 期
	71	英国工业的战争经济	Romermann 著	杨树人译	1938 年第 35 卷第 13 期
	72	供求论	[英] 韩德森著	纪文勋译述	1945 年第 41 卷第 9 期
历史类	73	德国工商勃兴史	[法] 伯罗德尔著	[日] 文部省译商务印书馆重译	1904 年第 1 卷第 2 期
	74	东西洋伦理学史	[日] 木村鹰太郎著	商务印书馆译	1904 年第 1 卷第 2 期
	75	经济思想史	[美] 韩讷著	臧启芳译	1925 年第 22 卷第 10 期
	76	最近国际思想史	[日] 浅野利三郎著	杨祥荫译	1933 年第 30 卷第 24 期

续表

图书类别	序号	书名	作者	译者	刊期
生物学类	77	生物之世界	[英]洼勒斯博士著		1920年第17卷第10期
	78	进化论	[日]石川千代松著	罗宗洛译	1936年第33卷第18期
	79	创化论	柏格森著	张东荪译释	1920年第17卷第5期
马克思主义	80	马克思主义和达尔文主义	[英]派纳柯克氏著		1922年第19卷第10期
工业技术类	81	现代工业丛谈		李世琼译	1927年第24卷第15期
	82	油漆制造及使用法	[日]酒见恒太郎著	李克农译	1939年第36卷第1期
	83	金属着色法及电镀法	[日]福井幸雄著	蔡弃民译	1939年第36卷第1期
物理学类	84	物理学的进化	爱恩斯坦、茵菲尔著	刘佛年译述	1945年第41卷第7期
科学类	85	苏联科学	Growther著	包玉珂译	1938年第35卷第17期

表6-11　　　　　　　　　　严复译名著

书名	著（译）者
群己权界论	[英]约翰·穆勒著
社会通诠	[英]甄克思著
英文汉诂	[英]马孙摩栗思等著，严复编
法意	[法]孟德斯鸠著
天演论	[英]赫胥黎著
穆勒名学	[英]约翰·穆勒著
群学肄言	[英]斯宾塞著
原富	[苏格兰]亚当·斯密著
名学浅说	[英]耶方斯著

此对1904—1948年《东方杂志》刊登的部分译介类图书作了整理，将其分为政法类、社科类、哲学类、经济类、教育类、历史类、生物学类、马克思主义、工业技术类、物理学类、科学类11类。从表6-10中可以看出，政法类、经济类、社科类、哲学类位居前四，

其中政法类图书占比最大，为35%（图6-26）。究其原因，主要是近代中国饱受西方列强欺凌，民族矛盾尖锐，政局混乱，秩序不定，人民生活困苦，进步人士都在努力寻求救亡图存乃至富国强兵之道，政治类图书不免成为热销品。俄国"十月革命"和五四运动之后，马克思主义与其他社会思潮先后传入中国，有关马克思主义的图书被译介到中国，同时社科类和哲学图书也被大量翻译出版。

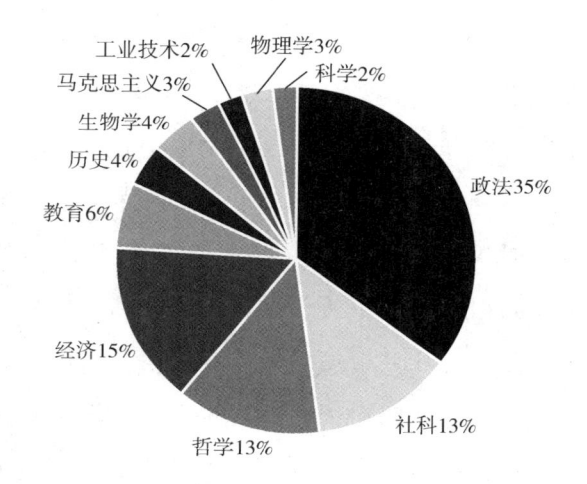

图6-26 《东方杂志》译介类图书分类占比

严复作为近代中国第一个系统翻译、介绍西方资产阶级学术著作的思想家，在近代中国学术界占据很高的位置。他的译著涉及西方资产阶级政治、经济、思想等诸多方面，对中国近代民主革命产生了很大的影响。严复翻译的著作共9本，在商务印书馆首次出版的有6本，分别是《原富》《群己权界论》《社会通诠》《法意》《名学浅说》《英文汉诂》。另外3本，《天演论》首版是湖北沔阳卢氏慎始基斋的木刻版，《群学肆言》首版是由文明编译局出版的，《名学浅说》首版则是金陵金粟斋的木刻本。之后才由商务印书馆出版了铅印本。严复的翻译著作在中国近代产生了极大影响，使人耳目一新，对社会发展有了新的认识。

　　1905年第2卷第1期《东方杂志》刊登了《法意》与《英文汉诂》的广告。《英文汉诂》的广告文案是："十年以来，吾国讨论西字者日多，有志之士虑译本或失其真，常欲从其文字语言认真下手，而不安浅尝，如前之仅资侍者买办市井口谈而已，此可为吾国学界深贺者也。但师资难得，而置身庄岳，又非具大力而裕于时日者不能。旧说精通西文非十年不办，则无怪有志未逮者多向洋而叹者众矣。侯官严几道先生深得中西文字三昧，年来译者，大抵典册高文，以为众人所不能为自任，故于文法一事，薄不肯为。近者从游高足诸公，谓先生必纂一书，以为海内学英文者向导，敦请函促，乃以半年日力撰成。是编由浅而深，自审音论字至造句析辞点顿而止，用旁行式，英汉间出，无疑不析，无例不条，遇与中国诗文可互相发明者，辄旁证曲喻，凡号中国学者所难通者，尤必为之反覆而明辨，盖作者不独以己之昭昭启人之昏昏也，以办理学堂典司教育日久，洞见症结，深悉初学之所疑难，故能惬心，贵当如此，是诚西学之金针而学界之鸿宝也。书成，本馆得其钞本，欢喜赞叹，敬请以公同人，幸蒙先生即以版权相付，得以专印发售，不惜工资，校勘精确，洋装布面，以期耐久，定价每部大洋一元二角，学者于中英文字稍有根底，手此一编，数月一载之闲，其不开通奥窍者未之有也。"[①]

　　这则广告文案，对严复编纂英文文法书籍《英文汉诂》的选题背景、缘起、经过、书籍编辑特点，以及出版质量、版本特色、售价等，从头至尾，均作了清楚交代。显然，《英文汉诂》不愧为一种适应学习英文迫切需要的语法工具书，甚至具有填补空白的价值。

[①] 《英文汉诂》广告语，《东方杂志》1905年第2卷第1期。

商务印书馆译介西方书籍的广告，文字形式大多如此。广告文案朴实无华，诚实可信，既有效传播了西学，又有利于商务自身品牌的建设。

商务印书馆在近代西方图书的译介传播方面，贡献颇大，为近代西学东渐做出了巨大努力，"近代文化重镇"的称号，商务印书馆是当之无愧的。

第六节 《东方杂志》图书广告营销策略

上海当时社会经济各方面发展都极为迅速，出版社作为营利性质的企业，各大小出版社之间的竞争也非常激烈，尤其是民国之后。商务印书馆、中华书局、世界书局诸社之间相互竞争出版市场。广告成为各出版社相互竞争的利器，各出版社在广告策略上不断创新。商务印书馆作为当时最大的民营出版机构，在保证图书质量的同时，也十分注意广告的营销策略，以此树立了商务印书馆良好的品牌形象。

一 高质量的产品策略

一个出版社要想发展壮大，必须有一个优秀的工作团队和一群优秀的作者。商务印书馆创立之时，虽只是一个小小的印刷所，但经过数年能够发展成为当时最大的民营出版公司，其原因就在于拥有优秀的编辑人才和优秀的作者团队。商务印书馆创办人夏瑞芳学养虽然不高，但是非常有雄心，希望能将商务发展壮大，他邀请学贯中西的张元济入馆，就是实现心中所想的开始。张元济出身浙西望族，1889年中举人，后因参加"戊戌变法"，被清廷革职。之后在上海任南洋公学译书馆主事，南洋公学即今上海交通大学的前身。

此后张元济邀请高凤谦、蒋维乔、庄百俞、杜亚泉等人入馆，高凤谦、蒋维乔、庄百俞等为国文编辑，杜亚泉任理化数学部主任。之后的教科书编写中还有顾颉刚、胡适、蔡元培、何炳松、王云五等大家。这也是为何商务印书馆的教科书一经面世，其他出版社的教科书市场式微的原因所在。

1952年，张元济为商务印书馆同仁写过一首七绝："昌明教育平生愿，故向书林努力来。此是良田好耕植，有秋收获仗群才。"①由此观之，商务印书馆的成功是基于其周围有数以千计的名士学人。其中包括"精通西学第一人"的严复、翻译大家林纾、著名哲学家范寿康、中国现代气象学之父竺可桢、教育家朱经农等等，人才济济，不胜枚举。这些人都曾跟商务印书馆有过紧密的联系。

近代的商务印书馆，因其创办人怀有对文化传承与发扬的赤诚之心，所以在其努力之下，周围聚集了大量的饱学之士，这些人共同举起了振兴中华文化的大旗。

商务印书馆图书广告中，往往将著名作者（译者）加以介绍，以示图书质量之高，利用优秀作者（译者）的知名度和影响力，达到促进图书销售的目的。对图书产品本身的质量，往往从选题、内容、适用性、编辑、印刷诸方面予以客观介绍，积极向目标读者推荐。

二 商标意识的品牌策略

商标作为区别同类产品的标记，是一个企业的代名词，也是企业产品质量的标记。商标的诞生及其发展是从近代开始的，最初国人对于商标并无明确的认识，但洋商的广告中一直都有商标存在，

---

① 陈建民：《智民之梦——张元济传》，四川人民出版社1995年版，第6页。

之后，国内企业也争相模仿。清末，外商为保证自己的利益不受损害，要求清政府设立商部，颁发商标章程。1904年6月，拟定《商标注册章程》，因其条款中均以外商利益为重，经几次修改后，最终没有实行。1923年5月，《商标法》由国会明令实行，是为我国第一部商标法。商标法的确立，标志着近代商业管理体制的进一步完善。

商务印书馆早期就十分注重商标问题，《东方杂志》上刊登的本馆所有广告中均标有"商务印书馆出版（发行）"的字样。经学者考证，商务印书馆最早的商标是一枚印有青龙图案的标志。[①] 1926年，商务印书馆第五次更换商标，这枚商标一直沿用到1951年11月。1927年第24卷第12期《东方杂志》广告中出现了该商标，也就是人们比较熟悉的"CP"商标。"CP"是商务印书馆"Commercial Press"的英文缩写，字母C与P组成一个倒置的三角形，中间嵌入商务印书馆的"商"字。这枚商标简洁、大方，却不失内涵，是商务印书馆除现在使用的商标外，使用时间最长的。

商标的使用，标志着商务印书馆品牌的确立。"商务印书馆出版（发行）"一行字样，与其商标图案一起，构建起了商务印书馆明确的品牌标示形式。商标作为商务印书馆的标志，其图案更容易记忆，给人的印象更为深刻，对商务品牌和声誉的塑造作用更强。

三 行销全国的渠道策略

一个公司能否发展壮大，通常要看其销售网络健全与否。商务印书馆建立了遍布全国的销售网络，销售渠道四通八达，由大城市

[①] 凌晨：《商务印书馆商标的变迁——以张元济图书馆馆藏商务版书籍为例》，《出版史料》2007年第4期。

图 6-27 《东方杂志》1927 年第 24 卷第 12 期广告

延伸至边疆地区。《东方杂志》刊登的本馆图书广告中，很多广告的边框处都会注明商务印书馆的分厂位置。如 1907 年第 4 卷第 2 期《东方杂志》，在其介绍新出各种教科书的广告中，就表明了商务印书馆分厂的地理位置，其中包括京师、奉天、天津、广州、福州、成都、汉口、开封、长沙。这些分馆的建设，表明商务印书馆的发行渠道极其广泛。

商务印书馆在有了原始资金积累后，就开始扩展自己的业务范围。1903 年在湖北汉口、1905 年在北京琉璃厂、1924 年在香港，最终在全国各省市 80 余处开设了"商务"分馆，还在海外的新加坡、吉隆坡等地设立分馆。1902 年起，在上海河南路等处开设发行所。[①]如此广泛的发行网络，保证了商务印书馆的发行范围，避免了长途运输的麻烦，不仅降低了商务印书馆出版图书的成本，而且惠及了广大的消费者群体。

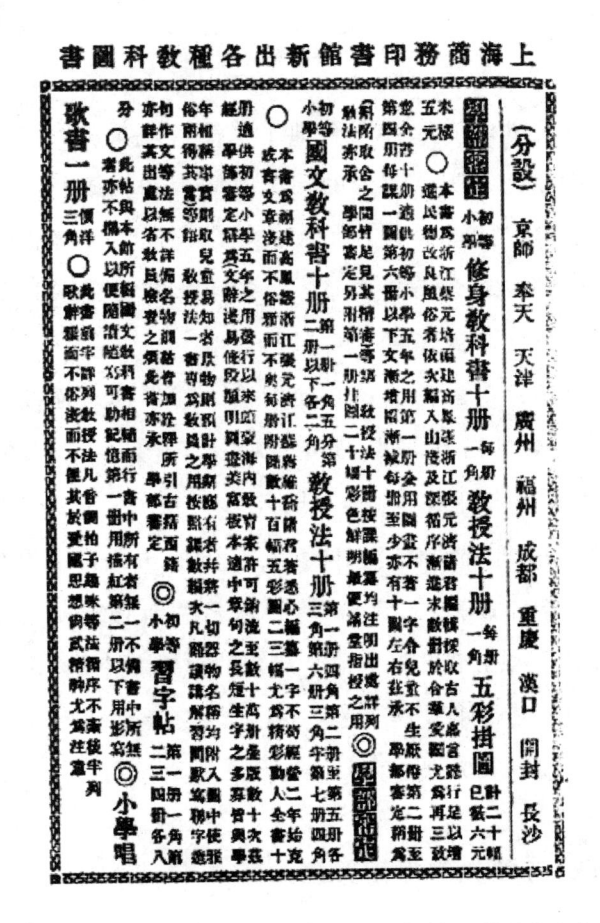

图 6-28　《东方杂志》1907 年第 4 卷第 2 期图书广告

[①] 熊凤鸣：《百年搏击　业绩璀璨——贺商务印书馆百岁庆典》，《出版与印刷》1997 年第 2 期。

四 连续投放以深入读者的策略

商务印书馆在《东方杂志》上投放的图书广告,从第1卷第1期开始,一直持续到第44卷第12期。广告要想取得预期的效果,就必须给消费者留下印象。因此长期、连续的广告投放策略是不二之选。

杂志作为一种纸质媒体,有别于报纸,因其内容多、出版周期长、定价高的原因,所以读者的阅读时间会相应延长。杂志的印刷质量好,适合反复阅读和广泛传阅,可以像图书一样进行收藏,读者对广告的印象也就会不断加深。商务印书馆在《东方杂志》上持续投放广告,收到了良好的效果。

商务印书馆针对教科书及其他书籍的广告都是连续投放的,尤其是商务印书馆推送的重点书籍。其中《辞源》一书的广告,从《东方杂志》1915年第12卷第4期开始刊载,一直到1948年第44卷第11期依然在重复刊载,期间只是广告形式及表述稍有变化。严复翻译的《社会通诠》《群己权界论》《孟德斯鸠法意》《政治讲义》四本书的图书广告几乎贯穿了整个清末的《东方杂志》。

通过长期连续性的广告刊载,不仅让读者对图书印象深刻,也会让商务印书馆深入大众心中。

五 打折与赠券的促销策略

打折与赠券是商家促销商品常用的手段,通过降低商品原有售价,以刺激消费者购买。这种促销方式,是在商家有一定实力,并且有资金支持的情况下,薄利多销的商业手段。

图书打折广告在《东方杂志》上比较常见。1916年第13卷第7期刊有《教育丛书》打折广告:"《教育丛书》第一集出版,特价两月为限,全部并赠纸盒。全部定价两元(特价一元),阳历七月底止。"① 这则广告介绍了《教育丛书》的打折时限及打折价。1937年开始,每星期日刊出一次特价书目,每次约20种,其中初版书与重版书约各占半数,每本书按原来定价的七折销售,为期4个月,图书种类齐备。这种打折方法是商务印书馆26年来首次使用。

另一种促销的方式是赠券。书券现在又被称作图书优惠券,通常有两种形式,一种是打折优惠券,另一种是额定面值图书券。读者可以凭书券,到指定的书店购买符合相应条件的图书。1914年商务印书馆清退日资,为保证图书销售,发起了购买图书赠送书券的活动。广告语:"本公司现收足资本一百八十万元,从前日本人所附股份三十七万八千一百元,于本年一月尽数收回……特印行纪念书券,赠送学界,且近来各省学款支绌,国民教育不无影响,故对于购用小学教科书者,特别加赠,聊尽赞助教育之微意。"② 广告的下文表明了赠送地点、时间、赠送规则及使用规则。

1921年第18卷第2期刊登了纪念类赠券广告,特予发行纪念商务印书馆创立25周年赠书券。赠送规则为:"敝馆自创立至今适二十五年,又值提倡国语时代,特印纪念书券赠送,聊尽赞助教育之微意,其赠送规则如左: (一)上海发行所各省分馆一律赠送;(二)赠送日期以二月为限,上海发行所自阳历一月二十六日起至三月二十五日为止(即阴历十二月十八日起至二月十六日为止),各省分馆另行酌定;(三)赠送书券以现款购取者为限,其非现款者恕不赠送;(四)赠送书券以购买本馆出版图书为限,其购买寄售图书、外国图书、屏联堂幅及仪器、文具、玩具等概不赠送;(五)外埠寄

---

① "教育丛书"广告语,《东方杂志》1916年第13卷第7期。
② 《东方杂志》1914年第11卷第2期。

款来购，其寄出之日，凡在截止之日以前者，一律赠送，以邮局所盖印章为凭，如非邮局寄送，只能以敝馆收到之日为准；（六）外埠寄款来购所有应得书券由敝馆专函寄上，如防邮局遗失，请加寄挂号费。"赠送项目为："第一类《新法教科书》，购一元赠送书券五角，其他语体用书及国音国语图书亦属此类；第二类中学小学书，购一元送书券二角，第一类外如共和实用单级半日女子小学书以及中学师范女中学商业农业英语各书均属此类；第三类其他本版书，购一元送书券一角，第一第二类外之各书及杂志并预约特价等书均属此类；以上各项均照购书实洋计算，多则递加，零数不计，上列第一第二两类教课用书另印书目，属于新法类者，以甲为记，属于其他小学书类者，以乙为记，属于中学书类者，以丙为记，此外图书均照第三类办理。"① 显然，此次赠送活动主要针对的是教科书，目的在于辅助教育，这是商务印书馆回馈社会的举动，同时也践行了其"以扶助教育为己任"的出版理念。

第七节 《东方杂志》图书的历史价值及启示

《东方杂志》作为商务印书馆最为重要的馆办期刊，商务印书馆对其出版投入了巨大的精力，在长达45年的时间里，其广告创作水平不断得以提升。这些广告不仅是商务印书馆出版历史的见证，更是对时代发展变化的历史证明，因此其所刊登的图书广告有重大的历史意义。通过对《东方杂志》刊登图书广告的分析，可知其广告创意对现代图书广告的制作也有诸多启示。

---

① 《东方杂志》1921年第18卷第2期。

图 6-29 《东方杂志》1921 年第 18 卷第 2 期赠送书券广告

一 近代广告发展的缩影

近代中国风云多变，社会动荡，民族资本主义发展艰难，近代广告业也在大起大落中艰难前行。从上文可知，中国近代广告业的发展在清末处于萌芽学步阶段。民国建立后，直到全面抗战爆发前，是中国近代广告业的发展时期，其中 1927—1937 年，广告业发展最为迅速，被称为广告发展的"黄金十年"。而后中国进入了全面抗战时期，这一时期中国整个社会的发展基本上停滞了，各行各业都进入了休眠期，广告业的发展也停滞了。

《东方杂志》从 1904 年创刊到 1848 年终刊的 45 年间，参与并见证了中国命运多舛的岁月。从其刊登的广告来看，每个不同的时间段，都有不同的特点。广告业发展的萌芽时期，《东方杂志》上刊登的广告从内文到版式都比较幼稚，尚处于学步状态，大多都是商务印书馆本馆广告，商业广告数量不多。其后，清廷结束统治，民国建立，风气随之一变，各行各业都有了一定的发展，商人有了竞争意识，开始在报纸杂志上刊登广告推销商品。在与外商竞争的同时，本土也产生了大量优秀的广告制作人，广告行业制度不断完善，广告业发展迅速。民国至全面抗战前期，《东方杂志》刊登的本馆广告和商业广告逐渐持平，广告的创作水平也有了质的变化。全面抗战爆发，整个中国进入抗击日本帝国主义时期，社会发展停滞，《东方杂志》为躲避战火几经搬迁，商业广告的刊登量为零，只有商务印书馆本馆的广告在《东方杂志》上出现。从这个脉络来看，《东方杂志》的广告是在随着时代的变迁而变迁的，是中国近代广告业发展的一个缩影。

二 商业与文化的结合

商务印书馆的图书广告兼具商业与文化的双重属性。商务印书馆一直以昌明教育为己任，大力译介西学著作，积极整理出版古代优秀典籍，寓科学文化于商务之中，始终一贯地坚持崇高而又务实的文化出版理念与信念。这一出版理念及其辉煌的出版实践，在《东方杂志》图书广告中得以集中展现。

广告的最终目的是销售商品。图书作为人类的精神粮食，是一种特殊的文化商品。图书广告的根本目的在于销售图书。出版社只有通过销售图书才能够持续发展，不断为社会提供精神食粮。因此图书广告与普通商品广告存在着共同点，即目的相同——销售商品。

商务印书馆同中国近代各大大小小的出版社之间都存在着竞争，

尤其是同实力较强的出版社。面对激烈的竞争，出版社就不得不注意广告的投放策略。从商业角度看，商务印书馆注意紧抓时事热点，注意广告的连续投放，更注重商务印书馆的品牌效应。商务印书馆以教科书起家，教科书是其标志性出版物。商务印书馆在教科书的编写方面投入了大量的精力，众多饱学之士的加盟使得商务印书馆的教科书获得了社会上的一直认可，商务版教科书始终占据近代教科书市场的主要位置。

图书的精神文化品质是图书作为特殊商品的主要特征，图书担负着传播文化的重大使命，因此作广告文案时一定要考虑图书的这一特点。图书广告传递的是一个出版社的文化定位与品位。读者通过出版社发布的图书广告来获知出版社出版的图书，因此图书的文案创意至关重要。商务印书馆在广告文案诉求方面一直坚持情理结合的诉求方式，广告文案成为其一种文化标签。读者通过阅读商务印书馆的广告文案，既获知了图书出版信息，也获得了文化知识享受乃至审美享受。

三 图书广告文案要注重字体搭配

广告文案的撰写与设计对一则广告而言至关重要。文字作为基本的信息传达符号，给读者带来的是最直接的信息。广告文案由标题文字、广告语和广告正文组成。标题文字是广告的主要文字，是最具传播力度的主打文字，具有吸引消费者，并引导消费者阅读正文的作用。广告语是宣传企业理念并促销商品的口号，是能够被消费者广为传扬的文字。广告正文是广告文案的主体，是对商品信息的详细说明，表达广告主题，体现的是企业的理念和实力。完美的广告文案，不仅能够吸引消费者，也是一种艺术。

广告设计中，通常要选择不同的字体进行组合搭配，《东方杂志》中刊登的广告，字体变化灵活，搭配自然，常常能给人耳目一新的感觉。当前，相对于近代而言，可选择的字体更加多样化，形式也更加灵活多变。因此在广告设计中，可以想象的空间更大。但同时需要注意的是，不同字体的搭配应和谐，而不是以字体变化作为噱头，这样反而会弄巧成拙，达不到最初的目的。

四 图书广告要注重创意形式

图书广告同其他广告一样，都是为了销售商品，因此广告文案的创作就极其重要。现代图书广告中充斥着"假""大""空"的浮夸之风，读者在阅读这样的广告时一般不会产生购买欲望，并且这种广告做的越多，越会降低出版社的品位，影响出版社的品牌。例如"一本书读懂中国通史""感动千万读者""一看就懂，一学就会"这样的广告语，不仅不能吸引读者，反而会让读者产生厌烦的情绪。反观《东方杂志》上刊登的广告文案，简洁质朴，实事求是。如 1927 年第 24 卷第 13 期上《中国外交史》一书的广告文案："本书共分三卷：一中国与欧美各国之关系，二中日交涉史，三中国与列强。编首冠以中外国际大事年表，极便参考。书中载有公文条约甚多，与中国外交史上有重要关系。"[①] 只是大致概括图书的主要内容，读者能够很清楚的知道图书大概，不会产生烦琐无用的感觉。

广告文案是为了帮助广告主宣传商品信息，因此应该从商品本身特点出发，讲究实际，做到真实可信。中国近代广告业的发展可以说是一个从无到有的过程，经过一代又一代广告人不断摸索创新，广告的创作水平不断得以提升，广告创意也是层出不穷。因此现代广告文案设计，更应该遵循这一原则，才能拥有更多忠实的读者。

---

① 《中国外交史》广告语，《东方杂志》1927 年第 24 卷第 13 期。

结　语

《东方杂志》作为民国时期影响最大的百科全书式综合性期刊，刊登商务印书馆图书广告数量巨大，图书种类甚多。

商务印书馆凭借《东方杂志》的传播力及影响力，刊登本馆广告，一者节约了广告成本，二者保持并维护了目标读者的同一性，并促进了杂志读者与图书读者的互动，巧妙地将其边际效应运作为一体化的读者共同体效应。三者制造了科学、文化与知识传播的更大平台。商务印书馆之《东方杂志》图书广告，从广告理念至广告文案，均体现了高超的商业运作策略，也体现了高超的文化传播运作策略，可谓博大精深矣！

下 编

《东方杂志》研究文献索引
（1955—2018）

《东方杂志》研究文献索引(1955—2018)

一　图书

1955 年

戈公振：《中国报学史》，生活·读书·新知三联书店 1955 年版。

1957 年

生活·读书·新知三联书店编辑部编：《"东方杂志"总目——一九〇四年三月——一九四八年十二月》，生活·读书·新知三联书店 1957 年版。

1967 年

王云五：《岫庐八十自述》，商务印书馆（台北）1967 年版。

1969 年

黄良吉撰：《〈东方杂志〉之刊行及其影响之研究》，商务印书馆（台北）1969 年版。

1971 年

张玉法：《清季的立宪团体》，"中央"研究院近代史研究所（台北）1971 年版。

1981 年

钱智修编：《〈东方杂志〉"五卅事件"增刊》，文海出版社（台北）

1981 年版。

胡绳：《从鸦片战争到五四运动》，人民出版社 1981 年版。

郑鹤声编：《近世中西史日对照表》，中华书局 1981 年版。

方汉奇：《中国近代报刊史》（上、下），山西人民出版社 1981 年版。

1985 年

汪家熔编著：《大变动时代的建设者——张元济传》，四川人民出版社 1985 年版。

彭定安、马蹄疾编著：《鲁迅和他的同时代人》（上、下），春风文艺出版社 1985 年版。

丁守和主编：《辛亥革命时期期刊介绍》，人民出版社 1985 年版。

1987 年

蔡元培等：《商务印书馆九十年（1897—1987）——我和商务印书馆》，商务印书馆 1987 年版。

1988 年

林毓生：《中国传统的创造性转化》，生活·读书·新知三联书店 1988 年版。

1989 年

陈崧编：《五四前后东西文化问题论战文选》，中国社会科学出版社 1989 年版。

史全生主编：《中华民国经济史》，江苏人民出版社 1989 年版。

汤志钧：《近代经学与政治》，中华书局 1989 年版。

1990 年

史全生主编：《中华民国文化史》（上、中、下），吉林文史出版社 1990 年版。

中共中央文献研究室、中共湖南省委《毛泽东早期文稿》编辑组编辑：《毛泽东早期文稿》，湖南出版社 1990 年版。

胡愈之：《我的回忆》，江苏人民出版社 1990 年版。

1991 年

中共中央党史研究室著，胡绳主编：《中国共产党的七十年》，中共党史出版社 1991 年版。

许纪霖：《智者的尊严》，学林出版社 1991 年版。

郑师渠、史革新：《近代中西文化论争的反思》，高等教育出版社 1991 年版。

张树年主编，柳和城、张人凤、陈梦熊编著：《张元济年谱》，商务印书馆 1991 年版。

1992 年

方汉奇主编：《中国新闻事业通史》（第 1 卷），中国人民大学出版社 1992 年版。

1993 年

杜亚泉著，田建业等编：《杜亚泉文选》，华东师范大学出版社 1993 年版。

朱联保编撰：《近现代上海出版业印象记》，学林出版社 1993 年版。

1994 年

宋则行、樊亢主编：《世界经济史》（上、中、下），经济科学出版社 1994 年版。

1996 年

李良玉：《新编中国通史》（第四册），福建人民出版社 1996 年版。

胡适著，杜春和编：《胡适家书》，河北人民出版社 1996 年版。

1997 年

张树年：《我的父亲张元济》，东方出版社 1997 年版。

张荣华：《张元济评传》，百花洲文艺出版社 1997 年版。

陈万雄：《五四新文化的源流》，生活·读书·新知三联书店 1997

年版。

1998 年

高力克：《调适的智慧——杜亚泉思想研究》，浙江人民出版社 1998 年版。

汪家熔：《商务印书馆史及其他——汪家熔出版史研究文集》，中国书籍出版社 1998 年版。

商务印书馆编：《商务印书馆一百年（1897—1997）》，商务印书馆 1998 年版。

1999 年

许纪霖、田建业编：《一溪集——杜亚泉的生平与思想》，生活·读书·新知三联书店 1999 年版。

郭太风：《王云五评传》，上海书店 1999 年版。

[美] 周策纵：《五四运动：现代中国的思想革命》，周子平等译，江苏人民出版社 1999 年版。

李泽厚：《中国思想史论》（上、中、下），安徽文艺出版社 1999 年版。

2000 年

杨扬：《商务印书馆——民间出版业的兴衰》，上海教育出版社 2000 年版。

王建辉：《文化的商务——王云五专题研究》，商务印书馆 2000 年版。

[英] Gillian Brown、George Yule：《话语分析》，外语教学与研究出版社、牛津大学出版社 2000 年版。

刘登阁、周云芳：《西学东渐与东学西渐》，中国社会科学出版社 2000 年版。

2001 年

张玉法：《中华民国史稿（修订版）》，台湾联经出版事业公司 2001 年版。

李良玉:《思想启蒙与文化重建》,吉林人民出版社2001年版。

陈振江:《新编中国通史》(第三册),福建人民出版社2001年版。

张宪文、方庆秋、黄美真主编:《中华民国史大辞典》,江苏古籍出版社2001年版。

2002 年

叶再生:《中国近代现代出版通史》(第一卷),华文出版社2002年版。

秦人路、孙玉蓉选编:《1919—1948文人笔下的文人》,岳麓书社2002年版。

2003 年

许纪霖、田建业编:《杜亚泉文存》,上海教育出版社2003年版。

李良玉:《变动时代的记录》,吉林人民出版社2003年版。

2004 年

徐有守:《出版家王云五》,商务印书馆2004年版。

陈序经:《中国文化的出路》,中国人民大学出版社2004年版。

2005 年

张羽新、张双志编纂:《〈东方杂志〉藏事史料辑要》,学苑出版社2005年版。

陈序经:《文化学概观》,中国人民大学出版社2005年版。

宋应离、袁喜生、刘小敏编:《20世纪中国著名编辑出版家研究资料汇辑》,河南大学出版社2005年版。

2006 年

洪九来:《宽容与理性——〈东方杂志〉的公共舆论研究(1904—1932)》,上海人民出版社2006年版。

金炳亮:《文化奇人王云五》,广东人民出版社2006年版。

李良玉:《李良玉历史研究与教育文选》,知识产权出版社2006年版。

2007 年

程光炜、刘勇、吴晓东、孙庆东、郜元宝：《中国现代文学史》，中国人民大学出版社 2007 年版。

2008 年

于友：《胡愈之》，群言出版社 2008 年版。

2009 年

李良玉等：《柳叶集——李良玉博士生教育文录》，合肥工业大学出版社 2009 年版。

2010 年

丁文：《"选报"时期〈东方杂志〉研究》，商务印书馆 2010 年版。

周宝保、吴平选编：《〈东方杂志〉——学术编》，国家图书馆出版社 2010 年版。

张研、孙燕京主编：《民国史料丛刊：政治·抗日战争·抗战建国二周年纪念册、东方杂志·抗战三周年专号》（296），大象出版社 2010 年版。

李良玉：《李良玉史学文存》，合肥工业大学出版社 2010 年版。

2014 年

王勇：《〈东方杂志〉与现代中国文学》，中国社会科学出版社 2014 年版。

陶海洋：《〈东方杂志〉研究：1904—1948》，合肥工业大学出版社 2014 年版。

鲁法芹：《〈东方杂志〉与社会主义思潮在中国的传播》，山东人民出版社 2014 年版。

阚和庆编：《八十年前的中国梦：一九三三年〈东方杂志〉中国梦主题征文选》，人民出版社 2014 年版。

2015 年

黄亦君：《话语与表达：〈东方杂志〉知识分子文论的现代性阐释（1904—1932）》，中国言实出版社 2015 年版。

王玉蓉：《清末民国时期〈东方杂志〉商业广告研究：1904—1937》，人民出版社 2015 年版。

2016 年

罗奕：《〈东方杂志〉广告研究》，厦门大学出版社 2016 年版。

二　期刊、报纸文章

1981 年

章开沅：《"排满"与民族运动》，《人民日报》1981 年 10 月 3 日第 5 版。

1982 年

汪家熔：《〈东方杂志〉是否有"南方版""北方版"》，《图书馆杂志》1982 年第 3 期。

1983 年

辛冰：《〈东方杂志〉有关印度支那问题篇目辑录》，《印支研究》1983 年第 4 期。

寿山：《我国"物质文明"、"精神文明"的提法之始见》，《学术论坛》1983 年第 4 期。

1986 年

韦少波：《漫话〈东方杂志〉》，《图书馆杂志》1986 年第 2 期。

吴斯清：《〈东方杂志〉及其台湾版》，《贵州社会科学》1986 年第 6 期。

1988 年

李斯颐：《期刊界一份难得的"号外"——〈东方杂志〉的〈五卅

事件临时增刊〉》,《新闻研究资料》1988 年第 4 期。

1989 年

李斯颐:《抗战时期的〈东方杂志〉》,《新闻研究资料》1989 年第 1 期。

郑大华:《文化保守主义与五四新文化运动》,《北京师范大学学报》(社会科学版) 1989 年第 3 期。

1990 年

李斯颐:《30 年代〈东方杂志〉政治倾向的成因》,《新闻研究资料》1990 年第 3 期。

1994 年

刘润忠:《杜亚泉的文化思想》,《传统文化与现代化》1994 年第 2 期。

刘润忠:《〈东方杂志〉与五四前后东西文化论争》,《社会科学战线》1994 年第 3 期。

郑师渠:《论杜亚泉与新文化运动》,《北京师范大学学报》(社会科学版) 1994 年第 2 期。

宗和:《中国进步新闻出版事业的先驱者——胡愈之》,《新闻出版交流》1994 年第 6 期。

钟华:《杜亚泉文化思想初探——兼论五四新文化运动的论争》,《史学月刊》1994 年第 5 期。

1996 年

张之华:《国际新闻的拓荒者——担任〈东方杂志〉编撰人的胡愈之》,《国际新闻界》1996 年第 5 期。

方克立:《要注意研究九十年代出现的文化保守主义思潮》,《文艺理论与批评》1996 年第 3 期。

何晓明:《近代中国文化保守主义述论》,《近代史研究》1996 年第 5 期。

1997 年

赵志坚、李芬：《五卅运动中的〈东方杂志〉》，《编辑学刊》1997 年第 4 期。

徐有威：《从 20 年代〈东方杂志〉和〈国闻周报〉看中国知识界对法西斯主义的评析》，《党史研究与教学》1997 年第 4 期。

1998 年

周武：《张元济与五四新文化运动》，《史林》1998 年第 2 期。

周武：《为国家谋文化上之建设——杜亚泉与商务印书馆》，《档案与史学》1998 年第 4 期。

盛邦和：《杜亚泉与其接续主义史观》，《华东师范大学学报》（哲学社会科学版）1998 年第 4 期。

吴迪：《王云五：半生年华献"商务"》，《编辑学刊》1998 年第 5 期。

1999 年

罗娟：《孟森与〈东方杂志〉》，《聊城师范学院学报》（哲学社会科学版）1999 年第 1 期。

周武：《商务印书馆与五四新文化运动》，《社会科学》1999 年第 5 期。

2000 年

陆小宁：《迷途中的文化探索——论〈新青年〉与〈东方杂志〉的东西文化论争》，《中州学刊》2000 年第 3 期。

洪九来：《集权与分权——略论〈东方杂志〉在清末民初政争中的折衷观点》，《山西师范大学学报》（社会科学版）2000 年第 2 期。

廖超慧：《新旧人文主义思潮的较量——评新文化倡导者与学衡派论争》，《华中理工大学学报》（社会科学版）2000 年第 1 期。

姚新勇、王世诚：《虚拟的"路线斗争"》，《文艺争鸣》2000 年第 1 期。

钟声：《论清末报刊舆论对近代中国工业化问题的探索》，《湖南师范大学社会科学学报》2000年第1期。

丁守和：《由陈独秀与杜亚泉的争论引起的思考》，《河北学刊》2000年第1期。

胡逢祥：《试论中国近代史上的文化保守主义》，《华东师范大学学报》（哲学社会科学版）2000年第1期。

卢毅：《世纪回眸——中国近现代文化保守主义的嬗变与传承》，《东南学术》2000年第2期。

郭太风：《王云五简论》，《史林》2000年第4期。

王建辉：《科学编辑杜亚泉》，《出版广角》2000年第6期。

2001年

葛飞：《民国时期的〈东方杂志〉》，《商丘师范学院学报》2001年第3期。

张凤英：《论〈东方杂志〉的文献价值》，《湘潭大学社会科学学报》2001年第3期。

郭太风：《王云五在商务印书馆推行科学管理的功过是非》，《东华大学学报》（社会科学版）2001年第1期。

张国功：《商务的文化与文化的商务》，《出版史研究》2001年第2期。

刘黎红：《"调和折衷"在杜亚泉思想中的方法论意义》，《聊城师范学院学报》（哲学社会科学版）2001年第6期。

2002年

刘兰：《〈东方杂志〉——培养编辑的沃土》，《出版广角》2002年第6期。

万方：《封面书影介绍——〈东方杂志〉》，《书屋》2002年第12期。

刘黎红：《天演的法则：章士钊、杜亚泉论"新旧调和"》，《锦州师范学院学报》2002年第4期。

欧阳正宇：《杜亚泉的科学救国思想及成就》，《甘肃社会科学》2002

年第 5 期。

2003 年

李明山：《五四时期关于杂志编辑的一场论争——〈东方杂志〉对〈新潮〉杂志罗家伦批评的回应》，《山西师范大学学报》（社会科学版）2003 年第 2 期。

陈独秀：《质问〈东方杂志〉记者——〈东方杂志〉与复辟问题》，《长城》2003 年第 6 期。

皮尔兹：《张元济：传统与现代之间》，《史林》2003 年第 6 期。

刘黎红：《复杂的"保守"——五四文化保守主义的动机和内涵》，《东方论坛》2003 年第 6 期。

2004 年

陈独秀：《再质问〈东方杂志〉记者》，《长城》2004 年第 2 期。

老马：《〈东方杂志〉贵州资料辑录（九）》，《贵州档案》2004 年第 4 期。

王先明：《从〈东方杂志〉看近代乡村社会变迁——近代中国乡村史研究的视角及其他》，《史学月刊》2004 年第 12 期。

马立新：《"五四"东西文化论战新探》，《山东师范大学学报》（人文社会科学版）2004 年第 2 期。

胡文平：《试析杜亚泉"动"、"静"观念》，《青海社会科学》2004 年第 3 期。

张卫波：《论五四时期东方文化派的文化调和思想——兼论东方文化派的孔子观》，《北方论丛》2004 年第 4 期。

2005 年

张季：《民初"二次革命"前知识分子群体关于联邦制的论争——以〈民立报〉、〈庸言〉、〈东方杂志〉为中心》，《安徽史学》2005 年第 5 期。

郑大华：《中国文化保守主义研究的几个问题》，《天津社会科学》2005 年第 2 期。

郑大华、贾小叶：《20 世纪 90 年代以来中国近代史上的激进与保守研究述评》，《近代史研究》2005 年第 4 期。

2006 年

李安山：《中国民族主义的催生与困惑——从〈东方杂志〉看日俄战争的影响》，《国际政治研究》2006 年第 1 期。

洪九来：《大战中的热烈与冷静——民初十年〈东方杂志〉民族主义观评析》，《江西师范大学学报》2006 年第 3 期。

刘永文、张廷芳：《〈东方杂志〉与中国西藏》，《西藏研究》2006 年第 4 期。

郑大华：《"九·一八"后中国知识分子的思想取向——以"新年的梦想"为中心的考察》，《吉首大学学报》（社会科学版）2006 年第 1 期。

徐友渔：《国学热和文化保守主义——在南昌大学的演讲》，《社会科学论坛》2006 年第 2 期。

朱华：《近代中国科学救国思潮研究综述》，《史学月刊》2006 年第 3 期。

郑大华、伏炎安：《20 世纪 90 年代以来五四东西文化论战研究述评》，《广州大学学报》（社会科学版）2006 年第 4 期。

冯启宏：《战争与文化：近十年抗战时期文化史的研究回顾》，《中央研究院近代史研究所集刊》（台北）2006 年第 53 期。

2007 年

范岱年：《胡愈之和〈东方杂志〉》，《出版史料》2007 年第 1 期。

闵定庆：《公共舆论与现代性的展开——〈宽容与理性：《东方杂志》的公共舆论研究（1904—1932）〉品读》，《中国出版》2007

年第 3 期。

丁文：《"搜罗宏富"背后的"选择精审"——1904—1908 年〈东方杂志〉"选报"体例初探》，《首都师范大学学报》（社会科学版）2007 年第 2 期。

付托飞、刘智峰：《从〈东方杂志〉略看二十世纪三十年代的中国农村经济》，《时代经贸》2007 年第 5 期。

李承亮：《浅析五四前期东西文化的论战——〈东方杂志〉为中心考察》，《天府新论》2007 年增刊。

钟显添、林植：《试论清末〈东方杂志〉中的民权思想》，《大庆师范学院学报》2007 年第 3 期。

李静：《杜亚泉与〈东方杂志〉》，《青海社会科学》2007 年第 4 期。

杨萌芽：《〈东方杂志〉与清末民初宋诗派文人群体》，《复旦学报》（社会科学版）2007 年第 5 期。

班彦美：《论五四时期杜亚泉的"道德本位"的思想倾向——以〈东方杂志〉（1911—1920）为中心的研究》，《科教文汇》2007 年第 12 期。

佟绍玲：《论我国近代文化保守主义思潮的流变》，《理论界》2007 年第 12 期。

2008 年

范岱年：《1933 年中国知识分子的新年梦想》，《中华读书报》2008 年 7 月 9 日第 3 版。

丁文：《传世意图下的文章经营——〈东方杂志〉"选报"文本的删改研究》，《中国现代文学研究丛刊》2008 年第 1 期。

唐艳香：《从女子教育、妇女参政到婚姻自由——1904—1919 年间〈东方杂志〉对妇女问题的关注》，《社会科学》2008 年第 4 期。

李中平、刘亦明：《九·一八事变前后〈东方杂志〉对中日关系问题的研判》,《云梦学刊》2008 年第 3 期。

毛德胜:《审慎的自由主义兼容并包——新文化运动前期〈东方杂志〉的办刊理念研究》,《商业文化》(学术版) 2008 年第 6 期。

段艳兰:《〈东方杂志〉与近代灾荒》,《科技信息(学术研究)》2008 年第 25 期。

丁文:《体例设置中的自我定位——〈东方杂志〉(1904—1908) 舆论理念考辨》,《学术探索》2008 年第 5 期。

王欣瑞:《从〈东方杂志〉解读民国乡村建设思想》,《西北大学学报》(哲学社会科学版) 2008 年第 6 期。

丁文:《甲辰年间的"甲午记忆"——〈东方杂志〉创刊前后的话语空间与人员聚合》,《学术界》2008 年第 6 期。

肖高华:《1922 年知识界的制宪讨论——以〈东方杂志〉"宪法研究号"为中心的考察》,《湖南大学学报》(社会科学版) 2008 年第 6 期。

郭渊:《从〈东方杂志〉看晚清政府对东沙岛的主权交涉》,《浙江海洋学院学报》(人文科学版) 2008 年第 4 期。

张欣:《〈东方杂志〉史料性和学术性研究》,《河南图书馆学刊》2008 年第 6 期。

李良玉:《制度文化、激进改革与政治合法性》,《探索与争鸣》2008 年第 10 期。

李良玉:《报刊史研究与报刊资料的史学利用》,《江苏大学学报》(社会科学版) 2008 年第 3 期。

2009 年

丁文:《营造一时之"国论"——〈东方杂志〉的舆论理想》,《云梦学刊》2009 年第 1 期。

丁文:《由"无锡毁学"看〈东方杂志〉对晚清舆论的选择性建

构》,《励耘学刊》(文学卷) 2009 年第 2 期。

丁文:《中国近代"选报"源流中的〈东方杂志〉》,《中国青年政治学院学报》2009 年第 4 期。

汪晖:《事件与历史:〈东方杂志〉与〈新青年〉之论争》,《中国社会科学院报》2009 年 5 月 21 日第 5 版。

丁文:《"节录"的文本遮蔽——〈东方杂志〉"选报"文本的特殊体例》,《江西社会科学》2009 年第 6 期。

郑国:《"新颖之科学":民初知识界对灵学的吸纳和传播——以〈东方杂志〉为例》,《福建论坛》(人文社会科学版) 2009 年第 7 期。

张军:《历史出版资源数字出版应用研究——以〈东方杂志〉的数字出版实践为例》,《科技与出版》2009 年第 10 期。

赵曼:《〈东方杂志〉研究综述》,《乐山师范学院学报》2009 年第 10 期。

潘晓婷:《从传播立宪开始的上下求索——试论 1904—1911 年的〈东方杂志〉所作出的西学传播努力》,《新闻传播》2009 年第 10 期。

田磊:《〈东方杂志〉:老刊物的新意义》,《南风窗》2009 年第 22 期。

黄亦君:《〈东方杂志〉知识分子对近代新闻传媒的释读》,《南通大学学报》(社会科学版) 2009 年第 6 期。

段颖惠:《清末反教思想的变迁——以〈东方杂志〉为中心》,《宁夏大学学报》(人文社会科学版) 2009 年第 6 期。

周为筠:《〈东方杂志〉:老寿星的杂货店》,《中华文化画报》2009 年第 11 期。

雍洁:《对"五五宪草"的再认识——以〈东方杂志〉为材料》,《知识经济》2009 年第 17 期。

李保高:《进化论话语解释的政治学——以〈东方杂志〉为中心》,《清华大学学报》(哲学社会科学版) 2009 年增刊。

《〈东方杂志〉研究综述》,《乐山师范学院学报》2009 年第 10 期。

2010 年

汝艳红:《知识启蒙——〈东方杂志〉对近代启蒙思潮的贡献研究》,《山东社会科学》2010 年第 2 期。

刘增杰:《文化期刊中的文学世界——从现代文学史料学的视点解读〈东方杂志〉》,《汉语言文学研究》2010 年第 1 期。

王延华:《〈东方杂志〉视野下的西方女子问题——以 1911—1919 年西方女子参政问题为例》,《首都师范大学学报》(社会科学版) 2010 年增刊。

李中平:《知识分子与民族主义——以九·一八事变之后的〈东方杂志〉为中心考察》,《文史博览(理论)》2010 年第 3 期。

孙昉、王娜:《视点与盲点——〈东方杂志〉所报道的清末民变》,《淮阴工学院学报》2010 年第 2 期。

岳秀坤:《"说难"不是胡愈之——兼议被遗忘的陈承泽》,《清华大学学报》(哲学社会科学版) 2010 年第 4 期。

秦亮、邓秀华:《国人眼中的西南边疆——从〈东方杂志〉看中英滇缅界务问题研究》,《西南古籍研究》2010 年第 2 期。

丁文:《"熟悉的陌生者"——〈东方杂志〉研究史与报刊研究的方法论思考》,《中国现代文学论丛》2010 年第 2 期。

黄亦君:《恽代英的早期思想与历史叙述——围绕〈东方杂志〉所作的考察》,《湖南科技学院学报》2010 年第 5 期。

柴松霞:《试析清末五大臣出洋考察宪政的舆论导向》,《殷都学刊》2010 年第 3 期。

郭旭:《20 世纪二十年代的贵阳社会——对〈东方杂志〉一篇旧文

之剖析》,《贵阳文史》2010年第4期。

石雅洁、李志强：《〈东方杂志〉办刊宗旨的演变》,《新闻爱好者》2010年第16期。

孙语圣：《〈东方杂志〉与中国近代灾荒》,《中国农史》2010年第3期。

魏原：《中国时人对苏联签订〈苏德互不侵犯条约〉的看法——以〈大公报（天津版）〉和〈东方杂志〉为主的考察》,《文史博览（理论）》2010年第9期。

陈学然：《〈东方杂志〉所见之清末藏事评议：以1904年英军侵藏为例》,《西藏研究》2010年第5期。

郑师渠：《现代中国媒体对日本论评的转变——以〈东方杂志〉为中心》,《河北学刊》2010年第6期。

陶惠娟：《〈东方杂志〉对中国近现代教育发展的贡献》,《黑龙江史志》2010年第21期。

潘晓婷：《在低谷中踟蹰前进——论1911—1918年〈东方杂志〉的西学传播道路》,《新闻爱好者》2010年第22期。

杨霞：《〈近现代汉语新词词源词典〉若干条目释源补正——以〈东方杂志〉（1904—1948）为语料来源》,《大家》2010年第24期。

2011 年

初云玲：《〈东方杂志〉的广告文本探究》,《今传媒》2011年第1期。

仝泽矿：《〈东方杂志〉与清末普及教育思想的传播》,《湖北函授大学学报》2011年第1期。

仝泽矿：《论〈东方杂志〉的教育批判意识》,《湖北广播电视大学学报》2011年第2期。

王勇：《〈东方杂志〉与白话文运动》,《河北学刊》2011年第2期。

谢鼎新：《〈东方杂志〉与专业理性的新闻学研究传统》,《山东社会科学》2011年第4期。

张鸿声、章炜：《关于杂志编辑理念的论争——以〈新潮〉和〈东方杂志〉为例》，《中国出版》2011年第8期。

杨霞、李东霞：《〈东方杂志〉的词汇语料学价值》，《河北大学学报》（哲学社会科学版）2011年第2期。

钟晨音：《抗战时期商务印书馆被毁后的办刊策略——以〈东方杂志〉复刊为视角》，《南华大学学报》（社会科学版）2011年第2期。

邱凌云：《〈东方杂志〉对近代体育的传播》，《成都体育学院学报》2011年第5期。

李云豪、王艳萍：《〈东方杂志〉风格的变化探析》，《中国出版》2011年第10期。

岳远尊：《〈东方杂志〉传播马克思主义的特点及影响》，《党的文献》2011年第3期。

郑大华、郭辉：《第一次世界大战与中国知识界的思考——以〈东方杂志〉为中心的考察》，《浙江学刊》2011年第4期。

化贯军：《抗战前"高调"民族主义探微——以〈东方杂志〉的对日主张为视角》，《大连大学学报》2011年第4期。

谢因平：《评"宽容与理性：〈东方杂志〉的公共舆论研究（1904—1932）"》，《青春岁月》2011年第8期。

王勇：《林纾与〈东方杂志〉》，《福建工程学院学报》2011年第5期。

陶贤都、邱锐：《五四时期〈东方杂志〉的科学传播》，《科学技术哲学研究》2011年第6期。

周新顺：《〈东方杂志〉早期编辑者考辨》，《中国现代文学研究丛刊》2011年第12期。

陈国威：《济南惨案期间媒体对日外交理念探析——以〈东方杂志〉

为个案》，《阴山学刊》2011 年第 6 期。

丁东、邢小群、鲁利玲：《钟沛璋谈：创办〈东方〉杂志搭建知识分子言论平台》，《人物》2011 年第 6 期。

代安、孙世麒：《〈新青年〉PK〈东方杂志〉选择"对立"，还是选择"均衡"？》，《东方养生》2011 年第 7 期。

雍洁：《"五五宪草"政制选择的探讨——以〈东方杂志〉、〈独立评论〉、〈国闻周报〉为材料》，《近代法评论》2011 年 10 月。

2012 年

符银香：《清末民初〈东方杂志〉中英西藏交涉重点报道初探》，《西藏民族学院学报》（哲学社会科学版）2012 年第 2 期。

史成虎：《辛亥革命期间〈东方杂志〉停刊原因之考析》，《东北师范大学学报》（哲学社会科学版）2012 年第 2 期。

赵川：《〈东方杂志〉与中国抗战》，《群文天地》2012 年第 12 期。

周新顺：《晚清政论中的"病国"隐喻与中医思维——以〈东方杂志〉政论为例》，《山东大学学报》（哲学社会科学版）2012 年第 4 期。

蔡胜：《论大革命时期〈东方杂志〉的"农民状况调查"号》，《安徽农业科学》2012 年第 20 期。

洪九来：《在场与追忆——〈东方杂志〉建构"辛亥革命"话语的历程》，《安徽大学学报》（哲学社会科学版）2012 年第 4 期。

石璠：《〈东方杂志〉与晚清民法知识的舆论表达（1904—1911）》，《社科纵横》（新理论版）2012 年第 4 期。

杨雁飞：《历史机遇期中国知识分子的宪政表达与革命转向——以 1925 年的〈东方杂志〉为观察视角》，《研究生法学》2012 年第 6 期。

2013 年

杨宗蓉：《〈东方杂志〉与现代唯美主义文艺思潮》，《齐鲁学刊》2013 年第 1 期。

王先明、吴瑕：《试析 20 世纪前期乡村危机的社会关怀——以〈东方杂志〉为中心的历史考察》，《历史教学》2013 年第 1 期。

喻春梅、郑大华：《"九一八"后知识界对"战"与"和"的不同抉择——以〈东方杂志〉和〈独立评论〉学人为中心的考察》，《史学月刊》2013 年第 1 期。

王勇：《胡愈之在〈东方杂志〉上的文学翻译》，《海南师范大学学报》（社会科学版）2013 年第 3 期。

陶贤都、李勤：《抗日战争时期〈东方杂志〉的科技传播》，《科普研究》2013 年第 2 期。

焦宝：《晚清民初诗词作者群与文学期刊关系研究——以〈申报〉相关期刊、〈新民丛报〉与〈东方杂志〉为对象》，《社会科学研究》2013 年第 3 期。

钟晨音：《抗战时期〈东方杂志〉教育专栏的创建及其贡献》，《浙江师范大学学报》（社会科学版）2013 年第 3 期。

卢淑樱：《图像、杂志与反日情绪——以〈东方杂志〉（1928—1937）为例》，《南开学报》（哲学社会科学版）2013 年第 3 期。

初云玲：《〈东方杂志〉与中国现代文学传媒》，《今传媒》2013 年第 6 期。

刘长林：《论五四时期文化保守主义者的道德观——以〈东方杂志〉为中心的考察》，《中原文化研究》2013 年第 3 期。

陈小凤：《〈东方杂志〉对 1910—1911 年东北大鼠疫的关注》，《德州学院学报》2013 年第 3 期。

钟楚：《"中国近现代史的资料库"——〈东方杂志〉全文检索数据

库即将面世》,《中国出版》2013 年第 13 期。

李益顺：《20 世纪初〈东方杂志〉的科学诉求论议》,《湘潭大学学报》（哲学社会科学版）2013 年第 4 期。

罗奕：《近代杂志广告中的现代化追求——以〈东方杂志〉广告为例》,《当代传播》2013 年第 4 期。

王勇：《〈东方杂志〉早期的文学面貌初探》,《河北师范大学学报》（哲学社会科学版）2013 年第 5 期。

彭慧艳：《清末道德教育的困境与应对——以〈东方杂志〉为中心》,《辽宁行政学院学报》2013 年第 9 期。

陈乐：《现代追求与国家塑造——以陈之佛的〈东方杂志〉装帧设计为观察视角》,《美术学报》2013 年第 5 期。

任吉东、毕连芳：《〈东方杂志〉与诺贝尔奖》,《兰台世界》2013 年第 31 期。

赵黎明：《反抗现代性，还是"另类"现代性——五四前后〈东方杂志〉"文化调和"论战再省思》,《粤海风》2013 年第 6 期。

彭慧艳：《〈东方杂志〉对清末教育改革的推动和评价》,《中国发展》2013 年第 6 期。

阚和庆：《80 年前的中国梦》,《文史天地》2013 年第 8 期。

卢俊：《80 年前知识界的一场中国梦》,《上海档案》2013 年第 4 期。

杨宗蓉：《论〈东方杂志〉与外国唯美主义文学的译介》,《文学评论丛刊》2013 年第 2 期。

2014 年

余荣琦：《1904—1924：〈东方杂志〉与外国文学译介》,《辽宁工程技术大学学报》（社会科学版）2014 年第 1 期。

罗奕：《晚清末年杂志广告探微——以选报时期〈东方杂志〉广告为例》,《青年记者》2014 年第 2 期。

蔡胜：《民国时期舆论界对农地制度的思考及其启示——以〈东方杂志〉为例》，《长春工业大学学报》（社会科学版）2014年第1期。

罗奕：《探析清末民初时期杂志广告——以1911—1919年〈东方杂志〉为例》，《文化与传播》2014年第1期。

蔡胜：《关注与传播：〈东方杂志〉视野中的乡村问题述论（1918—1937）》，《民国档案》2014年第1期。

王玉蓉：《论民国早期〈东方杂志〉商业广告对女性形象的建构》，《新闻知识》2014年第5期。

黄敏：《世界、国家和我：〈东方杂志〉"新年的梦想"相关文本分析》，《浙江传媒学院学报》2014年第4期。

蔡胜：《民国时期知识界对农业技术改良的认识及其规划——以〈东方杂志〉所刊文章为中心的考察》，《郑州航空工业管理学院学报》（社会科学版）2014年第4期。

王勇：《文学的黄金时代——钱智修、胡愈之主编时期〈东方杂志〉的文学面貌》，《燕赵学术》2014年第1期。

蔡胜：《民国时期知识界关于农村文化的认识及其规划——以〈东方杂志〉为中心》，《巢湖学院学报》2014年第5期。

朱田凤：《〈东方杂志〉中记者专业主义的建构》，《青年记者》2014年第27期。

王先明：《近代中国乡村问题的聚焦与导向——基于〈东方杂志〉与〈益世报〉的比较分析》，《福建论坛》（人文社会科学版）2014年第11期。

蔡胜：《〈东方杂志〉视野中的"三农"文学》，《赤峰学院学报》（哲学社会科学版）2014年第11期。

《近代中国第一大刊"东方杂志"：积极响应新文化运动》，《京华时报》2014 年 1 月 3 日。

2015 年

王勇:《〈东方杂志〉与中国现代文学流派——以文学研究会、创造社、左翼文学为例》,《河北学刊》2015 年第 1 期。

赵黎明:《〈东方杂志〉与中国现代文学批评》,《文艺评论》2015 年第 1 期。

蔡胜:《试析民国时期舆论界关于农村金融问题的解决对策——以〈东方杂志〉为中心的考察》,《巢湖学院学报》2015 年第 1 期。

姜楠:《1933 年〈东方杂志〉大学教授梦想问卷解读》,《新文学史料》2015 年第 1 期。

李发根:《危机与争鸣:"黄金十年"近代中国农村映象与危机管理探讨——以〈东方杂志〉为论述对象》,《农业考古》2015 年第 1 期。

郑月:《〈东方杂志〉与清末立宪思潮(1905—1911)》,《盐城工学院学报》(社会科学版)2015 年第 1 期。

罗李宇颂:《〈东方杂志〉关于晚清小学施行强迫教育举措的记述》,《黑龙江史志》2015 年第 6 期。

罗奕:《探析 20 世纪 30 年代〈东方杂志〉广告的广告风格》,《新闻知识》2015 年第 4 期。

刘岩:《〈东方杂志〉中的东三省保卫公所》,《兰台世界》2015 年增刊。

韩楚燕、李发根:《〈东方杂志〉与近代中国乡村形象的建构》,《安庆师范学院学报》(社会科学版)2015 年第 2 期。

孟凡明:《国民政府抗战期间肃清贪污的舆论观察(1937—1945 年)——以〈东方杂志〉为视点》,《前沿》2015 年第 5 期。

王勇:《"为新文化植深厚之基础"——论〈东方杂志〉对五四新文

化建设的贡献》,《河北师范大学学报》(哲学社会科学版) 2015 年第 3 期。

朱田凤:《〈东方杂志〉中新闻专业主义的萌芽》,《新闻知识》2015 年第 5 期。

郭彩琴:《五四时期〈东方杂志〉传播马克思主义评析》,《山西高等学校社会科学学报》2015 年第 5 期。

葛文峰:《〈东方杂志〉与西方世界: 1904—1948》,《衡水学院学报》2015 年第 3 期。

裴植:《民国知识分子的家国梦——以〈东方杂志〉1933 年"新年的梦想"专辑为中心的考察》,《东岳论丛》2015 年第 7 期。

黄肖嘉、刘佳:《异中求同: 重看〈东方杂志〉与〈新潮〉的办刊理念论争》,《河北大学学报》(哲学社会科学版) 2015 年第 4 期。

郭奇林:《抗战初期中国妇女使命的讨论和宣传——以〈东方杂志〉为中心》,《学术界》2015 年第 7 期。

孟凡明:《清季〈东方杂志〉对蒙学教育的关注 (1904—1911)》,《兰台世界》2015 年第 24 期。

黄欣萍:《〈东方杂志〉前期的近代女性形象呈现》,《新闻研究导刊》2015 年第 16 期。

朱馨薇:《近代中国灾害认知的世界视野——以〈东方杂志〉所载灾荒信息为中心》,《农业考古》2015 年第 4 期。

李华强:《国族想象与图式认知——〈东方杂志〉封面设计风格演变与传播》,《新闻大学》2015 年第 5 期。

仲亚东:《百年前大众视野中的生态思想——以〈东方杂志〉为中心的观察 (1904—1918)》,《自然辩证法研究》2015 年第 9 期。

郭培培:《清末〈东方杂志〉认识满汉关系的历史语境》,《吉林师范大学学报》(人文社会科学版) 2015 年第 5 期。

屠毅力：《〈东方杂志〉的对日态度及其抗战文艺》，《西南民族大学学报（人文社会科学版）》2015 年第 10 期。

王勇：《八十年前的"中国梦"——论 1933 年〈东方杂志〉"新年的梦想"征文》，《文艺争鸣》2015 年第 6 期。

张达明：《1933 年的"中国梦"》，《课外阅读》2015 年第 8 期。

2016 年

张小虎：《近代时政刊物对英美宪政文化的介绍——以〈东方杂志〉"宪政研究专号"为考察视角》，《黑龙江省政法管理干部学院学报》2016 年第 2 期。

周武：《杜亚泉与〈东方杂志〉》，《科学》2016 年第 2 期。

王业明：《新文化运动期间〈东方杂志〉办刊危机的形成与化解》，《出版发行研究》2016 年第 7 期。

张颖、王守雪：《〈东方杂志〉刊载小说论略》，《湖北师范学院学报》（哲学社会科学版）2016 年第 5 期。

2017 年

陶海洋：《近代日本军阀破坏国内政党政治——基于〈东方杂志〉的述评》，《江苏科技大学学报》（社会科学版）2017 年第 4 期。

赵炎才、熊健：《民国初期舆论界呼唤减政思想探论——基于〈大公报〉〈庸言〉〈东方杂志〉等报刊杂志的历史考察》，《红河学院学报》2017 年第 6 期。

王玉蓉、宋伟龙：《近代期刊广告镜像中的市民生活图景建构——〈东方杂志〉商业广告研究》，《出版广角》2017 年第 20 期。

周新顺：《"民气""民智""民德"：重返晚清国民性问题讨论的话语现场——以〈东方杂志〉为考察中心》，《东岳论丛》2017 年第 38 期。

杨晓颖：《民国时期〈东方杂志〉标题高频语素研究》，《宜宾学院学报》2017 年第 9 期。

吴永贵、林英：《建构现代新常识：〈东方杂志〉长寿基因的社会文化考察》，《出版科学》2017 年第 5 期。

于淑敏：《复刊〈东方杂志〉：陈原的未圆之梦》，《出版科学》2017 年第 5 期。

李频：《〈东方杂志〉的余响——前辈指引下的一种注视》，《出版科学》2017 年第 5 期。

杨晓颖：《民国时期〈东方杂志〉标题用词研究》，《包头职业技术学院学报》2017 年第 3 期。

肖宗志、孙蔚菁：《十月革命后俄国对中国的影响——基于五四时期〈东方杂志〉载文情况的实证分析》，《南华大学学报》（社会科学版）2017 年第 4 期。

赵黎明：《〈东方杂志〉与中国现代"戏剧改良"》，《文艺理论研究》2017 年第 4 期。

洪九来、张硕洋：《21 世纪以来〈东方杂志〉研究综述》，《中国出版史研究》2017 年第 3 期。

金璐洁：《从〈东方杂志〉看 20 世纪初的女性教育》，《现代交际》2017 年第 7 期。

王玉蓉、宋伟龙：《近代期刊广告中的市民生活图景——以〈东方杂志〉商业广告为例》，《新闻战线》2017 年第 12 期。

黄昆：《南京国民政府时期农村衰败化背景下的农民自救——以〈东方杂志〉为论述对象》，《佳木斯大学社会科学学报》2017 年第 3 期。

朱正业、吴康林：《历史镜像与人文关怀——以〈东方杂志〉对近代地震的报道为例》，《东北农业大学学报》（社会科学版）2017 年第 1 期。

马驰:《胡愈之与〈东方杂志〉》,《群言》2017年第2期。

侯杰:《〈东方杂志〉的两次改版及译介话语的转变》,《出版发行研究》2017年第1期。

侯杰:《〈东方杂志〉(1904—1911)科学翻译话语在文化和政治重构中的作用》,《中国翻译》2017年第1期。

魏晔玲:《"新青年派"的反对者——〈东方杂志〉》,《新闻研究导刊》2017年第1期。

陶海洋:《〈东方杂志〉及其学术价值》,《中国社会科学报》2017年1月10日。

赵黎明:《论〈东方杂志〉改版后文化态度的变化》,《广东社会科学》2017年第1期。

2018 年

朱中博:《"国难"之际的政治选择——以〈东方杂志〉和〈国闻周报〉的讨论为中心》,《福建论坛》(人文社会科学版)2017年第8期。

陶海洋:《近代日本政治专制与民众的普选运动——〈东方杂志〉的近代日本观研究》,《外国问题研究》2017年第2期。

张霓:《〈东方杂志〉中文化转型的空间建构与内涵——以戏剧为例》,《河北广播电视大学学报》2017年第3期。

陶海洋:《近代日本侵略扩张中的"特殊地位"论——〈东方杂志〉的日本观研究》,《江苏科技大学学报》(社会科学版)2017年第2期。

赵黎明:《五四前后〈东方杂志〉对"文化罗素"的译介》,《江汉论坛》2017年第2期。

武菁、李晴:《抗战时期〈东方杂志〉的舆论聚焦及其影响》,《东北农业大学学报》(社会科学版)2017年第2期。

赵莉：《"九一八"事变前后〈东方杂志〉对日舆论报道研究》，《西安文理学院学报》（社会科学版）2017 年第 1 期。

王玉蓉、宋伟龙、张晓宇：《民国时期商业广告中的文化冲突与文化涵化——以〈东方杂志〉商业广告为例》，《传媒》2018 年第 2 期。

王玉蓉、张晓宇：《民国时期商业广告的多元文化解读——以〈东方杂志〉为例》，《新闻研究导刊》2017 年第 2 期。

三　学位论文

（一）博士学位论文

2007 年

丁文：《"选报"时期〈东方杂志〉研究》，博士学位论文，北京大学，2007 年。

杨萌芽：《清末民初宋诗派文人群体研究——以 1895—1921 年为中心》，博士学位论文，复旦大学，2007 年。

2009 年

王代莉：《五四前后文化调和论研究——以杜亚泉和〈东方杂志〉为中心的考察》，博士学位论文，中国社会科学院，2009 年。

2010 年

林士俊：《清末边疆治理与国家整合研究》，博士学位论文，中央民族大学，2010 年。

袁立莉：《"东方文化派"思想研究》，博士学位论文，黑龙江大学，2010 年。

2011 年

鲁法芹：《〈东方杂志〉与社会主义思潮在中国的传播》，博士学位论文，山东大学，2011 年。

2012 年

王勇：《〈东方杂志〉与现代中国文学的发生》，博士学位论文，南开大学，2012 年。

2013 年

岳远尊：《〈东方杂志〉作者群社会主义观念研究》，博士学位论文，山东大学，2013 年。

陶海洋：《〈东方杂志〉研究（1904—1948）——现代文化的生长点》，博士学位论文，南京大学，2013 年。

彭慧艳：《舆论视野下的教育改革——以〈东方杂志〉为中心（1904—1911 年）》，博士学位论文，安徽大学，2013 年。

王代莉：《五四前后文化调和论研究：以杜亚泉和〈东方杂志〉为中心的考察》，博士学位论文，中国社会科学院研究生院，花木兰文化出版社 2014 年版。

2017 年

金珉廷（Kim Min—jeong）：《"欧战"论述与"1910 年代"中韩知识分子的思想状况》，博士学位论文，华东师范大学，2017 年。

2018 年

马绎：《民国知识界眼中的德国形象研究》，博士学位论文，上海外国语大学，2018 年。

（二）硕士学位论文

2002 年

郭誉嬿：《从早期商务印书馆的出版活动看张元济的出版思想》，硕士学位论文，苏州大学，2002 年。

2003 年

唐富满：《〈东方杂志〉与清末立宪宣传》，硕士学位论文，湖南师范大学，2003 年。

2004 年

施华静：《从〈东方杂志〉看中国近现代知识分子的南洋观》，硕士学位论文，中山大学，2004 年。

2005 年

张季：《民初"二次革命"前知识分子群体宪政思想研究——以〈民立报〉、〈庸言〉、〈东方杂志〉为中心》，硕士学位论文，河南大学，2005 年。

钟飞：《中国新闻周刊研究》，硕士学位论文，湖南师范大学，2005 年。

夏长征：《中国新闻周刊发展研究》，硕士学位论文，华中科技大学，2005 年。

2006 年

朱芳：《胡愈之早期对外报道思想研究》，硕士学位论文，河南大学，2006 年。

唐颖：《中国近代科技期刊与科技传播》，硕士学位论文，华东师范大学，2006 年。

隆新文：《杜亚泉伦理思想研究》，硕士学位论文，东南大学，2009 年。

2007 年

庄金：《王云五与台湾商务印书馆（1964—1979 年）》，硕士学位论文，东华大学，2007 年。

石雅洁：《〈东方杂志〉办刊特色研究》，硕士学位论文，上海社会科学院，2007 年。

谭庆辉：《30 年代初思想界社会主义思潮的历史考察》，硕士学位论文，湖南师范大学，2007 年。

蒋红艳：《〈东方杂志〉与第一次世界大战》，硕士学位论文，湖南师范大学，2007 年。

孙振：《对〈东方杂志〉中的美学文本的整理与研究》，硕士学位论文，东北师范大学，2007 年。

杨松林：《论杜亚泉的"调和"思想及其现实启迪意义》，硕士学位论文，中南大学，2007 年。

王征：《〈东方杂志〉在清末（1904—1911）的历史文化身份》，硕士学位论文，上海外国语大学，2007 年。

蒋勇军：《清末民初女子文化生活与女性意识研究——以知识女性为主体》，硕士学位论文，广西师范大学，2007 年。

仝泽矿：《〈东方杂志〉与清末教育思想》，硕士学位论文，北京师范大学，2007 年。

2008 年

潘晓婷：《1926 年之前〈东方杂志〉的西学传播研究》，硕士学位论文，吉林大学，2008 年。

章琼：《1904—1927：〈东方杂志〉翻译文学研究》，硕士学位论文，四川师范大学，2008 年。

李中平：《九一八事变后的知识分子与民族主义——以〈东方杂志〉为中心考察并兼与〈独立评论〉比较》，硕士学位论文，湖南师范大学，2008 年。

缪英姿：《20 世纪 30 年代中国妇女问题研究的几个侧面——以〈东方杂志〉为中心》，硕士学位论文，苏州大学，2008 年。

2009 年

刘也良：《从传播学视角看〈新青年〉与〈东方杂志〉之论战》，硕士学位论文，吉林大学，2009 年。

刘晓嘉：《杜亚泉编辑思想研究》，硕士学位论文，华中师范大学，2009 年。

王春霞：《舆论视野下的民国外债问题研究——以〈东方杂志〉为中心》，硕士学位论文，山东师范大学，2009 年。

安月乔：《中国舆论界对第一次世界大战的反应——以〈大公报〉和〈东方杂志〉为中心的讨论》，硕士学位论文，辽宁师范大学，2009年。

孟晓艳：《〈东方杂志〉中的杂文创作研究》，硕士学位论文，辽宁师范大学，2009年。

郭辉：《第一次世界大战与中国知识分子的思考——以〈东方杂志〉的报道为中心的考察》，硕士学位论文，湖南师范大学，2009年。

王耿：《新文化运动时期女性意识探究：以1915—1927年〈东方杂志〉为例》，硕士学位论文，中国传媒大学，2009年。

鞠慧卿：《〈东方杂志〉的抗日宣传研究（1904—1931）》，硕士学位论文，北京师范大学，2009年。

高晶：《杜亚泉保守主义思想探析》，硕士学位论文，上海社会科学院，2009年。

张会芳：《论张元济的文献整理成就》，硕士学位论文，郑州大学，2009年。

2010年

欧阳跃峰：《清末〈东方杂志〉民族主义思想研究》，硕士学位论文，安徽师范大学，2010年。

秦亮：《清末民国时期国人眼中的西南边疆——以〈东方杂志〉为中心》，硕士学位论文，云南大学，2010年。

郭彩琴：《20世纪30年代中国知识分子的思考与向往——〈东方杂志〉（1932—1937）研究》，硕士学位论文，山东师范大学，2010年。

赵曼：《清末〈东方杂志〉民族主义思想研究》，硕士学位论文，安徽师范大学，2010年。

程仁保：《走向革命：胡愈之的早期思想研究（1914—1934）》，硕士学位论文，安徽大学，2010年。

文吉：《从商业理性和社会责任看清末民初的〈东方杂志〉》，硕士学位论文，华东师范大学，2010年。

张婷婷：《〈东方杂志〉关于女权运动的言论研究》，硕士学位论文，辽宁大学，2010年。

马献忠：《20世纪20年代的〈东方杂志〉》，硕士学位论文，中国社会科学院，2010年。

张晶：《20世纪20年代知识分子对农村问题的关注：以〈东方杂志〉为例》，硕士学位论文，北京师范大学，2010年。

朱涵：《〈东方杂志〉专号、纪念号研究》，硕士学位论文，辽宁大学，2010年。

王延华：《〈东方杂志〉视野下的西方女子参政问题（1912—1919）》，硕士学位论文，首都师范大学，2010年。

李学桃：《杜亚泉科技思想研究》，硕士学位论文，哈尔滨工业大学，2010年。

2011年

赵凤霞：《清末民初（1902—1922年）英语教育研究——以〈东方杂志〉为切入点》，硕士学位论文，河南师范大学，2011年。

陈声玥：《二十世纪二、三十年代中国舆论界对德国的认知——以〈大公报〉、〈东方杂志〉为中心的考察》，硕士学位论文，南京大学，2011年。

刘新庆：《知识界眼中的苏联（1937—1945）——以〈申报〉〈东方杂志〉为中心的考察》，硕士学位论文，湖南师范大学，2011年。

陶惠娟：《〈东方杂志〉与民国教育》，硕士学位论文，山东师范大学，2011年。

王皓：《民国时期中国学界的人口研究——以〈东方杂志〉所刊文章为考察对象》，硕士学位论文，山西大学，2011年。

张燕:《二十世纪二、三十年代华北农民离村问题——基于〈东方杂志〉的一种分析视角》,硕士学位论文,山西大学,2011年。

吴寿欢:《〈东方杂志〉(1918—1926年)与马克思主义的传播》,硕士学位论文,哈尔滨工业大学,2011年。

宋轶文:《晚清民初无线电报技术经由期刊在中国的传播》,硕士学位论文,西北大学,2011年。

杨霞:《初期现代汉语新词语研究——以〈东方杂志〉(1911—1921)为语料》,硕士学位论文,河北大学,2011年。

2012年

李云:《胡愈之主编时期的〈东方杂志〉(1920—1927)研究》,硕士学位论文,黑龙江大学,2012年。

蔡雯:《从期刊编辑学角度看〈东方杂志〉》,硕士学位论文,湖南师范大学,2012年。

赵淑菊:《从政治传播的视角看〈东方杂志〉的清末立宪宣传(1905—1911)》,硕士学位论文,安徽大学,2012年。

李彩玉:《辛亥革命时期的农村教育研究——基于四大杂志的考察分析》,硕士学位论文,东北师范大学,2012年。

戴依伊:《论〈东方杂志〉与新文学运动》,硕士学位论文,中国人民大学,2012年。

汪犟:《1904—1908年〈东方杂志〉视角下的"国民性"问题》,硕士学位论文,首都师范大学,2012年。

杨玉珠:《有德有言不朽,无党无派以终——俞颂华及其新闻评论研究》,硕士学位论文,广西大学,2012年。

王小丹:《清末民初女性社会角色形塑与民族国家观念演进:以〈东方杂志〉为例》,硕士学位论文,中央民族大学,2012年。

王勇:《〈东方杂志〉与现代中国文学的发生》,硕士学位论文,南开大学，2012 年。

2013 年

张旭：《〈东方杂志〉的新文化传播研究（1904 年—1932 年）》，硕士学位论文，苏州大学，2013 年。

李方晓：《五四时期汉语外来词研究——以〈东方杂志〉标题为例》，硕士学位论文，辽宁师范大学，2013 年。

赵瑛璞：《试析〈东方杂志〉关于医学卫生的报道与评论（1904—1937）》，硕士学位论文，吉林大学，2013 年。

刘文婷：《中国近代商业报刊研究》，硕士学位论文，西南大学，2013 年。

闫妮：《抗战时期国民政府对敌舆论战研究（1937—1945）》，硕士学位论文，湘潭大学，2013 年。

刘国辉：《清季公共舆论与东北新政研究》，硕士学位论文，黑龙江大学，2013 年。

宋秀方：《中国媒体与1920 年代初的太平洋会议——以〈东方杂志〉〈学林杂志〉为中心》，硕士学位论文，郑州大学，2013 年。

赵川：《媒体与救灾——以1931 年江淮水灾救济为中心》，硕士学位论文，山东师范大学，2013 年。

黄伟华：《清末至民国内地刊物对新疆社会的认知——以〈万国公报〉和〈东方杂志〉为例》，硕士学位论文，新疆大学，2013 年。

刘丹：《〈东方杂志〉留学资料整理与研究（1912—1927）》，硕士学位论文，江苏师范大学，2013 年。

金璐洁：《〈东方杂志〉关注民国时期妇女问题研究（1904—1932）》，硕士学位论文，江西师范大学，2013 年。

陶海洋：《〈东方杂志〉研究（1904—1948）》，硕士学位论文，南京大学，2013 年。

2014 年

邓颖：《〈东方杂志〉音乐史料述评》，硕士学位论文，中国音乐学院，2014 年。

邱莹：《1921—1932〈东方杂志〉涉日时政评论研究》，硕士学位论文，黑龙江大学，2014 年。

海旭：《杜亚泉编撰自然科教科书的思想与实践》，硕士学位论文，沈阳师范大学，2014 年。

周永生：《甘地在中国：思想解读与形象变迁（1919—1948）》，硕士学位论文，复旦大学，2014 年。

戴维斯：《世界文学视野下的民族文学发展诉求：〈东方杂志〉（1920—1932）欧美文学译介研究》，硕士学位论文，福建师范大学，2014 年。

高蕾：《九·一八事变前夕中国的对日危机意识——以民国时期的杂志、报纸分析为中心》，硕士学位论文，北京外国语大学，2014 年。

李颖：《改写理论视角下的〈东方杂志〉（1904—1927）翻译小说选材研究》，硕士学位论文，河南师范大学，2014 年。

辛莹：《胡愈之与中国世界语运动（1913—1940）》，硕士学位论文，郑州大学，2014 年。

呼宝力高：《五四前后东西文化论战研究》，硕士学位论文，内蒙古师范大学，2014 年。

佘又有：《〈东方杂志〉广告与近代上海社会生活变迁》，硕士学位论文，西北大学，2014 年。

2015 年

王雨：《民国时期书籍设计风格研究》，硕士学位论文，苏州大学，2015 年。

赵然平：《〈东方杂志〉与清末实业思想（1904—1911）》，硕士学位论文，吉林大学，2015年。

王银龙：《〈东方杂志〉（1920—1931）"弱小民族"文学译介研究》，硕士学位论文，重庆师范大学，2015年。

刘翠楠：《〈东方杂志〉视野下的立宪运动》，硕士学位论文，东北师范大学，2015年。

程诚：《清末民初中国世界语运动研究》，硕士学位论文，安徽大学，2015年。

金晓楠：《五四运动时期的〈东方杂志〉研究》，硕士学位论文，辽宁大学，2015年。

姜方燕：《〈东方杂志〉中的西藏印象研究》，硕士学位论文，陕西师范大学，2015年。

朱迪：《试析〈东方杂志〉关于宗教问题的报道与评论（1904—1937）》，硕士学位论文，吉林大学，2015年。

王莉：《〈东方杂志〉商务印书馆广告研究》，硕士学位论文，河北大学，2015年。

黄苏宜：《1933年〈东方杂志〉"新年的梦想"研究》，硕士学位论文，湘潭大学，2015年。

2016年

叶晶晶：《日俄战争时期〈东方杂志〉对日态度探析》，硕士学位论文，河北师范大学，2016年。

蔡雯：《从期刊编辑学角度看〈东方杂志〉》，硕士学位论文，湖南师范大学，2016年。

2017年

李亚然：《改写视角下新文化运动时期译作注释研究》，硕士学位论文，河南师范大学，2017年。

费嵩晴：《〈东方杂志〉刊载"同光体"诗歌研究》，硕士学位论文，山东大学，2017年。

王丽鑫：《〈东方杂志〉专号研究（1920—1931）》，硕士学位论文，湖南大学，2017年。

张颖：《〈东方杂志〉与中国文学的古今之变（1904—1919）》，硕士学位论文，湖北师范大学，2017年。

詹婷：《〈东方杂志〉的特刊研究》，硕士学位论文，安徽大学，2017年。

杨亚男：《〈东方杂志〉关于灾荒救济的报道与讨论研究（1904—1937）》，硕士学位论文，辽宁师范大学，2017年。

刘玲玲：《试论埃文·佐哈尔多元系统论的局限性》，硕士学位论文，四川外国语大学，2017年。

刘笑雪：《论〈东方杂志〉对中国早期新闻学研究的贡献》，硕士学位论文，暨南大学，2017年。

2018年

徐雅：《〈东方杂志〉视野下的民国娼妓问题（1914—1945）》，硕士学位论文，扬州大学，2018年。

缪英姿：《20世纪30年代中国妇女问题研究的几个侧面——以〈东方杂志〉为中心》，硕士学位论文，兰州大学，2018年。

参考文献

一　著作

薛雨孙：《新闻纸与广告之关系》，《最近之五十年——申报馆五十周年纪念》，申报馆1923年版。

生活·读书·新知三联书店编辑部编：《东方杂志总目》，生活·读书·新知三联书店1957年版。

黄良吉撰：《〈东方杂志〉之刊行及其影响之研究》，商务印书馆（台北）1969年版。

梁启超：《戊戌政变记》，杨家骆主编：《戊戌变法文献汇编》（第1册），鼎文书局1973年版。

王云五：《商务印书馆与新教育年谱》，商务印书馆（台北）1973年版。

方汉奇：《中国近代报刊史》，山西人民出版社1981年版。

郑兴东、沈史明、陈仁风、包慧编著：《报纸编辑学》，中国人民大学出版社1982年版。

［日］实藤惠秀：《中国人留学日本史》，谭汝谦、林启彦译，生活·读书·新知三联书店1983年版。

张元济、傅增湘：《张元济傅增湘论书尺牍》，商务印书馆1983年版。

郑逸梅：《书报话旧》，学林出版社 1983 年版。

卢明辉、余大均、高文德编：《蒙古史研究论文集》，中国社会科学出版社 1984 年版。

徐百益编：《实用广告学》，上海翻译出版公司 1986 年版。

蔡元培等著，商务印书馆编辑部编：《商务印书馆九十年——我和商务印书馆》，商务印书馆 1987 年版。

史和、姚福申、叶翠娣编：《中国近代报刊名录》，福建人民出版社 1991 年版。

沙莲香主编：《以人为主体的图像世界之迷》，中国人民大学出版社 1993 年版。

[英] 格雷厄姆·戴维斯编著：《创意版面设计指南》，余少麟、李洪莹、刘伟兴译，万里机构·万里书店 1995 年版。

杜学元：《中国女子教育通史》，贵州教育出版社 1995 年版。

靳埭强编著：《封面设计》，台湾珠海出版有限公司 1995 年版。

潘君祥主编：《中国近代国货运动》，中国文史出版社 1995 年版。

益斌主编：《老上海广告》，上海画报出版社 1995 年版。

张玉法、李又宁主编：《中国近代女权运动史料 1842—1911》，龙文出版社股份有限公司 1995 年版。

罗苏文：《女性与中国近代社会》，上海人民出版社 1996 年版。

吕敬人、宁成春、吴勇、朱虹：《书籍设计四人说》，中国青年出版社 1996 年版。

马光仁主编：《上海新闻史（1850—1949）》，复旦大学出版社 1996 年版。

吴铁峰：《清末大事编年》，湖南大学出版社 1996 年版。

姜纬堂编著：《中国女性史类编》，北京师范大学出版社 1999 年版。

郑兴东、沈史明、陈仁风、包慧编著：《报纸编辑学》，中国人民大学出版社 1999 年版。

刘大保：《社论写作》，中国广播电视出版社 2000 年版。

杨扬：《商务印书馆：民间出版业的兴衰》，上海教育出版社 2000年版。

郑兴东、陈仁风、蔡雯：《报纸编辑学教程》，中国人民大学出版社 2001 年版。

邱陵编著：《邱陵的装帧艺术》，生活·读书·新知三联书店 2001年版。

邱承德：《书籍装帧设计》，中国美术学院出版社 2001 年版。

王红卫、何沙编著：《字体·书籍·设计》，中国纺织出版社 2001年版。

叶再生：《中国近代现代出版通史》，华文出版社 2002 年版。

方汉奇著，卓南生编：《方汉奇文集》，汕头大学出版社 2003 年版。

戈公振：《中国报学史》，上海古籍出版社 2003 年版。

张静庐辑注：《中国近现代出版史料》，上海书店 2003 年版。

左旭初：《中国近代商标简史》，学林出版社 2003 年版。

邓中和：《书籍装帧创意设计》，中国青年出版社 2004 年版。

留金锁主编，若希绘画：《蒙古族通史》，内蒙古少年儿童出版社 2004年版。

宋原放主编，汪家熔辑注：《中国出版史料（近代部分）》，湖北教育出版社 2004 年版。

谢慧：《张元济与〈东方杂志〉》，乔万敏、俞祖华、李永璞主编：《中国近现代史史料学国际学术研讨会论文集》，新华出版社 2004 年版。

许科甲、谢学芳：《期刊的栏目策划》，辽宁人民出版社 2004 年版。

赵琛：《中国广告史》，高等教育出版社 2004 年版。

乔万敏、俞祖华、李永璞主编：《中国近现代史史料学国际学术讨论会论文集》，新华出版社2005年版。

［英］玛丽娜·弗拉斯卡-斯帕达、尼克·贾丁主编：《历史上的书籍与科学》，苏贤贵等译，上海科技教育出版社2006年版。

陈龙、陈一：《视觉文化传播导论》，上海三联书店2006年版。

达力扎布编著：《蒙古史纲要》，中央民族大学出版社2006年版。

洪九来：《宽容与理性：〈东方杂志〉的公共舆论研究（1904—1932）》，上海人民出版社2006年版。

史春风：《商务印书馆与中国近代文化》，北京大学出版社2006年版。

乌云毕力格、白拉都格其主编：《蒙古史纲要》，内蒙古人民出版社2006年版。

张莲波：《中国近代妇女解放思想历程》，河南大学出版社2006年版。

李新祥：《出版传播学》，浙江大学出版社2007年版。

甘险峰：《当代报纸编辑学》，中山大学出版社2008年版。

郭恩慈、苏珏编著：《中国现代设计的诞生》，东方出版中心2008年版。

曾耀农编著：《现代传播美学》，清华大学出版社2008年版。

陈培爱：《广告传播学》，厦门大学出版社2009年版。

达力扎布主编：《中国边境民族研究》，中央民族大学出版社2009年版。

黄玉涛：《民国时期商业广告研究》，厦门大学出版社2009年版。

［美］大卫·科尔：《图书营销全攻略》，杨贵山译，中国人民大学出版社2010年版。

丁文：《"选报"时期〈东方杂志〉研究（1904—1908）》，商务印书馆2010年版。

［美］艾·里斯、杰克·特劳特：《定位》，谢伟山、苑爱东译，机械工业出版社2011年版。

熊月之：《西学东渐与晚清社会》，中国人民大学出版社2011年版。

宝音达来、长命编著：《蒙古族历史与文化》，内蒙古文化出版社2012

年版。

张建设、边卓、王勇、朱磊主编：《广告学概论》，北京大学出版社2012年版。

杜艳艳：《中国近代广告史研究》，厦门大学出版社2013年版。

滕静静主编：《近代报刊丛话》，国家图书馆出版社2013年版。

王勇：《〈东方杂志〉与现代中国文学》，中国社会科学出版社2014年版。

张易轩编著：《消费者行为心理学》，中国商业出版社2014年版。

陈东原：《中国妇女生活史》，商务印书馆2015年版。

王玉蓉：《清末民国时期〈东方杂志〉商业广告研究（1904—1937）》，人民出版社2015年版。

［美］克劳德·霍普金斯：《科学的广告+我的广告生涯》，李宙、张雅倩译，北方妇女儿童出版社2016年版。

［美］埃姆·格里芬：《初识传播学》，展江译，北京联合出版公司2016年版。

陈高雅编著：《广告设计原理》，机械工业出版社2016年版。

罗奕：《〈东方杂志〉广告研究》，厦门大学出版社2016年版。

王桧林主编：《中国现代史》，北京师范大学出版社2016年版。

王建朗、黄克武主编：《两岸新编中国近代史（民国卷）》，社会科学文献出版社2016年版。

黄合水、曾雪芹编著：《广告心理学》，厦门大学出版社2017年版。

蒋廷黻：《中国近代史》，民主与建设出版社2017年版。

二 论文

《新出〈东方杂志〉简要章程》，《东方杂志》1904年第1期。

闵闇：《中国未立宪以前当以法律遍教国民论》，《东方杂志》1905年第 2 期。

何炳松：《商务印书馆被毁记略》，《东方杂志》1932 年第 4 期。

黄可：《怀陈之佛及其装帧艺术》，《读书》1983 年第 1 期。

吴斯清：《〈东方杂志〉及其台湾版》，《贵州社会科学》1986 年第 6 期。

蔡铭泽：《论抗战时期国民党党报的发展》，《新闻大学》1993 年第 2 期。

刘润忠：《〈东方杂志〉与"五四"前后东西文化论争》，《社会科学战线》1994 年第 3 期。

黄春华：《谈谈报纸栏目的设置与经营》，《新疆新闻界》1995 年第 1 期。

马光仁：《抗战时期的〈申报〉》，《抗日战争研究》1995 年第 6 期。

熊凤鸣：《百年搏击 业绩璀璨——贺商务印书馆百岁庆典》，《出版与印刷》1997 年第 2 期。

周武：《为国家谋文化上之建设——杜亚泉与商务印书馆》，《档案与史学》1998 年第 4 期。

罗娟：《孟森与〈东方杂志〉》，《聊城师范学院学报》（哲学社会科学版）1999 年第 1 期。

方汉奇：《〈东方杂志〉的特色及其历史地位》，《东方》2000 年第 11 期。

陆小宁：《迷途中的文化探索——论新青年与〈东方杂志〉的东西文化论争》，《中州学刊》2000 年第 3 期。

洪九来：《集权与分权——略论〈东方杂志〉在清末民初政争中的折衷观点》，《山西师范大学学报》（社会科学版）2000 年第 2 期。

张晶、邱峰：《期刊栏目研究》，《图书馆理论与实践》2000 年第 12 期。

陈文连：《20 世纪初知识女性的女权思想》，《船山学刊》2001 年第 2 期。

刘丽威：《浅议中国近代关于贤妻良母主义的论争》，《妇女研究论丛》2001 年第 3 期。

张凤英:《论〈东方杂志〉的文献价值》,《湘潭大学社会科学学报》2001年第3期。

刘兰:《〈东方杂志〉——培养编辑的沃土》,《出版广角》2002年第6期。

洪九来:《从"地方自治"到"联省自治"——〈东方杂志〉自治观简述》,《史林》2002年增刊。

杨慧:《近代中国教会女子教育与妇女解放》,《北方论丛》2002年第6期。

李明山:《五四时期关于杂志编辑的一场论争——〈东方杂志〉对〈新潮〉杂志罗家伦批评的回应》,《山西师范大学学报》(社会科学版)2003年第2期。

唐富满:《〈东方杂志〉与清末立宪宣传》,硕士学位论文,湖南师范大学,2003年。

陈雪奇:《整合版面视觉语言研究》,硕士学位论文,四川大学,2004年。

许纪霖:《转型中的思想与分化》,《史学月刊》2004年第7期。

王先明:《从〈东方杂志〉看近代乡村社会变迁——近代中国乡村史研究的视角及其他》,《史学月刊》2004年第12期。

李细珠:《略论清末民国意识中的性别与权力之关系——以女子参政权为中心的考察》,《妇女研究论丛》2005年第2期。

宋蓓蓓:《文字符号与现代设计的意象观》,硕士学位论文,合肥工业大学,2005年。

张季:《民初"二次革命"前知识分子群体关于联邦制的论争——以〈民立报〉、〈庸言〉、〈东方杂志〉为中心》,《安徽史学》2005年第6期。

刘永文、张廷芳:《〈东方杂志〉与中国西藏》,《西藏研究》2006年第 4 期。

李安山：《中国民族主义的催生与困惑——从〈东方杂志〉看日俄战争的影响》，《国际政治研究》2006 年第 1 期。

洪九来：《大战中的热烈与冷静——民初十年〈东方杂志〉民族主义观评析》，《江西师范大学学报》（哲学社会科学版）2006 年第 3 期。

袁熙旸：《陈之佛书籍装帧艺术新探》，《南京艺术学院学报·美术与设计版》2006 年第 2 期。

丁文：《"搜罗宏富"背后的"选择精审"——1904—1908 年〈东方杂志〉"选报"体例初探》，《首都师范大学学报》（社会科学版）2007 年第 1 期。

范岱年：《胡愈之和〈东方杂志〉》，《出版史料》2007 年第 1 期。

洪九来：《张元济与〈东方杂志〉》，《文景》2007 年第 12 期。

钟显添、林植：《试论清末〈东方杂志〉中的民权思想》，《大庆师范学院学报》2007 年第 3 期。

石雅洁：《〈东方杂志〉办刊特色研究》，硕士学位论文，上海社会科学院，2007 年。

李静：《杜亚泉与〈东方杂志〉》，《青海社会科学》2007 年第 4 期。

凌晨：《商务印书馆商标的变迁——以张元济图书馆馆藏商务版书籍为例》，《出版史料》2007 年第 4 期。

杨萌芽：《〈东方杂志〉与清末民初宋诗派文人群体》，《复旦学报》（社会科学版）2007 年第 5 期。

李承亮：《浅析五四时期东西文化的论战——〈东方杂志〉为中心考察》，《天府新论》2007 年第 6 期。

周立华：《"孤岛"时期〈文汇报〉上发刊史料的价值》，《新闻记者》2007 年第 7 期。

丁文：《传世意图下的文章经营——〈东方杂志〉"选报"文本的删改研究》，《中国现代文学研究丛刊》2008年第1期。

唐艳香：《从女子教育、妇女参政到婚姻自由——1904—1919年间〈东方杂志〉对妇女问题的关注》，《社会科学》2008年第4期。

段艳兰：《〈东方杂志〉与近代灾荒》，《科技信息》（学术研究）2008年第25期。

毛德胜：《审慎的自由主义兼容并包——新文化运动前期〈东方杂志〉的办刊理念研究》，《商业文化》（学术版）2008年第6期。

梁玉泉：《从〈申报〉书籍广告看清末新、旧学交融的原生态势》，《广西社会科学》2008年第7期。

潘晓婷：《1926年之前〈东方杂志〉的西学传播研究》，硕士学位论文，吉林大学，2008年。

张欣：《〈东方杂志〉史料性和学术性研究》，《河南图书馆学刊》，2008年。

张琼：《1904—1927：〈东方杂志〉翻译文学研究》，硕士学位论文，四川师范大学，2008年。

于丽娜：《传统书法元素在平面设计运用中的创意与审美》，硕士学位论文，山东师范大学，2009年。

赵曼：《〈东方杂志〉研究综述》，《乐山师范学院学报》2009年第10期。

潘晓婷：《从传播立宪开始的上下求索——试论1904—1911年的〈东方杂志〉所作出的西学传播努力》，《新闻传播》2009年第10期。

陈学然：《〈东方杂志〉所见之清末藏事评议：以1904年英军侵藏为例》，《西藏研究》2010年第5期。

朱涵：《〈东方杂志〉专刊、纪念号研究》，硕士学位论文，辽宁大学，2010年。

王代莉：《五四前后文化调和论研究——以杜亚泉和〈东方杂志〉为中心的考察》，博士学位论文，中国社会科学院研究生院，2009 年。

赵曼：《清末〈东方杂志〉民族主义思想研究》，硕士学位论文，安徽师范大学，2010 年。

郭彩琴：《20 世纪 30 年代中国知识分子的思考与向往——〈东方杂志〉（1932—1937）研究》，硕士学位论文，山东师范大学，2010 年。

初云玲：《〈东方杂志〉的广告文本探究》，《今传媒》2011 年第 1 期。

鲁法芹：《〈东方杂志〉与社会主义思潮在中国的传播》，博士学位论文，山东大学，2011 年。

吴寿欢：《〈东方杂志〉（1918—1926 年）与马克思主义的传播》，硕士学位论文，哈尔滨工业大学，2011 年。

蔡雯：《从期刊编辑学角度看〈东方杂志〉》，硕士学位论文，湖南师范大学，2012 年。

彭璐：《陈之佛〈小说月报〉封面设计刍议（1927—1928）》，《近现代美术》2012 年第 3 期。

陈乐：《现代追求与国家塑造——以陈之佛的〈东方杂志〉装帧设计为观察视角》，《美术学报》2013 年第 5 期。

金璐洁：《〈东方杂志〉关注民国时期妇女问题研究（1904—1932）》，硕士学位论文，江西师范大学，2013 年。

卢淑樱：《图像、杂志与反日情绪——以〈东方杂志〉（1928—1937）为例》，《南开大学学报》（哲学社会科学版）2013 年第 3 期。

张旭：《〈东方杂志〉的新文化传播研究（1904 年—1932 年）》，硕士学位论文，苏州大学，2013 年。

陶海洋：《〈东方杂志〉研究（1904—1948）——现代文化的生长点》，博士学位论文，南京大学，2013 年。

邱莹：《1921—1932〈东方杂志〉涉日时政评论研究》，硕士学位论文，黑龙江大学，2014年。

朱田凤：《〈东方杂志〉中记者专业主义的建构》，《青年记者》2014年第9期。

金晓楠：《五四运动时期的〈东方杂志〉研究》，硕士学位论文，辽宁大学，2015年。

石雅洁、李志强：《〈东方杂志〉办刊宗旨的演变》，《新闻爱好者》2010年第16期。

汝艳红：《知识启蒙——〈东方杂志〉对近代启蒙思潮的贡献研究》，《山东社会科学》2010年第2期。

黄伟：《期刊栏目的固守与创新——基于纸质期刊媒介的分析研究》，《沈阳师范大学学报》（自然科学版）2010年第10期。

凌夫：《陈之佛：图案家的书籍装帧》，《寻根》2010年第5期。

欧阳跃峰：《清末〈东方杂志〉民族主义思想研究》，硕士学位论文，安徽师范大学，2010年。

王海刚：《清代图书广告与促销术》，《图书与情报》2010年第6期。

王勇：《林纾与〈东方杂志〉》，《福建工程学院学报》2011年第10期。

陶贤都、邱锐：《五四时期〈东方杂志〉的科学传播》，《科学技术哲学研究》2011年第6期。

王勇：《〈东方杂志〉与白话文运动》，《河北学刊》2011年第2期。

李云豪、王艳萍：《〈东方杂志〉风格的变化探析》，《中国出版》2011年第10期。

李青：《浅谈图片在新闻报道中的作用和运用》，《业务广角》2014年第6期。

罗奕：《近代杂志广告中的现代化追求——以〈东方杂志〉广告为例》，《当代传播》2013年第4期。

罗奕：《探析清末民初时期杂志广告——以1911—1919年〈东方杂

志〉为例》,《文化与传播》2014年第1期。

王玉蓉:《论民国早期〈东方杂志〉商业广告对女性形象的建构》,《新闻知识》2014年第5期。

王勇:《文学的黄金时代——钱智修、胡愈之主编时期〈东方杂志〉的文学面貌》,《燕赵学术》2014年第1期。

佘又有:《〈东方杂志〉广告与近代上海社会生活变迁》,硕士学位论文,西北大学,2014年。

郭奇林:《抗战初期中国妇女使命的讨论和宣传——以〈东方杂志〉为中心》,《学术界》2015年第7期。

葛密艳:《报纸专栏名称与特色表达》,《业务研究》2015年第1期。

黄欣萍:《〈东方杂志〉前期的近代女性形象呈现》,《新闻研究导刊》2015年第6期。

罗奕:《探析20世纪30年代〈东方杂志〉广告风格》,《新闻知识》2015年第4期。

李华强:《国族想象与图式认知》——〈东方杂志〉封面设计风格演变与传播》,《新闻大学》2015年第5期。

李倩倩、曹永平:《民国期刊封面图像的风格及语境分析》,《编辑之友》2015年第5期。

陶喜红、张薇:《抗战时期民营报纸与政党报纸联合经营模式探讨——以〈重庆各报联合版〉为例》,《新闻爱好者》2015年第10期。

吴卫、李婧:《试论黑体字的发展源流及特征》,《设计》2015年第9期。

王莉:《〈东方杂志〉商务印书馆广告研究》,硕士学位论文,河北大学,2015年。

刘馨泽:《浅谈报纸专栏的个性化研究》,《科技经济导刊》2016年第28期。

王业明:《新文化运动期间〈东方杂志〉办刊危机的形成与化解》,

《出版发行研究》2016 年第 7 期。

叶晶晶：《日俄战争时期〈东方杂志〉对日态度探析》，硕士学位论文，河北师范大学，2016 年。

费嵩晴：《〈东方杂志〉刊载"同光体"诗歌研究》，硕士学位论文，山东大学，2017 年。

刘迪：《图片新闻在报纸新闻报道中发挥的作用》，《新闻传播》2017 年第 8 期。

杨亚男：《〈东方杂志〉关于灾荒救济的报道与探讨研究（1904—1937）》，硕士学位论文，辽宁师范大学，2017 年。

赵黎明：《论〈东方杂志〉改版后文化态度的变化》，《广东社会科学》2017 年第 1 期。

詹建林：《论夏曾佑的开"民智"思想》，《江苏第二师范学院学报》（社会科学版）2017 年第 8 期。

詹婷：《〈东方杂志〉的特刊研究》，硕士学位论文，安徽大学，2017 年。

张颖：《〈东方杂志〉与中国文学的古今之变（1904—1919）》，硕士学位论文，湖北师范大学，2017 年。

程红：《1927—1937〈申报〉香烟广告中女性形象的建构》，《新闻春秋》2018 年第 3 期。

董蕊：《〈东方杂志〉图书广告研究（1904—1948）》，硕士学位论文，河北大学，2018 年。

李素萍：《广告中的女性主义探讨》，《西部广播电视》2018 年第 11 期。

刘伟娜：《〈妇女杂志〉（1915—1931）图像中民国女性风貌研究》，《出版发行研究》2018 年第 10 期。

缪英姿：《20 世纪 30 年代中国妇女问题研究的几个侧面——以〈东方杂志〉为中心》，硕士学位论文，兰州大学，2018 年。

邱志茹：《略论民国商业广告中现代女性形象的衍变》，《湖北美术学院学报》2018 年第 1 期。

唐丽雅：《〈光明日报〉评论版"文化评析"专栏特色研究》，硕士学位论文，内蒙古师范大学，2018 年。

王蕊：《浅谈专栏在版面中的作用、特征及创新路径》，《新闻学研究》2018 年第 6 期。

张倩：《〈申报〉广告中的女性形象及特点》，《新闻世界》2018 年第 4 期。

张静：《从〈妇女杂志〉看近代中国女性意识的觉醒》，《山东农业工程学院学报》2018 年第 1 期。

张晴：《〈女子月刊〉女性广告研究》，硕士学位论文，辽宁大学，2018 年。

后　记

《东方杂志》乃近代中国第一大刊。创刊于1904年3月，终刊于1948年12月，历时近45年，凡44卷819号（期），刊文凡22442篇，图画12000余幅，广告14000余则。

该刊以"启导国民"为宗旨，在世界现代化的背景下，致力于传播西学，介绍新知，谋求中华文化新生，谋求中国富强，而所起作用巨大。

中国近代思想文化之激荡与剧变，可以说具备于此刊。笔者自2010年始，有感于斯，策划选题，率领研究生对〈东方杂志〉展开专题研究。迄今为止，已先后完成6篇成果：《清末〈东方杂志〉（1904—1911）出版研究》、《〈东方杂志〉蒙古问题报道研究》、《东方杂志封面设计研究》、《〈东方杂志〉社说栏目研究》、《〈东方杂志〉图书广告研究》、《〈东方杂志〉女性问题报道研究》。

《东方杂志》是近代自西方传入的大众媒介——期刊（或杂志）中的典范。期刊编辑，是一种中国古代或传统文化中没有的编辑方式。这一新的编辑出版方式，亦是一种新的媒介生产方式。源于是，关于〈东方杂志〉的专题研究，一开始，笔者就强调将"编辑"作为其主要研究对象之一，诸如主编、栏目、编者按、版面等期刊编辑要素，均是必须予以研究的。另一主要研究对象，就是期刊的专题内容。新的媒介与新的内容，总是密切合为一体的。大致而言，新的内容，需要一种与之相应的新的媒介予以承载，而一种新的媒介的产生，也需要其承载的新的内容的促进。二者之间，必然产生新的编辑方式。

各项专题研究，从命题、基本内容、思路、要点、方法，主要思想观点，到体例（章节）构架及设定，史料使用与处理，具体撰写指导，反复修改，直到最终定稿，笔者呕心沥血，均作了主要工作。其他撰写者为：第一章，王运灵；第二章，张靓怡；第三章，赵瑞交；第四章，郑雯丽；第五章，贾然然；第六章，董蕊。

此次出版，对原有成果作了编辑加工，修改完善，提炼润色，以及出版规范化。

研究论著索引，主要由张晴整理，谭诗雯参与。

以上作者，在研究与撰写中均体现出了良好的作风，勤勤恳恳，认真完成了任务，令笔者欣慰。然而，由于水平有限，浅陋不足之处，在所难免，尚望读者不吝赐正。

《东方杂志》是中国文化由古代向近现代转型的一部"百科全书"，一个"宝库"，一个样本，对其进行专题研究，从各学科领域切入，显然有利于认识的深化，从而比较精深地展示它的多样性、丰富性——广博的内涵。

本书出版，得到河北大学新闻传播学院院长韩立新教授的鼎力支持，学院给予出版经费，在此深表感谢。

感谢责任编辑陈肖静的辛勤劳动。

田建平

2019 年 4 月于河北大学紫园